U0063559

香港立法機關關於政制發展的辯論 ^{第一卷}

港英代議政制改革與基本法起草

強世功　袁陽陽　編

1985

1990

責任編輯　蘇健偉
封面設計　吳丹娜

書　　名　**香港立法機關關於政制發展的辯論（第一卷）**
　　　　　——港英代議政制改革與基本法起草（1985—1990）
編　　者　強世功　袁陽陽
出　　版　三聯書店（香港）有限公司
　　　　　香港北角英皇道 499 號北角工業大廈 20 樓
　　　　　Joint Publishing (H.K.) Co., Ltd.
　　　　　20/F., North Point Industrial Building,
　　　　　499 King's Road, North Point, Hong Kong
香港發行　香港聯合書刊物流有限公司
　　　　　香港新界大埔汀麗路 36 號 3 字樓
印　　刷　美雅印刷製本有限公司
　　　　　香港九龍觀塘榮業街 6 號 4 樓 A 室
版　　次　2017 年 7 月香港第一版第一次印刷
規　　格　16 開（185 × 260mm）408 面
國際書號　ISBN 978-962-04-4198-1

前言

　　香港政制發展這個概念直接源於基本法規定，即行政長官及立法會全體議員的產生辦法按照香港的實際情況，循序漸進至最終由普選產生。雖然早在英國對香港實行殖民統治伊始，就有了關於修改立法局組成辦法的辯論，但直到 1980 年代中英談判啟動香港回歸祖國的歷程，香港政制發展才真正作為一種地方的特殊憲制安排進入到公眾視野中。從此，香港政制發展問題不僅成為香港關注的問題，也成為整個國家關注的重大課題。為了便於研究人員與普通讀者系統認識、瞭解及研究香港政制發展問題的歷史與現狀，我們曾經選編了《香港政制發展資料彙編》（香港三聯書店，2015 年版），系統收集了官方正式公布的有關權威資料，包括憲制法律的規定、政府報告、相關政府官員的發言等。然而，在港英政府、中國政府和香港特區推出有關法律、政策和報告的時候，香港社會對此進行了深入討論，其中香港立法機關（包括港英時期的立法局和特區政府的立法會）作為香港的代議機關，對香港政制發展問題進行了持續辯論。從這些辯論中，我們可以看出香港社會各界對香港政制發展的不同立場、觀點和理據。為此，我們選編《香港立法機關關於政制發展的辯論》，系統呈現 1980 年代以來香港立法機關關於政制發展的辯論的相關資料。

　　本書按照時間順序分專題進行編輯，其中香港回歸前編為三卷。第一卷集中在 1985 年至 1990 年關於港英代議政制改革和基本法起草中相關安排的辯論。第二卷集中在 1992 年至 1994 年圍繞彭定康改革方案展開的辯論。第三卷集中在 1994 年至 1997 年關於香港過渡期相關問題的辯論。而回歸之後香港立法會關於政制發展的辯論，我們會繼續編輯。本書的內容編排既考慮時間順序，又兼顧主題。在選編過程中，我們盡可能照顧到不同派別的議員的觀點，並摘要最能反映其立場、觀點和理據的內容。為了便於讀者對每一卷的內容有全面的理解與把握，我們在每一卷開始處撰寫了導讀，扼要介紹在本卷所涵蓋的時間跨度與主題

下，立法機關就相關問題的辯論主旨。由于時間跨度大，辯論內容繁雜，選編難免有錯漏不足之處，還望讀者指正，所有可能的錯誤由編者承擔責任。

本書的編輯獲全國人民代表大會常務委員會港澳基本法委員會的課題支持，香港敏華控股有限公司也給予特別支持，特此致謝。北京大學法學院易軍、楊坤和陳卓等同學先後協助收集相關資料，並承擔錄入、排版及校對工作，感謝他們的辛勞和付出。本書收錄的文獻來源於香港特別行政區立法會網站，已獲香港特別行政區立法會授權使用，在此一併致謝。

編者

2017 年 3 月

體例說明

一、材料來源

　　本書材料來自香港立法機關會議過程正式記錄，已獲香港特區立法會授權使用。該記錄逐字記載了會議過程內容。具體來看，首先，議員及官員在立法機關會議上的發言會被以其所用的語言進行編製，形成即場記錄本。其後，即場記錄本會被分別翻譯為中、英文版本。本書採用的是中文版本，節選其中有關政制發展的內容。本書絕大部分致辭均為節選，為避免繁瑣，每篇均不再注明「（節選）」字樣。

二、術語解釋

　　本書節選內容涉及立法機關在會期內處理的多種事務，為了方便讀者理解，特作出說明。具體如下：

（一）總督施政報告／行政長官施政報告

　　施政報告，是總督／行政長官在每個立法會期的首次會議席上的發言，概述各項管理香港的政府施政建議。自 1969 年起，這一安排成為常規慣例。香港回歸後亦被沿襲下來。施政報告通常在 10 月發表，但有的也被延遲至下年 1 月發表。

（二）致謝議案辯論

　　致謝議案辯論，是議員就施政報告提出的辯論，藉以感謝總督／行政長官發

表施政報告。1969 年，致謝議案辯論首次提出，自始成為慣例，延續至今。按照慣例，致謝議案辯論會在施政報告發表後兩周進行。辯論環節的編排與該年度施政綱領的政策範疇互相對應。由於涵蓋範圍廣泛，通常需兩次以上會議，所以再次開會時被稱為恢復致謝議案辯論。

（三）發言或聲明

　　發言或聲明，是指總督／行政長官或者獲委派官員在立法機關會議上發言（除發表施政報告外）或發表聲明，通常旨在回應公眾關注的事件。1997 年之前，總督有時會在立法局會議內發言或發表聲明，或是指派一位獲委派官員代表政府發表聲明。在回歸後，行政長官亦採納這種做法。

（四）質詢

　　質詢，是指議員在立法機關會議上就政府的工作向政府提出質詢，促請政府就具體問題或事件及政府政策提供資料，或要求政府採取行動。早於 1873 年，議員便可在立法局會議上提出質詢。回歸後，這項權力一直沿用至今。質詢分為口頭質詢或書面質詢，由獲委派的官員以口頭或書面形式作答。質詢獲得答覆後，任何議員均可提出補充質詢，以求澄清該答覆。

（五）總督／行政長官答問會

　　總督／行政長官答問會，是指總督／行政長官酌情出席立法機關會議，答覆議員就政府的工作或特定事件提出的質詢。1992 年，總督答問會首次舉行，自始成為立法局會議的恆常安排。這一做法也為香港特區每位行政長官所採納，但答問會的舉行次數及時間，則有所不同。通常而言，在每個立法會會期，行政長官出席四次立法會會議，每次答問會為時約一個半小時。

（六）議案辯論

　　議案種類繁多，本書所涉及的議案辯論，是指議員或獲委派官員提出辯論以便就關乎公眾利益的問題發言。具體分為兩種：一是狹義的議案辯論，旨在對公眾關注的事項表達意見，或籲請政府採取某些行動。二是休會辯論，旨在討論

某項對公眾而言有迫切重要性的問題或提出任何有關公共利益的問題。按照歷史傳統，相關官員會列席這些辯論以回應議員的發言內容。這一做法一直沿用至回歸後。

（七）法案審議

　　法案審議，是指由政府官員或議員將新訂法例或現行法例的修訂建議提交立法機關審議，以制定成為法例。1888 年根據《英皇制誥》修訂後的條文，總督制定法律的過程，不但須徵詢立法局的意見，更須獲得立法局的同意。回歸後，法案要獲通過，須經首讀、二讀及三讀的程序。首讀，是立法會秘書處在立法會會議席上宣讀法案的簡稱。二讀，是指提交有關法案的政府官員或議員動議法案予以二讀的議案，並發言解釋法案的目的。在動議議案後，有關的辯論通常會中止待續，以便把法案交付內務委員會詳加研究。隨後，在其後舉行的立法會會議席上恢復二讀辯論，立法會繼而就法案予以二讀的議案進行表決。若法案獲得二讀通過，立法會全體議員以全體委員會名義審議法案各條文，並在委員會同意下作出修正。隨後，法案不論是否有所修正，全體委員會回復為立法會，在負責法案的官員或議員動議該法案予以三讀並通過的議案後，立法會隨即就法案進行三讀的程序。

三、編寫説明

　　由於本書性質是原始資料彙編，所以我們採取「審慎修改」原則，非正誤問題、不礙文意的字詞與病句一般不改。對於一些確定的錯別字，我們用中括號將正確的字置於其後，予以訂正，如漢〔漠〕不關心、撒〔撤〕銷、遣〔遺〕憾等。需要增刪的字詞，亦以中括號形式列明。為使全文前後一貫，我們對本書中的異體字、繁簡轉換字等進行了統一，如裏（裡）、舉（擧）、腳（脚）等。這些統一不作為錯別字處理。

本卷導讀

　　本卷涵蓋了從 1985 年到 1990 年香港立法局關於香港政制發展問題的辯論。這一時期港英政府推出了代議政制改革，而中國政府開始起草基本法，二者交織在一起，涉及到港英政府的代議制改革與基本法關於政制發展的安排問題。考慮到討論的完整性，我們將關於代議制改革與基本法安排的辯論區分開來，從而編為上、下兩部分，上編關注代議制改革，下編關注基本法起草中的憲制安排。

上編　港英代議政制改革（1985－1988）

　　上世紀八十年代初，港英政府從地方行政開始逐步推行代議政制改革。1981年，港島、九龍、新界各區先後成立區議會，並於 1982 年首次舉行直接選舉，約三分之一的區議員通過該方式選出。市政局也開始放寬選民資格與區議會看齊，並按照選區來重新部署直接選舉，1983 年約二分之一議席由分區直選產生。1984年，港英政府發表《代議政制在香港的進一步發展》白皮書，令代議政制的發展進入全港層面。1985 年 9 月，立法局首次加入經由選舉團選舉和功能界別選舉的民選議員，使立法局人數增加了 20%，形成 10 位官守議員、22 位委任議員和 24位民選議員的結構，其中功能組別和選舉團議席各佔 12 個。這就意味著，香港代議政制改革全面啟動。

　　隨著基本法起草工作的開展，香港社會在政制發展問題上產生巨大分歧。1985 年新一屆立法局甫一成立，持守不同政治立場、代表不同利益的各方議員，便就政制發展的方向、範圍和速度各出奇謀、各執己見。本書收錄的 **1985 年 10月 30 日、11 月 27 日立法局會議過程正式記錄，1986 年 10 月 8 日、11 月 5 日、11 月 6 日立法局會議過程正式記錄**，呈現了這些辯論的具體內容。

　　1987 年，港英政府啟動第二份代議政制白皮書的制定工作，試圖令香港短

期內的政制發展得以明朗。但這一舉動非但未能結束爭議，反而引發更激烈的辯論。而且當年發生的股票停市事件、勞工短缺問題、香港人口急劇增長、內地改革開放等因素進一步加劇了分歧。1987 年 5 月，港英政府發表《代議政制發展檢討綠皮書》，便引來廣泛討論。1987 年 7 月，政府就綠皮書廣泛徵詢民意，亦是眾議紛紜。其後，《社會各界人士對綠皮書的意見和民意彙集處報告書》的發布，更是掀起討論熱潮。本書收錄的 **1987 年 5 月 27 日立法局會議過程正式記錄，1987 年 7 月 15 日、7 月 16 日的立法局會議過程正式記錄，1987 年 10 月 7 日、11 月 4 日、11 月 5 日、11 月 11 日立法局會議過程正式記錄**，呈現了這一發展及各議員的不同主張和論據。

　　1988 年 2 月 10 日，港英政府發表《白皮書：代議政制今後的發展》，最終確定 1988 年至 1991 年代議政制發展的路線。在立法局層面，決定 1988 年時官守議員和選舉團選出的議員數目不變，委任議員減少 2 名，功能組別選出的議員增加 2 名，平均分配給金融會計界和醫學衛生界；在 1991 年 9 月引進 10 個直選議席，以取代由選舉團內的區議會組別間接選舉選出的 10 個議席。在地方層面，決定現行三層政制架構基本上維持不變；在 1989 年市政局任期屆滿時讓每個區議會選出一位代表加入市政局，以代替由市政局議員出任區議會當然議員的做法。白皮書在收穫讚美之餘，也遇到史無前例的抵制。本書 **1988 年 3 月 16 日、3 月 17 日立法局會議過程正式記錄**，就展現了各議員的不同評價和態度。

　　縱觀整個記錄，這一時期對全港層面政制改革的討論多於地方層面，對立法機關產生辦法的討論多於行政長官。各議員的主張及理據大體上呈現兩極分化現象，本書據此將其劃分為激進派和溫和派。歸納起來，他們的辯論主要涉及以下四個問題：

一、1988 年立法局應否引入直接選舉議席

　　這是立法局辯論中最急迫、最激烈、最持久的問題（以下簡稱 "八八直選"）。對此，林鉅成、李柱銘、李汝大、許賢發等激進派人士表示贊成，但在直選議席的比例上則有不少於四分之一、四分之一、五分之一、八分之一等不同主張。譚耀宗、張鑑泉、譚慧珠、何世柱、蘇海文、倪少傑等溫和派議員則反對 "八八直選"，而認為 1991 年或 1992 年基本法通過之後推行較為合適。他們支持

或反對"八八直選"的理據，總體上圍繞三個方面展開：

1. 直選對香港政治、經濟、文化產生甚麼樣的影響。具體包括直選是否最能保證政府的代表性、是否有助於保障香港的高度自治和自由、是否會導致黨派衝突、是否會降低行政效率；推行"八八直選"是否會危及香港的繁榮穩定；開放直選是否會增加公民參與政治的熱誠。

2. "八八直選"需要考慮甚麼樣的約束條件。具體包括"八八直選"是否符合中英聯合聲明、應否與基本法相銜接、應否符合香港未來非主權國的政治地位；香港當前是否具備實現普選所需的公民文化；不推行"八八直選"是否有違民意。

3. "八八直選"是否符合循序漸進的要求。包括在間接選舉實行不到兩年時間後應否急於推進直接選舉；鑑於 1997 年是政制改革完成的最後期限，早變是否比晚變更符合循序漸進精神。有關上述問題的辯論，在本書所收編的**歷次**立法局會議過程正式記錄中都反覆出現。

二、立法局現有議席的數量和比例如何調整

伴隨著"八八直選"的討論，立法局內官守議員、委任議員、功能組別和選舉團議員的數量和相應比例變化問題也備受關注。

1. 關於官守議員和委任議員。林鉅成、李柱銘、李汝大等激進派人士主張大幅度減少官守議員和委任議員，同時增加功能組別和選舉團選舉的議員，並提出具體的"四分制"辦法，即直接選舉四分之一議席，其餘議席則平均分配給委任議員、功能組別及選舉團選舉議員。詳細內容參見 **1986 年 11 月 5 日**立法局會議過程正式記錄。另一方面，伍周美蓮、潘宗光、潘永祥、廖烈科、蘇海文等部分溫和派人士則認為官守議員數目不宜再縮減，委任議員也應維持不變或只是略為減少。具體主張請見 **1987 年 7 月 15 日、7 月 16 日**立法局會議過程正式記錄。

2. 關於功能組別議席。相對於其他類別，功能組別選舉受到較為廣泛的歡迎，各議員在增加功能組別議席上基本沒有異議。但對於應將新增議席分配給那些群體仍然產生了分歧。一種意見主張給予現有的功能組別；另一種意見則主張新設功能組別並賦予其席位，如將鄉議局、專上教育人員、旅遊業、醫療衛生行業或其他專業團體列為功能組別。詳細辯論參見 **1987 年 7 月 15 日、7 月 16 日**立法局會議過程正式記錄，**1988 年 3 月 16 日、3 月 17 日**立法局會議過程正式

記錄。

　　3. 關於選舉團議席。1988 年白皮書決定 1991 年以 10 個直選議席取代由區議會間接選舉的 10 個議席。對此，部分議員指責政府不尊重區議會，並將 1988 年區議會選舉選民投票率下降的情況歸咎於白皮書的這一改革。另一方面，何錦輝、張鑑泉、張人龍、周梁淑怡、范徐麗泰等議員則表示支持，認為該改革可令基層代表直接進入立法局，符合港人一直爭取的民主參政形式；而且也令選舉方法更為利落有效，減少選舉團可能產生的流弊，避免其雙重效忠的問題；再者，如果直接選舉和選舉團選舉在 1991 年時同時被採納，就等於在同樣的地區基礎上使用兩種方式，將會損害立法局成員組合應有的平衡。詳細辯論參見 **1988 年 3 月 16 日、3 月 17 日**立法局會議過程正式記錄。

三、1988 年港督應否繼續出任立法局主席

　　這一時期，行政和立法的關係也逐漸引起關注。最為集中的討論是，1988 年時港督應否繼續出任立法局主席。對此，李柱銘、黃宏發等激進派議員主張立法局主席不應由總督擔任，而應由立法局議員選出、再由總督委任。何錦輝、倪少傑、蘇海文等溫和派議員則建議維持現狀。廖烈科提出折中方案，建議仍然由總督擔任立法局主席，倘若將來總督事務太繁忙，則可從立法局中選出一位議員代替，以減輕其工作負擔。詳細辯論參見 **1987 年 7 月 15 日、7 月 16 日**立法局會議過程正式記錄，**1988 年 3 月 16 日、3 月 17 日**立法局會議過程正式記錄。

四、政府三層政制架構如何改革

　　1986 年，為了確保新界居民能和市區居民有同樣機會參與衛生和文化康樂事務的管理，第二個市政局即區域市政局正式成立。至此，區議會、市政局和區域市政局、以及立法局的三層組織架構成形。但該架構令區議會和兩個市政局的成員組織和職責關係出現問題，從而引發兩個相關聯的爭論。

　　1. 應否繼續維持三層政制架構。黃宏發、胡法光、雷聲隆等議員建議取消市政局和區域市政局一層，改為兩層架構。黃保欣、陳濟強、潘永祥等議員則贊成維持現行三級架構不變，認為解決問題的關鍵在於改善區議會和兩個市政局之間的聯繫。詳細辯論參見 **1987 年 7 月 15 日、7 月 16 日**立法局會議過程正式記錄，

1988 年 3 月 16 日、3 月 17 日立法局會議過程正式記錄。

　　2. 如何改善區議會和市政局的關係。在這一方面，備受爭議的問題是 1988 年白皮書讓每個區議會選出一位代表加入市政局的決定是否合理。胡法光等議員表示反對，認為該做法令市政局變成政治舞台、效率下降；而且，屆時 30 位市政局將不再出任 10 個區議會的當然議席，令二者的溝通橋樑僅剩 1 位議員，不利於其關係改善。另一方面，鄭漢鈞等議員表示贊成，認為這一做法令三層架構更為合理。詳細辯論參見 **1988 年 3 月 16 日、3 月 17 日**立法局會議過程正式記錄。

下編　基本法起草（1988 — 1990）

　　從 1985 年全國人大啟動基本法起草和諮詢工作開始，香港社會就開始參與到基本法的諮詢討論中。但直到 1988 年 4 月基本法（草案）徵求意見稿正式公布之後，香港社會有關政制發展的不同設想才以方案的形式大量湧現出來。比較有影響力的如“一九〇方案”、“八十九人方案”、“三十八人方案”和“查良鏞方案”等，而且這些方案針鋒相對、相持不下。與此同時，基本法諮詢委員會政制小組積極推動各界協調，港英政府行政立法兩局議員也組織了憲制發展小組，密集開會逐條研究基本法。在立法局會議中，政制方案亦成為各方議員辯論的焦點。本書收錄的 **1988 年 7 月 13 日、7 月 14 日**立法局會議過程正式記錄，**1988 年 10 月 12 日、11 月 9 日、11 月 10 日**立法局會議過程正式記錄呈現了他們的主要爭論。

　　1989 年 2 月，基本法草案發布新的一稿，並開啟第二輪諮詢。此時，北京等內地城市發生大規模的學生運動，行政立法兩局憲制發展小組加緊研究基本法，並於 1989 年 5 月 4 日提出了一個比較快速步向民主的政制方案，即所謂“兩局共識”，建議 1997 年立法會有半數議席由直選產生，1999 年有三分之二、2003 年則全部議席由直選產生，行政長官亦不遲於 2003 年由普選產生。該方案也在立法局會議上提出討論，本書 **1989 年 5 月 31 日、6 月 1 日**立法局會議過程正式記錄就展現了各方議員的態度和意見。由於受到 1989 年“六四事件”的影響，香港市民一度對基本法諮詢反應冷淡，有人甚至懷疑基本法不過是一紙空文，有人提議要抵制或重寫基本法，亦有個別港區草委及基本法諮詢委員會委員提出辭職，令基本法諮詢工作一度暫停。1989 年 6 月 28 日，英國國會下議院外交事務委員會發

表報告書，建議 1991 年半數立法局議員由直接選舉產生，1995 年所有議員都由直接選舉產生，在 1997 年之前完成全面的政制民主化過程。對此，立法局會議專門展開辯論，**1989 年 7 月 5 日**立法局會議過程正式記錄是這次辯論的記錄。

1989 年 7 月中旬開始，在基本法第二輪諮詢的最後階段，香港社會的冷淡態度逐漸消失，一時間先後冒出許多新的方案，如"新一九〇方案"、"一會兩局方案"、"四四二方案"。各方再次圍繞政制方案展開激烈討論。**1989 年 10 月 11 日、11 月 1 日、11 月 2 日、11 月 8 日**立法局會議過程正式記錄呈現了議員的主要辯論內容。

1990 年 2 月 16 日，基本法起草委員會在經歷四年零八個月的起草及諮詢過程後，終於就基本法的最後定稿達成協議，最終採納"雙查方案"和"一會兩局"方案。大約同時，中英雙方議定最後七年的政制安排，即 1991 年立法局將有 18 個直選議席，1995 年有不少於 20 席。立法局議員為此展開辯論，**1990 年 2 月 28 日、3 月 1 日**立法局會議過程正式記錄是這次辯論的內容。1990 年 3 月 21 日，布政司在立法局發表《代議政制政府的發展》聲明，就發展一個更直接的代議政制的下一步行動作出說明。本書摘錄的 **1990 年 3 月 21 日**立法局會議過程正式記錄呈現了本次聲明的全部內容。1990 年 4 月 4 日，全國人民代表大會正式頒布基本法，立法局議員再次展開辯論，**1990 年 4 月 4 日**立法局會議過程正式記錄展現了他們的態度和看法。

總體而言，隨著 1988 年白皮書的發表和基本法兩輪諮詢的啟動，這一時期的焦點逐漸由「八八直選」轉向未來政制發展，著眼於 1991 年、1995 年以及 1997 年後所採用的政制模式。而且，相較於前一時期，對政制的關注也更為全面，除立法機關外，行政長官的產生辦法、行政與立法的關係以及區議會的發展也頗受重視。對立法機關的討論亦更為系統，除成員組成和直選速度外，分組投票、擁有外國居留權的議員人數上限也成為辯論的主要問題。從各個議員的立場和理據來看，由於受到 1989 年"六四事件"的影響，加快政制改革步伐的主張獲得更多同情，但前一時期就已顯現的激進派和溫和派之間的分歧仍然十分明顯。這一時期的爭辯圍繞以下五個問題展開：

一、立法機關的成員構成和直選速度

各方議員雖然都贊成"兩局共識"方案,即 1991 年時立法局設三分之一即 20 個直選議席、20 個功能組別議席、20 個官守及委任議席,到 1995 年所有議員經過某種選舉形式選出,但他們給出的理據並不相同。司徒華、李柱銘、周美德、梁煒彤、梁智鴻等激進派議員主張:真正的民主是一人一票的直選;"六四事件"已證明"民主抗共"的正確性;"人才外流"加劇只有通過加速直選才能解決;沒有自由民主便沒有經濟繁榮;群眾運動亦反駁了香港人政治冷感的說法,表明加快民主步伐的條件已經成熟。

但田北俊、潘志輝、潘宗光、黃匡源、方黃吉雯、張人龍等溫和派議員則認為:直選只是達至民主目標的方法,民主的實質較形式更為重要,實現民主未必一定要實行直選;香港只有獲得高度經濟成就才可得到中國內地的尊重,進而享有高度自治和真正的港人治港;人才外流的趨勢不可能因提早實行直選而得以扭轉;香港的繁榮安定很大程度上有賴於香港的經濟成就;是否採取較快步伐邁向直選,仍需觀察港人這次的行動熱情能否持續下去;絕不可感情用事、忘記循序漸進原則等。上述主張及各自理據在本書收錄的**歷次**立法局會議過程正式記錄中都反覆出現。

二、立法機關的分組投票制

基本法諮詢期將近結束時,有消息傳出該制度獲得不少基本法起草委員的接納。對此,李柱銘、梁煒彤等激進派議員在立法局會議上表示反對,主張該制度的用意是確保直選產生的議員不能在投票表決時獲得多數票,以便讓行政機關控制立法機關、以及讓北京控制香港特區政府;該制度帶有殖民主義色彩,最為保守和倒退。另一方面,鍾沛林、田北俊等溫和派議員表示理解,認為分組投票的做法有其自身理由,可能是為了防止將來香港特區出現一個壟斷性的黨派政治,不過也要防止社會分裂。詳見本書 **1989 年 11 月 1 日、11 月 2 日**立法局會議過程正式記錄,**1990 年 2 月 28 日**立法局會議過程正式記錄。

三、立法機關中持外國護照或居留權的成員比例

基本法將這一比例限定為不得超過 20%。對此,李柱銘、梁智鴻等激進派議

員認為這種限制違反中英聯合聲明，而且在操作上也難以實現。另一方面，溫和派議員田北俊也表示反對，認為該制度不利於商人進入立法局，因為很多專業及商界人士可能在 1997 年前已擁有外國護照或居留權。詳細論證參見 **1990 年 2 月 28 日**立法局會議過程正式記錄。

四、行政長官的產生辦法

李鵬飛、方黃吉雯等溫和派議員堅持"兩局共識"方案，建議 2003 年時行政長官由直選選出、之前由選舉團選出，認為選舉團可以準確評估各候選人的質素，從而提高選出最適當人選的機會。但李柱銘、周美德、梁智鴻等激進派議員則堅持首屆行政長官即由全民投票選舉產生，認為大選舉團產生的行政長官是激發階級矛盾而製造政治特權的象徵；首屆行政長官任職期內確立的法例制度會影響歷屆政府，若不能以全民投票的方法選出首屆行政長官，日後將不能實現民主。詳見 **1989 年 5 月 31 日、6 月 1 日**立法局會議過程正式記錄，**1989 年 7 月 5 日**立法局會議過程正式記錄。

五、行政與立法的關係

梁智鴻、夏佳理、周美德、鮑磊等議員對基本法草案的規定提出批評，如議員須事先獲得行政長官的書面同意方可就政府政策提出法案、行政長官有權於立法會未能通過政府所提交的重要法案時將之解散等；同時主張賦予立法會更多權力，如增加政府應向立法會負責的事宜、授予立法會有權對行政長官投不信任票並報請中央罷免、有權對涉及公共利益的重要問題進行調查等。但李鵬飛等議員則主張保持二者的緊密關係，建議規定行政會議最少有半數議席應由行政長官委任立法會議員擔任、行政長官應按照社會需要委派立法會議員出任由其決定的諮詢委員會成員。詳見 **1989 年 5 月 31 日、6 月 1 日**立法局會議過程正式記錄，**1990 年 2 月 28 日**立法局會議過程正式記錄，**1990 年 4 月 4 日**立法局會議過程正式記錄。

目錄

上　編

_____

港英代議政制改革
（1985－1988）

1985 年 10 月 30 日
總督施政報告

二、本港代議政制的發展，已有一段日子。市政局多年來已有民選議員；一九八三年，該局民選議席增至 15 個，選民資格也大為放寬，並首次以地區為根據選出市政局議員。至於區議會方面，則在一九八二年開始有部分民選議員；到了今年初，區議會民選議席已大為增加。新的區域議局選舉，將於明年三月舉行。在這個發展過程中，政府一直謀求進步而同時保持安定，今後仍會繼續朝著這個目標去做。在這個發展迅速的世界，任何社會都會變遷，社會制度自然也須相應調整，以配合設立這些制度的社會本身日新月異的需求。在作出調整的時候，並須充分顧及維持社會安定的必要。香港在社會經濟方面能夠獲得卓越成就，就是因為香港是一個安定的社會。進步和安定必須相輔相成，缺一不可。

三、談到本局的運作，相信各位議員，無論是由選舉團組別或功能組別推選出來，也無論是委任或官守，都能認識到，當我們置身在這個會議廳內，就都是本局的一分子。雖然每位議員可以有其個人所負責的對象，但我們全體對整個社會都有一份共同的責任。我們所批准的政策和通過的法例，不但會影響個別議員所代表社會某部分人士的日常生活，也會對香港每一個人的日常生活有所影響。在這會議廳內，我們可能會就各項問題激烈辯論，不過，我們都應該時刻不忘對社會的共同責任。

四、毫無疑問，新的立法局很快便會有自己獨特的辦事作風。在這方面，我們可以承接以往一個相當成功的模式來建立自己的辦事風格。多年以來，本局議員曾就各項重要問題代表社會發言，在這方面有著輝煌的記錄。他們曾經審核和通過數目可觀的法例，這些法例提供了一個架構，使香港得以依著這個架構而發展成今天這樣成功的社會。通過政府、立法機關和社會三方面不斷協商的程序，才能產生這樣的社會。這個協商程序，正是香港獲得成功的主要因素，因此，政府堅決打算繼續採用，並會加強這個協商程序。

五、在未來的十八個月內，我們必須監察本局各項新措施的運作情況，然後在一九八七年檢討時再作評核。一九八五年的改革，是以過去一直對香港發揮良好作用的各項制度為基礎，保留了這些制度的精粹。在中央階層建立一個切合香港本身需要、並與香港本身各項傳統協調的行政架構，對香港十分重要。因此，一九八七年的檢討，必須注意若干問題，包括：本局的成員比例應否再作更改、應否進行直接選舉、行政局和立法局的關係應該如何，以及其他事宜。在檢討以前，市民定會紛紛就這些問題加以討論，這點殆無疑問。

二、政府的結構和運作

......

（甲）結構

七、一九八五年是區議會取得重大進展的一年。在三月七日的選舉中，經直接選舉選出的區議員數目，從 132 名增加至 237 名；此外，另有 132 名來自社會各階層的人士獲委任為區議員，這樣的成員組合，大大提高了區議會的代表性，並確保有經驗之士，得以留任。經改組的區議會，在改善其所屬地區的環境，和反映當地居民對本港各項問題的意見方面，已證明功效卓著。

八、臨時區域議局已於本年四月一日設立，並已全力展開工作，以便為將於明年四月一日成立的正式區域議局，作好準備。和市區的市政局一樣，新成立的議局，也是財政獨立，而其主要收入，同樣是來自差餉。這個議局負責主要市區以外的環境衛生和文娛康樂各方面的事務。我深信區域議局定能勝任這些重要工作，其成就和成立已久的市政局相比，相信也不遑多讓。

九、跟市政局一樣，區域議局的議員，很多也會經由直接選舉推選出來。區域議局所服務的地方，包括地理環境迥然不同的社區，由各大新市鎮，以至較古舊的墟鎮、鄉村和離島都有。有見及此，區域議局有九名議員，將會由區議會推選出來，另有三名當然議員，則由鄉議局的成員出任。這樣的成員組合，使區域議局在制定政策時，得以妥善地照顧到整個區域和各組成部分的需要和利益。

十、這個三層管理架構的最高一層便是以新面貌出現的立法局。在建立這個三層架構時，我們曾殫精竭慮去研究如何使層與層之間，建立起緊密的聯繫來。

市區的區議會，有市政局的議員出席。而區域議局的成員，則有來自其所服務地區的區議會議員。至於本局的成員，有來自區議會的，亦有來自屬於第二層的市政局和區域議局的，除此之外，還有來自各個主要功能團體和社會各個階層的代表。這個體系整體上既具代表性，亦有緊密的聯繫。

1985 年 11 月 27 日
致謝議案辯論

布政司提出動議：

「本局對港督之演辭，謹致謝意。」

張鑑泉議員致辭（譯文）：

政治上，我們必須尋求和發展一個最能適用於按步實施聯合聲明內容的制定架構。這並不是一件容易的工作，因為這個架構必須能夠在通向一九九七年的過渡時期內，順利地實現預期中的各項安排，同時為促進香港未來的穩定及繁榮提供有意義的基礎。要達到這些目的，我們必須得到來自各方面的忍耐、瞭解和衷心合作。

可能國際外交上一貫的公式就是在談判時不應過分信任對方，而很可惜今次對香港的談判亦不能例外。雖然英國和中國都一再公開聲明他們對香港的共同目標，表面上雙方互不信任的程度仍高。中國似乎對英國提出的任何建議都抱著懷疑的態度。當然這是出於謹慎。但無可否認，這種謹慎假如過分，便會妨礙問題受到正確和客觀的分析，更只會對嚴重的問題造成不必要的延誤，而未能加以解決。另一方面，英國好像採取了一種滿不在乎的態度，而初期也沒有怎樣費力去消除中國對她的不信任。雙方在有些建議提出時可能充滿誠意，但當談判中遇挫折時，好像都欠缺了為香港尋求圓滿解答的衝勁。一種很易誤蹈的想法就是：「對方永遠不會明白，所以再努力也沒有用。」假如雙方在未來的幾年不積極去糾正這種思想方式，肯定難以順利達成共同的目標。

因此，我促請雙方在磋商時同情、瞭解和仔細衡量香港人民的焦慮，同時緊密和切實合作，謀求可以培育和維持大眾信心的解決辦法。至於香港的人民，不

論私底下怎樣想，我們都必須承認和面對一個事實，就是未來特別行政區政府的權力將源自中國中央政府。香港大部分人士所深切關注的，是中國將來可能發生的變動，而不是中國會否接受直接選舉制度。我們存有失落和不明朗的感覺，因為我們懼怕中國會顯著地改變目前政策的途徑，而不是懼怕香港將來的立法機關是否主要由直接選舉產生。實際上，有一件事是顯而易見，同時我們亦不應對它存有任何幻想：特別行政區所享有的高度自治權並不是獨立，亦不相等於由普選制度產生民主政府內的行動自由。未來的特別行政區政府必須極端謹慎從事，並不時衡量香港人民的利益是否符合中國中央政府的利益。拒絕接受這個事實，我認為是絕對愚蠢的行為。

事實上，假如我們期望在這種自治的環境下取得繁榮和穩定，就必須以維持經濟發展為當務之急。這固然是因為我們一向長於賺錢之道，同時，其他理想的目標亦可按部就班去達成，無需操之過急。最近，我發覺來自一些團體的人士，採取了過分急進的態度，遠在立法機關有機會（在一九八七年時）檢討現時的架構前，強迫社會接受一種新的政府形式。這種高漲的情緒，加上和建議成立基本法諮詢委員會有關的直接選舉代表的請求，都屬過分急進的態度。

有人說，香港民主化的過程是不能停止的，而且，在一九九七年以前，必須設立一個完全或至少一半經直接選舉產生的立法機關。甚至有人建議，由直接選舉產生的民主特別行政區政府，才是唯一的理想架構，足以抵受中國因缺乏節制可能產生的不良後果和壓力。有些人在進一步支持推動直接選舉時，甚至認為最近的功能組別選舉形式應由直接選舉替代。

主席先生，在你的允許下，我謹公開聲明我並不如一些人士的想像，對直接選舉深惡痛絕。我對這個問題保持開通的態度。我甚至會主張，隨著香港社會政治經驗的增長，我希望將來的憲制架構中能有不同程度的直接、全港性和一次過形式的選舉。

我同時堅信，基於香港的獨特情況，我們在研究直接選舉的利弊時，應該採取實際和理智的態度，全面顧及穩定和繁榮的公認共同目標，同時，在分析問題時避免傾向理想化和情緒化。此外，在作出任何堅定的決策時，我認為應該首先檢討以間接選舉來開始香港憲制發展的理論基礎。我們必須考慮這個制度能否符合原有目的，選出才幹足能勝任立法局議員的人士。假如間接選舉出現問題，我

們便應考慮能否解決這些問題和改善這個制度。未給予間接選舉公平衡量前，將這個制度放棄，真正理由到底是甚麼？除了理想信仰外，我實在看不出有甚麼實際理由，香港要那樣急不及待地確立直接選舉的好處。

主席先生，就算我們最後結論有需要將來在直接選舉方面進行一些試驗，我們仍需面對一項事實，就是香港並不是，亦不會成為一個獨立的主權國家。我們一向在缺乏政治經驗的情況下生存和發展經濟。目前，千萬不要過急地將劇烈的轉變納入我們的成功公式內。無論如何，香港目前和未來的生存都須倚賴經濟上的成就。我們不能犯錯失，因為我們負擔不起這種浪費。假如香港的繁榮因本身的急躁而受到威脅，就永遠不能達到我們的雙重目標：為將來的特別行政區政府發展一個政治架構，一方面得到香港人民和中國中央政府的尊重，而另一方面又明確地有能力助長香港的地位，成為穩定和繁榮的國際商業及財經中心。

周梁淑怡議員致辭（譯文）：

很多問題亟待解決。

香港從未用過中英協議所述的方式，來挑選自己的行政長官。屆時會採用甚麼方法？誰人有權選舉或挑選？

另一項重大的變革，是立法機關產生的方式。這裏將不再有委任制度。只有各種不同的選舉方法可供選擇，但必須是選舉。

毫無疑問，選舉的方法會引起不少爭論。單單是選舉的形式已有多種選擇，例如直接選舉與間接選舉、秘密投票與公開投票、簡單多數票與絕對多數票等等。其他選擇還有例如全港選舉與分區選舉、按社會功能劃分選民組別與不分組別選區普選的比例等。這些方式必須經過全面探討，然後才可決定應否予以採用、修正，還是捨棄。此外切勿忘記，選舉是一種選擇的方法，目的在使到獲選的候選人要對所代表的市民負起更大的責任。選舉本身並不是一項目的。但最重要的是，選舉絕不應危及本港現時享有和必須有的安定局面。

……

目前本港的立法局選舉，採用直接與間接選舉混合辦法。一些功能組別例如醫學界、教育界、法律界以及工程師和有關專業人士，已經採用合格選民直接選

舉辦法。其他功能組別透過獲授權的代表，採用「一個單位一票」的辦法。區議
會方面，當然採用選舉團辦法。

在四個專業功能組別內的直接選舉，最後似乎已獲認可；但是把四項專業合
併在一個工程界功能組別內則被認為不理想。會計師不獲包括在功能組別內，一
般都視作一項不幸的疏忽。

在其他功能組別內的間接選舉，亦似乎已獲得接受；雖然在社會服務功能組
別內，有關應否採用直接選舉，並同時實行「一社會工作者一票」制度的辯論，
仍然未有結論。地產發展商認為他們應有一席位。如果我們考慮這行業在香港的
重要性，我認為他們的要求是完全合理的。

社會人士的一般意見，一致認為選舉團推出的候選人質素很高；但是對於所
獲席位的數目少於地區的數目的事實，有人表示不滿意，以致在競選期間這情況
曾引起不必要的不協調。此外，亦有人認為這制度造成選舉團的選民就選擇候選
人方面，不需向各自的選民組別負責。

當局可以考慮下列三個辦法，去調整所提出的安排。

我們可以考慮採用單一名表制度，以代替 12 個選民組別。假定現行制度予以
保留，要保證負責任性的另一個辦法，就是在選舉團內保持開放選舉。第三個可
能辦法就是索性准許直接選舉以代替選舉團的辦法，俾使根據不分組別選區普選
出來的立法局議員，能夠直接向他們的選區負責。

有關在一九八八年有限度實行直接選舉的問題，社會人士有相當踴躍的支
持；但同時在本港社會的保守派方面，對於普選權亦有若干反抗。「免費午餐」的
爭辯已是人所熟知的話題；而反對派系參政對社會安定所構成的威脅，亦是真正
為人感覺憂慮的問題。

我們必須承認有此憂慮和期望，但同時我們亦必須承認本港的社會，會出現
停滯不前和衰退的危機，這現象足以危害市民的信心，並可能似非而是地危及我
們要維持的社會安定。因此本港的政制改革必須按照聯合聲明清楚列明的方式進
行。改革的方向是明確的，而目標亦已確定，但速度則由我們自行決定。但我們
有的時間不足 12 年，如果在制定最後的架構前須有一個順利的過渡時期，則時間
將會更少。倘若我們將決定的時日更作拖延，我們將需要在更短的時日內進行更
多的改變，這表示更易於造成不安定的局面。這現象肯定會危害到本港、中國和

英國的利益。

李柱銘議員致辭（譯文）：

為確保「香港現行的社會、經濟制度不變；生活方式不變」，香港的政制必須改變，好使政府更為開放、負責和民主，並具有高度自主權。

在「聯合聲明」公布以前，香港有許多人不相信「一國兩制」行得通，香港的資金和人才亦出現外流。「聯合聲明」恢復了港人的信心，因為他們認為這個構想雖然不易實行，但仍有可以取得成效的機會。事實上，有不少人願意竭力使這構想實現；他們準備犧牲自己的時間以至事業為香港的將來作一點事。但他們的心裏仍有一個疑問：究竟中國會否干預香港的內政 —— 不論在立法、行政決策或司法程序？

因此，港人開始認真地尋求一些保障，他們明白這些保障必須與「聯合聲明」保持一致，他們這樣做是不足為奇的。許多人相信唯一可能的保障，就是發展出一個制度，從而產生真正有效和享有高度自主權的特別行政區政府，好能夠抵禦外來的干預企圖。這個制度的成功不可取決於區區幾個人的正直誠實和能力；反之，當權者應能從這個制度中得到支持。在這方面，又有甚麼能比一個由港人委任當權者及港人可撤換當權者的制度更好呢？在這樣的一個制度下，如有任何干預或企圖干預的情況，當權者可以這樣說：「港人是不會容許的。」而「聯合聲明」之所以載明行政機關必須對立法機關負責，而立法機關則由選舉產生亦是基於這個原因。然而，除非本局議員是由港人直接選出，否則這些明文規定是毫無意義的。這一點是直接選舉背後的理論基礎，也是許多港人在過去和現在大力鼓吹香港需要直接選舉的原因。事實上，這是我們實現「一國兩制」理想的唯一希望。主席先生，這個已成為當今時代的精神，是誰也無法抗衡的。一旦除去它，那偉大長者美麗和勇敢的夢想就會變成夢魘，而我們的自由也不再有所保障。

源於「代議政制在香港的進一步發展」白皮書所載建議而於本年九月舉行的選舉，受到廣大市民的好評。依我的提議，為能在「聯合聲明」的範疇內，朝著一個更加開放、負責任民主政府的方向邁進，最自然和合理的第二個步驟就是在一九八八年推行直接選舉。我這項提議，是跟隨白皮書的建議：「各界人士都認為

應該⋯⋯在一九八八年逐步開始，先直接選出很少部分的議員，然後按次遞增，至一九九七年便應有相當多的議員通過直接選舉選出⋯⋯總括來說，雖然大多數人贊成直接選舉，但極少人希望在短期內便實行」。就文意而言，所謂短期乃是指一九八五年九月。

主席先生，我並未察覺市民大眾在這方面的看法有改變的跡象，相反來說，基於我及許多近期當選的議員同寅的政綱，明顯地，我們這些在競選運動中保證支持在一九八八年實施直接選舉的議員已獲得選民的支持和授命。而其所涉及的範圍極廣，包括大部分區議會及按社會功能劃分的功能組別在內。

反對直接選舉的人士憂慮「不當的人選」會被選入本局，社稷會不寧，經濟繁榮 —— 香港成功的核心 —— 會備受威脅。但是，主席先生，本港經濟的成就，亦是香港存在的中樞，是有賴其他各方面的支持，乃是不能分割而獨自求存。或者容許我借用本局同寅鄧蓮如議員曾作的著名比擬：「本港經濟並非導致我們成功的唯一支柱，同時它亦不能賴己以存」。

主席先生，只有在港人相信「一國兩制」的原則可以實行的情況下，我們經濟的強度始能維持，換言之，港人需要相信邊境外那強大政制不會干預我們這微小的政制，即使遇有此等干預意圖時，港府亦有足夠的力量及效能予以對衡。倘若我們期望中國不試圖或不加以干預的話，這是不切實際的。我們必須具備心理準備。事實上，在此際，每個市民，就是懼怕推行直接選舉的市民亦然，都應該清楚，除非我們有直接選舉，否則我們不可能有一個有效和有高度自主權並能確使到我們的制度得與中國其他部分分開的政府。倘若一旦如此，資金及人才繼續外流，而即使本港的局面幸保不亂，但經濟將告萎縮並無疾而終。

然而，有見於本港的政制改革宜循序漸進，我建議在一九八八年經直接選舉產生的議員只佔本局議席 25％。至於日後的發展，我們應留待一九八七年進行檢討後始行商定，而該項檢討亦應盡快進行。我們亦需在一九八八年選舉之後，再行檢討評估情況方才決定以後的政策。

主席先生，我不明白何以有人會說推行直接選舉是違反「聯合聲明」。「聯合聲明」雖然沒有說明立法機關應由直接選舉產生，但它亦未對此加以禁止。在世界上所有資本主義國家裏，絕大多數是有直接選舉的，而直接選舉是被公認為最好的選舉方式。既然「聯合聲明」明確規定香港在一九九七年後維持資本主義

五十年，則在選舉方法上效法世界上其他多數資本主義國家的做法自是合乎邏輯之事。

主席先生，我有信心一旦實施直接選舉，將會為香港人所接受，包括現時對直接選舉存有疑慮者。不管將來能否取得成功，這是我們唯一的希望；沒有人為給予我們未來特別行政區政府高度自主權而提供一個更佳的方法。

再者，一九八八年直接選舉的經驗定會對「基本法起草委員會」和「諮詢委員會」兩者有所裨益，因為他們可自行判斷這個實際經驗究竟表明直接選舉是成功抑或失敗。

主席先生，我想用一條方程式來總括我的發言：

繁榮安定＝一國兩制＝毫無干預＝有效率政府＝向人民負責＝全面民選的立法局（最少 25％的議席經由直接選舉）。

我稱這個為「成功方程式」，我並相信這是「聯合聲明」中所載的。

主席先生，每個人都希望目睹「聯合聲明」付諸實施，沒有人願意看到這個政府變成「跛腳鴨政府」。更沒有人願意目睹中國當局在這個過渡期或在以後對管理香港的問題橫加干預。但主席先生，縱使我們的政府首長天天登高振臂疾呼，謂港府並非「跛腳鴨政府」，也是無濟於事的。以事實給我們引證吧！同樣，中國領導人就是登高向邊界的這方疾呼說他們將不加干預也是無濟於事的。以事實給我們引證吧！

主席先生，這個政府不能在這幾個至關鍵的年頭被迫消極靜待「基本法」的公布。香港未來政制改革的方向經已在「聯合聲明」中列明，沒有甚麼原因我們不可以現在就朝著那個方向前進。同樣，本局各同寅也不應被迫三緘其口和無從辯論或審議香港未來的政制改革。我們的任期僅有三年，如果我們不專心致志去處理當今至為迫切的問題，我們又怎能忠於我們真心竭誠為港人服務的誓言呢？當然，我們會聆聽港人的觀點，但我們亦必須認清一件事，就是只有港人才能告訴我們該作甚麼事。其他人一概不能。

李汝大議員致辭（譯文）：

主席先生，今屆立法局加入選任議員，乃代議政制創新的第一步，亦為百餘年傳統的興革。既然成功開始，當然期望繼續發展。例如選舉議席的增加，以至加入更為直接的選舉方法，相信都是順應自然的演進。就選舉原則而言，投票人數越多則結果較難影響，而直接選舉選民必定多於間接。試作一個比喻，直接選舉類似「自由戀愛」，間接選舉類似「媒妁之言」。即使古代媒人安排婚姻，離婚率遠低於現代自由戀愛，今日婚姻仍取自由戀愛。故直接與間接選舉之間，整體社會人心何向？大概不問可知。固然政制興革必須循序漸進，不能一蹴即就。究竟循序亦得向前推進，豈容停滯不前？何況香港在一九九七年後的政制，必以目前 12 年為基礎。現在已達到「十二年非久，必爭朝夕」的地步。香港人必要妥善掌握 12 年過渡時期，建立效能優勝的代議政制，作為「一國兩制」的根據。

代議政制包含三個層次：即是立法局、市政局及區域議局、區議會。各層次連成完整系統，中央政策機構與地區基層聲氣相通，將使中央決策更多考慮公眾意願。區議會既為三個層次中最接近民眾者，區議員角色最宜充分利用。當局宜考慮提供合理資源，使區議員更有效地服務市民，包括協助設立辦事處。另外某些專業，例如教師，須在規定時間地點執行職務，當局亦宜考慮妥善安排，使能在適當情況下暫離職守，出席區議會會議或履行公眾任務。

黃宏發議員致辭（譯文）：

我充分支持政府現時致力於進一步發展本港的政制，和確保本港能夠順利過渡至一九九七年基本法生效的階段（基本法尚待中國全國人民代表大會制訂），但我認為只有把公共事務視作一種解決疑難的工作，而不是一項理想化的策劃任務，本港才可以取得恰當而非有害的增長和發展。我們人人都有擬訂一項周詳計劃，然後按照計劃全力進行的傾向。但即使這項計劃有良好的實施步驟，我們也不要存有自欺欺人的想法，因為涉及公共事務的每一項措施，都會帶來許多未能預見和意外的後果，而我們必須先解決因而引起的問題，然後如有可能才可以採取下一個步驟。

我更提議應按照問題的迫切程度來加以處理，故此必須優先處理尚待解決的問題，然後才考慮預期會產生的問題。在政治方面，鑑於一九九七年政權便會轉移，已有很多人就這方面發表言論，甚或採取行動。現時又有很多人要求在一九八八年進行直接選舉。我本人認為直接選舉較間接選舉為佳，而由按照區域劃分的選舉團體來進行直接及／或間接選舉，又較以功能團體為基礎為佳。但我並不覺得這是一項迫切的問題。一九八七年很可能是考慮由選民直接選出立法局議員的適當時機，而一九八八年亦很可能是開始推行直接選舉的理想時間。但仍須考慮與一九九七年前瞻有關的問題，而目前卻有更為迫切的問題需要應付。說不定在解決迫切的問題後，直接選舉便會順理成章地發展。

1986 年 10 月 8 日
總督施政報告

（2）政府的結構

8. 本港政府的一般結構，在區議會、市政局、區域市政局和中央立法機構這幾個層面上，目前運作良好。從過去的一年看，這個結構很適合香港。

9. 我們在一九八七年便會檢討政制的發展，並且研究進一步發展代議政制的問題。這項研究是政府在未來一年中最重要的工作之一。我們的社會並非停滯不前的。如果證實市民普遍都渴望能更多地參與政府工作的話，我們就必須正視容許這種發展的需要。

10. 在一九八七年進行的政制檢討中，將對自從一九八四年白皮書發表以來的種種發展和市民對這些發展的反應細心加以分析和研究。政府在檢討中將考慮是否應該作進一步的改革，和如果進行改革的話，應在甚麼時間開始進行。政府在明年的上半年度將發表一份綠皮書，徵詢市民對上述各項問題的意見，包括本局議員的成員組合和選擇本局議員的方法是否應進一步改變的問題。在目前，有不少重要問題都是眾說紛紜，莫衷一是。因此，政府將以充分時間去諮詢社會人士的意見，然後才作出確實的決定。我預期政府經過諮詢工作後，將在一九八七年杪編訂好白皮書。

11. 過去一年內，中華人民共和國全國人民代表大會所設立的基本法起草委員會和轄下的多個專家小組，對一九九七年後可能對香港特別行政區政治結構有重大影響的問題，和對特別行政區與中央政府之間的關係的問題，都曾加以討論。基本法諮詢委員會反映了香港很多階層市民的意見，而在傳播媒介和其他的地方，也有積極的辯論。制訂基本法，是中國政府的責任，但所有有關方面都必須常常留意有關的討論。正如我在去年所說，我肯定中英兩國政府會隨時留意對方關切的事情和意見，也留意港人發表的意見。這是維持港人信心和確保一九九七年順利過渡的最好方法。

12. 現在要提議作一項小小的更改。這就是：大體上，我們以後不再用「立法局非官守議員」的名稱，因為這個名稱可能使不熟悉本局工作的人產生誤解。其實，所有議員都同是局內的成員，因此，我們須使用一個能反映這點的適當名稱 —— 那就是「立法局議員」。隨著這個名稱的更改，以後「行政立法兩局非官守議員辦事處」亦應改稱為「行政立法兩局議員辦事處」。

1986年11月5日
致謝議案辯論

布政司提出動議：

「本局對總督的演辭，謹致謝意。」

李柱銘議員致辭（譯文）：

主席先生，到了一九九七年的時候，有多少本局的同僚會仍然留在香港呢？甚且，即使是一九九二年，我懷疑我們之中還會有多少人留在這裏呢？

英國廣播公司最近做的一個調查顯示，約有八成受訪的香港市民表示他們在九七年時仍會留在香港。有人問我覺不覺得這個數字看起來很讓人有信心，尤其是當遠東經濟評論把香港形容為「恐慌之城」的時候。我答他們說這個數字毫無鼓勵作用，因為夠資格移民的香港人根本遠少於 20%。如果這個調查所顯示的是約有兩成的香港市民將會或希望會在九七之前離開香港，這實在是令人擔心的。

在聯合聲明簽署之前，有許多人離開香港並不足為怪，因為大部分在香港的中國人之所以來到這裏，正因為他們不願意生活在共產的政權下，又或是他們的父母為著這原因把他們帶來香港。如果他們為了不願意回歸到共產社會去而離開香港，實在是非常自然的。真正使人憂慮的是聯合聲明自簽署至今已有兩年而移民的浪潮仍未止歇。聯合聲明裏卻是已經保證了我們將繼續享有資本主義的制度、同樣的生活方式和所有的自由，直至九七之後的五十年。更加教人擔心的是不單那些四五十歲的成功的有錢商人、專業人士和企業家在大舉移民，就連二十餘歲、三十出頭的青年人也正在加入這個申請移民的行列。這些年青人當中有許多是在事業上已漸露頭角的，如果能夠留在香港，將來肯定是社會的棟樑。

主席先生，我並非危言聳聽。但我一向都相信承認問題存在然後努力解決，

遠比假裝毫無問題更為積極。當然，一個在香港的遊客可能會覺得我們一切都很好，沒有甚麼問題，因為他看見的是恆生指數創下一個又一個高峰，許多高樓大廈正在興建和一間間訂滿位的酒店、擠擁的商舖和茶樓。但我們知道事情不止如此。我們知道在這個受太陽映照而閃爍生輝的冰山的尖端下，有一道非常強烈卻看不見的暗流，流著對前途的不確定和恐懼。

在不久之前香港人的哲學仍然是：用最大的努力，在最短的時間內，賺最多的錢，然後離開這兒，因為知道我們都是在一個「借來的時間」裏，活在一個「借來的地方」。但現在有更多的人採納了一個新的版本，變成了：用任何的手段，在最短的時間內，賺最多的錢，然後一走了之，因為我們現在是在要歸還的場地打著一場加時的比賽。

然而，我們能夠怪責這些人嗎？畢竟，他們在這個政府和這個立法局上有看到甚麼榜樣嗎？

主席先生，如果香港的市民無法相信將來的特別行政區政府能夠保障他們的自由，我恐怕我以上說的種種不愉快狀況將持續下去。不錯，我說能夠「保障他們的自由」而不是「保障他們的繁榮」，因為繁榮並不是每個人都有份，至少，並非每人都可分享同等的繁榮。但自由卻是我們每個人不分貴賤都可以享有的。

面對這情況，有辦法嗎？答案是有，但不容易。我們必須用行動而非言語使香港人相信他們在香港是有將來的，他們的自由是會被維持的。落實點來說就是要確保聯合聲明裏所承諾的一切不會被基本法收回；聯合聲明裏沒有明確協議的事情，亦必須得到解決 —— 使基本法的定稿不會逾越廣大市民所看見的聯合聲明裏定下來的底線，並得到香港市民的接受。然而，最重要的一點就是香港市民必須看見他們的政府有決心和有能力地去管治且沒有北京的干預。要做到這一點，中國和英國的政府必須多點互相信任；可喜的是，最近已有這方面的徵兆。

就中國與香港來說，同樣地我們需要更多的信任。中國的領導人必須明白到，若要一國兩制成功，他們必須相信香港人是有勇氣和力量去組織及管理自己的政府的；他們必須確保基本法是實在地將高度自治權交予特別行政區政府；並且，他們必須容許我們發展一個能夠真正行使這高度自治權的政治體制。在我們這方面，我們必須認識到香港的前途與中國是息息相關的。儘管不接納共產主義，我們愛中國，因為這是我們的祖國。但愛中國之餘，我們更加要愛香港，因

為這是我們的家。

至於本局的議員，我們必須思市民之所思、感市民之所感、言市民之所不敢言、置市民的利益於一己之上，不然，無論是選舉的或委任的都不配坐在這個立法局裏。同時，我們必須培植一份對香港的歸屬感，這是我們一向所缺少的。沒有歸屬感就沒有全心全意的努力；沒有全心全意的努力，香港就沒有將來。我們絕不能視香港為通往自由世界其他國家的踏腳石，而必須視它為我們的家。總而言之，我們要讓中國的領導人知道我們有信心能管好香港。

然而，因著人性的局限，我們看到有些香港人自私地企圖維護他們自己的既得利益。他們把香港的成就歸功於自己，認為沒有他們的資金和投資，香港的經濟便會崩潰。他們根本不相信民主、不相信其他人；因為他們只相信自己。他們以為金錢就是一切，卻忘記了他們的錢都是靠香港賺來的。沒有穩定的政府、良好的法律和秩序、有利的經濟環境，以及最重要的，這一群誠實勤奮的工人的血汗，他們的金錢又從何而來呢？他們現在說要參政，要統治其他所有的市民。他們企圖剝奪其他香港市民的一個基本的權利，不讓他們透過民主選舉過程參與管理他們自己的事務。他們不合理地指稱直接選舉會帶來社會動蕩，破壞我們的經濟。他們建議精英統治，富者集權，他們堅持香港的市民政治不成熟，無法為自己選擇行政首長和立法局議員，因而他們毛遂自薦來統治其他的市民。但這些人究竟有沒有想過他們自己又是否夠資格去管治呢？他們受過甚麼政治訓練，比常人更有經驗嗎？如果他們不相信香港的市民，為甚麼要香港的市民相信他們呢？

主席先生，我們是在一個有法治精神的制度下成長的，法治的精神要求「法律面前，人人平等」。也許這正是資本主義制度的精華，而中國是想香港在九七年後的五十年都維持資本主義制度，順理成章地，每個成年的香港居民都應該得到平等的一票而無分貧富。要把現今的法治制度換作精英統治，試問怎說得過去？

主席先生，許多人問多年來我們沒有民主卻仍然有自由，為甚麼現在要民主呢？我們必須明白，這自由並非來自港府，而是從英國的民主政體而來的。設若香港的政府濫用權力，不經審訊而拘留市民，將會有人在英國的國會上提出質詢，甚而會令英國政府倒台。故此，我們現今的自由實在是因著英國政府的民主才有的。並且，我們和英國之間還有多一重的連繫：我們都擁有資本主義的制

度。可是，到了一九九七年，當我們和英國的連繫中斷而回歸到祖國時，我們有沒有把握中國的全國人民代表大會能繼續保障我們的自由？我們知道，中國行的是共產主義，中國共產黨實際上是凌駕於法律之上的。今天，中國裏仍然有許多人未經審訊便關了進牢，儘管這是違法的。有不少為著良知而坐牢的人，包括一些年老的天主教神父仍在獄中，然而，我們從未聽聞有任何人在全國人大裏就這些政府濫權的問題提出質詢。

有些人錯誤地以為就算沒有民主政府，只要有法治和司法獨立，一樣可以維持現有的自由。但行政機關若不斷企圖干預司法工作，司法機關又怎能保持獨立呢？我們的法官唯有以身殉道，不然便得辭職。起來取代這些法官的相信絕非自由的捍衛者。主席先生，如果我們希望法治和司法獨立在未來的歲月裏得以維持，我們必須有一個向市民負責的行政機構，以使在權位者必須奉公守法，因為他們的權位是源於市民透過民主選舉過程所顯示的意願。如果他們不好好地執政，在下一次的選舉中便要失勢。主席先生，很多人會說這是很基本的道理，然而我必須在本局裏把它重複，因為有些香港人，包括了好些我尊敬的同僚，都正在對民主的價值表示懷疑。雖然中國政府和英國政府在聯合聲明裏都已經承認了這是重要的。因為中英雙方都意會到唯有透過一個民主和有代表性的政府，特別行政區才能夠真正享有高度自治，把資本主義制度和社會主義制度分隔開來。在這樣的制度下，在權位者擁有其所治人民的支持和授權，他們才可以有信心地在涉及中國內地和香港的利益衝突的情況下衛護我們的自由和我們的利益。

主席先生，民主<u>並非</u>如有些人所說的是繁榮的對立。那些反對民主的人建議的是一個怎麼樣的制度呢？他們不讓別的香港人有相同的參與政治的機會，要確保行政首長和一部分的立法局的議員的選舉都操縱在有錢人的手裏，為的只是要維護他們自己的既得利益。

主席先生，一個擔保有錢人可以控制其政府的政治制度本質上是有危險的地方的，因為當權的施政時必然會以自身的利益為重。這將會是一個有錢人選的、有錢人<u>當</u>的、<u>為</u>有錢人做事的政府。這樣的政府必然腐敗，因為在世界各地，經常有人靠「關係」來做生意。在中國尤其如此，因為講「關係」、搞裙帶關連、走政府部門的後門、串謀做檯底交易的緣故，很少有公平和公開的競爭。這對國際貿易來說是一椿壞事。中國本身也知道，故此亦正在努力阻止這些情況繼續下

去。如果那些自封的領袖真的得償其願，香港便會充塞著這些腐敗的行為，我們
的國際貿易中心的美譽亦將受損，然而那些有錢人仍口口聲聲說這是為香港的繁
榮和安定好的，真是何等的幼稚無知！這些人若真的得勢，廉政公署多年來的
貢獻將會一夜間盡成泡影。事實上，廉政公署和商業罪案調查科肯定要解散。當
然，我們仍會有一段時間是商家們可以趁機撈一把的，但肯定不會長久。因為外
國投資者必然會對香港失去信心，而我們的經濟也將變得一場糊塗。到了那個時
候，我們的企業鉅子便可以移居到海洋彼岸更青翠的草地去。

主席先生，這樣的制度壓根兒就行不通。它不能夠使當權者在中央政府面前
維護香港人的利益，因為當權者沒有全港市民的授權和支持。這制度只會令政府
無法實踐高度自治，因為一個政府若只得一小撮人的支持，它便無法不尋求中央
政府的支持，如此一來便會成為扯線玩偶。我不相信這會是中國所願意見到的，
因為這將令一國兩制、港人治港的大原則無法施行。

主席先生，我很慶幸這個方案只有少數的人擁護，且都是同一階級的，富有
而自私、對香港沒有委身的人。其他的市民，像政見和專業團體、學者、大學生
等等都紛紛表達了他們對這方案的最強烈的反對。這證明了香港的市民已達致了
一定的政治上的成熟程度，而這事實是這小撮人所拒絕承認的。主席先生，選我
進來立法局的法律界也是大多都反對這方案，我為著得以在本局成為他們的代表
而感到驕傲。

主席先生，請不要以為我是反對有錢人參政。剛剛相反，他們的經驗和專長
可以對香港的行政作出有用的貢獻，我非常歡迎他們參與。但他們必須像自由世
界的其他國家的有錢人一樣，由人民選出來，為人民工作。他們毫無根據地認為
有直接選舉，工人便會要求「免費午餐」，但卻沒有留意到在不想參與公平選舉
之餘又堅持要得到立法局一定的席位，他們簡直正在要求一份「政治上的免費午
餐」。

主席先生，在閣下的施政報告中屢次強調必須維持香港的安定繁榮，這點沒
有人會有異議，只不過如何維持這安定繁榮直到一九九七，閣下卻是沒有提及。
因為很多人都相信到了一九九二年甚或更早，香港的經濟便會因投資的衰竭而變
得非常脆弱。

主席先生，沒有人願意看見聯合聲明失敗，每個人都希望協助一國兩制的

計劃,使它成功。沒有人願意看見我們的經濟衰敗,每個人都希望香港能繼續安定繁榮。但我們怎樣才可以阻止社會的「精英中的精英」不斷移民?只有一個方法:我們需要在八八年在立法局加入直接選舉的成分。開始的時候可以是一個較輕的 25% 的比重,同時保留其他三種議席,即功能團體、選舉團和委任議席,各佔 25%。在這方面,我同樣地有著我所屬的法律界功能組別的清晰的授意,本來我競選時的政綱就是這樣要求的。一九八八年的選舉之後,我們需要在八九年或九零年有另一個政制檢討,看看香港市民是否喜歡直接選舉,當然,也看看有錢人的反應,然後才決定九一年時各種選舉方式的比例。在這之後,我們可以再有另一個政制檢討來決定九四年的立法局成員比例如何。主席先生,我認為要維持香港人的信心,這樣的一個循序漸進式的政制發展是必需的。讓香港的市民去決定他們要怎樣的選舉和決定選舉的範圍才是公平的做法。主席先生,民主是我們的大目標,除非有市民的清楚意願,否則不容妥協。

主席先生,我深信香港的市民一旦看見直接選舉如何運作,他們會相信直選是好的。直選非但不會導致勞工階層要求免費午餐或稅率增加,反而會溫和地將現存的殖民地式政制改變為「一個公平、負責而又順應民情的政府」。主席先生,這裏引用的是閣下在施政報告第七段所說的。

主席先生,正如去年九月立法局加入了間接選舉後市民感到欣慰,將來加入了直接選舉,市民也一樣會得到鼓勵。他們會覺得香港是有將來的,因為有民主的政體,他們會見到高度自治的實踐、自由的捍衞和整體利益的維護都有一個樂觀的前景,這樣,他們會考慮留下來。

主席先生,還有不足一年的時間,本局便要決定八八年是否有直接選舉。我認為可以有兩個方法看這件事情,一個是短視的,一個是長遠的。如果我們只是像某些人一樣只看未來的五年,那最好的方法可能是把一切現況維持得越久越好,方便快點賺多些錢離開。但如果我們看的是一九九七以至其後的五十年的話,我相信為著香港大眾的利益,為中國的好處,我們應該在八八年實行直選。民主的過程越早開始,能夠為九七後的五十年孕育一個成功的政制的機會便越大。

主席先生,八八年有直接選舉的要求開始時可能只是曠野中零散的呼喊,但自從港府於八四年發表白皮書慎重其事以來,這股聲音已經凝聚。經過最近的大

亞灣事件，許多人更加相信民主是我們唯一的希望。無需多久，這聲音將成為最響亮的共鳴，寰宇的人民將聽到民主呼聲迴響於我們的山嶺和平原，飄過我們的汪洋直到四方，因為這是人民真正的聲音 —— 也是香港的心聲。

司徒華議員致辭：

主席先生，閣下在「施政報告」中說：「本港在過去二十年來的驕人發展是從不斷尋求一致意見的努力得來的，而並非從衝突與動蕩中得來的。」

我認為，我們還應該從另一個角度去看：在過去二十年，是甚麼曾經威脅過本港的安定繁榮？六七暴動、能源危機、股市狂潮、九七問題等等，這都是外來的我們自己不能控制的因素。

代議政制發展以來，政府架構內出現了前所罕見的不一致意見。尤其是在最近大亞灣核電廠的大辯論中，不但沒有一致的意見，可以說是意見很尖銳地對立的。這一兩年來，社會一片安定。去年的經濟，比前年好得多。幾天前，財政司翟克誠更告訴我們：今年上半年的經濟，比預期的更好。由此可見，事實證明代議政制的發展，使政府架構內能夠較真實地反映出社會客觀存在的不同意見，並沒有絲毫影響到安定繁榮，及帶來甚麼衝突與動蕩。

閣下在「施政報告」中又說，只有社會安定繁榮，「我們才可以維持一個強大、團結而互相關懷的社會，使這個社會充滿自信，並且對所採用的種種制度充滿信心，同時又可繼續發展一個公平、負責而又順應民情的政府。」

對這一段話，我也有不同的看法。香港已處於一個這樣的歷史階段：只有繼繼〔續〕發展一個公平、負責而又順應民情的政府，才能維持社會安定繁榮，才能維持一個強大、團結而互相關懷的社會，使社會充滿自信，並且對所採用的種種制度充滿信心。一個公平、負責而又順應民情的政府，就是一個具有民主政制的政府，只有一個這樣的政府，一個這樣的社會，才能夠凝聚起強大、團結而互相關懷的內部力量，去克服我們自己所不能控制的外來不利因素。

逐步建立一個民主政制，也即是閣下所講繼續發展一個公平、負責而又順應民情的政府。當前的關鍵是，在八八年立法局有沒有直接選舉所產生的議席。

八四年的白皮書，曾經對此作出過肯定的結論：絕大多數的香港市民，贊成

在八八年立法局有一定數量由直接選舉所產生的議席,而到九七年則有頗多由直接選舉所產生的議席。但閣下在「施政報告」中卻說:「在目前,有不少重要的問題都是眾說紛紜,莫衷一是。」只不過兩年間,當局的立場有了顯著的改變和退卻,是甚麼緣故呢?到底是民意改變了,還是政府評估民意的立場和態度改變了?難道其中有甚麼我們自己不能控制的外來因素?

閣下說:要「使這個社會充滿自信」。的確,在這過渡期中,香港人最需要的是信心。但一個沒有一貫堅定立場的政府,一個做不到「言必行,行必果」的政府,一個前言不對後語的政府,必定會嚴重打擊整個社會的信心,對維持安定繁榮的惡劣影響是廣泛深遠的,是一時無法估計的。

政府正面臨一個嚴峻的考驗。五百多萬香港人,甚至在世界各地關懷香港前途的人,都正在拭目以待。

譚耀宗議員致辭:

在政制改革的問題上,我認為應著朝著民主的方向發展,但與此同時,香港的政制亦必須與本身的獨特地位相適應。日後香港是一個在中國主權下實施高度自治的特別行政區,這種獨特的地位使她不同於一般國家,而具體的情況將由基本法規定。所以,政制改革首先必須考慮到與基本法的政制部分互相銜接,只有這樣才可以確保順利過渡,而中英雙方亦應在這個問題上進行更多積極的溝通;其次,改革應以循序漸進的方式推行,避免影響社會的穩定繁榮;第三,對現制度中的優點應予以保留;第四,民主政制是草根階層長久以來的願望,但在現制度下卻一直未能實現,以致對民主制度一般都缺乏認識,所以在實踐民主理想的同時,應顧及開展對市民的民主教育。

張人龍議員致辭:

本人認為,在政制改革的諮詢過程中,最大的爭論,將會是在一九八八年,香港應否舉行直接選舉的問題。關於這一點,我們應該記得代議政制白皮書中一項重要的建議,就是推行各項政制改革的主要目標,應以本港現行的政治體制為

基礎，盡量保留其優點，逐步建立一個能夠直接向港人負責而又不會損害香港繁榮和安定的體制，使日後香港能夠更進一步的發展。我們更不可忘記這個目標，是直接回應在中英就香港前途談判過程中，絕大多數港人認為現有的政治制度的確有好多可取之處，因而要求盡量保存現有制度的結果。問題是三年前，白皮書樹立的目標是要「逐步建立一個能夠直接向港人負責而又穩固立根於香港的政治體制」，是否現在已經不再適合呢？首先，本人認為這個目標並不否定香港在一九八八年舉行有限度的直接選舉，原則是選舉方法應該逐步實施，以不損害香港的整體利益為依歸。

本人並不反對直接選舉，只是恐怕在實行時如果太過急進，不但可能引起與基本法的銜接問題，更可能引起部分較為保守的工商界憂慮，認為香港的優點將蕩然無存，因而削弱了他們繼續在香港投資及發展的信心。因此我認為在民主化的過程中，應該按部就班，逐漸擴大現有功能團體和選舉團的範圍，並推行直接選舉，另外亦保留委任制度，務求各階層的利益都能夠得到兼顧。這個所謂「四分天下」的形式，可能會是最佳的配合。在未來的幾個月中，我相信有關直接選舉的討論，必然會更加熱烈。本人謹希望各方面人士，都能夠以香港的整體利益為依歸，切莫因執持己見而不能容納其他提議，這才是香港之福。

范徐麗泰議員致辭（譯文）：

主席先生，你在施政報告中指出：「政治問題雖是較為矚目，但向來經濟、貿易與金融才是本港成功的基礎，將來也是這樣。」我同意你的看法。一直以來，香港的經濟發展成就卓越，就是這項成就令人相信我們的制度、生活方式及自由是值得保留的。保持本港的經濟繁榮，便是維持我們的生活方式的最佳保證。無論說得如何冠冕堂皇及引人入勝，本港的政制發展必須符合經濟繁榮及社會安定這兩個基本目的，而繁榮安定也是本港市民的共同目標。

代議政制的進一步發展是引起廣泛關注的問題。我深信政府會充分考慮社會大眾的普遍期望。但市民在決定那些改革及模式對本港更好更合適之前，應先瞭解本港目前的實際情況。因此，當局應以持平和客觀的立場向本港市民，尤其是沉默的大多數，提供有關現行制度的利弊、西方國家所推行的各種民主制度及其

他選擇辦法的資料。至於直接選舉的問題，如市民贊成在一九八八年推行直接選舉，他們在作出決定前應完全明白此舉可能令他們陷於何種困境，如此，他們便可做好準備來盡量避免；同樣地，如市民反對在一九八八年推行直接選舉，他們亦應在作出決定前充分瞭解此舉會帶來的影響。

我們現正處於對歷史進程有一定影響的過渡期中，而必須作出改革，以切合目前的情況及符合香港市民的「意願」。我們必須確保改革能改善情況及促進繁榮安定，為此，這些改革應符合兩項基本準則。第一，下一階段的憲制發展必須包括各項適當的安排，以維持政府的辦事效率及工作效果。第二，市民必須支持這些改革及對改革有信心。因為只有獲得全心全意的支持，改革才能成功。政府應向市民提供有關資料，激勵他們思考這項問題，並在需要時加以解釋。我深信香港市民極為理智，他們在考慮正反兩面的意見後，必會為自己及香港作出正確的選擇。但重要的是，政府應主動諮詢及收集沉默的大多數的意見，因為他們和其他勇於發言及知道如何利用各種渠道（如大眾傳播媒介）清楚表達意見的人一樣，有權要求當局考慮他們的意見。

張有興議員致辭（譯文）：

代議政制發展的綠皮書現正在草擬階段，將於明年發表，徵詢市民意見。綠皮書的建議對本港的未來至為重要。

綠皮書其中一項衆議紛紜的主要問題，是在一九八八年立法局應否有由直接選舉產生的民選議員。

我認為在一九八八年應從下列四個有多個議席的區域選區，經直接選舉的方法推選 12 名民選議員入立法局：

港島區 3 名
九龍東區 3 名
九龍西區 3 名
新界區 3 名

在立法局設若干直選議員，其中一個重要的原因是使一般市民大众認為和相信，他們的代表會聽取他們的意見，同時會在立法局加以反映。

我們必須使本港市民相信，立法局是他們的議局，他們可以選舉本身的代表參加立法局，為他們發表對日常時事的意見 —— 即使機會不多。

立法局有部分議員直選，可增強市民的歸屬感，增加市民對香港前途的信心，以及依「一國兩制」的原則實施中英聯合聲明的信心。

但有影響力的社會人士，對於立法機關有即使極少數的直選議員也不表贊同，為的是怕這會影響本港的安定繁榮。

長遠來說，只要在一九九七時直接選舉的議席總數不超過三分之一，香港便可建立一個適合本地環境及有獨特色彩的政制：一個由民主方式選出，及有廣泛代表性的特別行政區政府。我深信這樣的政制模式對本港在一九九七年過渡期間及一九九七年以後，一定有很大的幫助。

我們必須保持下列兩方面人士的信心。首先，是提供一個安穩的經濟環境，令本港和海外的投資能興旺發展；其次，是提供一個同樣安穩的政治環境，使那些雖然希望移民，但無法達成願望的普羅大众（佔全港人口的 90％）深切明白，香港仍然是他們和家人生活的最好地方，也是唯一的地方。

本港社會人士也曾公開討論過，一九八八年立法局主席的職位應否由其他人士出任，比方由局內議員選出，而由總督委任。我相信這情況遲早都要發生，而一九八八年是實施這項安排最適當的時間。

我贊同一九八八年時總督不再擔任立法局主席，而由本局推選一名經驗、資歷俱佳的人士出任，但由總督委任。

何世柱議員致辭：

有關代議政制日後的發展，我希望重申去年我在本局提出的一點，我引述「在目前這個過渡期間，任何政治改革，都必須審慎從事，更應顧及香港日後的法制；換言之，任何政治改革，都必須配合將來由全國人民代表大會所草擬和通過的基本法」。

雖然基本法仍未制定，但有關工作已進行得如火如荼〔茶〕。由中華人民共

和國全國人民代表大會成立的基本法起草委員會以及其屬下各個專家小組已就多項問題進行討論，其中若干問題是將來香港特別行政區政制的關鍵所在，現在仍在審議。因此，我們必須審慎考慮日後應該採取的方針及措施。由於目前的政制模式實際施行的時間很短，我認為在一九八七年的檢討代議政制的未來發展時間，不宜推行任何急進的政制改革。在目前階段，我們不應推行重大的政制改革，而應集中在研究立法局功能組別的擴大，選舉方法以及議席數目，以確保能包括各界代表；此外，亦應集中研究如何修改各選舉團推選代表的方法。無論如何，我建議除作出若干的基本改革外，大致上現行制度應該保持不變。我必須指出，雖然香港並無真正的民主，但在不違反法律的情況下，我們絕對享有自由，同時，目前制度我們覺得是可行的。

在此，我強調我不同意有些朋友所說，我們現有的制度是基於英國民主作為後盾，我認為我們的制度的成功，是因為我們香港市民和香港政府互相信賴；我們的信心是維持一切，我們對現有制度的成功，在世界上令香港是一個比較最成功的地方，我們認為若果我們對自己有信心，對香港政府有信心，市民自己本身有信心的話，我相信我們在政制改革方面，未來在民主氣息日漸深厚方面，我覺得是大有前途的。

林鉅成議員致辭：

在閣下施政報告第七段說：「只有令社會安定繁榮，我們才可以維持一個強大、團結、而互相關懷的社會，對採用的種種制度有信心，和繼續發展一個公平、負責而又順應民情的政府。」本人認為閣下這樣說是「本末倒置」的。因為只有一個公平、負責、而又順應民情的政府，一個完整而令市民有信心的制度，以及強大、團結而互相關懷的社會，才能建立社會的安定繁榮。在順應民情方面，政府在過往一年內做了甚麼？我們立法局又做了甚麼？在大亞灣事件中，我們是否真的在順應民情方面盡了全力？一個悉力以赴的政府和立法局，雖然不能達到民情的要求，也會得到市民的諒解和支持，這樣才是一個真正團結和互相關懷的社會。

主席先生的施政報告中，第 11 段提到「中英兩國政府會隨時留意對方關切的

事情和意見，亦留意港人發表的意見，這是維持港人信心和確保一九九七順利過渡的最好方法。」這是不足夠的。

我們要有確實的行動，而不是空談，讓市民看到他們的意見除了被留意之外，更要他們受到真正尊重，使他們的整體性而非個別性的利益受到關注和保護。這樣，市民才能放心，才能有信心，才能安定下來，專心致志地創造繁榮。

回顧過去兩年內，政府對政制發展的態度，是令人失望的。八四年代議政制白皮書第 25 段很清楚地指出八八年直接選舉是獲得公眾強大的支持。可是在一九八五至八六年度施政報告結束答辯時，當局只是重複地列出一些原則，例如循序漸進、鞏固現有基礎等等，卻把一切辯論的焦點，拖延到八七年政制檢討去定斷。及至香港新華社社長許家屯先生提出「有人不按本子辦事」後，形勢便急轉直下，後來英國外交部次官李連登先生及賀維爵士，先後發出「銜接」的聲明。本年度施政報告對於政制問題的觀點，令人產生含糊和倒退的感覺。給予港人一個印象：「目前的政府是跛腳鴨政府。」缺乏道義上承擔的勇氣，更會令人懷疑當局的統治意志是否足以維持至一九九七。

主席先生，我不厭其煩地作出這個簡單的歷史回顧及當前的政制發展情形，主要目的在指出：「只有在八八年立法局實行不少於四分之一席位的直接選舉，才是挽救港人信心危機的初步方法。」

有人害怕直接選舉會影響香港的安定繁榮，主席先生，社會安定是一個動態的過程，只有當各社會階層的利益衝突及矛盾可以化解至最低程度時，社會才可以安定。調和各階層的利益，是需要一個廣泛性的「參與民主」（participating democracy）。進一步而言，唯有一個容許更多民主參與的社會，其經濟的發展才會得到保障，因為直接選舉可以使本港人士對香港產生一種歸屬感，可以抑制因前途問題，以及大亞灣核電站所產生的移民潮，可以令本港的生產及消費支柱的中產階級，更安心去從事各種經濟活動。反對直接選舉的人，可能基於過分維護個人的利益，也可能基於對一些壓力團體意願的誤解。無論如何，工商界與論政團體及壓力團體，他們彼此之間如能作出更多和更深入的溝通，對香港的安定繁榮，是有一定的貢獻的。

主席先生，當我們進行「八七」年政制檢討時，我們必須考慮到「九七」年後特別行政區的情形。有關「八七」年政制檢討，相信本局將會有熱烈的辯論，

這些辯論，將不會導致一如主席先生在施政報告內所擔心的衝突與動盪。這種種辯論將會更有效、更加健康及更加成功地使本港各階層人士明白到他們自己的權利及義務，透過對話、辯論與聆聽，可以增進彼此的瞭解，達到「共識」的地步。雖然本局議員基於權力來源不同，觀點與角度不同，在某一個程度上，有不同意見是無可避免；然而由於我們都以保持香港安定繁榮為目的，在互相信任及互相尊重的情況下，達致「共識」相信不會是太難的。

有關九七後實行的基本法，其制訂及產生的過程，相信也會有一番激烈的辯論。昨天，71 位基本法諮詢委員會委員提出一個方案，他們建議行政首長由 20 位超級特權人物提名產生，我並不排除這方案在九七年後的可行性。不過，這個建議是相當不民主。主席先生，他們亦沒有提及這 600 名選舉團成員所產生的方法，是透過選舉、協商或委任，我恐怕這 71 位人士的建議，是會進一步帶來本港居民的信心危機。當我們進入「八七」，同時也必須面向「九七」，問題是當基本法與現時本港民意有矛盾時（例如立法局內有直接選舉議席的日期和席位的數目，或行政長官產生的細節和方法等等），香港政府是否仍然願意履行中英聯合聲明內第四段所載：「在過渡時期英國政府負責香港的行政管理。」抑或必須壓制民意，以迎合未來的基本法？本港政制的發展，固然要和基本法有連貫性，但若過分側重與未來的連接，而忽略現時的環境，甚至削足就履的話，將會令市民聯想到在過渡時期，究竟誰是香港的真正管治者，港人更會考慮中英聯合聲明能否落實對港人的承諾。因此在所謂「銜接」問題上，我們必須極度謹慎，以免搖動港人的信心。在此我謹向當局提出下列建議：

（1）立法局議席在八八年必須有不少於四分一由直接選舉產生；

（2）八八年的行政局成員必須有一定席位由立法局內的議員產生。其中需要包括功能團體、選舉團及直接選舉的代表，民選的議席最理想不應少於四分一席位；

（3）八八年立法局主席，應該在「共識」的途徑下，由立法局成員產生。避免因行政及立法兩局的主席均為同一個人而引起不必要矛盾；

（4）就民意蒐集的事項，當局應採取中立而主動的做法、公開闡釋綠皮書的要點，並由副布政司處的官員，主動進入民間及各有關團體（如區議會、市政局、論政團體、及各關注團體等等）蒐集民意。為了使到民意可以公正地被反

映，當局是必須公布所有衡量民意的標準，以及所有收集的資料。為了貫徹上述的準則，設立一個「獨立」的民意審裁處，也是一個可以考慮的做法。

主席先生，本人必須強調，香港的安定繁榮，不能單靠大財團的，只有我們全體市民，積極參與，衷誠合作，才能穩定香港。

李汝大議員致辭（譯文）：

現在讓我談論一下這次辯論的熱門題目——政府的結構。主席先生，施政報告這部分的措辭極端謹慎、經過斟酌、立場不明確和過於空泛。但在另一方面，一九八四年的代議政制綠皮書和白皮書卻清楚指示出未來的路向。綠皮書曾建議按部就班地增加立法機構內的民選成員，其中一個選擇在一九九一年達至全部民選的模式。白皮書則在第 25 段建議在一九八八年開始直接選出部分議員，然後逐步遞增，至一九九七年便應有相當多的議員是通過直接選舉選出。主席先生，我必須指出，與你的施政報告比較起來，代議政制綠皮書和白皮書都顯得有較強烈的承擔精神和決心。曾經有人指責本局某些議員受到「無形之手」所左右。雖然這項指責已被否認，我不希望市民得到另一個印象，便是有另一隻「無形之手」在影響著政府，等待在某時日加強控制。

政府是經過一段諮詢時間後才於一九八四年十一月發表代議政制白皮書的，內容包括政府在考慮過公眾意見後所作出的決定。因此，發展代議政制的下一個步驟，即在一九八八年開始舉行直接選舉，也成為政府對本港市民所作的承諾。假如一個政府的承諾在四年內也不能實現的話，一份由兩個政府簽署、涉及時間長達五十年（在簽署 13 年後才開始起計）的協議，又怎能叫人對它抱有信心？政府應在明年的政制檢討中，就白皮書第 25 段指出的大多數人都贊成直接選舉一點求證。我明白發展代議政制不應操之過急，而是應按部就班地更改現行的架構。然而為了使代議政制能夠在未來 11 年內發展成熟及定形，這方面的發展便不能中斷而應繼續推行。就拿它與昆蟲的四個蛻變過程比較：蟲卵、幼蟲、蛹及成蟲。代議政制的卵出來了，它現在已成為幼蟲，必須再進一步經過蛹的變化階段才能變為成蟲。直接選舉是這個變化階段的其中一部分；要使代議政制制度成長便應開始引用。因此我建議在一九八八年的立法機構中推行一個「四分制」，直接選

出四分之一議席，其餘議席則平均分配給現存的三個類別，即委任議員、功能組別及選舉團。這個四分制有助於提供足夠不同背景的人士為本局成員，但在意見上卻仍能保持適當的平衡。為了容納這許多不同背景的成員，立法機構的規模便可能需要擴大。代議政制綠皮書內亦有進行全港不分區直接選舉的建議（第 46段）。我認為假如直接選舉採用選區的方式，使用範圍廣大而具有多個議席的選區，可能選出一些較為客觀及具有較遠大眼光的候選人。

主席先生，我明白民主制度與選舉雖然可使市民有自由選擇的權利，亦非一個十全十美的制度，仍具有本身的缺點。但是，其他政制體系，如君主專制、封建制及軍事獨裁，都曾在歷史洪流中的不同時期推行過，同時亦被證實為不可接受。自由戀愛不一定帶來幸福的婚姻，但所有其他形式的婚姻安排，像以往採用的拋繡球及媒妁之言，現在都已被人擯棄不用了。

蘇海文議員致辭（譯文）：

香港在過去三十年間表現甚為出色，這純是經濟成功達致的結果。正如女皇陛下所說，「在全世界贏〔贏〕得欽敬和信譽」。雖然本港有一段時期人口突然和反常地激增，但港人生活水平仍有顯著改善，這是一項客觀的事實證明；一如中英聯合聲明中載列「一國兩制」的原則是承認本港有卓越成就，同樣也是一項客觀的事實證明。說一句老實話，如果香港不是在經濟上有成就，或在商業上佔領導地位（不論在製造業、金融、運輸、通訊或單在國際貿易知識方面），根本不會獲得中國特別考慮，並給予高度自主的特別行政區的地位。若然如是，即使不在一九九七年之前發生，到了一九九七年，香港也只能有機會成為中國廣東省一個中型海港城市而已。

特別鑑於中英談判完滿結束前港人產生的憂慮，有人可能作出假設，認為現在應深信香港必須保留構成其聲譽基礎的最重要部分，以保障它所獲得的機會。這些重要的部分顯然除了有高度自發性的勞動人口，一群敏銳的企業家和受過長好訓練的專業人材外，還要有一個無政治偏袒而屬聘用性質的公務員政府；這個政府在理論上的獨裁權力卻一直、並繼續由一個獨特的、各界既得利益集團組成的機構有效地管制。這個機構的代表是由提名或動議方式選出而不是經普選選出

的。一個採用「非民主」委任制度，但相信尋求共同見解的政府體系的殖民地政權，創造了一個令很多大國妒羨的政治、經濟和社會環境。這個制度亦令香港人產生了團結和果斷的精神；是世界上其他建設時間同樣短少，同樣擁有多元種族和多元文化的社會所難比擬的。

因此，試問我們是否有必要去：

（a）隨便修改這個經獲證明成功的制度；

（b）急不及待地在本港政制裏實施一些未經考驗、外來及我們仍然是一知半解的原則和概念；

（c）讓顯然已在本港形成的政治派系有更多機會引起衝突；和對將來的發展有更多難以逆料的機會；及

（d）在基本法制定前，先行釐定有關政制方面的安排，因而令基本法起草工作增添困難？

當然，這些問題的簡單答案是政府當局在一九八四年年中，即聯合聲明的有關談判尚未結束前，向市民提出一些有關政制改革的意見，供他們研究和討論。當局其後於一九八五年實施了一些改革，並答允於一九八七年就政制改革再行檢討。一九八四年發表的綠皮書和白皮書不單只鼓勵市民對政制改革進行討論，也在一些人心中產生恐懼和期望，特別在基本法起草工作開始後，更引起了很多促使政制改革應急速進行的議論。這些議論包括：（1）設立一個「真正具代表性的政府」，以便與北京對話時，能夠擁有更大的內在權力和更能代表港人利益發言；（2）在一九九七年前培養一些本地人士成為政治領袖；及（3）在一九九七年前後有需要使廣大市民在一般問題上的意見能更清楚反映出來。基於這些乏味而概括空泛的議論，否定了或完全誤解了支持香港在談判桌上的地位的原因；它們的正確性是一個疑問。

究竟一九八四年時所認為需要進行的改革是否合理，現時不再是要研究的問題。今天，我們要面對的現實政治問題，是集中在要求更多民主的呼聲，即是由一九八八年起本局的議員應由直接選舉產生。因為在亞洲亦只有一兩個國家可以稱得上有真正的民主，推行民主政制的實際經驗不易得到，這其實也不足為怪。民主在香港的真正意義似乎引起了很多相悖的意見；這可以從一些事實得到證明，例如：很多人仍不願意接受其他形式的選舉程序為「民主」或「有代表性」

的選舉制度;市民對本局的任務、議員的功能和本局所進行辯論的意義,似乎仍然感到含糊不清。此外,最積極鼓吹民主的人士也經常不願意或未能夠接納多數人的決定,也證明了這一點。另一個證明便是,市民對本局現有委任議員和由間接選舉產生的議員,代表香港整體利益的能力,表示懷疑。張鑑泉議員亦有說及這個問題。人們相信(或至少聲稱)直接選舉可以產生更負責、更有效及更能代表各方面的市民代表。從鼓吹直接選舉者本身對「直接選舉」一詞的濫用,以致經常造成誤導,亦可見一班。主席先生,民主不是可以由任何地方抄襲或可以應用於任何地方的東西;它也不像一件恤衫可以隨著氣溫穿上或脫去。民主必須牢固地蘊藏在市民心中,並須生根於有關的機構,讓其有機會自然地演化和接受時間的考驗。我們只須看看世界上一些國家的經驗,便知道假若政治發展尚未達到適合推行民主制度的成熟階段,便急不及待的催生這制度,將會引致悲痛的後果。即使一些具有民主傳統的社會,亦發現民主殊非解決現代生活各種問題的萬應靈藥,也不可以保證人民的生活肯定過得更愉快和更富裕。香港市民個別享有的自由,較在很多所謂「民主」國家,受到更佳的保障。現時已有很多途徑,讓市民去參與政治。

中英聯合聲明很明確地規定立法機關「由選舉產生」,因此當香港成為特別行政區時,我們將不會再採用委任制度。聯合聲明的作用是要規劃一個可以在一個較長遠期間保持本港安定與繁榮的藍本;並不是一份特許兩國政府或香港市民在香港進行一個成功實驗的許可證。在決定採用甚麼選舉制度前,我們不要把事情輕重倒置。目前所倡論的直接選舉制度是否真正可以促進安定與繁榮,而不致產生適得其反的效果,很多人尚在等待證明;而主張推行直接選舉的人士應負起提出這些證明的責任。我們在商界大部分人士,都認為現在並未能見到這樣的證據。不幸的是,持溫和立場的人士因其態度使然,必定不會訴諸極端的言論或宣傳,但這卻是改革派所最常用的手段。由於本港市民中的溫和派沒有將他們的意見公開大聲疾呼;因此社會上對有關問題所表達的意見只是單方面的觀點,而對直接選舉的支持,也不能反映真實情況。將意見反映並不等於認同;而直接選舉問題所產生的不安,是不容否認的事實,其原因也很明顯。

直接選舉意味政黨政治,隨之而來的就是洋洋灑灑的競選政綱、宣傳活動、籌款計劃、招募黨員和尋求贊助人等等活動。政黨政治的本質,就是設法樹立政

黨的獨有形象，各黨所持政見因而會趨於極端化，因此，在實行政黨政治的地方，常常出現政見分歧的局面，亦會令外來勢力有機可乘，插手操縱。如此發展可能會令香港偏離目標，無法建立一個社會關係密切、經濟狀況強健，有條件爭取和維護其自治權的社會。反之，會迅速使本港及海外投資者感覺到政治前景的危機，因而減少本身在香港投資參與的程度。所出現的各個政黨，不單是共產黨，將會設法謀求和保持其政治力量；倘若認為香港的政黨可能會有不同的表現，或者更能抵禦外來的影響，這樣的假設未免過於天真，而且是非常危險的。若謂這種容易受外來影響的體系，可作為防禦外來干預的方法，對於這種論調，本人恕難苟同。

主席先生，我認為，一旦實行直接選舉，無論本局部分抑或全部議席由直接選舉產生，情況都沒有多大分別：姑勿論按照地理劃分選區，以一人一票普選制度選出的立法局議員是 2 位、20 位抑或是全體議員，任何觸及本港實行已久的體系基礎和社會基本結構的更改，其實際後果都會是一樣；即使日後發覺這做法非常錯誤，亦無法挽回。因此，局部推行直接選舉的建議，只不過是一項「卑劣」的妥協，以期奉承那些大聲疾呼、鼓吹本港政制改革的人士，以及對英國國會和英〔國〕政府所奉行的民主理想表示敬意；然而，另一批人士的憂慮卻因此受到壓抑，他們大多數都是有更深體會的人，瞭解到信心危機在商業社會裏所造成的各種影響。本局若干議員曾謂，假若一九八八年不實行直接選舉，港人的信心同樣會動搖。可是，主席先生，我想指出，即使對他們來說是事與願違，但香港人仍毋須因此而失業，生活水準亦不會因而下降。在座每一位以及廣大市民都應知道，人民的生計並非靠理想主義、辯論會社〔社會〕或籌備委員會來維持，而是靠運用可掌握的資源從事生產，提供就業機會，為整個社會帶來更大的財富。邊界另一邊的情況足叫本港汲取教訓；本港前途命脈將決定於中國，對於中國的成就和失誤，我們沒有理由不特別留意；在我們考慮的過程中，亦沒有理由不參考中國對這重要問題的看法。

主席先生，我並非很喜歡扮演凶事預言者的角色，雖然在其他方面，我的預測曾經數次應驗。我亦不想令人覺得所有的改革都應被詛咒或是靠不住的。如果要成功履行聯合聲明及確保香港的持續發展，我們還需有更多的改革；例如現時需要進行的公務員本地化計劃，我相信各界人士均普遍認為，推行本地化的方法

及步伐不應損害整個政府結構或降低公務員的服務標準。在處理其他的問題時，我們亦要抱著同一的理論作準：目的不是如一般人所指稱的「維護一小撮精英分子的現有權利和特權」，而是應該掌握香港擁有的王牌，預早擬定應變計劃，而不應過早或在無需要時動用王牌。我們當然可以檢討現行措施及採取行動，以達致各政府部門間的權力更為劃分：例如本局的主席職位、行政立法兩局之間的相互影響、立法局應有更大的制定政策權、現行間接選舉議員的程序是否足夠、及現時與區議會、選舉團及功能組別之間的關係等問題。但在改革時，必須避免那些未能預知結果的、顯然對我們的資源沒有幫助的、或可損害使香港作為世界知名商業中心的首要條件的改變。簡言之，當我們在經濟方面不能保持像以往一樣的良好表現時，即使我們在推行民主制度是何等成功，或以有卓越資歷的政治家取代了商人，香港仍將是沒有辦法。

李鵬飛議員致辭（譯文）：

……喊叫需要徹底革新的聲浪似乎擾亂了本港慣有的祥和氣氛。可能由於我們現在正處於過渡期，因此港人都關心日後的政府體制會怎樣；或者，有些人相信，將來的統治權是可以爭取的。無論一九八七年政制檢討的結果和日後香港的基本法將會如何，我認為我們必須緊記：要促進香港日後的經濟發展，我們必須有可見的穩定政治局面。我多年來已經歷過本港的政治演變，在去年卻可說是獲益良多。我必須承認，很多時候，由於感到氣餒的緣故，我會忘記本局成員保持團結是至為重要的。我們既然為香港人服務，實在不應有委任議員和民選議員之分界。不論委任或民選，都只是推選本局議員的方法。最重要的是應存有為人服務，不為名利，只為我們所熱愛的香港謀福利的精神。我覺得，將委任議員和民選選員加以劃分，不只對香港日後的發展造成危險和無建設性，而且我們將會有很多困難。當然，議員在各種問題上會有不同的意見，但經過充分的辯論和坦誠交換意見後，我們最後必須本著真正的民主精神，接受大多數人的意願。在未來的一年中，我們需要處理很多重要的問題。我呼籲本局各位同寅同心協力，為日後所面對的問題尋求務實的解決辦法，為香港未來奠下良好基礎。我定會憑著希望和決心面對未來的挑戰。

1986年11月6日
恢復致謝議案辯論

周梁淑怡議員致辭（譯文）：

　　……我個人實在不認為，使香港成為一個全球嚮往的城市的固有特質，可以不受直接選舉的不良影響，特別是我們缺乏西方國家的民主傳統或架構，他們的民主政制是已經歷好幾十年，甚至好幾百年才逐漸演變而成的。把跟我們的社會及文化截然不同的制度移植到這裏來，肯定會速帶風險，而這風險是我們負擔不起的。

　　不論我們對選舉形式的政治見解怎樣，我們須向全港市民交代，要坦誠發表自己的意見，無所畏懼，好讓市民可更理性地、明智地及謹慎地作出選擇。

　　昨日有些議員（其中以李柱銘議員言辭最出色）指出，我們應關注不斷的移民外國潮，為了更美好的將來，應防止這股浪潮繼續下去。我完全同意這個看法。可是，雖然各位議員正確指出了信心減退這病狀，但卻診斷錯誤。很多專業人士離開或計劃離開本港，主要是因為最近的政治發展令他們惶恐不安。他們對一九九七年後本港能否繼續維持自由及現有的生活方式沒有多大信心，但其中有很多人更擔心在一九九七年以前，本港會出現不穩定的情況，甚或在今後數年，本港政治派別對立會成為風氣。他們不像李議員，認為直接選舉是萬應靈藥，相反，他們認為直接選舉會危害香港的獨特制度，這個制度雖非民主，但肯定是揉合了自由及效率，而這揉合卻是罕見的。一直以來，香港都以一個實事求是的城市自居，能不動聲色即作出決定，同時又可顧及大多數人的意願。我們無須像外國國會進行激烈爭辯，但已將事務辦妥。

　　改革派或許不能接受這種見解。他們保證只要有全民投票，萬事均可解決，但別人認為這樣的保證仍不足夠。對於別人的看法，他們卻不能接受。這些有識之士選擇移居外地，在其他地方曾體驗過民主政制，他們有足夠資格作出比較，

因而質詢我們為何拆掉本港制度的樑柱以換取未經考驗的制度。

　　每天都有人對政府、中國及不同意勉強改革的人士投以懷疑目光。這種普遍的不信任態度耗損了很多以往用於進取及生產的力量和積極看法，我們正給引領去腐蝕自己存在的理由。這樣的領導才〔能〕，是否能挽留我們的精英，不使另擇木而棲？

　　在現時鼓吹的信念中最危險的是：民主政制可保障我們不受共產主義的侵害。「到了一九九七年，當我們和英國的連繫中斷而回歸到祖國時，我們有沒有把握中國的全國人民代表〔大〕會能繼續保障我們的自由？我們知道，中國行的是共產主義，中國共產黨實際上是凌駕於法律之上的。」這問題可能縈繞在很多人的腦海中，不過，接著的問題應該是：「若否，與中國對抗是否有用？直接選舉能否保證可以維護自由？」鼓吹民主對抗共產主義的人士故意將香港與中國抗衡，並假設對峙是所需的策略。我認為這並非香港人喜歡的做法。正如黃宏發議員正確地指出，我們是溫文的市民，依賴領導人技巧地及暢順地解決問題，而不是因感情衝動及惡意傾軋而使香港陷於僵局。聯合聲明如要成功執行，香港與中國之間必須建立信任和敬重。如果我們自己不善處理，破壞香港內外的和平和安定，表現出我們不適宜自治，則前時所應允的自治權便受到影響。

　　主席先生，我從沒刻意想過我是有錢或沒錢的人。但為了昨日本局會議席上的一番話，我卻認真去思想這個問題。首先，我得到的結論是，如果李柱銘議員用他們來譬喻有錢人，那麼，我便可以很肯定地說我是很窮的。跟著我想到，我們現時的體制有一項很珍貴的地方，就是有很大的社會靈活性，使有想像力和肯苦幹的草根階層都可以有永恆的希望。事實上這正是我們奮力保存資本主義體制的主要原因。正因為這種追求財富的心態為本港帶來蓬勃的經濟，使我們間每一個人都可以從中得益而不感到羞愧。在這個亟需眾人團結一致去面對未來艱苦歲月的關頭，如果使貧富之間的距離加大，實在是對香港致命的一擊。我曾遇過很富有而贊成直接選舉的人；同樣，亦有非常貧困的人公開提出反對這制度。我最近曾會見 30 位 18 歲左右的優秀學生，除了一位之外，其他的都反對直接選舉。無論如何，假設某人的財富是決定他反對直接選舉的因素，因而亦成為公眾的敵人，是自以為是、思想簡單，近於侮辱了香港人的思想和智慧。這樣的政治言論簡直是不負責任、最不公平、最不合邏輯，是足以造成分裂和引起階級之爭的危

機。香港從來不需要這局面，而現在也不需要。

在我們未進一步受激情的政治談論所左右前，我們應否先問一問自己 —— 我們正朝向甚麼目標前進？在這一切終結時，我們究竟希望達致甚麼？

或者與其按著哲學上和意識形態的理論基礎來處理這些爭論，我們不如去探索那眾多的具體而實際問題，因為它們可能引領我們進入這個絕不簡單的論題的癥結所在。

我們的社會是否有政治意識去採納和參與直接選舉？

我們是否有政治上的基本架構去確保政治候選人的若干質素？而這些人不但可受托去表達我們的不滿，同時亦可以信賴去促使我們的社會變得更繁榮和更安定？

我們是否有政治上的基本架構去對成功獲選的人執行紀律？抑或我們將任由自己成為政治機會主義者的犧牲品？假如政治實驗失敗了，到了一九九七年，他們是否仍會在此地？

我們如何可確保個體的利益放在廣大市民的利益之後？

在政治演化進程中，我們如何對現有的行政效率盡量作出最少的犧牲？

直接選舉將會否培育出對立政治？

香港是否需要有對立政治？

香港可以讓這般不穩定的情況維持多久而仍然不會使市民嚴重失卻信心？

直接選舉是否維持我們現有生活方式和自由的最佳和唯一保證？

我們可不可以採用其他方式達到相同的目標？

我們的職責是促成對這問題的利害關係進行最廣泛的辯論，然後聽取市民的意見。我們必須盡力去聽取意見，若只聽取意見還不足夠，便要留意各種跡象，否則我們在達成結論時便會忽略沉默的大多數的意見。

最終來說，我希望代表我的議員，都具有正直的品格和才能；這是最基本的要求。我並不介意這些議員究竟是我自己親自推選，抑或是由我授權，我信賴會作出明智抉擇的人代我作選擇，但假若為了採用直接選舉而須在議員應同時具備的品德和才能兩方面作出任何讓步或犧牲，則我恕難苟同。

雷聲隆議員致辭（譯文）：

……現行政制的缺點在大亞灣事件中已表露無遺。我十分尊敬主席先生和本局各同寅，但我認為本局未能實現民主理想，對公眾利益和市民所關注的事加以充分考慮。去除現行政制的弊病方法之一，就是將本局開放給由直接選舉選出的代表。

聽到一些知名人士表示對開放立法局的建議有所保留，實在令人感到非常失望。在經歷政治成長的過程中，我們已有智慧知道自己需要些甚麼，能夠分辨清楚甚麼對我們有好處，並具備施展抱負的決心。家長式領導的時代經已消逝多時，除了由我們斷定甚麼事情對自己有好處，又有誰能為我們出主意？聲稱只有一小撮人知道甚麼是最好者，不只是妄自尊大，而是反動。如果只是因為開放的政府容許別人提出異議而打消支持這種政府的原意，是十分可恥的做法。有些人口口聲聲說無論在某一問題上意見怎樣分歧，他們的最終及先決的目標永遠是整個社區的利益。如果大眾認為直選對他們來說是有利的話，我看這些人只可以順從大眾的意願而不能背道而馳。

無可否認，今日我們能夠享受高度生活水準，香港政府辦事效率高是主因之一。我們應盡力維持這種效率，但不是不惜任何代價，更不是不惜犧牲民主、犧牲我們對政府公平處事及它是所有市民而不單只一個小圈子人士的政府的信心。

代議政制的精神，並不是有如發出短暫光輝的燈塔，當向四周投射的燈光熄滅後，便回復一片漆黑；代議政制的精神好比點亮改革火焰的火花，一旦推行改革後，便永不回頭。我們應勇往直前，決不向傳統的政治勢力低頭。

或許有很多種方法可以達到施行代議政制的目的。我認為在立法局下次選舉時，就應該立即逐步實施以直接選舉選出的代表取代委任議員的方法。我相信一個完整地成立了，運作完善，和有高度代表性的政府要在一九九四年前奠立。我們愈快能安排真正代議的政府的運作機械，能夠避免到一九九七年過渡期中產生急劇及不協調的變化的機會就會愈少了。雖然我贊成立法局全體議員全由選舉選出，但我仍然主張逐步安排民選議員進入立法局，以便順利完成過渡。在初期，我認為應把若干數量的立法局議席，例如四分一，分配給由直接選舉選出的議員，其餘四分三議席，則由選舉團、功能組別所推選的議員以及由當局所委任的

議員均分。

隨著本港市民的政治思想日漸成熟，民選議員的議席日後亦逐步增加。當市民的政治思想達至成熟時，我們便應重新考慮由各種方法所產生的議員的議席分配辦法。

我想補充說，雖然中國和英國政府就香港前途問題而發表的聯合聲明並沒有清楚說明舉行直接選舉，卻也沒有排除這種方法。雖然有些人對直接選舉表示存有疑慮，因為恐怕市民未有充分對政治運作過程的瞭解。但我認為推行公民教育是一種較為積極的方法，可確保由直接選舉選出的代表是品格高尚、精明能幹，同時願意竭誠為全港市民服務，而不是只為一小撮人的既得利益效勞。如果我們特別留意推舉候選人參選的方法，更可以進一步提高選出賢能者擔任議員的機會。

得悉政府將會就此事發表綠皮書徵詢民意，令人感到鼓舞。我希望當局日後擬訂白皮書時，會切實參照這次民意調查的結果。我自己的辦事處目前正就蒐集我所屬的選區的居民對本港政體的意見；我可能將是次調查推廣包括全香港，以便較民意審核專員辦事處更為積極地蒐集民意，民意審核處其實只會以被動方式反映各界向其轉達的意見而已。

我們一直在立法局裏都存有一個民主的、由多數人議決的系統；我相信現在大多數市民都支持直接選。政府定要應付這要求。政府在過往被批評為一隻「跛腳鴨」；但願不會更有說這「鴨」亦變聾了的聲稱吧。又跛又聾可說是一個嚴重病症的第二期病癥。第三期會是怎樣也不難想像了。

1987 年 5 月 27 日
布政司聲明：一九八七年代議政制發展檢討綠皮書

布政司致辭（譯文）：

主席先生，今天提交本局省覽的「一九八七年代議政制發展檢討」綠皮書，目的在考慮應否進一步發展本港的代議政制，以及如要進一步發展，則應採用何種方式和需用多少時間來進行。

從至少兩方面來看，這份綠皮書都與別不同。首先，綠皮書內所載述的事項，有些在過去一年間已成為社會上某些階層人士公開進行激烈辯論的題目。事實上，綠皮書的內容，很多都是反映出在辯論中表達過的意見。其次，綠皮書並沒有訂明政府的各項政策意向，亦沒有對應採取何種行動作具體建議。書內僅載述一九八八年可能作進一步發展的各種可供選擇的方法，同時列出贊成和反對各項方法的論點，以及在考慮選擇方法時應該緊記的各項因素。

政府採取這種態度是有充分理由的，主席先生，我稍後會加以解釋。但在解釋之前，讓我先行概述進行這項檢討的歷史背景。

任何社會的成功，都有賴多項因素配合得宜。其中最主要的一項因素，就是我們必須有一個安穩和作風一貫的政府，不但能夠有效地運作，而且獲得社會上大多數市民的支持。市民大體上的需要和期望都會隨著時代的進展而有所改變，而政府便須要對市民的需要和期望有敏銳的感覺，同時能夠順應市民的需要和期望去制訂和推行政府政策。

主席先生，我們一直在努力建立這樣的一個政府。多年來，我們決心在本港發展一個更具代議特色的政制，以配合社會人士對政府運作有發言權和能夠直接參與的願望，而這個願望，正日益增強。現時社會人士可以透過多種不同途徑把他們的意見和關注的問題，向政府反映，這足以顯示政府致力發展這種政制的決

心。上述途徑包括目前有數以千計的市民參與各種委員會的龐大諮詢網，以及代議政制中更具重要地位的組織：區議會、市政局和區域市政局，以及立法局。

進一步代議政制的發展過程是循序漸進的，而我們所採取的步驟，都是審慎和經過周詳計劃的。在每一個階段，政府都曾廣泛地徵詢民意。

一九八一年，政府就有關在地區層面推行進一步代議政制的建議，徵詢市民的意見。結果，港島、九龍以至新界各區先後成立區議會，其職權範圍為就地區居民所關注的多種不同事項，向政府提供意見。首次以選區劃分和市民有普選權的區議會選舉，是於一九八二年舉行。到了一九八五年，民選議員的比例，增加了一倍。

一九八一年民意諮詢的另一結果，是市政局選民資格放寬，使之與區議會看齊。市政局選舉，亦按照選區來重新部署。為使新界居民能和市區居民有同樣機會，參與有關公眾衛生和文娛康樂事務的策劃和管理工作，第二個市政局即區域市政局，遂於一九八六年正式成立。

一九八四年，政府發表了另一份名為「代議政制在香港的進一步發展」的綠皮書，使本港代議政制的發展又踏進另一個階段，在政府中央階層推行。當局參照市民對該綠皮書的意見作出決定，使比例上有更多從社會功能組別，和按地區劃分的選民組別中選出的議員，加入立法局。首次立法局選舉在一九八五年九月舉行，選出 12 位議員分別代表 9 個按社會功能劃分的選民組別，另外 12 位議員則由區議會、市政局及區域市政局全部議員組成的選舉團選出。

主席先生，我在上文已經簡略說明近年來在訂定本港政制發展的模式時，諮詢民意這項工作至為重要。原因有二：第一，說明我們即將進行的政制檢討的意義；第二，從一開始即強調，政府非常重視為今天公布的綠皮書，盡量取得廣大市民的意見。

主席先生，正如我較早時提過，公眾人士已經就這項檢討進行辯論。這些辯論可能令部分人覺得，一九八七年的政制檢討完全是討論立法局應否在一九八八年進行直接選舉這個問題。但是，我們只須約略地看一下綠皮書的目錄，便會發覺事實並非如此。實際上，綠皮書是就現時三層架構的代議政制進行全面檢討。所謂三層架構，是指區議會、市政局和區域市政局，以及立法局。綠皮書論及多種不同的事項，不單只討論上述機構的職責和成員組織，而且亦包括這些機構之

間的相互關係。這些事項如下：

一、區議會和兩個市政局（即市政局和區域市政局）的成員組織及職責，以及可能改善兩者之間的聯繫的辦法；

二、立法局的成員組織，包括官守議員、委任議員和民選議員，在人數及比例上可能出現的變動，以及應否提出新的選舉方式；

三、總督應否繼續出任立法局主席；及

四、各項實務問題，例如選舉的先後次序和時間編排、投票年齡，以及選舉安排等。

綠皮書參照直至目前為止的發展，研究上述每一個環節在一九八八年作進一步發展時，可供選擇的方法。正如我較早前所說，綠皮書只是列出贊成和反對各項可供選擇方法的論點，而不就任何選擇的取捨提出建議。主席先生，我要強調的就是這些都是真正可供選擇的方法。政府並沒有任何預作的構想；也沒有預定的結果。

政府是經過深思熟慮後，才決定採取這個方法的。自從上次在一九八四年進行代議政制檢討之後，所發生的事實在不少：中英聯合聲明經已簽署和批准；基本法現正處於草擬階段；市民亦越來越瞭解到發展一個符合我們社會的需求、幫助香港維持穩定繁榮、確保政權能夠在一九九七年順利移交的政制的重要性。我們面對的問題，對香港未來的福利有深遠影響；因此，各方面現時就政制改革的方向及步伐，誠懇地提出多種不同的意見，實在是不足為奇的。

主席先生，政府並非如有些人所批評一般，企圖推卸責任，避免決定在一九八八年本港代議政制應有些甚麼改革。政府明白到這方面是負有責任的，並且會在應該作出決定時，履行這個責任。不過，政府鑑於社會上現正進行的辯論，知道本身還有另一個更迫切的責任，就是聽取港人對政制發展的意見，並且在聽取意見時，不受關於應採身向而預作構想的束縛。

政府為盡量鼓勵廣大市民發表意見，特別是那些一向保持沉默的大多數市民，故此已設立一個獨立的民意匯集處，蒐集及記錄市民就綠皮書內各種事項所發表的意見。政府亦委任兩位獨立的監察委員，負責監察該處的工作，及確保該處能夠妥當、準確和公正地執行任務。

在民意諮詢期結束後，民意匯集處會編訂一份公正準確的報告書，將市民

所發表的意見，加以整理後全部列出；並會在今年十月三十一日前提交總督會同行政局，然後提交本局省覽及公開發表。總督會同行政局會根據民意匯集處的報告書，以及報告書內所載的種種意見，決定在一九八八年時應該採取的正確步驟。屆時所作的決定，將如總督會同行政局所作的其他所有決定一樣，是顧及到全港市民最佳利益後作出的共同決定。這些決定大概會在明年初以白皮書的形式公布。

主席先生，正如我較早前說過，綠皮書中所載述的若干事項，已成為公開激烈辯論的話題。各界人士公開表示了不同的意見和論點，相信陸續還會有意見和論點發表。這些意見中，有些可能目的在影響香港人的意見。但在香港，人人都可以有自己的意見，可以自由選擇同意或反對他人的觀點。政府十分希望聽取香港市民的意見，而我相信香港市民是可以自己作出判斷的。至於政府方面，我們會採取客觀的態度，在聽取民意前不會有任何決定。

主席先生，今天發表這份綠皮書後，民意諮詢工作亦會隨即展開，諮詢期至九月三十日止。在這段期間，香港人 —— 包括所有個別人士、團體及組織 —— 都有機會就他們認為關於進一步發展代議政制的問題，政府在一九八八年所應做（或不應做）的事，發表意見。綠皮書中所提及的事項，應是全港市民都深感關注的。

我希望所有香港人都會研究這份綠皮書，仔細考慮書中所載的選擇方法，把意見寄交民意匯集處。主席先生，我極力促請他們這樣做，並保證政府必定會審慎聽取他們的意見。

1987 年 7 月 15 日
議案辯論：一九八七年代議政制發展檢討綠皮書

鄧蓮如議員提出動議：

「本局關注一九八七年代議政制發展檢討綠皮書內容。」

鄧蓮如議員致辭（譯文）：

我認為本局每一位議員都有責任撇開個人的利益，為香港及其市民的整體利益而發言及行事。

以下是我將會論及的問題：

— 「不作改變」是否確屬可行的辦法；

— 我們應否鄭重考慮將直接選舉推廣至本局的選舉制度；

— 官守議員的前景；

— 委任議員的任務；

— 立法局主席的職位。

首先我得指出，我一向認為本港政府架構的發展應當審慎進行。局面穩定而政制並非十全十美，勝於突然轉往新的制度，而帶來無可避免的不穩定局面；無論提議者認為新制度如何完美亦是這樣。

不過，要使社會安定，所應採取的不是一成不變的措施，而是讓各種制度能適應社會的轉變。我認為教育大概是最能帶動轉變的一股力量，隨之而來的便是社會繁榮。香港在過去三十年來已有長足進展，亦曾享有高度的繁榮；這兩者分別為本港的社會和經濟體系帶來重大的改變。本港的政制亦隨而受到影響，過去多年來已作出相應的改變，現時必須讓其繼續發展，以適應將來的轉變。這些整體社會上和政制上的轉變雖然未必步伐一致，卻是相輔相成的，因此本港和許多

二十世紀的發展中國家不同，並未因這些轉變而產生不穩定的情況。反之，卻能享有持續的安定局面。而安定的社會實在是我們必須要保存的。

政制方面最重大的轉變是在多年前發生，當時政府官員首次不再佔本局的大多數議席。這表示政府已放棄了保留力量，以便在本局強制通過法例的念頭。覺察這項徹底的轉變的人不多，部分原因是由於非官守議員並沒有濫用其新近獲得的權力，正如政府以往沒有濫用佔大多數席位的權力一樣。我們大家都繼續透過共識尋求進展。

我們現在當然可以說：「不要在一九八八年再作改變了」。但長遠而言，「不變」並非最佳的選擇，因為中英聯合聲明已使我們必須面對最重大的轉變；目前本局只有部分議員是民選的，但特別行政區的立法機關將由選舉產生。我們愈延遲進一步的轉變，要求轉變的壓力便愈大，而可用以順利進行改革的時間便愈短。

在考慮直接選舉問題時，我們必須記得，現在所討論的並非在香港舉行第一次的直選，而只是將現有的選舉措施推廣至本局。換言之，我們所論及的並非一項創新的重大變革，而是一個循序漸進的步驟。

市政局已推行直接選舉多年（雖然在一九八一年之前，該局的議員是在一個限制選舉權的制度下選出）；由一九八二年開始，區議會亦實行直接選舉，目前三分之二的區議員是透過直接選舉選出的，而區域市政局自一九八六年成立之初，即有透過直接選舉選出的成員。

反對本局推行直接選舉的人士恐怕直選會導致不負責任的拉票活動，但我並不認為上述任何直接選舉的事例或透過間接選舉，選出選舉團及功能組別代表為本局議員的過程，曾導致這些活動。我亦不相信在以往舉行的選舉中有任何證據顯示，不能靠賴一般市民清楚認識本身的長遠利益，而只能倚仗工商界及專業人士肩負此重任。這個論據低估了一般市民的才智和判斷力。

此外，若權力只集中於社會某些階層，反而會對社會的穩定構成妨礙，遠為適當的做法是使權力平均分布，以便每個市民均能為自己的前途發揮影響力，而沒有任何一個階層的人士可以決定社會大眾的命運。

如何按需要逐漸將權力分布而不會損害社會安定，就是我們大家必須考慮的其中一項問題，我只希望各位在考慮這些問題時要有理由充分的論據。例如，認

為任何形式的直接選舉必然導致派系政治及黨派衝突，而間接選舉就能遏止此類不利發展，這種理論其實又是否合理？

認為在若干程度上推行直接選舉會導致政府被逼實施「免費午餐」政策，所根據的理由是甚麼？在一九七四至七五年間，本港經濟衰退，很多市民失業，有更多人擔心失去工作，但並沒有人要求獲得免費午餐。市民與政府均克己節約，工人與僱主齊心合力，使香港得以迅速擺脫經濟困難，所以，請不要懷疑香港人的智慧，他們清楚知道香港的工業必須保持競爭能力；假如香港的出口業務不理想，本港將受到損害；必須有人在本港投資，他們才可覓得工作；他們關心這些，並非因為他們有意照顧商人的利益，而是因為他們希望照顧本身的利益。長遠來說，香港人的理智便是使我們可應付任何選舉制度一切弊端的保障。

間接選舉本身亦可能有缺點。操縱小部分選民是非常容易的事——這從英國若干「有名無實的選舉區」的歷史可見一斑，至少間接選舉亦一樣可能導致派系鬥爭及「免費午餐」政策的出現。

然而，直接選舉並非萬應良方。由直接選舉產生的政府並不一定會更好，甚至是否一個政績良好的政府也很難說。更重要的是，直接選舉決不是某些人所謂可與中國政府抗衡的工具，也不是一個確保香港免受干預的防護罩。倘若我們終日持著偏激固執、多疑多慮和不信任的心態，前途必定堪虞。香港在一九九七年將會成為中國的特別行政區。本港的前途將維繫於我們與中國之間的合作、建立彼此的信任、瞭解和尊重，以及瞭解彼此所關注的事情。在我看來，支持直選的論據純粹是因為與其他所有方法比較，直選是選任賢能為市民效力的最公平辦法。在本港發展代議政制的過程中，要使政府更具代表性，合乎情理的下一步是在立法局增設一些由直接選舉產生的議席。我認為真正需要辯論的不是「應否」的問題，而是「何時」進行的問題。

我們是否應在明年就作出改變和增設若干個由直接選舉產生的席位？我已說過本港必須向前邁進，前進的步伐應與轉變的節奏配合，不應把太多事情留待過渡期即將屆滿而特別行政區的立法機關成員須全部由選舉產生時才解決。

雖然如此，在距今不及兩年之前，我們已向前踏出了重要的一步，那麼在跨進第二步之前，稍事停頓，亦無不可。

本局議員來自不同的背景，各位議員在每一個星期仍然不斷努力尋求新的活

動模式、新的處事方法和協調個別人士或組別之間互相矛盾的利益的新途徑。簡而言之，本局仍在探索如何運用所擁有權力的方法，然而，我們仍未敢謂完全知悉所有可行辦法。在另一批新議員加入本局之前，若能先讓本局有較多時間積聚經驗，一定有所裨益。

況且，我認為社會人士仍未充分瞭解本局以及議員的工作，難道我們不應再給予市民數年時間去瞭解立法局的工作，認識本局如何有效地在政府的體制裏發揮監管和制衡的任務，然後才請他們投票，直接選出其代表加入立法局嗎？

主席先生，雖然，我剛才用了很多時間探討選舉的問題，但是，我認為立法局官守議員席位的去向同樣重要。我們首要的目標是必須制定一個組織均衡和具有實際效力的立法機關，但它同時亦須與中英聯合聲明所訂的立法機關模式吻合，有關的規定將會在基本法中訂定。這個立法機關應該是一個「由選舉產生」的組織，沒有當然官守議員和委任官守議員。

本港政府體制運作的一個明顯特色，就是在該體制的每個層面，都分別由政府人員與非官守議員（非官守是舊稱）共同商議、再三探討和分析問題，然後定出政策大綱，以達致政通人和的管治。行政局如是運作，立法局亦然。我相信若非如此，本局便無法有效地運作。

官守議員人數減少後所帶來的問題，本局已有所體驗。倘若日後立法機關不設官守議員席位，問題可能更為嚴重。

與此同時，中英聯合聲明亦規定，行政機關必須對立法機關負責。

我曾在本局多次建議，應考慮實行某種形式的「部長制度」，所指的並非一種以英國議會為「模式」的議會制政府。我一向認為，長遠來說，我們的目標應是設法使不屬政府人員的立法局議員參與本港的施政工作，而非單靠官守議員作橋樑。可以採用的方法是由總督委任非官守議員，負責不同範圍的事務，並執行現時由官守議員承擔的職責，就是提出政府政策，提交法例及回答質詢。無論如何，本港官守與非官守議員之間一向都保持合作精神，互相影響。另一個可以考慮的辦法就是官守議員可經常列席立法局會議，但無表決權。

這個問題可能有其他解決方法，但是，無論用甚麼方法處理，我仍促請政府先行解決這問題，然後才可考慮進一步削減官守議員的人數。政府應特別重視本局議員對綠皮書這個問題所提出的意見，而我們定要詳細加以考慮。

現在我要談及委任議員的優點，希望大家別以為我身為委任議員所以自吹自擂。我是在一九七六年才開始出任立法局議員的，而委任議員的制度則歷史悠久。他們政績彪炳，為香港作出不少貢獻，他們從來不是唯命是從、只管執行總督命令之輩。他們亦經常抱懷疑態度、懂得挑剔、能言善辯、難以取悅，與新近獲選進入立法局的同事不相伯仲。主要的分別在於委任議員選擇以私下磋商的辦法來解決問題，而不是公開辯論。因此市民從來不知道委任議員在幕後經歷了多少爭辯或如何努力逼使政府當局作出讓步。

在過去二十多年多，委任議員一直支持，甚至主張大幅度增加政府開支，以推行援助社會上貧困、老弱及不幸人士的建議。只要查看立法局會議過程的正式記錄，環顧過去數十年來在公共房屋、教育、社會福利、醫療衛生、勞工福利及體育康樂等各方面的建樹，便可知道成績驕人。這些佳績都是在本局未有民選議員之前取得的。

我希望各位民選議員會贊同我的說法，就是作為立法局的成員，委任議員可以在未來數年中為本港繼續作出貢獻。

至於立法局主席的職位問題，我認為現在毋須決定總督應否繼續出任立法局主席。然而，我卻認為應作出安排，使本局主席有時候可提名其他議員代替他主持立法局會議 —— 但我認為獲委任者必須是本局議員。立法局現時開會次數十分頻密，而且往往歷時甚長，而總督身為行政首長，任務繁重，要他親自主持每一次會議，而且全部時間在場，是不合理的。

陳壽霖議員致辭（譯文）：

……很多人批評綠皮書沒有為市民提供指引，提出這些批評的人士似乎錯誤地故意忽略了一項事實，就是政府在編撰綠皮書時，是處於收集民意的階段，對代議政制的進一步發展必須採取絕對持平的態度，只能提出各項可供選擇的方法而不可以表示支持其中任何一項選擇；否則，不僅是錯，更會被指責為操縱民意。但我必須促請閱讀綠皮書的人士特別注意對本港日後的政制發展有重大影響的因素。

第一，我們必須接受一項事實，就是香港不是一個獨立國家，現在如此，將

來也一樣；由一九九七年七月一日開始，香港現行的政制措施將有所改變。

第二，我們必須明白到根據中英聯合聲明，香港會成為中國的特別行政區，一如英皇制誥授權現時的政府管治香港一樣，基本法將為日後的特別行政區制定政府架構，因此，無論我們希望現行政制有任何改變，這些改變必須符合基本法的規定，這是顯而易見的。

主席先生，一九八七年政制檢討的既定目的，是考慮應否進一步發展香港的代議政制。我們在考慮這個問題時必須緊記一點，就是英國政府有責任維持本港的繁榮安定以及確保在一九九七年順利移交政權，或者，探討這個問題的最佳方法，是對現行制度進行簡要評價，以研究現行制度如何維持本港的繁榮安定。

本港近年的發展突飛猛進，許多人認為是經濟上的奇跡。大部分人均承認，香港能獲得卓越的成就，除了是因為本港的企業家有魄力及工人適應力強之外，亦因為本港的政制穩定及有效率，比其他地區較少受到政治衝擊，在這個制度下，政府可事事以本港的最佳利益為大前提，全力做好管治本港的工作。例如，當局自五十年代起即推行公共房屋計劃，至今仍未有稍懈，是因為當局察覺到社會上低入息人士的需要，而不是因為受到任何政治壓力。剛才鄧蓮如議員亦引述了多個其他的例子。在穩定及效率方面而言，現行制度似乎一直運作良好，並具有適當的靈活性，使社會各階層人士得以透過不同的方式及途徑，參與制定影響全港市民生活的政策。

透過委任制度，來自不同社會背景的候選人獲委任為分區、地區及中央層面上政府組織的成員，這些組織包括立法局在內。就本局而言，議員所代表的社會階層的利益不盡相同，甚或有所衝突，他們所作的決定通常是以在大前提下達致共識為基礎，我相信其他組織的情況亦如是。這個制度不但確保個別人士或團體不能支配其他人，而且確保各議員可以暢所欲言而無須受到選舉的政治壓力妨礙或影響。這個制度的價值實在不容低估。

主席先生，我是本局的委任議員，為免有人指責我因為有既得利益而為委任制度辯護，我想藉此機會告訴大家，我打算在本年度會期結束時辭去行政立法兩局的職務，以配合我在公用事業界服務多年後的退休計劃，閣下在較早前已獲悉及贊同這事，我亦想藉此機會多謝你對此事表示諒解。因此，我今天發表的意見，將不會影響日後發表的政制檢討白皮書。

當政府在一九八五年推行間接選舉，上述制度便有重大改變。透過間接選舉，社會上不同階層的人士可以推選代表加入本局。若果要我吹毛求疵，我會說綠皮書唯一的缺點是沒有評估一九八五年實施的改革對政制運作的影響。主席先生，我並不打算在這次辯論中作此類評估，但各位諒必同意，自一九八五年十月以來，我們的工作遠較從前繁忙，這篇講稿的附錄所載的統計數字亦清楚顯示這點。從這些統計數字中可以看到一個顯著的要點，就是本局的效率較前遜色。雖然在本年度會期通過的條例草案，數目較在一九八四至八五年度會期通過的只是略為減少，專案小組及常務小組為研究有關草案而舉行會議的次數卻顯著增加（一九八四至八五年度舉行了 59 次會議；本年度會期舉行了 278 次會議），這表示議員須要深入研究該等草案，以致須要進行更多及更長時間的討論，另一更大的可能或許是，議員在達致共識方面困難越來越大，又或兩者均是原因之一。

我們必須緊記，為應付本局日益繁重的工作，政府當局亦須動用更多人力及時間，以處理有關事務，例如回答議員在本局提出的質詢、為辯論擬備答覆及出席會議、與議員進行討論及作出簡報等。我相信政府當局必已感受到這方面的工作壓力，如下一年度的財政預算案在人手編制方面要求增加的撥款額較通常的為高，實在不足為奇。

雖然本局議員已延長工作時間和增加會議的次數，政府亦承受更大的工作壓力，但捫心自問，我們的工作表現是否比以前好？我們的工作成果是否有所增益？我們是否認為已促使政府部門提高工作效率，或者認為為社會人士提供的服務已有所改善？我對這些事存有疑問。然而，更令人擔憂的是，政府在盡量聽取民意時，傾向於對政治壓力過分敏感。因此，我對現時的行政主導政制可能會逐漸及不自覺地變為立法主導政制一點倍感關注。這種趨向對政府的效率和效能均沒有幫助。這是否香港想要得到的呢？

主席先生，正如我剛才說過，現行制度一直運作良好，沒有迫切的理由作出倉卒和急劇的改變。或許我們真正需要的，是對運作良好的架構加以更精密的改良。當局在一九八五年已推行了一些改良辦法，但正如我在較早前所指出，其效果並不十分理想。因此，在進一步推行重大改變前，我們應該整理過去所得的經驗，並且探悉一個清楚的路向，這是十分重要的。這可能會花一點時間，不過，無論如何，實施這制度還未及兩年，我堅決認為應再等一段較長的時間才評定其

效用，我們必須緊記一點，就是在一九八五年進行的改變實際上是一九八四年所發表的綠皮書本來建議在一九八八年才予以實行的。換言之，我們在一九八五年時經已進入一九八八年的狀況。

總結來說，正如主席先生在本年四月宣誓就任香港總督典禮上致辭時說，進行改變，必須審慎從事，循序漸進。我們首先必須知道一九九七年後的政制會變成怎樣，才可決定在過渡時期的政制改革應採取甚麼路向，從而確保在一九九七年順利移交政權。我們必須緊記，香港與其他獨立國家在基本上有所分別。在任何民主國家，倘人民認為政府效率低或表現不理想，他們可以拒絕接受它或更換一個新政府。但香港絕對不會成為這樣一個民主政體，現在如此，將來也會一樣，相信我不必闡述其中原因，大家也很清楚。我認為香港人應該集中去做自己一直以來做得最好的事，即勤奮工作，以確保本港的繁榮，這正是本港能夠生存下去的基礎，過去如此，現在如此，將來也是一樣。繼續繁榮有賴於經濟的發展，而非倉卒和急劇的改變。

何錦輝議員致辭（譯文）：

I、直接選舉

主席先生，有人將直接選舉比擬羅馬古代神話中的兩面神。究竟兩面神的樣貌是怎樣，須視乎人們從那一面觀看他。然而，令人深感興趣的是，鼓吹以全民投票方式推行直接選舉的人士，往往存有下列各項幻想：

第一，直接選舉會產生真正的民主政制，可保障公民及政治權益。

第二，直接選舉可確保繼續維持法治，公平及正義得以伸張。

第三，直接選舉可引致建立一個更負責任、更關心民意及更開放的政府。

最後，一個由直接選舉產生的立法機關可使香港特別行政區政府免受中國政府的干預，因而可維繫中英聯合聲明所承諾的高度自治。

我恐怕在實際經驗中找不到任何證據支持這些幻想。如果我們環顧本港鄰近的國家，便會痛苦地從幻想中醒悟，因為多個推行直接選舉的國家，其民主的水平實在低得可憐，令人深感失望。

最後一項幻想是直接選舉可以維繫高度自治，我會進一步加以解釋，以戳破

這項幻想。根據中英聯合聲明的規定，未來的香港特別行政區的立法機關的權力和職務，是由基本法制定，與其成員是否由直接選舉產生並沒有關係。此外，香港特別行政區的行政首長及主要官員（相當於「司」級官員）是由特區政府與中央人民政府作出協商後而任命的。至於行政首長與未來的香港特別行政區的立法機關之間的關係及職責詳情，仍須待基本法擬定。因此，究竟未來的特別行政區的立法機關對特別行政區的行政當局，將會如何產生制衡作用，我們尚須拭目以待。實際上來說，未來的特別行政區所享有的自治程度，主要視乎香港是否有能力繼續奉行資本主義保持繁榮和對中國現代化的目標作出貢獻，這是甚為合理的推斷。

主席先生，在討論有關直接選舉的各項不切實際的幻想後，我想就這種方式的選舉，並特別就本港的特殊情況，發表自己的意見。雖然我承認實施直接選舉的趨勢是無法抗拒的，但務須提出警告，我們必須等待適合時機和具備適當條件才可推行直選。

負責擬訂一九九七年後本港政制架構的基本法，將於一九九○年公布。基本法很可能特別規定選舉的方式，因此會對立法機關的成立和成員組織有重大的影響。在此情況下，我認為一九九○年以前的兩年半不過是一個過渡期。在這短暫的過渡期內，我只望看見本港的政制極其量出現一些輕微、漸進的改革，盡量避免擾亂現行的體制安排，以保持社會安定和經濟繁榮。

主席先生，基於各種原因，目前有很多人對立法局在一九八八年推行直接選舉的主張表示極大保留。我認為直接選舉是對本港政制的一項基本改革，故不應草率實行而罔顧香港現時的特殊情況。

政制改革必須循序漸進，按部就班和在未來多年朝著固定的方向推行。然而，倘若匆促和不顧後果地推行改革，而其後很快便發現它們與基本法的規定無法銜接，則除了立即把它們撤銷或推翻外，便沒有其他可行辦法了。在這情況下，本港的經濟必會受到極大的打擊而我們對本港政治前景的信心同樣亦會蒙受持久的損害。因此，為本港的利益起見，在此過渡時期發展本港的代議政制時，必須採取極為審慎和忍耐的態度。然而，我深信假如我們在這次辯論及其他討論會中能夠坦誠、理智和平心靜氣地就直接選舉這個問題發表意見，一定能夠促使基本法諮詢委員會及基本法起草委員會的港方和中方委員注意到我們對於

一九九七年後本港政制的喜惡和期望。

　　主席先生，我希望提醒支持直接選舉的人士，不要把爭取直接選舉視作最終目標。如要實現直選的精神，發揮其應有效用，大多數的市民首先必須具備強烈的政治意識和成熟的政治思想。在民主體制下，公民和政治權益是否得以保障，公平正義能否伸張，當選的代表有否履行其競選諾言，全賴選民去監察。換言之，普羅大眾不單要有政治意志，更須具備真正的能力，衡量當選代表的工作和言行，並加以激勵或批評彈劾。這種能力和政治思想需要時間成長，但我並不認為本港市民的政治意識現已達到成熟的階段：在這方面，公民教育將要擔當重要的任務。

　　採取全民投票方式以推行直接選舉的國家，多會出現政黨。中國政府已表明不贊成香港組織政黨，並謂若本地有政黨形成，中國亦會發動共黨分子組織一個政黨。如果本港出現一個活躍而且強大的共產黨，對由直選產生的立法機構委實影響深遠。大家心中都不免掠起一些猜測和恐懼：聯合聲明規定「香港特別行政區成立後不實行社會主義的制度和政策，保持香港原有的資本主義制度和生活方式，五十年不變」的承諾會否因而受到影響？商界對本港的信心會否減弱？本港未來的立法機關會否由一個政黨全盤控制？

　　政黨本質上是互相敵對的。在野政黨的當前要務就是推翻政府，他們會嘲笑政府的政策、挑剔政府官員的言行、貶低政府的決策及設法打擊人民對執政黨的信心。這種對抗式及公開攻擊的策略違背中國人的傳統和思想，如果我們將這種適合西方國家採用的政制一成不變地引進本港，以供以華人為主的立法局採用，我相信這種政制一定不能發揮其最佳效用，結果會導致香港政府的效率降低。

　　不過，一個有直接選舉而無政黨的政制，亦可能產生其他問題，那就是立法機關極可能由一些僅代表小部分專業或行業的人士所組成。從本港兩個市政局和區議會的選舉結果，我們可以看到當選議員多數來自幾個專業，而這種不均衡的情況更可能因將來立法機關的直選議席較少而進一步惡化。立法機構的成員必須足以代表各行各業和不同地區市民的利益，才能夠全面照顧社會的需要。建議增加功能組別，便是基於這個原因。

II、立法局主席的職位

主席先生，有人認為香港總督不應同時出任立法局主席，但我並不同意。

根據憲法規定，總督是英女皇管治香港的代表，執行英國國君所賦予的權力。這即是說總督的權力是廣泛而全面的，其中包括出任立法局主席。即使總督任命其他人代為主持立法局會議，根據英皇制誥及皇室訓令的規定，他仍然保留對立法局事務的主管權。例如，總督可以行使某些立法局主席所無的權力，包括：

（i）批准或不批准立法局通過的法律；

（ii）決定應否在正常會期以外的時間召開會議；及

（iii）解散立法局。

在這情況下，由其他人出任立法局主席並無實際作用。而且，基本法目前仍未公布，我們不知道在將來香港特別行政區的法制中，總督（或行政首長）將擔當何種職責。因此，為著與基本法銜接起見，我贊成總督應繼續出任立法局主席，但亦可視乎情況需要而委任另一人在他不能出席時主持某些會議或部分會議。

香港代議政制的發展是全港市民深切關注的事宜。香港如要訂立最佳的政制，就必須先在政制改革的問題上謀求共識，以及盡量爭取社會各界人士的支持。因此，我謹此籲請全港市民仔細閱讀綠皮書，並在諮詢期間將心中的意見坦誠向民意匯集處表達。在考慮各項問題時，我更希望市民緊記，由於基本法尚未公布，一九八八年的政制改革只應視為一項臨時措施。

黃保欣議員致辭：

立法局的直接選舉

基本上來說，我以為直接選舉各級議會包括立法局是我們實現民主的最後目標，如果條件成熟而採取穩步前進的態度的話，我希望在二〇四七年之前發展到有相當數目的立法局議席甚至百分之一百由直接選舉產生，所謂條件成熟，我是指全體選民及候選人都明白民主及直選的真義，會明白社會整體利益應在個人利益或一部分人的利益之上，這是一個長遠的理想。但我相信可以逐步實現。

至於近期來說，我以為我們不要在一九八八年實行直接選舉，原因如下：

（1）我們在一九八五年開始有功能團體及選舉團產生的民選議員，為了考核這選舉方式的成功與否，應該在一九八八年以同樣的選舉方法重複一遍，使各選區的已成功或未成功的候選人再次面臨每人自己選民的考驗，同時可以檢討這種制度的優點或不完善的地方。我相信這樣做對各方面都是公平的。

（2）我認為過去兩年半來，我們的公民教育的推行，還未得到應有的成果，討論政治還只是一小部分人的事。最近，九龍城區對綠皮書問卷調查發出 3,000 多份問卷，只得 50 多份回應的事實，是一個證明。直接選舉關係重大，應該在更多市民參與之下才能有效地進行。我以為我們可以用未來的幾年時間，積極推動公民教育，使到各階層市民的論政活動更加普遍，更加均勻，這樣就能為直接選舉建立更好的基礎，使到香港的穩定繁榮更可以得到保證，我相信這樣做是符合我們政制改革要穩定地循序漸進的策略的。

（3）不在一九八八年實行直接選舉可以保證過渡時期的政制可以與基本法的規定銜接。關於銜接的必要，我相信各方面都已經接受。

基本法草擬工作有一個大家都知道的原則，就是一定不能違背聯合聲明。我們知道，聯合聲明清楚規定：「香港特別行政區立法機關由選舉產生」。我們也都明白，這條文沒有具體說明「選舉」是用那一種方法進行。

作為基本法起草委員會成員之一，我知道草委們還沒有對選舉方法的規定作出決定，同時，我覺得要在條文中明確規定不是一件簡單的事，我這樣說是基於下面我要說的一個有關經濟方面的條文的討論中所得出的經驗。

聯合聲明規定：「香港特別行政區自行管理財政事務，包括支配財政資源，編制財政預算和決算。」在討論過程中，部分起草委員曾經建議加上以下的條文：「香港特別行政區的公共開支，不能超過國民生產總值 20%」，這建議被認為：（一）有可能違反聯合聲明，（二）對將來的特區政府加上限制，是不適當的。因此後來這部分委員撤回原議。這件事的討論傳播媒介已經廣泛報導，人所共知。

根據同樣的理由，我想基本法也有可能對立法機構的產生方法，在條文方面照抄聯合聲明字句，如果真的這樣，直接選舉的方法就可能沒有在文字上表現出來。再者，如果要把聯合聲明中沒有明確規定的某一種特定（specified）的選舉方法寫進基本法就要得到各方面的同意。因此，我認為在一九九〇年基本法公

布之前，是不能確定的。基於這個考慮，我以為如果一九八八年沒有直選，而在一九九〇年後參照基本法及本港政制發展的情況來決定這個問題，就會比較適當。我以為那種一九八八年沒有直選，以後就沒有直選的說法是沒有根據的。

其他事項

我認為：

（1）總督作為立法局主席的安排，不要改變，因為這制度沒有實質上的缺點。

（2）各級政制架構，可以維持不變，再實行一段時期。

主席先生，過渡時期的重要性是人所共知的，香港社會的複雜性，也是人所共知的，我在一九八五年一月九日的辯論中提及我們應該用「如臨深淵，如履薄冰」的態度來進行改革。今天，我還是保持這個看法。

陳鑑泉議員致辭（譯文）：

必須指出一點，就是綠皮書的內容是遵循中英聯合聲明這份正式簽署的協議而擬定。將綠皮書曲解的人，實在是胡說八道。沉默是金這句話有時亦適用於政治，以唐朝詩人白居易在《琵琶行》中所說的「此時無聲勝有聲」來形容，實在最為貼切。

基本法尚未成為法律，甚至不能稱為一項草案，而香港在各方面每天都不斷地演變和發展，究竟我們應與甚麼基本法銜接呢？基本法只是聯合聲明的一部分，不能超出聯合聲明的範疇，因此我們目前只能以聯合聲明的條文作為銜接的基礎。

聯合聲明謂香港特別行政區享有行政管理權、立法權、獨立的司法權和終審權。香港現已擁有獨立的司法權，故只須在終審權方面進行銜接。

香港已經有一個具有立法權力的立法機關，因此我們只須在由選舉產生方面加以銜接。

香港已經有依法辦事的行政局和行政機關，因此我們須在行政機關須向立法機關負責方面進行銜接。

聯合聲明亦訂明在香港特別行政區，不會實行社會主義的制度和政策，並

保持香港原有的資本主義制度和生活方式，在一九九七年六月三十日之後五十年
不變。

我們既實行資本主義制度，採用資本主義方式的選舉當然是恰當的。

有人說香港不是一個國家，不能實行直接選舉，我看不出這種說法有何權威
的根據。在資本主義制度下，市長、總督或國家元首都可以透過直選或間選方式
選出。

聯合聲明又訂明，由該聲明正式生效之日起至九七年六月三十日止的過渡期
內，英國政府負責香港的行政管理，以維護和保持香港的經濟繁榮和社會穩定，
而中華人民共和國政府將給予合作。我相信大家都會同意，實際行動勝於空談，
而最佳的合作方法就是對本港的資本主義制度作出更大的投資，藉此增強商界和
整個社會的信心。

選舉

自由選擇的權利是民主選舉的要素，可為所有有資格成為選民及候選人的人
士提供均等的機會。

在虛假的選舉中，投票人會被要求進行一些投票程序，選舉一些已內定的候
選人。普選和直接選舉是最公平的制度，有很多富強的國家和地區都是採用直選
制度。

委任議員

一九八五年一月九日，我就當時發表的政制綠皮書發言時，曾經說過：「在
不關心政治的香港來說，這是一個好消息。正如學走路的嬰兒一樣，在步向民主
的歷程中，必需得到指導和扶持。在開始時或許會捧交，但最終一定學會自己走
路，甚至奔跑。」「非官守委任議員的工作將會展開新的一頁，他們會樂於將重
擔交給這些新議員，讓已維持了超過一世紀的委任制度逐漸消失。」我們的職責
是服務社會，並將經驗傳授給民選議員，然後在適當時候，欣然功成身退。如果
有人不同意，我想向他們轉述莎士比亞戲劇《凱撒大帝》裏的一句話：「惡事長
存，好事永埋」。就讓委任議員這樣引退吧！權力使人腐敗，因此在一些國家，
元首的任期只限兩屆，每屆四年。歷史就是戰爭的記錄，如果對權力過於戀棧，

恐怕終會受辱，甚至賠上性命。

選舉

從以下幾方面，可以判斷香港人是否有成熟的政治意識：

（1）選民參加投票的比率。

（2）市民日漸關心社會，例如在核電廠事件中，便有一百萬人以上響應簽名運動，其中大部分為家庭中有入息的成員，這個數字與隨機抽樣調查顯示有 70% 的港人反對核電廠計劃的結果相符。

（3）與一些鄰近國家比較，本港市民平均有較高的教育水平。有知識便會有期望，即使不計那些決定放棄而選擇移民的人，亦將仍有大部分市民留在本港，他們都會希望在政治方面有發言的權利。

（4）首次進行間接選舉時，市民對候選人認識不足，但經過這數年的時間，選民在投票時應會作出更加明智的選擇。

我們應該讓一些有創新理想的新人有機會參與管治我們的社會。我認為推行直選的時機已成熟，這個機會是不容錯失的。我提議在一九八八年，市政局、區域市政局及 19 個區議會應在立法局內各佔一個議席。立法局議席的總數可維持不變，但只要取消部分委任議員及功能組別的議席，特別是那些現時兼任行政立法兩局議員的議席，便可騰出一些席位。各位可曾聽過在其他國家有人同時兼任上、下議院議員？

功能組別

功能組別的問題會引起永無休止的爭論。在渡輪碼頭外面的人力車伕也具有吸引遊客的功能，他們是否亦應組成一個功能組別？此外，功能組別制度亦會使港人治港演變成港元治港，因為有錢人可以利用工人的飯票或以移居海外更利投資的地方作為要脅。這就是平等嗎？

張鑑泉議員致辭（譯文）：

主席先生，本港市民希望在一九九七年及以後的日子得到些甚麼？我曾與社

會各階層的很多人士談及這問題，他們之中有商人、工業家、專業人士、工廠工人、司閽人、侍應員、的士司機及家庭主婦，他們一致表示最大的願望是維持現有的生活水準及目前在本港的生活方式，如有可能的話，更希望加以改善。他們對於目前有關政制發展的辯論，興趣不大，更遑論對這問題有相當程度的認識。主席先生，本港的公民教育目前仍在開始萌芽的階段，這確是事實。與歐美等地民主風氣盛行的情況相比，香港市民的政治意識只不過是在剛醒覺的階段，大多數的社會人士對政治問題仍然十分冷淡，傳播媒介近日相當廣泛報導的一項調查結果，便可證實這點。

這項調查由一名區議員安排，在一個居民超過 19,000 人的屋邨進行，發出的問卷共有 3,500 份，但收到回音的僅有 52 份。調查員亦在街頭接觸過逾 250 名市民，要求他們接受訪問，但只有 45 人願意停下作答，其中 36 人表示根本不知道有綠皮書，或沒有看過。此外，他們也不知道目前的立法局如何組成。被問及如本港在一九八八年實行直接選舉，他們會否參與投票時，39 人答說不會投票。

在社會人士的政治意識普遍冷淡的情況下，我們應否反躬自問，在現時立即作出十分確實的定論是否適當？那些極力鼓吹在一九八八年推行直接選舉的人士，是否真正代表本港廣大市民的意願？政府是否應著意加強推行公民教育及提高市民對公共事務的公民意識？當然，市民的政治意識與時俱增，但本港社會的基本需求亦會隨著時間的增長愈來愈進步。我是說政制改革必須與大眾的政治意識互相配合，不應只為改革而求改革，或單為追求理想或為了民主抗共的概念而要求改革。

我們不應把直接選舉視為萬應良方，以為只要實施直選，便可以將有關九七年後香港會受到中國干涉的恐懼稍為消除。因為，當主權國決定採取不合情理甚至不負責任的行動時，直選亦不能夠實際地提供解救辦法。我們更要避免感情用事，不應只為了對中國顯些顏色而支持一九八八年直選。這樣做對維持本港的安定繁榮沒有建設性，事實上，這問題經已導致社會人士意見分歧，對增進本港市民之間亟須建立的瞭解造成更大的障礙，對增進香港與中國之間的瞭解，亦肯定不會有幫助。

主席先生，另一項事實就是香港主權將會交回中國。這事實不會因為本港突然全力推行民主政制而改變。不論我們對中國實施「一國兩制」這個概念的誠意

甚至達致成功的能力如何缺乏信心，香港還是會重歸中國的版圖。

　　我們的目標應該是盡量保障本港目前享有的一切，使其不會因主權的轉移而喪失，而不應將八十年代及九十年代視作香港歷史上的獨立年代，造成這些虛假的幻象是沒有意義的。認為基本法與目前就政制改革而進行的辯論無直接關係，也是不切實際的。

　　本港目前正處於過渡期，我們所進行的改革，所採取的一切措施，都必須以順利過渡至一九九七年為目標。最理想的情況是，我們將香港回歸中國的日子視作如常的一天，市民都照舊上班上學及尋找娛樂，或為生活而忙碌。

　　謹請各位再次想想社會人士所追求的是甚麼，我們對未來的日子有甚麼期望？

　　我希望我們所追求的，與英國、中國和香港的領導階層再三重複，及全港市民心中不斷祈求的一樣，那就是本港由現在至一九九七年及以後歲月，都能繼續保持安定和繁榮。

　　主席先生，本港的將來是繫於安定繁榮這四個字之內。社會先要安定，然後才會繁榮。社會繁榮，市民便可以為改善自己、家人和下一代的生活而繼續奮鬥，而這種不斷奮鬥的精神，正是本港社會蓬勃發展的主要力量。

　　我們未來的政治架構應根據上述的基本原則而建立。對於過去多年來為本港締造美好成績的政府及公務員制度，我們必須有信心。我們必須維持行政部門人員的士氣及辦事效率。因為，欲使中國日後對本港可能進行干預的程度減至最低，最佳的辦法在於我們致力於維持本港安定與繁榮這兩個相輔相成的目標的成績。我認為必須維持現行的公務員制度及政府的辦事效率和現行的司法制度，這都是維繫本港安定繁榮的關鍵，不可或缺，否則香港便不會有今天的成就，將來的香港亦肯定不能恰如我們所願。因此，任何制度倘若會損害本港政府的權力及辦事效率和影響本港現行的司法獨立，均不應推行。

　　主席先生，我們希望所生活的香港是一個文明進步的社會，我認為在這樣的社會，立法機關必須有均衡的代表性，基於這項使代表性均衡的原則，我建議認真考慮使本港立法機關日後能夠加入由直接選舉產生的議員，最高可佔議席的25％。這些由直接選舉產生的議員應取代現時以地區為本的選舉團制度所選出的議員。然而，由於我同意綠皮書所提出將任期延長至四年的意見，因此推行直接

選舉的時間應為一九九二年。倘若過早推行直接選舉，本港可能未有充分時間為這項轉變作好必需的準備，因而難以獲得均衡的結果。

另一方面，在一九九二年進行直接選舉，使香港有更多時間為進行普選作充分準備、策劃和釐定各項細節。本港的立法機關從未有由直接選舉產生的議員——事實上，立法機關進行任何形式的選舉，只是較近期才推行的。若要有理智和有效地進行直接選舉，就必須在公民教育方面已有相當成熟的發展。投票人及候選人均須具備成熟的政治意識。與本港長遠的將來相對而言，多等候四年的時間，實際上也不算太長。因此，多等候一個短時期，以便為將來的發展作更充分的準備，難道是苛求嗎？對政制作任何改變都必須顧及本港固有的傳統、資源及實際情況，難道這是不審慎？任何修改都應該經過長時期的演變而產生，而不應套用外國體制中的若干制度，因為這些制度可能並不適合本港的情況，有可能危害對維繫一個安定和繁榮社會極其重要的信心；這樣的要求真是太保守嗎？

時機未成熟而缺乏充分準備便推行西方民主的國家觸目皆是，由於過早捲入政治漩渦，這些國家的經濟都出了岔子，陷入紊亂的局面。

經濟紊亂當然是香港最難以抵受的局面，社會情況肯定會因而動蕩不安。本港的繁榮維繫於社會的安定，而本港所享有的自由亦須視乎本港是否有一個秩序井然的社會。

我們必須保持本港目前為市民所提供的各樣優良事物，這就是指所享有的自由、機會、挑戰和一個有效率、辦事講求經濟效益和實行代議政制的政府。

要求徹底改革的呼聲聽來當然非常吸引，「立即進行」的口號也較「稍後進行」的口號誘人。

然而，香港所需要的，不是表面上具吸引力的方案。香港需要的，是一個計劃周詳、深思熟慮和循序漸進的方案，這些方案應該實事求是而且是進步的。

主席先生，至於綠皮書所談及的其他事項，首先，我對於將會使區議會目前所擔任的諮詢角色有所改變的方案持保留態度。本港社會得以欣欣向榮，是由於行政部門可以自行籌劃及推行有關政策，而毋須受政治勢力過度的干預。倘若區議會目前所擔任的諮詢角色變成須負有若干行政的功能，基本上是有別於本港的成功之道，我恐怕此舉難免影響行政部門的士氣和工作效率。我想這或許也是適當的時候指出一點，本局大部分議員在內務會議席上就綠皮書進行初步探討及交

流意見時，均認為區議會的角色不應改變。

第二，我同意一九八八年本局主席一職仍應由總督閣下出任的方案。然而，我認為如有需要，主席先生可有權委任另一人代為主持會議。

第三，一九八五年的選舉經驗顯示，選舉實務方面確有若干缺點，這是事實，因此，我贊成日後的選舉採用按選擇次序「淘汰」制度的方式。然而，我必須在此提出警告，除非規定投票人必須在每張選票上按其選擇填妥全部次序才算有效，而沒有全部填妥的選票將會作廢，否則該制度亦無法行之有效。此外，關於獲准的選舉費用，政府當局應認真及設身處地地考慮司徒華議員所提出的建議，我贊同他在這方面的建議；明天司徒華議員可能會談及他的建議。最後，我贊成採用四年任期的辦法。

周梁淑怡議員致辭（譯文）：

最近數月來經常聽到的，除了安定和繁榮之外，便是銜接一詞。這個詞是在李連登先生上次訪港時首次提出，而在綠皮書發表之後，便越來越多人談及。我覺得，強調代議政制的發展應如何與基本法銜接的話語，實在已經說得太多，但卻甚少有人特別指出銜接是雙方的事，且基本法尚未有定稿，應該具有足夠的靈活性以顧及當前的政制改革。最重要的一點，就是只要政制改革和基本法都本著中英聯合聲明的精神，並以港人的意願為依歸，便自然會互相銜接。如果因為基本法起草委員會還未有定論，便不予討論綠皮書內某些方案，那是絕對無法理解和不可接受的，只會被看成有人在利用基本法來干預本港九七年前的內政。這是難以容許的，也不是我們所獲得的保證的原意。要令港人對前途有信心，就必須讓他們享有表達意見的自由，同時感受到這種自由的存在，不應令他們受到本港內外的壓力所威嚇。

……

大家都忽略了一個問題，就是在香港推行直選，作用何在？

提倡直選作為在本港實行西方式民主的開端，實有誤導之嫌。在其他實行政黨政制的國家，政治的目的是在選舉中左右並且控制選民的投票，而政黨的最終目標則是組織政府。當一個政黨成功執政之後，對立的政黨便會千方百計暗中進

行破壞以至最後起而代之。在這種政制下，當選的代表分為執政和在野兩派，他們的表現完全由他們的身份去決定。本港並沒有這種政黨政治。我們的當選代表並無受到政黨政綱或紀律所束縛。他們與所代表的選區的關係，是基於由共同地區、社會或行業背景而產生的共同利益。他們之間只是在遇到一些個別事項，特別是較為富爭論性或惹人關注的問題，而獲選代表自覺必須為選區爭取利益時，才會處於共同立場。但最重要的是我們不可對當選的代表在本港所起的作用，存有錯誤的觀念，因為不論是現在或是一九九七年，他們的作用也不是要組織政府。中英聯合聲明已經清楚說明這一點，現在讓我引述如下：「香港特別行政區的行政長官將在當地通過選舉或協商產生，由中央人民政府任命。相當於『司』級的官員，將由香港特別行政區的行政長官提名，由中央人民政府任命。」這樣看來，我們如推行對抗式的政黨政治，會否只是付出無此必要的代價，而得不到任何益處？是否只給予獲選代表權力，而不要求他們負擔責任？本港社會是否要因為大多數人士或較為活躍的論政人士所鼓吹的理想，而犧牲整個社會的實際利益。我們又是否負擔得起這個代價？

讓我們再次撫心自問，推行直接選舉究竟作用何在？

無疑，有些人會說，由於特別行政區政府即將成立，而本港市民亦已獲承諾給予自治權，因此必須有參與政務的途徑，可供我們選出的代表轉達我們的意見從而影響當局的決策。換言之，民選代表在這制度中起制衡作用，確保政府保持坦誠開放及向市民負責。我同意上述一點，但是我看不出經直接選舉選出的代表，一定會較現時非直接選舉選出的議員在過去兩年來所做到的更勝一籌。事實上我認為會有一個危機，就是經直接選舉選出的議員永遠會努力扮演對立的角色，盡其所能去破壞政府的誠信和美譽，目的是加倍向選民直接作出交代，但對建立完善的政制卻毫無建樹。

因此，我認為並無必要為改善本港的情況而推行直接選舉。但這並不表示我不知道本港大部分市民的見解與我頗不相同，因而他們希望推行直接選舉。任何人倘被問及是否希望獲得政治權利，當然都不會說不要。我十分明白在一九九七年日漸迫近，新政府又快將成立而一切事物並非理所當然的情況下，市民會對此需求殷切，作為獲得公民權利和自由的一項保證。

考慮到這點，若我們對直接選舉所產生的結果不存幻想，加上本港保守派曾

保證一九九七年會推行某種程度的直接選舉，則倘香港人希望透過直接選舉選出一小部分議員，我亦願意接納這辦法。不過，我並非無條件接受直選。至於時間方面，只要通過了主要的原則，我相信並無任何理由去拖延直接選舉的推行，因為香港顯然希望穩健而循序漸進地作出改變。拖延越久，將來的改變便越急劇。我相信倘在一九八八年透過直接選舉選出議員，取代現時由區議會推選市民代表的辦法，而議員人數或比例維持不變，則本港所受的影響會降至最低程度。

現在讓我談談我接受直選的條件。首先，為了避免不必要的衝突，推選市民代表的選舉不可有重複，直接選舉選出的議員應取代現時由區議會推選出來的議員，但為了保持區議會與立法局之間的良好關係，應由區議會提名人選。在缺乏黨派政治的情況下，區議會可成為極其有效的訓練新進政客的場所。

第二，必須有足夠措施，保障公共資源不會被有政治期望的人士所濫用。在過去數次選舉中，經常有人批評受政府資助的服務機構的僱員在競選時，動用公共資源去爭取選票，因而較其他候選人佔優勢，這情況很不公平；這可能屬實，也可能並非實情。而在贏得議席後，這些民選代表無法撥出所需的時間去應付原有的工作，但仍然收取同樣薪酬，而其上級則須尋求其他財政資源，以支付代替他們工作的人士的薪金。結果，納稅人須付出更多金錢。政府必須慎為公平處理這個問題。

現在是須有所決定的時候了。一切論據都已列述便須作出決定。身為香港的立法者，我們有責任直言敢諫，而不必理會聽者如何。我已盡本身的責任，提出了意見。希望我今日所說的，會獲得不同意我的人的尊重，猶如我會尊重和我相左的意見。今日我對直接選舉贊成與否，會本著真正的民主精神，視本港大多數的民意來決定。

譚惠珠議員致辭：

……聯合聲明附件一第十三節最後的一句說，《公民權利和政治權利國際公約》適用於香港的規定將繼續有效。如果我們查核適用於香港的規定是那幾項，我們會發覺一個現實，在一九八四年簽訂聯合聲明的時候，將用普選來選出立法機關的成員，這項政治權利是有保留的，意思是直至目前為止仍然保留了的是香

港人在香港選舉立法機關的成員是不可用普選。

……

這個問題目前雖然沒有公開討論，但已經在基本法討論中提出。條文的字眼說適用於香港的規定繼續有效。如果我們是說在一九八四年適用於香港的規定，那麼立法機關的選舉就不可以用普選；但如說適用於香港的規定是指在一九九七年適用於香港，那麼英國當然仍有權將普選立法局的權利交給香港人。由於這涉及「適用於」這三個字，應該指八四年或九七年的問題，亦可能牽涉其他在聯合聲明中說原有的法律繼續保留某一種制度等。因此這個問題沒有一個很快或武斷的答案。如果要認真詳細研究下去，就有點像把一個黃蜂巢打破一樣。由於有這些技術上的問題，實在無法說怎樣的普選才適用於香港。另一方面，剛才張人龍議員說直選可以有民權和政權結合的發揮，這一點我是完全同意的。但是基本法亦在討論之中。曾經略為提過一個問題，就是普選在國際聯合公約內關於政治權只是屬於國民，而不是屬於市民。在這情況下，普選是否只是給香港的中國公民抑或連持有外國國籍的人亦可以投票選舉立法局議員，這個問題亦未解決。但我相信問題是可以解決的，只要我們有足夠的時間，平心靜氣以香港最高的利益作為出發點和最終目的，我認為基本法可令香港人的理想得以實現。我舉這兩個例子只是表示在我們風塵僕僕的會議，現在差不多每五至六個星期到中國大概五至六天，發覺聯合聲明中有許多細節我們不能隨便決定下來，而基本法為何五年才可寫成，我們越來越瞭解得深。剛才我談及在一九八五年七月，我知道基本法工作的議程已經瞭解到銜接是有問題。由於現在許多的建議都未有最後的答案，因此我個人認為如看不到基本法的初稿，很難想像最終的答案會近似甚麼地步，甚至有初稿之後，亦需要相當的時間進行討論。因此，我想跟大家說，這裏沒有人願意干預香港，我們亦不會讓他干預香港政制的檢討，只是工作實在太多，而答案仍然是找不到。

在這一段時候，我察覺到中國政府方面想用盡時間去瞭解香港的運作，這不單是政制問題，亦包括經濟、香港人享有的自由、人權、科學、教育、文化方面的制度，因此，整體而言時間方面五年，我覺得只是剛剛夠。如果要講銜接而我們希望有一個法律的條文將政制和基本法條文銜接，雖然我也很心急，但是一個慎重的看法就是可能要等到一九九〇年以後，才可首次在九〇年以後的選舉很安

全地誕生直接選舉，而我們也知道這個小孩子不會夭折，我們知道這個小孩子是會在兩個國家的撫養之下長大。

英國政府和香港政府發表一九八七年的綠皮書舉步為艱，當中有不少困難，但這是對香港市民的承諾，這是名譽和信念的問題，所以我們今天討論這個問題是不應受其他任何情形影響，香港政府為了維持香港的安定繁榮，我覺得許多人是前仆後繼地工作。彭勵治爵士在最困難的時候為香港渡過了兩年的低潮及三間銀行倒閉的風波。在他最後一個財政預算案中，仍然有人投反對票。尤德爵士為香港勞心勞力，在數年之內奔馳五十二次，在他於香港最後數月中，仍在這個會議上受到某方面幽他一默。鍾逸傑爵士在離職時曾說不要為個別利益影響大局，香港人的福祉，雖然經過這些新的經驗，我察覺香港政府對於保存、改良和發展民選制度全無退縮，完全要承擔其承諾。這一點我希望香港人知道。

至於我個人的立場很簡單，在基本法我已說明希望有四分之一的席位可以由直接選舉產生，這是我由故事開始時講及英國之旅之後所得到的感覺，現在仍沒改變，但至於出現的時間，我在一九八七年四月在昆明受記者訪問，亦已報導了。我說為了慎重起見，為了明確知道香港的政制有正常的發展和有法律條文的保護，最佳的時間是在基本法通過之後。

自從五月二十四日綠皮書公布之後，由於我尊重市民發表意見時間，我推辭差不多所有的邀請去公開討論，因為我不願意我個人的意見影響市民的意見。但今天我的責任不同，我是要將見到的事實講出，亦要將自己的信念公諸於世，以便將來各位可以考核我曾講過的說話及我的信念是否正確，但是現在離最後可以收集市民意見的時間還有兩個多月。過了今天，我又要回復不干預別人的意見，不影響別人意見的角色，但希望所有其他仍未發表意見的市民發表他們的意見，因為我認為行政局的決定是一個集體的決定，市民的意見在民意匯集處的報告提出之後，將會受到認真和忠實的評估。

鄭漢鈞議員致辭（譯文）：

主席先生，在這次代議政制的辯論上，我們必須考慮的主要項目計為：

　　是否有需要改變；

　　倘須要改變，是否應有重大改變；及

　　這些重大改變應現在抑稍後作出。

　　主席先生，在本質上及原則上，我都不反對改變。倘發現一個制度效率差或明顯須予改善，顯然就應該將它稍作修訂或改變，甚或取而代之。此種必需的改變我極表贊同。

　　我所反對的是為改變而改變，這只會造成嚴重損害。我亦反對對一個尚未充分試驗的制度作出重大改變。因此，我要提出的第一個問題是：我們是否已充分試驗只採用了兩年的代議政府的體制？

　　主席先生，我認為用兩年時間進行政制試驗過於倉卒。我明白我們都有壓力，要找出一個大家認同的、可行的兼且耐久的政府，在邁向一九九七年之際，可以正式運作。然而，倘我們以正常的時間標準，去衡量自一九八五年重大變革實施以來一直沿用至今的政治體制，我相信我們仍會覺得它尚處於一「調整」期。

　　單是這個原因，我對於現時就著手進一步作出改變的做法是否明智，深表懷疑。然而，尚有另外三個理由使我倍加謹慎。

　　首先，雖然沒有一個政治制度，即如我們現時所沿用的，可以運作完美，不過，我卻十分清楚我們政治架構內最出色的特質，此等特質帶給我們一個繁榮安定，成功發展的社會。

　　其次，我覺得立刻進行急進的改變不符合中英聯合聲明的精神。該聲明不論明白表示或字裏行間，都非常強調本港政治體制的連貫性及循序漸進式的演進。這是一項異常重要的因素，由於綠皮書的引言提醒我們，一九八七年的檢討須要「充分顧及」聯合聲明的規定。

　　再其次，亦是最重要的一點，我相信倘我們不久便實行重大的或徹底的改革，差不多可以肯定此舉會被視為先發制人，替香港的基本法草擬工作製造一個既成事實，而該草擬工作不可能於一九九〇年前完成。

　　麥理浩勳爵最近在倫敦上議院發言時曾提出警告，說政制檢討及基本法草擬工作的兩項過程會有互相競爭之餘，搶先控制對方。他呼籲改變必須是審慎及循序漸進的。對我來說，此項警惕、忠告十分明智。

這些都是我心目中的考慮因素及準則。我現轉談綠皮書提出的主要選擇。首先我從功能組別的角色開始，因為這是與本人有關的選舉制度的部分。

我欣悉綠皮書表示，輿論大致贊成該制度。這個結論與我作為議員的經驗相符。我相信功能組別過去曾是，而現在也是有效地及負責任地運作。

在香港的獨特情況下，推行民選的功能組別是過去無明文的議員委任制度下的一個自然發展。迄今，事實證明功能組別值得保留。

不管我在此會議廳的角色是甚麼，根據過往記錄，代表此等組別的議員在立法的過程中，都有顯著貢獻。事實證明，在這過程中，他們的專業經驗及專長都顯得非常有用。

　　……

現在談到迄今公眾辯論大部分仍集中注意的問題，就是應否在明年推行直接選舉，選出一部分立法局議員。

主席先生，我曾表明意見，認為在現階段進行重大改變，會違反保持連貫的精神，並且影響現正進行的基本法草擬工作。在明年推行直接選舉，會是一項大革新。我認為問題癥結所在，是推行直接選舉會否令演變過程出現問題。

時間配合是最重要的因素。我原則上不反對直接選舉，而且我相信直接選舉始終會成為本港立法機關選舉制度方式之一。不過在明年推行直接選舉，則並非依循自然演變進展。首先，我們完全無法有足夠時間去擬定選舉的細節問題；再者，亦沒有時間加速推行公民教育的步驟──而我相信這步驟是推行直接選舉的基本先決條件。

對於本港政制發展與基本法將會提出的政制的協調問題，我們必須決定會重視至何種程度。我們須竭力去使兩者之間達致協調或銜接，這點肯定是必需的。

我發覺「銜接」及「演變」兩詞在這情況下幾乎可以交換運用，如果銜接受到影響，則會危及演變過程，反之亦是如此。

我所屬的功能組別已與組別內四個專業團體作出安排，徵詢其成員對綠皮書的意見，以便在九月底前各自送交民意匯集處。至今香港測量師學會及一個一九八七年政制檢討關注小組已完成兩項調查，結果顯示在該兩個組別作出回應的成員之中，分別有 39％ 及 60％ 支持一九八八年推行直接選舉。各人對此事意見不一，而令人遺憾的是，兩個組別有一個共通點，就是反應甚差。沉默的大多數

仍保持沉默。

主席先生，我考慮今日的演辭內容時，必須決定是否將所有可供選擇的方法逐項研究，並說明我選那項；或只著重討論對我們影響最大的事項及原則。不過，我剛才提及的演變原則，除適用於我已列述的選擇外，亦適用於不少其他選擇。關於這方面，我相信本局的官守議員人數應維持不變，不予增加；委任議員人數可以進一步削減，以便功能組別選出的議員人數可以相應增加；而主席先生，以香港總督的身份，應繼續出任本局主席。

我亦不贊成對區議會及市政局層面或選舉團制度作出急劇改變。我認為應保留政府的三層架構；而區議會應保持其諮詢的特色，不過，我促請政府採取必需的措施，確保區議會的意見受到有關部門注意，並迅速採取行動。我贊成由市區區議會選出代表，加入市政局，以提高兩者的共同成員人數。

主席先生，我希望在今次的政制檢討中，政府會對收集所得的一般市民意見，作出理智的評估，並確保任何改變均不會影響本港一直享有的經濟繁榮及社會穩定，因為根據中英聯合聲明的條款，英國政府有責任維持本港繁榮和穩定。

1987 年 7 月 16 日
恢復議案辯論：一九八七年代議政制發展檢討綠皮書

招顯洸議員致辭（譯文）：

主席先生，我不但強烈反對本港的政治架構出現急劇改變，也不願看見社會及經濟體系有任何突然改變，理由是在過渡期間，在這幾方面倉猝推行任何重大改革均會損害本港的繁榮安定。在目前的情況下，督憲閣下曾認為應該謹慎地逐步推行改革，這一點我非常同意。

現在讓我們先談談一個基本問題，就是甚麼才算急劇及突然的改變？立法局如有合理比例的議員席位由直接選舉產生，這應否稱為急劇改變？答案是否定的，主席先生，因為這只不過是本港在邁向一個較為開明、對市民更負責及更具代表性的政府之過程中，一項自然而合理的發展而已。

在中英兩國簽署聯合聲明時，香港人表示熱烈歡迎，有關「香港的現行社會、經濟制度將在一九九七年以後五十年保持不變；生活方式也不變」、「一國兩制」及「港人治港」等承諾簡直好得令人難以置信。本港工商業的投資額增加，特別是恆生指數節節上升，充分反映出市民對本港的強烈信心，但其後接二連三發生的事件令本港很多市民，尤其是富裕人士、中產階級及知識分子對本港的政制發展採取觀望態度。雖然，若說本港今日出現信心危機未免言過其實，但無可否認，我們的信心實在非常脆弱，因為香港人的信心主要建立在中英政府履行諾言的誠意上。只要香港人對香港失去信心，香港前途便毀於一旦。

部分人士認為，如果有合理比例的立法局議席由直選選出，以建立一個更負責任的立法局，是一項有力的保證，表示本港現行政治架構在一九九七年及以後會繼續運作；同時，他們亦認為直接選舉是確保能建立一個民主、開明及負責任的政府之有效方法。

因此，難免有部分人士試圖利用日後進行的選舉來測驗有關當局尊重香港人意見的程度，他們深信，合理數目的立法局議席由直接選舉方式產生，在一定程度上有助於落實推行「一國兩制」的概念。

自從一九八七年《代議政制發展檢討綠皮書》發表以來，當局不斷鼓勵本港市民，特別是沉默的大多數，踴躍就本港未來十年的政制模式發表意見。我相信當局定會確實地對重〔待〕本港市民的意願。

主席先生，倘若絕大多數的本港市民異口同聲，明確地要求推行直接選舉，我實在看不出本港的政制為何不能依循這個路向發展。市民的意見若不能真確地反映出來，香港政府必須向我們作出解釋。

李鵬飛議員致辭（譯文）：

主席先生，我在一九八五年一月九日於本局致辭時已清楚說明，我原則上贊成及支持在一九八八年進行直接選舉。我一向的信念是，隨著社會不斷的發展，市民便會要求有更多參與的機會。我仍抱這信念。對香港來說，直選並非一項新事物。多年來，市政局的議員都是由直選產生的。在區議會和區域市政局相繼成立後，我們在推行直接選舉的工作上又邁進了一大步。目前唯一的新因素是基本法的草擬問題。基本法現時仍在草擬階段，會就一九九七年後的政治體制作出規定。我完全同意本港不應推行任何可能無法與一九九七年後特別行政區立法機關銜接的改革。然而，我曾仔細和關注地研究目前基本法起草委員會諮詢各界團體及社會人士所獲得的意見。據我所知，基本法諮詢委員會的大部分成員均贊成直選。這些成員中，態度最保守的一群（一般稱為「73諮委」）亦支持立法局機關應有由直選產生的成員，但希望在一九九二年始進行。他們建議立法機關由 80 名議員組成，20 名由直選產生，40 名由功能組別選出，餘下的 20 名由「大選團」選出。他們亦建議取消現行由選舉團選舉議員的制度。我覺得他們所提出的方案頗為吸引，但對於在一九九二年才開始進行如此重大的改革是否符合本港的最佳利益則有所懷疑。我認為政制發展應採取循序漸進的方法逐步邁進，因此我的意見與他們的略有不同。與其在一九九二年加入大量由直選產生的議員，何不在一九八八年先行開始加入小部分由直選產生的議員？這樣可取代由選團選出的議

員。這樣一來，我們便可汲取經驗，毋須在一九九二年驟然間使立法局的成員遽增。我贊成循序漸進，按部就班地處事。

主席先生，我贊成推行直選，目的是讓本港市民有參與的機會，這並不是為求變而改革。我本人反對為求變而進行改革，但就本港的政治體制而言，將來會有所改變是難以避免的，中英聯合聲明已有說明。我斷然反對那些聲稱推行直選是抵禦中國當局日後干預的說法。一九九七年六月三十日後，中國將會成為本港的主權國，我們必須與中國衷誠合作，建立互相信任的關係。這並不表示我們不提出意見和不陳述我們的理由，但我認為應該本著互相信任、互相諒解和彼此尊重的精神而進行。

主席先生，過去數月來，我曾訪問本港多個地區及參與不少公開論壇。我十分仔細聆聽社會人士所發表的意見。一般家庭主婦亦坦率直言，表達她們對本港政制的真實關注，這點給我留下特別深刻的印象。有人贊成或者反對我意見，我都仔細聆聽。我相信在這兩天的辯論中，我們將會聽到很多不同的意見，因為綠皮書所涉及的問題相當複雜。沒有人能夠確定預知這次檢討的結果。我必須向公眾人士說明我個人的意見，這是我的本份，而作為本局的成員，我有責任去尊重和接受大多數的意見，不論這些意見是否與我的看法相同。

主席先生，今天是本年度會期最後一次會議，我希望就過去兩年來的經驗說幾句話，我同意我的好友張人龍議員所說，雖然我們開會的時間越來越長，討論也越來越繁複，而意見也不盡相同，但本局目前的運作顯然較過去的為佳。本港的成員組合是獨特的。雖然各位議員來自不同的背景，但我們均能齊心協力，為本港謀取利益。我們在各項問題上或許各有不同的意見，但這卻是健康的發展，充分發揮了制衡的力量。我個人認為本港目前的政府體制較前改進，政府官員在執行職務時也更為審慎。本港雖然不斷發展，但我卻認為本局仍欠缺了一項成分，就是本港還未有真正直接代表本港市民的議員席位。我希望在不久的將來，本局將會設有這種議席。

鍾沛林議員致辭：

綠皮書採取客觀和開放的態度去諮詢民意，正符合代議政制的民主精神；但

政府並沒有對各項可供選擇的辦法提出任何明顯的建議，似乎反映出政制改革所涉及的問題是複雜、尖銳和微妙的。

在提出檢討的許多要點中，引起最多爭論的是「一九八八年應否有直接選舉的立法局議席」。這個問題，不止在本港一時形成了「贊成」與「反對」兩派，而且據說中英聯絡小組方面亦傳出中方代表對「八八直選」頗有不同的意見。

主席先生，古語說：「君子和而不同」。我尊重「八八直選」的反對者，不過，當我考慮過代議政制發展的實踐成果、現時的環境及實際情況，以及各方面的意見之後，認為八七年後立法局除功能組別及選舉團議席外，應有部分直接選舉的議席。現在，我建議在八八年開始，立法局應有八分之一的議席由直選產生，主要理由是：

第一、總督衛奕信爵士表明政制改革要循序漸進，中國領導人對總督的就職演辭亦表示歡迎。目前，香港社會一片欣欣向榮，證明漸進式的代議政制適合本港過渡期的發展。既然立法局在推行間接選舉後已站穩了第一步，就應該適當地向直接選舉踏出一步。不過，在選出八分之一的直選議席之後，將來是否要繼續增加，則應因時制宜，視實際發展的需要而定。

第二、透過適當的直選選出的議員，其職業或背景與透過功能組別及選舉團選出的議員不同，但彼此的職責和目標均相同，並不會導致議會分裂或社會衝突。區議會、兩個市政局及立法局部分功能團體早已實行的直選，都足以證明直選實際上加強了議會的民意代表性。

第三、綠皮書表明這次檢討是在香港現行憲制架構的範圍內進行，同時亦會充分顧及中英聯合聲明的有關規定。因此，若立法局在八八年增設八分之一的直選議席，以分區直選方式產生，在本局所造成的議席比例，決不會引致政制本身或協議精神的改變。

第四、代議政制與基本法有共同的基礎，這就是香港民意、中英友誼和互惠合作的關係。所以即使立法局在明年有少數的直選議席，亦只是為聯合聲明中有關香港人的高度自治權作出準備，不必擔心會與未來的基本法有不銜接的問題。

第五、「沉默的大多數」對直選問題尚無定論，但我在擁有 45 萬多人口的深水埗選區中最近完成了一次問卷式的民意諮詢，諮詢對象是深水埗區的區議員、分區委員、互助委員會、業主立案法團及學校等。在所收回的 90 份問卷中，對

「立法局八八直選」這一條，有約 45％贊成，34％反對，其他不表示意見。雖然收回的問卷數量未算理想，但就沉默的大多數而言，所得的實質反應，甚有參考價值。

我同意綠皮書所列舉的準則，適當地增加功能團體的立法局議席，把其他未有議席的專業團體列入範圍，以期立法局有更均衡的代表性。

委任議席是否減少？這個問題涉及整體關係，我認為如果增加功能團體或直選議席，便要將委任議席的比例相應降低。至於其他議席，我認為原則上在八八年應該以不變或少變為佳。

本港政制的三層架構應維持不變；總督應繼續擔任立法局主席；逐步推行代議政制是香港「變中求穩，穩中求進」的適當方針。這三條，在上述問卷中，表示了幾達 100％同意。我亦持同一見解。

……

事實上，綠皮書提及的政制問題有許多項，我們不要把重點只放在立法局的議席問題上，而忽視了作為立法局民意基礎的區議會；至於市政局和區域市政局在三層架構中的「中間地位」則應獲得承認。

目前，我認為應該保持區議會民選與委任議席 2 比 1 的比例，並加強反映地方民意的基層組織，以協助區議會發揮更大的諮詢功能。進一步說，八八年應在保持市政局及區域市政局的原有議席之外，並循區議會的選舉途徑增加市政局議席，進一步加強三層架構的聯繫，使立法局在鞏固的基礎上，向直選的目標進行穩健的發展。

格士德議員致辭（譯文）：

商界大部分人士都會同意，由於香港向來不受政治支配或干擾，因此有一個成功而且基礎穩固的政制，所以如要改革，必須按部就班，不宜操之過急。他們多數都認為，本港的經濟及社會過去數十年蓬勃發展，皆因本港政府由行政機關領導所致。將來的政制，亦應保留這個特色。如果說很多人都支持直選，我相信大部分港人都知道政治和政黨是香港特別行政區政府所不容的，甚至亦不適合一九九七年前的政制發展。我本人不以為在立法局增設一些直選議席，就等於必

定出現政黨或對抗式的政治。不過，看過這數星期的立法局會議，我們都好像覺得這種政治已經開始。

那些所謂壓力團體，為著原則問題而爭取政治改革，不理會這可能打擊港人對整個制度的信心，可是新聞界和一些在公開辯論中發言的人士似乎過分重視他們的意見，而忽略了要求循序漸進，實事求是，以較溫和的方式去進行改革的呼聲。對此我實在有點憂慮。

壓力團體是表達民意的正當途徑，亦是不可或缺的。但壓力團體通常只代表少數人或一些片面的意見，我們亦應該從這個觀點去考慮他們的意見。

我相信政府要決定所謂沉默大多數的真正意見和利益，將是困難重重。大部分香港人都不會主動說自己的想法，亦不會透過團體表達意見。我知道我們功能組別的成員，在回答綠皮書問卷時，很多都抱著一種漢〔漠〕不關心的態度。我現在藉此機會，呼籲他們和我們合作，盡快發表意見。我們在一開始的時候便須幫助政府找出正確的發展方向，本港的政制發展實不能靠碰運氣或進行反覆的嘗試，否則只會造成不堪設想的後果。

香港永遠不會成為一個獨立自主的地方，亦從來未有過民主選舉產生的政府，事實上，中國自古至今亦未實行過民主政制。但香港擁有一個果斷、開明、經驗豐富及無政治色彩的政府，它關心香港的市民，而且成功地把香港發展為一個經濟成就驕人、譽滿全球的地方。

我相信如要維護港人的利益，維持現狀比實行一個以政治為依歸的制度重要得多，因為這個制度只會令社會上意見分歧，而政治團體間的對抗亦會浪費人力物力。

何世柱議員致辭：

……從歷史經驗可知，香港有今日的繁榮，在很大程度上是因為過去數十年來政治架構穩定而且有效地運作。本人深信，香港必須有一個安定的社會、政治環境，以及具備良好的投資條件，才能取得經濟的繁榮。繁榮的經濟不僅會使工商界得益，全港數百萬居民亦能分享當中的成果。

眾所周知的事實是，根據中英聯合聲明的規定，香港將在一九九七年七月一

日起，成為中華人民共和國特別行政區。目前香港正朝著這個方向過渡，因此在此期間香港的政制演變應以基本法的規定為依歸並與基本法互相銜接，這是理所當然的。事實上，基本法的起草工作已於一九八五年開始。按照工作進程，將在一九八八年完成初稿，然後廣泛徵詢香港市民的意見，最後於一九九〇年經中華人民共和國全國人民代表大會常務委員會審定通過後予以公布。本人認為，從香港的長遠利益來看，在基本法公布之前，對政制的檢討和演變應審慎從事。鑑於立法局在一九八五年才開始有由間接選舉產生的議員，在一九八八年遽然引進直接選舉，對政制方面作重大改動，將不利於政制演變與基本法的銜接。

......

主席先生，代議政制發展檢討綠皮書中最受關注的論題，是立法局應否有部分議員由直接選舉產生。部分人士不斷提出要在一九八八年開始推行直接選舉，並且散播這樣的說法：就是假如立法局在一九九八年不開始進行直接選舉，一九九七年前將沒有足夠時間完成香港的政制改革，而九七年後更沒有機會繼續有關的改革。主席先生，我必須指出，上述的說法是錯謬及誤導的。一九九七絕不是香港的末日、更不是一切變革必須停頓不前的界線。鼓吹在九七年前盡速完成某些轉變的人士若不是居心叵測，別有用心，就是對中國政府對香港所作的承諾缺乏足夠的瞭解及信心。事實上，在一國兩制的原則下，維持香港的主要制度及生活方式不變，容許香港繼續發展適合本地的體制並實行高度自治，是中國政府堅定不移的國策，一切對香港有利的變動將不會被中途扼殺，反而會得到中國政府的重視及支持。主席先生，本人希望再一次強調，試圖在不夠十年內完成一切的變革是不切實際的。既然九七年不是香港社會繼續發展的界限，我們實在有足夠的時間讓從一九八五年才開始發展的並有間接選舉議席的立法局，作進一步的實踐，並以所積累的更豐富經驗去評估有關制度的優劣及作出取捨。基於上述各種理由，本人反對在一九八八年推行部分立法局議席由直接選舉產生。

主席先生，本人必須指出，香港是一個極度敏感的地方，本港經濟在相當程度上與人們的信心相聯繫。政制方面的急劇變動極可能引起社會不安，甚至出現對抗式的政治，從而引致社會大眾對香港能否在過渡時期保持原有經濟制度和生活方式不變發生懷疑，結果將會危及本港經濟的進一步發展。

主席先生，在一九八六年十一月五日本局就施政報告進行的辯論中，本人

曾指出，香港的成功之道，是我們具備了優良的制度，以及因為香港市民和香港政府互相信賴。本人深切盼望，廣大市民繼續對未來保持信心，並且希望他們認識到中國政府對保持香港的政制運作的優點及繼續發展本港經濟的態度及承諾。本人認為，廣大市民與中國政府的互相信任及建基於這種信賴上的共同努力和合作，將會帶給香港繼續的繁榮、安定和成就。

許賢發議員致辭：

本人明白對於一些一向不關心本港政制發展的人而言，八八年推行直選，可能是一個「突變」。他們會問，百多年的政制均沒有改變，為甚麼明年要變？事實上，提出這些疑問者都忽略了本港的現實和客觀環境的需要，包括以下幾點：

（1）在經濟方面，近幾年來本港的經濟形態已由早期的勞工密集階段，進入一個依重知識及技術密集的階段，因此我們需要各方面大量的專業人才，更需要一個長期穩定的局面。為配合社會經濟形態的轉變，以及加強投資者對本港將來的信心，一個有直選成分的民主政制，有必要由明年開始逐步建立，因為只有這樣才能確保廣開賢路，招納人才，穩定投資者的信心。不要忘記，一般市民及投資者的信心都是很實際的，他們急切期待一個民主架構的雛型，可在短期內實現，至於由條文規定九七年後如何實現「港人治港」的理想，對他們而言，這個距離是稍嫌遠了一點。相信各位都會明白「百鳥在林不如一鳥在手」的這〔道〕理。既然大部分人認為香港要建立民主政制，也沒有人反對要加強立法局議員的代表性和政府的威信，我們為何不及早在明年開始？

（2）在政治及公民意識方面，近幾年來，愈來愈多知識分子及中產階層參議政事，他們滿腔熱誠，為建設香港的未來幸福而努力不懈。若果政府不及時開放政制，必然會為整個社會帶來不利的影響，尤其是精英外流的現象，另一方面，我們實在不能忽略近幾年來，市民的教育水平不斷提升，更不能忽視八五年本局首次有間選議員後所帶來的開放局面，這點對提高市民的社會及政治意識，有莫大的幫助。假若政府不能順應這種民主發展趨勢而加以適當的配合，或加以抑制，必然會打擊港人參議政事的熱誠，也妨礙將來港人治港的發展基礎。

（3）中英聯合聲明規定將來香港特區的立法機關要經選舉產生，而行政機關

須向立法機關負責。換言之，現時 10 個官守議席和 22 個委任議席，十年後便要完全刪除，而現行的行政主導體制，將來也會有所改變。單是這兩點已經與現行的政制架構有很大的差別。所以，沒有人會反對本港的政制在過渡期內，需要作出相應的轉變，而我們對這點也存著共識，就是「循序漸進」，以及在九七年前完成一切改革，以便順利過渡。再者，本人認為由明年開始至九六年完成改革，比由九二年開始改革，九四年便完成，更符合「循序漸進」的精神。

另一方面，無論在九一年或九二年實行直選，客觀條件都比八八年為差，因為現時已有不少人擔心基本法在九〇年頒布時，會對香港產生一定程度的信心危機和移民潮。此外，許多經濟學家都預測九〇年代初期會出現全球性的經濟衰退。故此，若果到這時才推行直選，而將一切適時發生的不利後果，歸咎於直選身上，甚至作為日後不行直選的藉口，則九七年後「港人治港」的理想便成泡影，這點實在需要那些反對八八年直選的人三思。

至於八八年代議政制進一步發展與基本法的銜接問題，本人認為，一切的政制改革，必須以民意為依歸。既然中英兩國政府均先後表示，基本法的草擬和代議政制的發展方向，都會尊重港人的意見。故此，只要中英兩個政府謹守諾言，則無論是諮詢過渡期內政制改革的意見，抑或是九七年後香港特區政制的構思意見，兩者應無銜接上的問題，因為兩者的諮詢對象都是香港市民。

雷聲隆議員致辭（譯文）：

……首先我們必須確定我們工作的最終目標，而訂定目標並不困難。我們必須在良心上自我反省一下，詢問究竟我們是否均認同一個真理，要發展一個真正具代表性及負責任的政府，及究竟民主是否一樁好事。假如我們甚至沒有決心去宣稱民主及平等是我們應邁向的理想，則我們究竟是代表甚麼？倘若我們確定這些是我們的最終目標，則我認為作出妥協以配合政治現實，作為達到最終目標的辦法，是可予接受的。

畢竟，正如一句老生常談的話，政治是一門妥協的藝術。無論如何，有些原則是不能放棄，有些目標是不能掉以輕心的：這就是平等和民主。無論政治氣候如何，這些目標必須保持清楚明確。如前面有障礙，我們可能須繞道而行。我們

可以繞過障礙，但不能背離最終目標而行。只要確定了這大前提，其他的問題便會迎刃而解。

全港市民擁有同等政治權利是我們公認但遭拒絕的理想。殖民地統治在政治方面所帶來的限制是一個我們必須考慮的事實，不過現在情況已有改變，政府已作出保證，謂在今次的檢討中，直選是一項真正可供選擇的辦法，而且直選亦被承認不會違反聯合聲明的規定。如果直選的原則正確，政治情況亦適宜進行直接選舉，加上社會氣候亦證明有此需要，而經濟環境亦容許的話，為何在一九八八年不能有直選？此外，在立法機關內加入少部分直選議席，畢竟是有助於一九九七年的政制逐步改革。單是技術上的細節問題不足以成為拖延人民參與政府的理由。

這是很簡單的論據，旨在闡釋而不是引起混亂，我相信這亦是今次辯論是否應有直選及應否在一九八八年推行的重點。

既然發表了上述言論，訂立了所有大前提及論據，為何我們不站起來負起社會領袖在道義上的責任，指引市民走上直接選舉及全民投票的路？我們不能再躲藏於所謂「沉默的大多數」後面，我們這次應帶頭參與代議政制進一步發展的行動。我們被批評為對民眾的呼聲充耳不聞，在大亞灣核電廠事件中，我們的信譽備受考驗。市民更認為我們已一敗塗地。如果市民明顯地表示希望有直選，而我們仍不順從民意，便會喪失立足於立法局的權利，即使追隨大眾也不能，更遑論作為其領袖。

主席先生，今天是立法局有民選議員以來第二屆會期的最後一次例會。今天這歷史性的時刻，不要讓它標誌著在兩年前進行開放政府最高階層的過程的終結。我大膽假設我們均贊成民主及平等，在不斷追求民主及平等這些理想的過程中，當眼前的道路不大明朗，我們不得忘記所追求的理想，遇到障礙時，也不得背離正路。我們知道現正致力追尋的是公平和正義，我們是站在民主的一邊，我們亦非孤軍作戰，市民是站在我們這邊，歷史的潮流亦是在我們這邊。

邱吉爾在埃及之戰後說：「這不是終結，甚至不是終結的開始，不過可能是開始的終結。」

誠然，主席先生，我們只是剛踏上邁向真正代議政制的漫長道路。

……

　　較早前曾說過，我是一個務實的人，為了符合漸進改革的需要，我樂於讓步。直選無異是推出民主及成立代議政制的一個更先進的方法，但我認為審慎的做法是將選舉團及功能組別制度最少多保留一任，以方便政制逐漸過渡。

　　我建議更改立法局的結構，使選舉團、功能組別、直接選舉和委任各佔立法局四分一的議席。關於重新分配議席，我促請依照功能組別各團體的貢獻來分配。例如，應認真考慮鄉議局希望有代表加入立法局的要求。鄉議局曾在政府和新界原居民充作重要橋樑。當局如將之列入功能組別就是對其地位和聯繫功能作適當的承認。我主張政制改革循序漸進，因此我認為三層架構目前應予維持，雖然我同意可以發展兩層架構，使地區層面亦可獲賦若干行政權力。

　　順帶一提，要在目前保留選舉團制度可能還有另一理由。選舉團是三層架構中不可分割的部分，是中央政府與地區層面間不可代替的渠道。以代議功能論，它可反映區內多方面的權益。與立法機構中另一選舉方式（即功能組別）的不同地方，是選舉團能替有意競選的人提供更公開的場合來競選，因為選舉團對候選者無職業限制。

　　此外還須考慮如何分配包括多於一個區的選舉團的議席。例如，我所屬的選舉團新界南，就包括重工業區如葵涌、青衣、荃灣和鄉村地區如西貢和離島。為使他們的權益獲充分反映，或許有理由增加或重新編配議席。

　　主席先生，若要遵行立法行政兩權分立的原則，則你作為立法機關主席和行政首長的雙重身份便難以調和。你的廉正是無可置疑，但若將兩種角色由二人分擔或更會改善政府整個程序的大公無私形象。不過，你若繼續出任立法局主席，或會幫助加強繼往開來的意念。我支持立法機構下一任期的現行安排維持不變，而我認為下一任期應延長至四年。立法局議員現行的三年任期辦法或非最佳安排，尤其是民選議席的比例日增。每次競選候選人所費時間精力不少，若他們又是現任議員的話，便會因而分心，無法全力處理立法局事務。若將任期延長至四年，民選議員便可有較多時間專注於局務。此外，倘於一九八八年開始實施四年任期辦法，則到一九九七年香港主權歸還中國的一年便非大選年。如此引進新政府可免紊亂。

林鉅成議員致辭：

主席先生，立法局在八八年應有四分一議席由直接選舉產生，委任議席應逐漸減少。我們不能漠視廣大市民對直選的要求。支持直選的人士包括大多數的大學生和專上學院的同學，他們將是未來香港社會的精英和支柱。如果立法局明年沒有直選，會導致大學生們對社會產生消極或積極性的不滿。主席先生，我將不再覆述八八年直選的優點；但是，我們不能不慎重考慮八八年如果沒有直選所可能帶來的不良後果。政府如何對市民解釋為何他們有權直接選舉區議員和市政局議員，卻無權去直接選出他們屬意的立法局議員。原則上贊成直選而要求在九〇年後才實行的人，知道清楚要對症下藥，但是卻遲遲不給病者服藥，其後果可知。事實上，在一九二五至二六年時，周恩來和鄧穎超已支持香港立法局應有直選議席，六十年後，香港在過渡回歸祖國時，反而有人要押後直選日期，真令人有時光愈來愈倒流之感。有人說八八年不宜有直選，因為公民意識未成熟；若他們的論據屬實，則區議會（三分二議席是由直選產生）或市政局（二分一議席是由直選產生）可算是公民意識不足之下的產品。我相信絕大多數區議員和市政局議員對這點未必贊同。

銜接問題是八八年應否有直選的主要爭論點之一，綠皮書和基本法都自稱以港人意見為依歸，倘若反映民意結果，彼此不同，則誰是誰非，有沒有方法去證實呢？雖然有小部分人士具有雙重身份，究竟由選舉產生的各級議員，抑或基本法的諮委和草委成員，更能代表民意，這是一個十分有趣的問題。經過本局這兩日討論這綠皮書後，市民也許對未來政制發展，應何去何從，會感覺更模糊和混亂；因為在本局會議廳內的議員，他們都有堅強無比的自信心，不論贊成或反對八八年直選的議員們，都認為他們自己選擇的才是按部就班，循序漸進的方法；正反雙方就銜接問題也持相反的意見；更有人就普選問題是否有違中英聯合聲明，有所懷疑。主席先生，關於最後一點，政府實在必要在本局內公開向市民澄清，否則將會有更多市民不敢就綠皮書表達意見。

主席先生，中英港三方面都以維持香港的安定繁榮為共同目的，為何到現在港人的信心仍未能穩定下來？我相信一個主要因素就是和辦事效率問題有關。中英雙方如果過分著重為了方便和加強他們管理香港的效率而未能適當地顧及民意

或港人利益的話，港人怎樣能對現在或將來的政府有信心呢？祖父時代的家長式管理方法，是不會被充滿自由民主的社會接納的。

主席先生，無論政制改革何去何從，對抗性政治無助於本港的安定繁榮，少數服從多數乃民主精神，只有全體市民的利益而非一少部分人士的要求得到公平的照顧，香港才能真正安定繁榮。

李柱銘議員致辭（譯文）：

主席先生，自由是與生俱來的信念，藏於每個人的心底。歷史不斷見證人民捨棄生命來為下一代換取平等與自由。

民主的火炬卻需要長時間來燃點，然而一旦燃燒，便永不能為鐵腕所摧滅。

歷史也告訴我們，民主永不能倚靠別人雙手奉上。假若我們的市民真的以為可以這樣就得到真正的民主，他們也就還不配擁有民主。

主席先生，我可以愉快地說，今天在立法局內外都只有很少數人是反對直選的。絕大多數的香港人都願意見到直接選舉成為九七年香港的選舉制度中不可或缺的一部分。現時剩下來唯一問題只是推行的時間而已。

但當我們辯論這個問題時，請小心，別見諸微而失之於大。讓我們留意一點 —— 直接選舉本身並非唯一的目標，而是達到目標的一個途徑。我們須要記得那最終的目標是要成功地落實推行一國兩制的政策。要達到這目標，便必須把香港的資本主義制度和內地的社會主義制度分隔開來，要把兩制分開，我們需要「高度自治」，這正是聯合聲明裏所承諾的。今日最主要的問題就是怎樣確保將來香港特區政府能有真正的「高度自治」，答案很明顯：將來的特區政府必須得到香港市民的授權和支持。因此，要使所有的香港市民能確實地得到投票的權利，選出他們要的領袖，這是非常重要的。如果他們發覺選出來的人並沒有維護他們的權益，他們將在下一次的競選中投別的人一票。

主席先生，我不同意好些在我之前發言的同僚所說的：我們的唯一目標是要確保一個有「高度效率」或「高度效果」的政府；因為，世界上最有效率的政府莫過於獨裁政府。

並且，顯而易見地，本局的委任議員將要在九七年前逐漸退位讓賢；這並不

是說他們過去對香港沒有貢獻，只不過聯合聲明明確地規定了將來特別行政區政府的立法機關要由選舉產生。

主席先生，不論是在本局內外，我都屢次建議，在一九八八年時立法局的議席應該四分之一由直接選舉產生，四分之一經功能團體選舉，四分之一經選舉團選舉，餘下的四分之一則繼續由委任議員出任。

主席先生，單單在八八年推行四分之一議席的直接選舉顯然不能就此達成一國兩制、高度自治的目標；但這是必須的第一步，也是正確的一步。綠皮書中沒有提及好些別的政制裏的重要問題，特別是行政立法兩局之間的關係，著實令人遺憾。這個遺漏關乎聯合聲明中的重要規定 ——「行政機關要向立法機關負責」。如果立法機關受制或聽命於行政機關，所謂「負責」就變得毫無意義。在這方面，我完全同意鄧蓮如議員所講的：我們應該考慮採納一種「部長制」的模式，雖然這不一定是西敏寺式的部長制。

但我不能同意她認為該停下來觀望數年才推行直選的主張。我有一個強烈的感覺，當鄧議員提出這個主張時，她自已〔己〕並不是真的相信應該這樣的。她的主張無異認為八八年不宜有直選，這和她在同一篇演辭中所說的背道而馳：

> 我們將改變押後越久，求變的壓力便越大，用來進行順利改變的時間便越短。
>
> 我們必須順著改革的節奏與步伐向前邁進，在走向一個全部選舉產生的立法機關的途上，別留下太多的事情在太遲的時候才去做。

我衷心地同意這幾句說話和她許多其他支持直接選舉的理由，這些都證明應該在八八年推行直接選舉而不是八八年後。

譚惠珠議員告訴了大家一些起草基本法時所遇到的問題。我本來認為這裏不是一個適宜的地方去談這些問題，但既然譚議員提了出來，而且未能用一個正確的角度提出來，儘管不情願，我還是感到有需要就這問題談一談我的看法。首先，我必須說我沒法明白她說的沒把握為香港爭取到「剩餘權力」，和未來特區政府有沒有直選或一九八八年應否有直選之間有甚麼關係。這簡直是不知所謂。

其次，她提到聯合聲明附件一第13節：「《公民權利和政治權利國際公約》

和《經濟、社會與文化權利的國際公約》適用於香港的規定將繼續有效。」她提醒我們說，這個公約的其中提到普選的一個條文是聯合王國加以保留了的。她認為究竟看這個國際公約繼續有效是從一九八四年十二月十九日簽署聯合聲明起計還是從一九九七年七月一日起計將會是一個重要的問題。同樣地，我無法看見這事情和現時討論的問題有甚麼關係，也沒法接受這個論點的邏輯。

有關的條款是公約的第 25 條：「凡屬公民，不受無理限制，均應有權利及機會⋯⋯：（ｂ）在真正、定期之選舉中投票及被選。選舉權必須普及而平等，選舉應以無記名投票法行之，以保證選民意志之自由表現。⋯⋯」聯合王國所作的有關此條文的保留如下：「有關公約第二十五條，聯合王國必須保留不引用該條（ｂ）段涉及須在香港成立一個由選舉產生的立法機關的權利。⋯⋯」

但我們不能忘記，這個國際公約的大原則就是要讓每個簽署國都能遵行所有的條款。但由於某些國家有特別的處境，這些國家的政府認為必須保留不引用某些條文的權利。這只不過是說，就那些被保留的條文而這〔言〕，其他國家不能投訴該國有違公約，這並不等於說該國不可以在保留之後決定執行或實施該條文中之事項。若該國決定實行該條文，其他國家看見有多一個有保留的國家實施被保留的條文，高興還來不及呢！

有一段時候，有很多不必要的混亂因這事情而起，牽連到究竟八八年該不該有直選，其中主要是由親中報章雜誌搞起的。今日本局中的同僚竟然拿這個不相干的論調在立法局上陳述，實在是令人遺憾。我懇請政府就此事矯正譚議員的看法，因為，若果按她的理論，其結論可能認為八八年加入直選是違背聯合聲明的。

譚議員還另外提出了在該公約中普選只是屬於國民權利，不包括居港的外國人在內。這個問題，譚議員說起草委員會的會議曾提出來商討但未有結論，她相信可以有一個解決方法。我依然無法理解這個問題和我們要商討的有甚麼關係。再者，即使這個說法有一定的價值，它對功能團體選舉和選舉團的選舉不也一樣適用嗎？這些選舉中也有部分選民是外國人。

但有一點極重要的，譚議員卻沒有提及，就是在基本法起草委員會政制小組所收到六個方案中，關乎立法機關的選舉問題上，有五個方案支持將來的立法機關須包括直接選舉。而在基本法諮詢委員會所表達的建議中，絕大多數也是支持

直接選舉的。這一點十分重要，如果香港大多數的人都支持將來的立法機關有直接選舉，我無法相信基本法裏會沒有直接選舉。因此，不銜接的可能實在是非常微小的。

......

主席先生，直接選舉不再是我們探討民主化或將全部委任產生的立法局轉變為全由選舉產生（如聯合聲明所言）等問題時眾多有待關注的事情之一。直接選舉已經成為一塊試金石，香港市民可以藉此看見中英兩國政府是否有誠意落實執行聯合聲明和是否尊重香港人的意願。

主席先生，在這過渡期間，中國和英國政府都應該明白到香港市民對於他們的前途是非常敏感的。更重要的是，兩國政府該留意，信心要很長的時間才能建立培植起來，卻可以一下子被高官的一句不小心的言論打碎。我們應該在八八年開始推行直接選舉，以確保在九七前和九七後我們的政府都將會體察民情，得市民擁戴，有能捍衛市民的權利和自由，這才是積極的行徑。香港政府正應趁此機會挽回市民的信心。證明自己並非跛腳鴨政府，仍然可以和願意在這十年間管治香港。

當我們的市民親眼看見直接選舉為他們帶來一個更負責任、受愛戴、順應民情的政府時，他們就會覺得前途是有希望的，他們也就會留下來，也許一直到九七之後。

主席先生，港人治港的政策若沒有每一個人的參與是不可能成功的。

在一九八五年九月的立法局選舉中，只有不足 2.5％的香港人有投票權，這明顯地是不成的。從我們必須在九七年前把全委任制的立法局轉變成全選舉制的需要來看，我不同意那些認為八五年九月的選舉是太大的改變的說法。主席先生，我們的選舉制度必須依法治精神所要求的人人平等的原則來改變。我們不能夠蓄意讓 97.5％的市民繼續被剝奪參與立法局的選舉的權利。

主席先生，在我們考慮政制的問題時，先假設了中國對將來香港特別行政區的政治體制有一條底線，我認為是錯誤的。我並不相信有任何一個可以決定香港將來的中國領導人已充分瞭解香港的情況，正因如此，中國領導階層都希望聽取港人的意見。

如果因為最近一些中國官員的言論，我們便相信中國必定不容許八八年香港

有直接選舉，這是非常錯誤的。首先，根據聯合聲明第四節的規定，八八年是否有直選的問題完全是港英政府的事情。其次，正如最近我們所見到的，沒有那一句中國官員的談話是不可以收回的，只要環境需要便成了，特別是當輿論強烈要求的時候。

我們倘若不告訴他們我們需要甚麼，實在是大大的錯誤。何須懼怕為香港爭取最好的東西？如果我們不說要最好的，退而求其次或更其次，到頭來我們得到的將會是一個非常令人失望的制度。

主席先生，在聯合聲明的範疇下作最大的要求是我們的責任。聯合聲明說中國會恢復行使主權，但除國防和外交外，香港特別行政區政府將享有高度自治。越是有高度自治，就越容易成功地實行一國兩制的政策，對中國和香港也就越好。

主席先生，有些人反對八八年推行直接選舉，理由是沒有足夠的時間在八八年秋天實行，這是完全站不住腳的。主席先生，我曾經數次敦促政府提早進行這個政制檢討，但當局不斷堅持現在的時間表，理由便是這時間是由八八年九月倒數得出來的。政府亦屢次向本局保證，假若因民意支持直接選舉而決定在八八年推行，按現在的時間表，我們是仍然有充分的時間去加以實行的，我盼望港府能矯正那些反對者的看法。

有人說香港並非主權國家，所以不可以有真正的民主。我以為是完全不足信的、不能接受的論點，欠缺邏輯上的、常識上的支持。聯合聲明承諾我們：「香港特別行政區政府由當地人組成。行政長官在當地通過選舉或協商產生。由中央人民政府任命。……立法機關由選舉產生。行政機關必須遵守法律，對立法機關負責。」聯合聲明中並沒有說香港不可以有民主的政府，也沒有說八八年不可以有直選。事實上，我剛才讀的一段就正正指出現時的殖民地式政制，由委任產生立法局的模式必須大幅度地改變，成為一個立法機關全部由選舉產生，而行政機關向之負責的制度。在八四年中就八四年的綠皮書本局作出的辯論和八五年初的白皮書辯論裏，大多數議員都贊成當時那份綠皮書臚列的發展代議政制的目標及港人治港的構思。八四年的綠皮書中建議的目標就是說要逐步建立一個政制，使其權力穩固地立根於香港，有充分權威代表香港人的意見，同時更能較直接向港人負責。

　　主席先生，這些可嘉的目標在新的綠皮書中完全看不到，比較起來大是遜色，實在使人遺憾。這份綠皮書缺少了目標和指引。在欠缺內容之餘，綠皮書的體積卻大事擴充，結果自然是令人難以消化。

　　主席先生，支持八八年直選的人有時被稱為「理想主義者」或「夢想家」。我不以為然，我們就如同任何旁人一樣的踏實，即或我們是在做夢，但又是誰在一直引我們進入夢境呢？

　　一九八四年四月二十日，賀維爵士在一個記者招待會上說：「期望一個容讓英國管治持續到九七之後的協議是不切實際的。」他同時承諾香港人，在主權回歸到中國之前，香港將建立一個有代表性的政府。

　　接著在八四年七月，綠皮書發表了，陳列著那些我剛才讀了出來的可嘉的目標。

　　八四年九月二十六日，聯合聲明的草簽本面世，其中部分條款我亦已經讀出，裏面承諾了將來香港會有一個有代表性的政府，市民可以選舉議員進入立法機關，然後透過這民選的立法機關使行政機關向市民負責。

　　八四年十一月，港府發表了白皮書，內容表示大部分的市民都希望見到一九八八年有直接選舉。

　　八四年七月及八五年一月，本局先後就綠皮書及白皮書進行辯論。在這些辯論裏，本局議員對兩份文件都表示支持，主要的原因也是認為香港將會發展一個有代表性的政府以在「一個兩制」之構想下行使高度自治權。

　　當英國國會辯論是否簽署聯合聲明時，上下議院都予以支持，主要的原因也是基於香港在回歸中國前將會有一個有代表性及民主的政府。

　　除了這些官方的聲明外，許多中國和英國高層官員、香港的高官、行政、立法兩局的議員都用令人鼓舞的詞句描述香港的光明前途，因為我們將有「民主」，香港將要由港人治理，未來的特區政府將會有高度自治。

　　很多香港人聽到這些承諾後都感到安慰，他們因此接受聯合聲明。他們相信香港會有一個建基於民主的基礎上之美好將來。由是之故，許多人積極地組成了政治團體，希望幫助香港達至高度自治。

　　那時沒有人說我們是在做夢，那時沒有人說我們必須等待基本法頒布後才能改變現有的政制。那時根本沒有人擔心衛接與否的問題。

如果香港的市民仍然堅持、仍然期待一個有代表性的政府，或一個民主的政府，作為將來成功的基礎，這是無可指責的，這些人並沒有改變過，他們一貫如此。

那麼是甚麼事情改變了呢？中國的官員不再提「港人治港」，不再談「高度自治」，他們轉而強調「高度效率」，在「一國兩制」的方程式裏，他們不再像過去那樣強調「兩制」，只談「一國」起來。他們說香港的政制發展要等待基本法的頒布。他們理解的「銜接」是：「我們未準備好，你甚麼也別做。」他們的口吻也轉變了。從前是又哄又呵，現在是既責且罵。隨著每一次嚴峻的講話，更多的人排隊往領事館拿護照走了。與此同時，他們仍在大談繁榮安定，究竟是誰在做夢？

但公平一點來看，我仍然相信中國的官員並沒有惡意叫我們的經濟受損，他們也是想香港好的，如果不是英國政府太過急不及待地讓步妥協，要與中方「銜接」，他們也不會這樣改變態度。

那麼，怎辦呢？香港必須要求中英雙方政府都按足聯合聲明來辦事。這個並不容易，但這是我們的將來的唯一希望。我們必須講出來，甚至吶喊出來，直至他們聽見。我們絕不能讓聯合聲明成為一紙破碎的承諾。

香港人必須省察一件事情：沉默的年代已經過去，現在是行動的時候了。讓我們的市民從過往政治的沉睡中醒過來。讓我們迎接這時代的挑戰。讓我們親手掌握自己的未來，為我們自己，也為著下一代，創造一個美好的明天。讓我們同聲吶喊，要求在法律面前得到公平的對待。讓我們提出八八年立法局選舉一人一票的要求。讓我們堅定地相信直選是今日唯一的出路，也讓全世界的人都知道我們香港人是願意主宰我們自己的前途。我們已預備好，樂意照著聯合聲明來管理好香港。最後，讓反對八八年推行直選的人當心：民意若被忽視，只會帶來徹底的失望，帶來更多的移民潮，帶來經濟的失敗，最終，帶來「一國兩制」的失敗。

主席先生，我們正置身十字街頭。我們是要選擇那條看來寬闊易行，但其實最終會帶來失敗的路，也就是保持殖民地制度不變的路，或是我們將選擇那條狹窄、崎嶇、難行但最終會帶來高度自治和一國兩制的成功的路呢？主席先生，這個問題是香港的市民在今日這個政制發展的緊要關頭所必須面對的。八八年是否有直選的決定將會決定了我們前途的成與敗。骰子是已經擲下了。

李汝大議員致辭：

主席先生，民主制度可以防止政府濫用權力，缺點是施政須向公眾交代，效率會受影響。集權政治效率可能較高，卻容易引致當政者濫用權力，禍患無窮。香港現時的本地政府是集權政府，總督作為行政首長擁有甚多權力，辦事效率不錯，所以造就了今日的經濟繁榮。然而統轄本地政府的英國政府卻是一個有數百年傳統的民主政府，有效地防止本港政府濫用權力。這個配合恰好實現兩者的優點，即行政效率高而沒有濫用權力，從而造就本港社會的安定繁榮。如果希望長期維繫現時的成效，這個「集權」與「民主」的「制衡組合」必須維持。一九九七年香港主權更迭，民主的英國停止統轄香港，集權的中國政府將恢復行使主權。如果香港本地政府屆時仍沿用現在「集權」體制，則「制衡組合」必受破壞。主權政府及本地政府都是集權肯定會導致權力濫用，安定繁榮的基礎亦將蕩然無存。所以現時香港必須全力推行政制民主化，希望十年內妥善建立一個民主的本地政府，藉以銜接主權更迭。是項構想若能成功推行，則屆時「民主」的本地政府，將與「集權」的主權政府發揮有效的制衡作用，繼續保持現有「制衡組合」的優點，安定繁榮才能維繫。而以十年時間進行本地政府民主化時間極端緊迫，即使一九八八年實施部分立法局議席直接選舉，整個過程能否在九七年完成順利銜接配合仍屬未知之數。若果拖延三年，則「制衡組合」的新配搭不能趕及九七年做妥，必然嚴重損害香港利益。

最近有一些原來不見經傳的團體紛紛出來說話，反對一九八八年直選。其中某些論調淺陋可笑，例如「選票飯票」等。顯而易見這些團體都是捏造出來，企圖製造言論影響民意。我支持言論自由，不會反對任何人發表任何談話，不過希望市民明辨是非，免受蒙蔽。同時，我希望誠意為香港謀求利益的人，踴躍發言，推動代議政制向前發展，並且正確地引導市民表達意見。

又有人認為，現在香港人有生意做，亦有工作做，何必發展甚麼新制度？我對這種態度深感痛恨悲憤。今日維持有生意有工作的條件，明日如果客觀情況不同，又沒有新制度配合，這些條件可能完全改換，影響生意和就業。伊朗孔雀王朝時代頗為富庶，現在又如何？足證只顧經濟發展，政治制度如果不能配合，社會亦將混亂不安。

增加直接選舉是新制度發展的主要部分，立法局現有間接選舉亦宜同時改
進。如果增加功能組別的席位，則一人一票的組別應予優先考慮。至於選舉團方
面，我建議保留區議會作為提名團，而由有關區議會範圍的市民投票選舉。這項
選舉方法可以避免區議員之間的傾軋，又使議員向兩個層次負責，即區議會和廣
大市民都成為議員的交代對象，發揮間接選舉的功能。

廖烈科議員致辭：

第一，本人認為在代議政制發展的過程中，制度之外，有賴於人。古人選
賢與能，參與國事；古時雖然未有選舉制度，但用人得當，則政治清明，公眾受
益。時至今日，民主政制的發展，有賴選民敏銳的目光，選出真正為大眾服務的
議員。相信大家都會認為個人的品德修養、服務精神和具體成就，才是真正衡量
政制成功與否的條件。正如本人方才說過，循序漸進的方式是過去成功的主要因
素，亦是未來成功的主要條件。原則上，本人不反對有限度的直選，或是逐步減
少委任議員的人數，但不應急進，更不要忽略委任議員本身的優點，就是補充民
選議員的不足，例如在若干行業方面，我們需要一些專門人才，而這些人才可能
不是民選制度可以提供的。至於間接和直接選舉的取捨，更不是一兩年內可以決
定的。間接選舉制度在本局實行不到兩年時間，如果現在就要決定明年是否推行
直選，本人認為未免操之過急。無論如何，本港市民大的大眾多數意見，才真正
是進一步發展的依據。

第二，根據過去兩年來的經驗，本人覺得有需要稍為增加功能組別選出的議
員人數，例如 2 至 3 名，以協助本局應付日益繁複的事務和法例。至於該等成員
來自那些團體，則應由市民大眾提出具體的意見，才可以作進一步的取捨。目前
本局有 12 位議員是由 9 個功能組別選出，本人認為增至 15 位，亦不是過多。至
於由選舉團選出的 12 位議員，亦可根據大眾的意見，考慮加至同等人數，即 15
位。但分配方面，則有待進一步研究，才決定如何公平分配，例如重新界定選區
的選民數字和區域的劃分等等。委任議員方面，本人認為可以酌量略減 2 名，以
免全局人數過多，但仍然保持若干委任議員的比例，以補民選議員的不足。至於
官守議員方面，本人認為 10 名是最起碼的人數。

第三，除了以上若干溫和的改善以外，本人認為立法局主席目前仍應由總督兼任。倘若將來總督事務太繁忙，則可從立法局中選出一位議員代替，以減輕其工作負擔。至於降低選民的合法年齡，在現階段實不宜考慮。

此外，本人所屬選區有部分議員曾經提議在現行的選舉制度之外，另以分區選舉方式直接選出部分議員，為數不少於立法局議員的 25％，但亦有部分議員及區內團體持不同見解，認為不應在一九八八年遽行直選，由於各方意見不一，本人覺得有責任加以反映，因此一併提出以作參考。

至於有關區議會方面，本人所屬選區亦有多位議員提議政府應授權區議會就特別與所屬地區有關的某些事務作出決策和指示政府部門採取行動，以加強效率。

總括而言，代議政制在過去十年的逐步發展，成績令人滿意。我們未來一年的發展，應該在過去的基礎上再進一步推行，而不是急劇地向前衝刺。從七十年代開始，地方行政從點到線，從線到面的發展，獲得廣大市民的支持和歡迎，及為本港社會造福，今後十年的方針，應該以這個發展為根據，按部就班、循序漸進，古人說：「千里之行，始於足下」。第一步走對了，以後一切就更加順利了，政制的發展，也是這樣。

倪少傑議員致辭：

我必須在這裏重申，香港政制發展的路向，應以維持整體經濟和社會利益為依歸。香港經濟主要由出口帶動，規模細小，基礎薄弱，因而易受外來因素影響，絕對不宜嘗試推行一些冒進的政制改革；倘需任何變更，都應循序漸進，在任何情況下，都不應將我們所熟習的，賴以繁榮的政制基礎急劇改變。有人提議在一九八八年立法局應有若干議席由直接選舉產生，很明顯就是要在毫不成熟的條件下急劇地改變目前的政制基礎，這對香港社會和經濟將會造成深遠的影響，實在不容輕視。

主席先生，香港的經濟成就和社會進步，是建立在一個穩定和可預測的政局之上。我們的政制在近年縱使有轉變，亦只屬於小變而非大變。在立法局應否明年設有直選議席的論戰之中，有人提到有直接選舉，便等於有民主；有了民主，

便等於港人對前途有信心；有了信心，便等於經濟會繼續繁榮。他們甚至認為假如明年不進行直選，香港便沒有前途可言。很遺憾，我覺得這一套邏輯很荒謬，不能苟同。我們必須承認，香港政府是一個講求實際和效率的政府。很多建議直選的人士都避而不談現行政制有效和有利經濟發展的一面，相反地只是主觀地憑一兩個似是而非的例證去企圖說明現行制度的缺點，從而片面地、恣意地去說明目前的是一個跛腳鴨政府，企圖為要立即推行直選提出牽強的理由，完全漠視了對社會、經濟和投資者信心的打擊。

主席先生，歷史和經驗告訴我們，幾十年來香港的經濟繁榮和穩定跟所謂民主選舉從沒有扯上任何關係，我亦沒有足夠理由相信在今時今日大部分香港人對立法局的選舉制度，或應否有直選議員的制度，突然產生濃厚的興趣，以至非要在明年立即推行直選不可，不然的話，便會信心大失，人才流散。主席先生，有人說這是大多數人的民意，若然是的話，我便不能不稱之為奇跡民意，奇跡才可以在短短期間之內使某項想法成為絕大多數人的民意，而且來得這麼快和準。

主席先生，我是一個商人，並不是理論家或理想家，我的判斷主要是憑過往紀錄、過往成績和過往經驗，去預計將來形勢的發展，而並非憑空想像。在我們聽過一些人不遺餘力地推銷要有直選才有民主，沒有民主便沒有將來這一套後，實在應平心靜氣地反省一下，香港目前的政治制度是否有嚴重的缺陷，以致影響到整體經濟繁榮穩定，因此不得不進行重大改革？假如改革派人士認為是，就請他們舉出歷史事實作支持，以證明在以往的香港，因沒有直接選舉，或沒有比現在更多的民主，導致經濟不繁榮，社會不穩定。倘若他們不能舉證，便即是憑空想像，試問他們又根據甚麼去談論關乎全港市民利益的將來的繁榮安定呢？全港市民渴望的是實實在在的成果，而不是一些空空泛泛的承諾。

另一方面，主張政制急劇改革的人士極力標榜「民主」這個概念，但似乎沒有多少人去為「民主」一詞下一個明確而嚴肅的定義，通常聽到的只是將「民主」和「直接選舉」混為一談的論調，這對於一般市民瞭解「民主」概念並無多大幫助。主席先生，我必須指出，事實上部分人士過分強調直選就是相等於民主，而誤導了市民，使他們忽視了在現行政制下，香港人在一定程度上已享有相當的民主，市民可以利用多個諮詢途徑，例如政府設立的諮詢委員會，或由功能團體及選舉團選出的立法局議員等，去影響政府的決策。這種制度當然不是完美的，正

如民主選舉亦未必能完美地照顧到社會每一階層的利益一樣。無論如何，通過實踐證明，對香港而言，本港目前制度的運作是令人滿意的。相反地，明年進行立法局直接選舉會為香港帶來甚麼實質的好處呢？是否真正能確保香港未來政局穩定和經濟繁榮呢？全部都是未知之數。主席先生，我們或許聽到太多理想化、情緒化和一廂情願的假設，但是，當前最重要的問題是，香港是否需為滿足部分人士個人理想或政治野心的追求，而用整體利益作賭注呢？我深信香港實在負擔不起政治實驗的代價。

主席先生，香港的政制發展是長遠的事情，我們不應只將注意力集中在明年本局是否要有若干個議席由直選產生，而應將眼光放遠一點，多為香港長期的整體利益打算，把考慮重點放在九七年前後如何使香港政制能與基本法順利銜接平穩過渡，不產生社會動盪。一向以來，香港都是法治的地方，一切講求法律根據，我們都以此為榮。九七年以後，香港法律根據就是草擬中的基本法，而基本法是依照中英聯合聲明內容制訂的，換言之，基本法就是香港未來的憲法，而未來政制的法律根據亦是來自基本法。香港人既然重視法治精神，而未來政制將會是現行政制的延續，我們絕無理由認為目前政制的改變不必與基本法銜接。我不明白那些連這種最基本，又是我們最珍惜的法治精神也可以棄而不顧的人士，怎樣還可以說毋須等待基本法定稿而鼓吹民主政制！主席先生，我要特別指出，既然中英聯合聲明已清楚說明未來香港特別行政區的立法機構由選舉產生，我們絕無理由猜測將來的基本法不會有所安排，更無理由假設中英政府不會實踐諾言，故此，假如在目前時機尚未成熟時便推行直選，未免操之過急，本末倒置。中國古語有云：「一子錯，滿盤皆落索。」實應慎之，我們實須極慎重地行出第一步。

主席先生，我贊成維持目前立法局委任議員以及官守議員的數目不變，但可考慮增加功能團體議席的數目，其中應考慮給予專上教育人員一個議席，以配合進一步發展專上教育。至於選舉團的數目，則應維持不變。關於本局主席的職位，我贊成維持現狀，由香港總督出任，並同意綠皮書所說，由總督主持本局會議，可作為本局地位的象徵，使本局議事程序更具尊嚴，而總督兼任行政立法兩局主席，亦是兩局聯繫的象徵。由於出任本局主席人選的意義重大，必須經周詳考慮才可作任何改動，我認為不應在短期內作出改變的決定。

彭震海議員致辭：

主席先生，我所接觸的工友對我說，就工人角度來看，支持八八年立法局有部分議席經直接選舉產生應該毋須給予理由，因為一九八四年代議政制白皮書第 2 章第 25-28 節已說得十分清楚。

作為勞工界代表，我的顧問及監察團成員來自公務員工會聯合會，港九勞工社團聯會，港九工團聯合總會等。這些團體代表都給我一個很堅定和清楚的訊息，那就是他們和他們所代表的團體都一致支持八八年香港應有直選。

我把八八直選提到一個重要的位置，因為這是目前最重要和最迫切的問題。立法局需要有直接選舉，因為這次政制檢討的綠皮書裏面已經看不到行政局和立法局之間的關係。行政局議員如何產生？應否由立法局議員互選產生？其實，支持八八年直選，正如我剛才所說，和工友對我說是毋須給予理由的，因為政府曾經說及這事。但是我們要看看勞工界為何有此說法，因為勞工界過往在歷史上，在現實生活中，已經深深體會到一個沒有經過民主程序而產生的立法局，在涉及民生、涉及勞工立法事務時，對他們有甚麼影響。

所以，早在一九二五年時，一份由全港工團聯合簽署的罷工聲明，就提出當時的定例局（今日的立法局）應由普選產生，因為在他們爭取權益的行動中，他們完全明白到，若能行使政治權力，就是他們有選舉權的時候，一定對他們的工作和生活會有所改善和保障。

今日的香港工人，更加明白到與其讓別人時常以「經濟發展」為上方寶劍去壓制勞工權益的改善，不如也讓更多的勞工聲音在立法局中得以表達和獲得重視。

當然，在這裏我還必須提出另一個重點，就是如何確保言論、政治、思想自由繼續得到維持和發展，這是無論世居香港或是從內地來港者都有著同一的期望，特別當這些自由時不時被一些有份制定法律的人士以「整體利益」那樣冠冕堂皇的措詞慢慢削弱的時候，市民更會發覺行使他們應該擁有的政治權利 —— 選票，比甚麼都來得重要。

主席先生，我們鄰近的地方台灣和南韓最近正以快速步伐走向民主。台灣取消戒嚴、開放黨禁、報禁、釋放政治犯、推行直接選舉。在南韓，執政黨和反對

黨取得協議，討論修改憲法，預備直接選舉總統，同時也釋放大批政治犯。這一切都顯示出爭取民主的浪潮正席捲亞洲。但是，我們政制檢討反而畏尾地吹起一陣怪風，與這些民主潮流比較，就是相逆。有些人說八八年直選不合乎法理，違反中英聯合聲明。為甚麼他們會這樣說？為甚麼勞工團體的選舉不違法理？為甚麼功能團體選舉不違法理？為甚麼選舉團選舉不違法理？而偏偏直選就違法理，究竟他們怕的是甚麼呢？怕直接選舉甚麼呢？我十分重視人與人的義理，我曾經很受感動，眼看我們的同僚在一九八四年中英談判的時候辛苦非常，僕僕風塵，替我們香港人尋求未來最好的自由和生活保障。我又清楚記得當中英聯合聲明簽署以後，他們怎樣慎重其事向全港人推薦這份聯合聲明，說這個可使香港人將來享有一國兩制，高度自治，港人治港，九七年後五十年不變的資本主義社會，你們可以過比現在更好的生活。這些承諾言猶在耳，但非常可惜，現在我卻聽到有不同的解釋，其中愈來愈多蹊蹺。今天我們踏出一步，便違反聯合聲明，你怎樣行也會違反的，你退一步行也違反，進一步又違反，左一步又違反，右一步又違反，坐又違反，說更違反。

潘宗光議員致辭（譯文）：

立法局目前由 10 位官守議員，22 位委任議員和 24 位民選議員組成。雖然，我支持在八八年減少部分委任議席，但我認為不宜再縮減官守議席。官守議員的數目已在八四年由 18 個減至 10 個。如要立法局繼續有效地處理公眾事務，這個已經是最低的數目。

由功能組別選出的立法局議員代表了在本港社會上甚有貢獻的專門人材。為更充分反映各專業團體的意見，我認為應該增設 2 至 4 個功能組別，分別為它們設立法局議席。我們應更認真考慮設立會計師功能組別，和給工程師及其有關專業的功能組別多設一個議席。

由選舉團選出的立法局議員代表按地區劃分的選區。選舉團制度自一九八五年開始採用後，市民一般反應良好，但亦有人批評選舉辦法和投票制度容易出現流弊。我認為現有的選區數目應該維持不變，但部分選區需要重新劃分，使到區域的組合更為適合。不過，投票制度必須加以檢討。

作為一個沒有強烈政治傾向的學者，我支持直接選舉，但對在八八年便急於推行卻有一些顧慮，直接選舉是一個理想的實踐，這個理想就是人人都有不可剝奪的權利去選擇心目中的政府形式，這目標是我們不斷追求和希望努力達致的。不過，目前主要問題在於香港是否已具備足夠條件在明年推行直選？我認為推行任何政治改革，都必須慎重其事，按部就班。我完全贊成陳壽霖議員、張鑑泉議員及鄭漢鈞議員昨天提出的論點，不打算在此重複。身為基本法起草委員的黃保欣議員及譚惠珠議員昨日發言時，證實起草委員會目前對九七年後立法機關的選舉方式仍未有定論。我們都明白政制改革必須與基本法銜接。雖然基本法大多數會認為將來的立法機關選舉主要可採用直接選舉的方式，但完全不採用直選，亦非絕對沒有可能。如果在基本法有關政制改革方面尚未擬好定稿之前，明年便在立法局推行直選，是十分冒險的（縱使冒險成分很低），在這方面實不容稍有差池，因為改革一旦開始，日後若想加以制止亦很困難，否則只會嚴重破壞本港社會的安定。雖然發生這情況的可能性甚低，但切勿忽視，因此我們必須深思熟慮，權衡利弊，以決定是否必須立即推行直選，還是應該延遲兩三年才進行。本港社會易受各種因素影響，我們不能以五百多萬港人的安定繁榮作投注，來作這場政治賭博。我認為較實際和明智的做法，是採取審慎的態度，延遲到九一或九二年才推行直選，使現在才開始萌芽的民主制度能夠有機會成長，待市民的政治和社會意識到了成熟的階段，才作出這個大躍進。不過，與此同時，香港市民應團結起來，向基本法起草委員會表達他們的意願，使基本法內可以訂明立法機關具有直接選舉成分。

在此我要一提，負責蒐集民意的民意匯集處責任非常重大。如果民意匯集處最後得出的結果，顯示絕大部分港人都支持在八八年推行直選，我贊成聽從多數人的意見。因為既然最初是政府要求市民發表意見，如果最後又不加以重視，便會失信於市民。

在這方面，沉默大多數的意見是非常重要的。我衷心希望他們會將意見提交民意匯集處，讓我們真正知道全港市民的意願。如果在八八年推行直選，我贊成在選舉團實行，以代替目前的間接選舉方式。

主席先生，在結束之前，我希望談談綠皮書所提到的一些其他問題。關於立法局主席的職位，我認為應繼續由總督出任，但由於總督工作繁重，他可以委任

立法局其中一名議員代他主持某些會議或部分會議。關於選舉的實務問題，我主張更改現行選舉的先後次序，先進行區議會及兩個市政局選舉，然後才進行立法局選舉，而在不同年度由功能組別和選舉團選出立法局議員，使各立法局議員的任期交錯。

蘇海文議員致辭（譯文）：

主席先生，在著手準備這次辯論時，使我想起艾德禮（Clement Attlee）所說的話：「民主是指以商議的方式施政，但必須節制無休止的討論，方能成事。」事實上，我認為本港從未像現時有這麼多人發言，討論不休，但表達的意見卻不多，聽者亦有限。對於本局應否有由直接選舉產生的議員這個長期為人所爭論的問題，我的立場已是眾所周知。我本來只擬略述己見，因為自從去年十一月施政報告辯論時我就這問題發表意見以來，其他人就此點而提出的論據並無新意。然而，我們有責任引導市民認識綠皮書所載各項方案的正反效果。有見及此，即使篇幅較長，我也要履行這責任。再者，我向來不喜歡像鴕鳥般處理問題。

至目前為止，我們認真地討論本港政制改革的問題已約有六年之久，過去兩年來，本港亦推行了一些改革。可是，由於堂皇的言詞太多，我們似乎愈來愈失去問題的重心，日漸偏離了我認為是對本港最有利益的切實可行辦法。這現象不足為奇，因為有關這問題的辯論分多個層面進行，而且套用外來的術語和發言者經常言不由衷。李柱銘議員提及做夢的人，在我看來，這就好像是同床異夢，醒來時只覺事情更糟。

目前所討論的問題與政治環境有密切關係，這種政治環境形成了本港目前的情況，同時也與本港市民的心態和文化背景有關。傳統上，本港市民一向依賴當局提供指引，但在這問題上，卻沒有指引可循。反過來說，他們所面對的是一些宣傳字句和空泛的保證，謂實行民主可以提供更多保證，以應付主權移交時所帶來的不明朗和焦慮。此外，本港市民似乎都有一種本能趨向，就是凡事接受，不加抗拒，同時，在需要作出抉擇時，選擇妥協和依從輿論。然而，至目前為止，上述的處事態度，畢竟為香港和全體市民造就了不少奇跡，使本港得以發展成為一個富裕和著名的都市，並與中國方面取得特別的協議。在一九八四年代議政制

發展檢討綠皮書發表之前，本港市民還沒有把民主政制掛在唇邊；事實上，它們的不存在，卻大大促進了本港經濟及社會體系的發展。

因此，需要對一項建議作「贊成」或「反對」的抉擇時，尤其是當一群政治意識頗為冷漠的市民需要對一項連內容和影響也不大清楚的建議作抉擇時，而該項建議及其影響看來是可以接受的，又或者看來是唯一的解決辦法，否則便會引起抗衡的局面時，選擇的結果大概是可以猜想的。民意調查的結果，其價值是有限的，因為調查結果無法詳細探知受訪者作出選擇時的背後實況。這並不是貶低民意調查的工作，只不過是指出所存在的量與質的問題吧〔罷〕了。

主席先生，倘若政制改革問題不是如此重要，各方面的論政者有時候為了說服沒有主見的市民而自圓其說，其迂迴曲折的理論是頗具娛樂性的。舉例來說，有些膚淺的言論指出，倘若不及早作更為徹底的改革，政府的威信便會盡失，而本港的前途亦岌岌可危。另有一項言論同樣是混淆視聽，那就是有人宣稱只有推行直接選舉才是民主，又或者指出中英聯合聲明提及立法機關是由「選舉」產生，而選舉只能解作直接選舉。倘若如此，為何中英聯合聲名〔明〕不直截了當地說明，又為甚麼中英政府在詮釋上有所爭論？人們經常以「社會上有迫切需要」為理由，提出應從速進一步推行改革，這些需要現時究竟何在？現行的制度到底有甚麼嚴重不足之處，而新的制度又有甚麼實質上的優點？鼓吹進行更徹底改革的人士可提出甚麼保證，確保政制改革能使香港在一九九七年主權移交中國時更順利地過渡，而不會造成更多的困難？有些人認為，這些改革完全不會影響本港的社會、政治和商業上的平衡，若然如此，為何要在關乎本港長遠前途的藍圖商定之前急於推行改革？如果鼓吹改革的人真心相信基本法最終都會讓本港推行直選，那麼為何要求在現階段急速推行 —— 這樣施加壓力是否表示對基本法存有懷疑，恐怕會提出另一種方案，因而認為有需要先下手為強？抑或有些政治活動家恐怕如果失去目前的有利形勢，便不能夠在一九九一或一九九二年重佔優勢？顯然易見，他們在政治上的聲望屆時將會減低，但是否因此就有充分理由去接受那些不符合本港目前情況的方案呢？

香港永遠不會成為一個擁有主權的個體，任何漢〔漠〕視這事實的行動都是注定失敗的。雖然中英聯合聲明說明「港人治港」和「高度自治權」，但中國方面不會容忍香港的政治架構連帶任何主權，至少直至中國當局認為本港市民確是

忠心耿耿為止。基於上述原因，在民主自決方面，包括將日後的立法機關發展成為政治權力中心，香港必須接受其法理上的限制。英國政府及其人民亦必須接受這事實，因為他們仍不期然把香港當作扶助其他殖民地獨立的情況一樣處理。香港與其他殖民地的情況不同，我相信毋須在此列舉其不同之處。

布政司向本局提交一九八七年代議政制發展檢討綠皮書時表示，綠皮書內所載的所有方案均是真實的，政府並無任何預定的成見來定各項方案的優劣。這說法可能是真確的，但背後卻隱藏了一個事實，就是這些方案本身是有局限的，因為與一九八四年初次提出進行直選的可能性時相比，一九八七年本港政制的情況可作變動的幅度已較少。一九八七年代議政制發展檢討綠皮書並沒有說明假若一九八八年選舉制度有所改變，最終會引致何種局面。此外，這份綠皮書固然沒有談及需要增強行政局的代表性（但一九八四年代議政制發展檢討綠皮書則有所提及），同時也沒有提及發展部長制的可能性 —— 但現任立法局首席議員在一九八四年辯論時曾提及這是一項「較長遠的目標」，可使市民相信他們所推選的代表真正具有影響力。在昨天辯論中，我很高興聽到首席議員仍堅持這點。縱使有委任議員、直選議員及間選議員，但他們最終仍是肩負同樣的責任、享有同樣地位及作出同樣的表決，那麼這種奇特的組合又有甚麼作用？特別是直選議員只佔少數席位的情況下，直選議員除了聲稱他們是唯一真正能夠代表香港市民，因此言論自然更具權威性，而意見亦應更獲得尊重外，直選議員究竟與其他議員有何分別？

由於直接選舉所產生的議員須向選民證明代表本港市民發言的是他們，而不是本局的大多數議員，因而不得不經常反對政府政策和行動及大多數議員的決定，這豈不是表示將在本局造成一種永久對立的局面？屆時每當政府不聽從或拒絕接受直選議員的意見時，便會被視為抱有漠視整個社會的需求和意願的態度，會否因此而陷政府於困境呢？最近便曾多次出現這種情況，政府被指責抱有這種態度，被認為「不能順應民情」及「缺乏信用」。政府是否真的希望在處理每一宗重大事項時，都要面對這類對抗？政府是否想本局的委任議員和從間接選舉產生的議員在市民的心目中有一個只顧維護特別利益的固定形象，就如我們現時所受的指責一樣？政府是否深信推行綠皮書第 107 段第（ii）至（iv）項所建議的部分直接選舉，就是本港政制發展的方向，可以維持布政司所稱的「一個穩定及作

風一貫的政府，能夠有效運作」？同時，本港市民是否相信本局有一些由直接選舉產生的議員，即一批幾乎可界定為全時間專業的政客議員後，我們便可看到政制運作有所改善，或有助政府擺脫「跛腳鴨」的稱號——換言之，推行直接選舉是否就可以提高政府的政治聲譽？我認為未必，相反，倘若政府經常需要與代表市民的議員進行政治上的討價還價，藉以維持政府運作良好的形象，我相信必然會削弱政府的權威及制定決策的靈活性。屆時的趨勢就是政府官員之間會緊密團結，而且政府更須依仗中國方面的幫助來支持其不斷減弱的權威，以應付反對勢力，才能重整地位。一個看來是邁向更民主的行動，結果帶來更專制的管治。

相反來說，即使直接選舉並未立即推行，我們是否怕政府的政治威望會盡失，因而甘願冒著政府日後管治的能力受到某種挑戰的危險，強迫本港居民在這時候便接納這些政治活動分子？本局各位同寅及政府當局曾否考慮過，倘由直接選選出的立法局議員並未能使本局運作具「功效」時，社會人士所感到的失望，屆時又如何處理？我們是否應料想到政府會不斷受到壓力，要求迅速增加直選議員人數，使直選議員在本局佔多數，以便在制定及推行政策時可反映市民的意願？倘現行建議已暗示會有如此結果，並獲得接受，則我會保持緘默；我只能說並無一處清楚說明這點。這些建議一旦實施，便不能再回頭；對所有只接受該等方案作為一種實驗或模擬試驗的人，我只能說他們是自欺欺人。倘若踏出第一步，不論路途如何艱險，都必須冒死前進。

為了避免出現對抗情況，為了維持其領導地位的心願及希望在辯論中所發表的意見看來可信和開放，多位本局議員及所謂「代表官方意見」的成員已撤回其原有的保留態度，擁護直接選舉部分議員的構思，作為一項可接受的妥協，惟須考慮實行的只是時間的問題。由於我被視為所謂「代表官方意見」的一分子，別人自然認為我會追隨這路線，不過我仍認為這種對直接選舉作有限度接納的態度，同樣是下策，只不過壞處較少，而仍可供選擇的較佳可行辦法卻未予採納。況且這種妥協有瞞騙成分，因為議員只是假設一旦實施建議後，現時的權力分布不會有嚴重損害，反而可作為有用的安全保障，以控制社會上政治活動家的野心，此外，更可讓本港向外界展示民主的一面，比較現時由公務員操作的順應輿情的政府制度更易為人所理解。這看來是一個巧妙的解決辦法，卻仍具有我曾提及的缺點：就是以直接選舉選出一部分議員的制度不可能長期維持不變，政策上

的衝突亦無法避免。經常被譽為具有遠見、政治才能及權力的商界人士，在本地鼓吹改革的人士及世界輿論界指稱北京與本港知名人士之間有極大「共謀」，目的在剝奪港人的民主權利之時，所謂「代表官方意見者」結果亦可能變得過於理想化。

中國政府及本港商界領袖對有需要維繫投資者的信心以及保持本港的繁榮有若干一致的意見，實在一點也不足為怪。雙方從不同的大前提出發，同樣是高瞻遠矚地衡量長遠的情況，同樣是不希望政治上的不穩定或無能的政府阻礙〔礙〕達成這些目標，因此他們寧可選擇循序漸進的演變，而不喜歡較急進的改革，並且需要更多令人信服的證據來證明現時進一步邁向代議政制的行動所帶來的實質益處，遠超過不知道結果的冒險將會帶來的障礙。在經濟方面，香港比其他很多國家或地方（包括一些民主國家及地方）更加成功，因此我重複去年十一月所說的話：即舉證的責任須落在改革者身上。除了頌揚「一人一票」的優點外，改革者還須證明政治架構的基本改變將如何使我們更進一步、如何協助加強本港吸引資金及在國際上的競爭能力、如何防止市民移居海外或維持本港勞動人口發奮圖強的動機。政治上的平等是最好不過，但這並不擔保每周會得到薪金，傳播媒介的呼籲或動聽的演辭亦不能為管治這個複雜地方日常所遇到的問題提供解決方法。改革者的工作不易為，因為雖然本港沒有整套的民主制度，我們已享有民主生活和有平等的機會，我們的制度保障個人的自由及契約權利。我們不是處於獨裁主義的社會，亦不是正在爭取更多地方自治，亦非如一些鄰近國家，個別種族正設法統治其他種族，因此無須更多「民主」。

……

主席先生，他們不是全部反對，使我頗感意外。政治活動家建議，我們必須擁有民主，以確保到一九九七年當政制架構對英國官僚主義政府所施行的抑制隨著英國主權消失後，香港的利益亦獲得保障。我承認以下的論據是正確的：本港將來的憲法將與社會主義國家聯繫，較難單以信任作為根據來期望政府自我約束、繼續尊重法治、個人權利和自由，這些都是港人在過去英國長期統治下所學會的，因此須有根有據地在香港確立。我亦同意這種根據應透過加強立法機關的代表性來確立，以便對政府當局產生制衡作用，但我堅決認為直接選舉（特別是部分直接選舉）並不是達致這種代表性的最佳方法，同時亦不是一個建立強大、

團結和負責組織的最佳辦法。可惜的是，直選問題現已變得極之感情用事，被視為將來自治程度的指標，以及本港能否抵抗中國干預的標記（正如李柱銘議員所說，這是一張石蕊試紙），以致其他可行辦法被漠視不理。然而，我不相信由直選產生的立法機構，就可以抵抗外來蓄意的干擾。直接選舉不能對自治提供更多的保證，反之很容易導至〔致〕類似在第二次大戰後東歐國家所湧現的「愛國陣線」運動。

主席先生，市民似乎普遍同意在一九九七年後本港應繼續擁有由行政主導的政府，綠皮書肯定沒有就此點提出別的建議。無庸置疑，除了公務員本地化外，我們還須發展本港的政治領導階層，要達到這個目的，我們無須將現行的政治制度作重大的改革，亦無須進一步分割政治權力，成立另一類直接選出來的議員，他們的來歷未經考究，持久力有限，並有激進的傾向。本港的民主運動欠缺組織，零星分散，領袖亦不團結。在實事求是的香港社會，無論如何努力，亦不能確保民主運動可以產生能為大多數市民所能接受的領袖。

特別是今日的政治活動家並未表現得特別民主或成功，他們顯得我行我素，不願意接納大多數人的決定，批評政治對手「強將意見加諸市民身上」，甚至公開質疑直選是否可以產生民主。最能揭露其底蘊的，就是他們接受部分議員應由直選產生的妥協辦法，雖然他們亦知道作為少數派，他們是難以取得成績向選民交待的。主席先生，正如婦女懷孕生產，我不相信「少許」的民主真正能夠存在，我亦懷疑為了在政治地位方面即時獲得利益而馬上放棄其理想的人士背後的動機。

已故總督尤德爵士於一九八四年就綠皮書向立法局發表演辭時曾有下列評語，相信各位還記得清楚。他說：

> 本港的代議制度，必須對各方面的意見和環境，加以充分考慮，香港之所以能成為世界上數一數二的工商業及金融中心，以至將來的繁榮，均有賴於此。這足以說明改革必須循序漸進，務求適應本港這個獨特社會及其特殊情況，並且以現有的制度為基礎。因為目前的制度已經過時間的考驗，證明對香港是十分適合的。

為了這些緣故，一直以來我都呼籲鞏固現有的制度，而不是突然闖入嶄新的試驗領域，因為代議政制的發展應集中於以功能組別的代表逐步取代立法局委任議員的席位，不論這些代表是來自會計行業、旅遊業或金融界。這取代過程可由一九八八年起，換言之，即綠皮書第 82 段第（ii）項方案和第 88 段第（iii）項方案。此外，亦可進行第 95 段第（ii）項方案，讓特別大或性質較多樣化的選舉團組別可多設一個席位，但功能組別的席位亦須相應增加，以求平衡。立法局全體議員人數因而會有輕微增加，這是可以接納的。

推行直接選舉必定會產生反對派系政治，間接選舉的制度卻不同，它的優點在於可以從那些向來是社會骨幹的賢能之士或從政府一向倚重其提供意見的人士當中推選立法機關的成員，這些人來自社會不同階層，具廣泛代表性，長久以來有系統地分別關注本港各類不同事務，而不是單著重於製造候選人競爭立法局議席，間接選舉制度為上述人士提供發揮領導才能的機會，確保立法局成員具有所需的質素，能夠全面關顧各類不同事務、富有多類經驗和充滿幹勁。此外，由於這種選舉方式沒有把現行制度改變，而只是精益求精，因此，亦不會與起草基本法的努力有所抵觸。施行改進的時間程序亦不會出現實質困難。這樣的制度亦可以為立法局議員任期問題提供實際的解決辦法，由於議員是兼任立法局議員職責，因此趨於選擇較短的任期，而不會長期戀棧。至於投票方式，我贊成在選舉團和功能組別的選舉中採用按選擇次序「淘汰」的制度。對於投標〔票〕年齡的問題，我並沒有甚麼肯定意見，但認為投票年齡應可反映其他法例中列為已屆成年的歲數。儘管如此，我認為候選人的年齡資格應仍為 21 歲。

至於立法局主席問題，則應視乎政制的整體結構而選擇合適的方案。鑑於大前提是一九九七年後的政府仍以行政作主導，故不應作任何改變。香港的地位是一個城市，其最高行政首長應有權決定立法局的議程項目，並且應與立法局保持直接關係。我特別反對綠皮書第 125 段第（ii）項所列方案，不贊成委任本局以外的人士代替總督擔任本局主席職務。

主席先生，對於綠皮書有關區議會和兩個市政局所提出的方案，我沒有多大意見，但我得承認該等方案同樣重要。基本法起草委員已決定保持三層架構的制度，因此，對這方面轉變的可行辦法加以分析，作用不大。然而，我不贊成賦予區議會權力來指揮政府部門的工作，因為此舉可能會不必要地使區議會與兩個

市政局及中央政府之間的關係更趨複雜，並且可能使區議會與兩個市政局之間經已存在的疑慮更形惡化。關於市政局選舉的問題，我認為綠皮書第 62 段第（iii）（甲）項方案所提出的重新安排合符邏輯，可消除現行兩個市政局結構中所存在各有不同的安排，此外，藉著參與市政局的服務，亦有助於培養各區未來的領袖。倘若委任議員和直接選舉產生的議員兩者的人數按比例削減，則毋須一定要增加市政局的整體議員人數。採納上述方案，更可免卻對市政局屬下委員會結構作更改，綠皮書第 68 至第 73 段已對此事有所探討。區域市政局的組織並無多大問題，實在令人告慰，我必須在此向區域市政局的主席張人龍議員加以表揚。

司徒華議員致辭：

主席先生，對「綠皮書」，我今天只提出兩點意見：一、八八年必須有不少於 20％的立法局議席，由直接選舉產生。二、市政局、區域市政局和各區議會，在下一屆的選舉中，民選議席必須增加至四分之三，委任議席則減少為四分之一。

昨天，在這裏有人說：直選是兩面神，贊成者所說的道理是神話。

我要回答：直選不是兩面神。在已經有直選的地方，是千千萬萬人都參與而正在運作的制度；在還沒有直選的地方，是千千萬萬人不惜灑熱血、擲頭顱去爭取的權利。所說的道理，更不是神話，被人類過去歷史所證明了是正確的，並將會被正在開創的歷史所繼續證明是正確的。

有一位從商的博士曾向我挑戰：直選有甚麼好？選出了像卡達這樣平庸的總統，造成了菲律賓的動亂。我回答他說：這兩個例子，剛好說明了直選的好處。假如沒有直選，這樣平庸的總統不會下台。他死了，他的兒子做；他的兒子死了，他的孫子做，一直世襲下去，直至世界末日或是他的家族的末日。菲律賓的動亂不是由於直選，而是直選受到破懷。沒有直選，馬可斯不用作弊，沒有作弊可揭發，不會下台，還會繼續在貪污，他的夫人的鞋子恐怕要增加到六千對。

在我們面臨的歷史大轉折中，沒有直選，就不會有民主政制；沒有民主政制，就不會有真正的港人治港；沒有真正的港人治港，就沒有高度的自治；沒有高度的自治，就不能徹底實現一國兩制；不徹底實現一國兩制，只會一國一制，

就沒有安定繁榮。有些人說，民主不等於直選，直選不等於民主，但我可以回答，有直選未必一定有好民主，假如沒有直選的話，一定沒有民主。

以直選作為最重要特徵的民主政制，有甚麼好處呢？這不是神話，而是人類過去歷史所證明了的。

一、民主政制是人權、自由、法治的保障。拿各國的憲法來看，所列的人民權利，大多大同小異，應有盡有，琳瑯滿目，美不勝收。在有民主政制的地方，人民便實實在在享有這些權利；在沒有民主政制的地方，這些權利便像畫在牆上的餅。直選是最基本的平等的政治權利，連這個最基本的平等的政治權利也沒有，其他的權利還有甚麼保障？有人說：過去香港沒有民主，但也有人權、自由和法治。是的！但這人權、自由和法治，是由民族的恥辱所恩賜。現在，主權將要回歸祖國，民族恥辱洗刷乾淨，香港同胞便也是國家主人翁的一分子，我們應該享有的人權、自由和法治，理所當然有一個民主政制來保障，不再靠別人恩賜。

二、作為上層建築的政制，必須與經濟基礎相適應。這是政治經濟學的ABC。資本主義社會，必須有一個資本主義的民主政制。請看一看，有那一個繁榮安定的資本主義社會，是沒有資本主義的民主政制的呢？一些經濟落後的國家，在謀求建立起民主政制，來促使國家富強，如菲律賓。一些本來沒有民主的國家，經濟發展了，都在爭取民主，使政制能與經濟發展相適應，如南韓。在中國，經濟體制改革多年後，為使改革深入，政治體制的改革就不能不擺在議事日程上。經濟基礎決定上層建築，上層建築也反作用於經濟基礎。民主政制，是促進經濟發展的一種動力。所以，以經濟繁榮論來壓直選，把飯票和選票對立起來，是完全站不住腳的。

三、民主政制能加強全民的歸屬感，加強整個社會的凝聚力。實踐是最重要最有效的教育，尤其是公民教育。有人一方面大喊公民教育不足而反對直選，另一方面又不讓市民通過直選的實踐去接受公民教育。高唱這種論調的人，自己正須接受一些公民教育，因為他們把群眾看作阿斗。昨日有人引用九龍城一位區議員的民意調查，來說市民的政治意識淡薄，我奉勸他們以後不要引用。這調查可創幾項世界記錄。一、發出 3,000 多份，只收回 52 份，不到 2%，回收率之低是破記錄的。二、回收率這樣低，統計學上根本就不承認，但卻煞有介事地發表，

面皮之厚是破記錄的。三、那麼多人還去引用，也是破記錄的。更可笑的是，調查的結果是反直選的。

四、民主政制可協調社會內部矛盾，避免社會內部矛盾激化，是使社會內部矛盾按共同遵守的規則去解決而不致引起動亂的最好方法。沒有這樣的協調解決矛盾的途徑，安定只是表面的，矛盾潛伏著，激化起來，便會變成爆發的火山。

五、權力和平轉移的最好辦法。不承認人總會老，會死，是既不唯物，又不辯證的。權力的世襲，或是伯樂相馬式的鑑定，是封建主義而不是資本主義的。民主的選舉，在目前人類社會中，是權力和平轉移的唯一最好途徑。

反對直選的論調，說來說去不外那幾種，大都理論貧乏，邏輯混亂。經濟繁榮論、公民教育論，剛才已略談到，再說其他的幾種。

一、違反中英聯合聲明論。本來在「瞭望」事件和柯在鑠的講話後，這種論調已經破產，但昨天，還有人改頭換面拿出來兜售。她引用中英聯合聲明附件一第十三節的最後一段，這段是這樣的：

《公民權利和政治權利國際公約》和《經濟、社會與文化權利的國際公約》適用於香港的規定將繼續有效。

目前，由於香港還是殖民地，國際公約中普選的政治權利，英國認為不適用於香港，暫時予以保留。

聯合聲明中說，已簽署承認適用的，繼續有效，並沒有說目前不適用都是永遠不適用，香港人永遠不能享有那些權利。這條文，本來只保障已享有的權利不會消失，不是限制把本來認為不適用的改為適用，壓制權利不再擴大。

為了反對直選，把中英聯合聲明中，本來是保障我們既已享有的國際公約中的權利的條文，曲解為所享有的權利到此為止，不得再有改善，實在太費心思了。

假如認為直選是違反中英聯合聲明中這一條文的話，基本法中便也沒有直選，九七後也沒有直選，因為基本法也不能違反中英聯合聲明的。那麼國際公約中所規定的許多勞工權利，目前香港還未適用的，以後，也永遠不會享有，勞工權益也到此為止。社會不再進步。

二、銜接論。反對八八直選，這論調唱得最高。基本法有沒有直選呢？有，八八直選便沒有銜接問題。完全沒有，才不銜接。基本法完全沒有直選，那麼九七年也就不能有。說八八沒有直選，不等於九七年便沒有的人，也就否定了基本法不會沒有直選，也就否定了銜接論。基本法還沒有訂出，不知道有沒有直選，也不知道有沒有功能組別和選舉團，那麼，為甚麼沒有人說功能組別和選舉團影響銜接呢？高唱銜接論的人，反對直選，但卻又主張不但保留功能組別，而且還要增加席位，豈不自相矛盾。說穿了，喜歡的就沒有銜接問題，不喜歡的就拿銜接問題來壓。我要問一問贊成九〇年後才直選的人，假如基本法初稿沒有直選，你們去不去爭取？假如不爭取，贊成直選而押後是假的。在九七後直選也反對的人，絕無僅有，幾乎95％都贊成。這樣基本法也沒有直選，這是香港人可以接納的嗎？八八直選，與一個香港人能接納的基本法，所以完全沒有銜接問題。

三、循序漸進論。大家都聽過《狼來了》的故事，有沒有聽過《羊來了》的故事呢？公義的義字，上面是一個羊字。八四年的白皮書說：絕大多數的人贊成八八年有一部分的直選，到九七年有頗大部分的直選。這段話告訴我們為了循序漸進，羊在八八年來了。大家都在渴望，現在又告訴我們，羊在九一或九二年來了，也是為了循序漸進。《羊來了》的故事，是《狼來了》的翻版。三歲小孩也聽過《狼來了》，不會上《羊來了》的當。不進則退，循序不進，便會成為循序漸退。民主潮流不可阻擋，於是有人想拖，循序漸進論的目的就是拖。

四、效率論。有人說民主是沒有效率的，兩年來，有了民選立法局議員，會開多了，通過的法例卻少了。效率是可以根據通過法例的多少來評估的嗎？一言堂的效率最高，一句說話，全國上街。效率要看做好事，還是做錯事、壞事的效率。民主可以不做或少做錯事、壞事，這才是我們需要的效率。做錯事、壞事的效率越高，帶來災難越多越大。

五、有待評估論。有了民選立法局議席已兩年，是不是還要時間去評估呢？兩年來，經濟蓬勃發展，雖然有大亞灣核電廠、公安（修訂）條例，再加上前總督尤德爵士不幸逝世，但社會一片繁榮安定，不是已經有足夠的評估結論了嗎？這證明了八五年的政制改革是成功的。即使再要評估，也只是去評估功能組別和選舉團，與八八直選又有甚麼關係呢？

六、反民主抗共論。昨天，有人說得婉轉一些，說直選不能為了向中國顯顏

色。一國兩制，就是不在香港實行共產主義，假如認真切實貫徹，這就是抗共的政策，何須勞煩民主。民主是理想，有其促進社會的作用，不是為了抗共。請回頭看一看，今天爭取八八直選的人，在中英談判期間，全部都是站穩民族立場，支持主權回歸的，反過來再看一看，當時被罵作孤臣孽子的，今天有多少是支持八八直選的，多少是反對八八直選的？

譚王𦐀鳴議員致辭：

目前社會上有部分人士擔心，八八年進行直選會否違反中英聯合聲明的條文。由於聯合聲明的簽署者是中英兩國政府，對於聲明內所有條文的原意，自然只有中英兩國才最瞭解。八八年進行直選是否違反了聯合聲明的條文、侵犯了中國的主權，亦只能由中英雙方去回答。到目前為止，中國官方並沒有正式公開表示八八年直選違反了中英聯合聲明，而在今次綠皮書中，港英政府更清楚表明今次政制檢討，包括直選問題，是充分顧及中英兩國政府關於香港問題的聯合聲明的有關規定。既然兩位聯合聲明的簽署者均沒有正式提出質疑，作為第三者的本港市民實在無須憂慮。

另外，部分社會人士又擔心，八八年直選會造成代議政制與基本法出現不銜接的情況。這種想法只是說出了事情的一半，就是由於九七年前後本港的政制分別由中英兩國各按本身方式規定，確是存在著代議政制與基本法出現不銜接的可能。但是另一半的事實是這種不利情況是可以透過中英的努力得以避免的，問題在於中英雙方能否抱著共同合作的態度，以本港市民的意願為基礎，利用客觀存在的有利條件，求取妥善的安排。八八年直選並非政制銜接與否的癥結，強行凍結已開展的政制發展亦非合理和理想的解決方法。

因此本人以為，當我們考慮八八年直選問題時，真正要著重的是政治原則的考慮，究竟長遠來說我們是否同意推行直選對本港社會有利？若然答案是肯定的話，那麼八八年又是否一個適當的引進時間？目前社會人士普遍贊同九七年時香港的立法機關應擁有直選議席，很少人對此持有異議。分歧的地方只在於何時應該開始引進直選。我們知道，社會任何新事物由無到有是最大和最重要的一步，爭取時效越早出現，可供完善化的機會亦越多。直選制度亦不例外，當原則上獲

得確立後，越早在風險越低的時刻踏出由無到有這重要一步，對整體社會將越有利。我們知道，在九七年時香港政府的行政部分將無可避免要在當時出現變動，若然立法機關同時進行大變動，將不利於本港的順利過渡，引進直選必須在九七年前進行。我們亦知道，越接近九七年，本港社會越敏感，可以容許出現變化和錯誤的能力亦越低。我們知道八七年本港各方面的表現均良好，亦可預計八八年能保持這種良好表現，但是沒有人能估計踏進九十年代以後香港是否仍能維持八七、八八年時的表現。假若引進直選真是最重大的一步，那麼不論是八八年抑或九一年引進都是同樣重大；但是假若不盡早在社會狀態仍然良好的八八年開始踏出這重要一步，則會喪失大好時機，以後引進時所要承受的風險將會增大，不利於本港的安定繁榮。我們必須謹記，當前政制發展的目標，是希望在九七年香港實行港人治港時，能夠透過民主選舉制度產生一個具代表性和權威性的政府，以贏取國際間和內部市民的信任，讓本港能維持發展條件。本人支持八八年將部分直選議席引進立法局。

譚耀宗議員致辭：

……我相信香港過去的殖民地式的統治制度顯然應該改變，而由一套能讓香港人自己實行民主管理的制度所代替。民主發展是我們應該走和必然要走的道路。應該走是因為它代表著一種由「人民當家作主」的社會理想，而必然要走是因為在八十年代的今天，世界各國無數的經驗已指出，民主政制已成為社會發展的必然趨勢。

作為勞工界的代表，香港發展民主政制對於我們有更深的一層意義。在過去數十年的發展中，廣大的勞工階層對香港的繁榮和穩定作出了莫大的貢獻，然而他們的利益長期以來並未有受到應有的重視；而在一段很長的時間中，甚至連勞工基本權益的保障，也得不到照顧。這使我們認識到，只有透過爭取和行使我們應有的政治權利，才能確保我們的合理權益不致受到侵犯。參與社會事務對於我們勞工階層來說，肯定是重要的。

關於香港是否有條件推行民主政制，社會上有部分人對於這個問題存有疑慮。關於這些疑慮我有以下看法；在長期的殖民統治之下，我承認香港人的政治

意識並不高，而許多人對政治亦抱冷漠的態度。然而，香港人的教育水平卻並不能說低，這使我們在實踐民主方面，有一定的基礎；而我也相信，在民主實踐的過程中，香港人的政治意識將能不斷得到提升。至於民主過程在一定程度上要付出時間和經濟的代價，我認為這是在公平原則下所必要付出的，而也是值得付出的。我相信只要我們能繼續保持一個高質素的公務員隊伍、維持有效的文官制度和其他現行政制上的優點，社會的發展應可保持穩定。關於推行民主政治與香港經濟發展的關係，在社會上仍有爭論；我贊成在設計未來的政治制度的時候，應對這個問題給予足夠的重視。總括而言，我認為若果能夠對各項問題都能給予足夠的重視和研究，我們實在無需對推行民主政制過分擔憂。

民主政制和直接選舉的關係又是怎樣呢？我以為，直接選舉是世界上大部分實行民主政治的地方所普遍採用的一種制度，我們沒有理由獨要排除這種選舉形式。我支持香港民主政制的發展，亦贊成採納直接選舉為我們未來民主政制中的一種選舉形式。

下面，我想說說我對於一九八八年推行直接選舉的看法。在思考這個問題的時候，我經常會這樣問自己：「在一九八八年推行直接選舉是否一個最適合的時機呢？」我們都知道，決定未來香港特別行政區政治制度的基本法正在草擬中，我們在政制上的改動應該以基本法中的規定作為目標；而我們亦知道，一套完整的政治制度，不單包括立法局組成的選舉形式，還有行政、立法、司法機關的職責和相互關係、各自的組成方法、中央和地區的組織關係等等問題。因此，要發展整套的政制模式，似乎不能單單靠加入或者取消某一兩種選舉形式就可以做到。我相信，理想的做法應該是：根據最後的目標，作出一個全盤性規劃，然後有計劃、按步驟地逐步改革。只有這樣，才可以使整個政治制度中的各部分，在變革的過程中能互相協調發展，也避免使這次改革的內容反過來成為下次改革的障礙。從這個觀點來看，我相信待基本法規定下來以後，才開始對政制進行重大的改革，會是一個更為理想的做法。基於這個考慮，我認為一九八八年不是推行直接選舉的最合適時機。

上面，我提到用「何時更為適合」的角度去思考八八直選的問題，但與此同時，我亦經常會從另一個角度分析：「究竟不在一九八八年推行直接選舉，會帶來甚麼壞處呢？」我相信，若能從不同的角度去分析和思考這問題，應可得到一

個比較中肯的結論。

有人提出若一九八八年沒有直接選舉，將會導致港人信心崩潰。我認為這是一個值得我們重視的觀點。在目前已經提了出來的論據中，尚未能為這觀點提出有力的支持；而我亦認為這觀點可能是過於武斷。在我自己的觀察和接觸中，似乎香港人對中、英兩個政府是否能夠在處理香港過渡期的問題上友好合作，以及香港各階層人士能否團結和諧和互讓互諒，比起對一九八八年是否有直接選舉的問題更為重視。

此外，有人擔心一九八八年若沒有直接選舉，以後便不可能再有。我想這種觀點主要是由於對中國是否有誠意容許香港推行直選有懷疑。對這個問題我是這樣看的。首先，就本人而言，無論是日常的交往，或者是在基本法起草過程的接觸中，內地的人士在香港應否推行直接選舉的問題上，給我的印象是開放的，他們肯定直選為民選的一種形式，亦不會覺得直接選舉是怎樣大不了。再者，中國在聯合聲明中表現對香港民主化的開放態度，亦在這問題上給我一定的信心，所以我對中國的態度還是比較樂觀的。

這裏，或者可以簡單總結一下我在直接選舉問題上的看法。原則上我認為香港未來的民主政制應包括有直接選舉，但一九八八年卻並不是推行直接選舉的理想時機。我認為，在基本法公布後，根據基本法的有關規定，由一九九一年起逐步推行會比較理想。現在，基本法仍在起草的過程中，我會積極爭取以求直接選舉包括在基本法中。

當然，對於那些渴望在香港實踐民主理想的人的焦急心情，我是可以理解的，因為我也是支持民主的一分子。但我想為達致一個更為理想的實踐方案，我願意稍作忍耐。而在目前基本法正在草擬的時候，我相信我們還有很多有價值的東西要做，舉例說，基本法的政制應如何設計就是一個值得廣大關注政制發展問題的人研究的問題；其次，對於引入民選議員還不到兩年的立法局的運作及表現，實在亦需要人們進行一些系統化的和理論化的總結，好使我們在進一步發展這個立法機關的時候，能有更深刻的瞭解。

最後，我想政府在處理八八直選的問題上，表示中立並提出多種選擇，讓市民討論，廣泛匯集民意才作最後沒定，這是應該的。希望政府能真正公正地匯集有代表性的民意，特別是聽取沉默大多數的意見，這是非常重要的。我始終相

信，「擺事實，說道理」的態度，無論何時都是有益和值得鼓勵的，而也只有這樣才可以真正提升廣大市民在這問題上的認識水平。我認為，中、英兩國政府應盡快透過外交途徑商討，並確定香港推行民主改革的方向和過程，而香港各階層人士若均能本著團結和諧互讓互諒的精神，相信便可尋到一個滿意的解決方法。

謝志偉議員致辭：

　　整體來說，我認為香港的政制改革在一九八五年已經作了一次「大躍進」，改革的進度比一九八四年綠皮書的構想足足快了三年。在區議會改革方面，我們在一九八五年取消了官守主席和官守議員的席位，把民選和委任議員的比例變成2：1的民選優勢，並在這新基礎上選出 10 位民選代表進入立法局。與此同時，我們又首次進行功能團體的選舉，選出 12 位議員來代替立法局部分委任議員。此外，官守議員人數也由 18 位減至 10 位。這種「此長彼消」的一連串大變動，不但使立法局人數增加了 20％，更一次過地引進 43％的民選議員。所以一九八五年的政制改革，無論從任何尺度來看，都不能算是輕微的改革。直到今天，我們還沒有完全吸收這改變所產生的震蕩，和克服了新局面所帶來的行政問題。在這方面，我相信政府部門的感受應該比我們這些有隨意發言特權的議員深切得多。所以，如我們在這「大躍進」之後，腳步還未站穩之前就嘗試再來一次直選的跳躍，恐怕以高效率見稱的政府部門是否能銜接得上，將會是一個值得考慮的問題。為這緣故，本人雖然原則上贊成將來立法局有部分議席由直選產生，但仍不能支持一九八八年推行直選的建議。

　　另一個導致我不贊成八八年直選的原因，是因為我顧慮到中、港雙方今後合作的實際問題。從法理的觀點來看，我完全同意綠皮書中所列出的選擇，並沒有違背中英聯合聲明，甚至連直選也沒有違反聲明中有關的規定。但我必須承認，消極的不違反是一回事，積極的彼此合作又是另一回事。我相信沒有人會否認，香港的前途構想是必須以聯合聲明為基礎的，而基本法乃是體現聯合聲明中一切協議和承諾的最重要文件。將來的「一國兩制」、「高度自治」、「維持現有生活方式」、「五十年不變」等等，以及九七年後特區政府的政制，都將要由定於一九九〇年頒布的香港小憲法來規定。所以，基本法在政制發展的重要地位是不容忽視

的。特別是在中國方面，他們鄭重其事地成立了「基本法起草委員會」和「諮詢委員會」，務求為香港的將來訂出一套雙方都可以接受的憲法。對於中國來說，基本法不僅是對香港前途承諾的法律保證，也是對香港行使主權的法律象徵。根據這種看法，我們或者可以明白，為甚麼中國官員甘冒干預香港內政的惡名，也要三番四次地通過不同的途徑提醒香港市民，在香港政制發展的導向上，基本法的地位是不容僭越的。

現在讓我重回到直選的問題上。中國領導人在強調基本的先決地位的同時，也曾多次表示，他們並非反對直選的觀念，相反地，據「中英聯絡小組」中方首席代表柯在鑠上周在英國談話的表示，若把直選當作一個民主進程，中方是會同樣支持的，只不過他希望支持直選人士不要「蠻幹行事」，應該耐心等待條件成熟，尤其是等待基本法公布之後。

如果我們將柯在鑠大使的話與中國對基本法的重視態度合起來分析，就不難想像，我們面臨的直選問題，並非是一些人士所形容的「香港民主存亡的生死抉擇」，而是願不願意接受基本法在政制改革過程中的優先地位。若這個分析是正確的話，我們就必須先問自己：如果強行以八八年直選來僭奪基本法的地位，香港要為這「抗拒式」的政治付出多少代價？反過來說，如果等基本法公布後才實現直選，香港又會蒙受甚麼無法補償的損失？當我們認真而誠實地衡量這兩個問題的答案後，事情就應該有個較容易的決定。

其實不用我提醒，大家都明白，香港現時所面對的政治局面是複雜微妙的。香港不是一個獨立自主的國家，現在不是，將來也不是。我雖然不是一個受過訓練的政治家，但單從常理的判斷，也可以想像到，假若沒有了主權國的積極善意和持久的協助，香港要實現那些「一國兩制」的構思，「五十年不變」的承諾和「高度自治」的理想，將會是何等荊棘滿途，舉步維艱的工作。如果我們一開始就抱著抗拒的心態來辦事，固然可以逞一時之快，甚至可以享受一下英雄氣慨〔概〕，但對五百多萬香港市民，這種作法能否使他們對香港前途增加信心？還是為他們帶來提心吊膽，寢食不安的局面呢？說到這裏，我必須先作聲明，我對「抗拒」政治有所保留，並不等於主張凡事逆來順受。我認為雙方如果能夠平心靜氣地審視所面對的情勢，並且易地而處地為他人想一想，事情是可以用友善的辦法來公平解決的。例如在直選這個問題上，中國如果能夠瞭解港人對民主自治

的意願，並盡快在基本法的制定上作出立法機關選舉的決定；而港人也體會到中國身為主權國的立場，願意稍作等待，並且盡量利用現有的時間，提高公民教育的水平，為將來的選舉打好基礎。有了這種彼此體諒的精神，再加上英國政府資深的國際政治調解經驗，香港的政制改革問題必然會獲得理想和合意的解決。故此，為了香港長遠的利益，為了國際的信譽，為了民族的尊嚴，我謹向中、英政府和香港市民呼籲，在香港前途的安排上，認真嘗試使用「易地而處」的公平準則，及採取積極合作的態度。

最後，我想簡單地交代一下作為行政局議員，我在此事上將會採取的態度。由於行政局將會對蒐集所得的民意作出評論和建議，因此有人懷疑行政局議員在處理這問題上，是否能保持中立的態度。在這裏我可以預先向香港市民保證，我雖然在各項問題上有自己的看法，但在民意匯集的結果方面，我是不會容許自己的意見歪曲市民的意見的。同樣，我更不會將自己的意見偽稱為代表多數市民的意見。在這方面，相信每一位行政局的成員，包括官守和非官守的同事，都有共同的操守，市民和有關方面是應該可以放心的。最後想順帶一提的是，過去曾有行政局議員對綠皮書的政制改革提出意見，備受抨擊，甚至有人因此懷疑行政局已有了反直選的默契。但現在我們聽了李鵬飛議員剛才發表的言論後，相信這種無稽的指責，應該不攻自破。

黃宏發議員致辭：

主席先生，除伍周美蓮議員外，亦有多位議員用「循序漸進」、「漸進」、「漸變」、「演進」、「演變」、「緩進」、「緩變」等字眼及概念。我完全贊同這個概念，但這概念不易掌握，甚至可能誤入歧途。社會、經濟、政治、法律等群體制度的性質，基本上是一些「人為」（man-made）的制度，而非「人造」（artificial）的制度，亦不是「自然」（natural）的制度。一旦將它看作「人造」制度，我們便會像建屋一般去建造，正如現在基本法很可能也有這個傾向。後果就是將人改造，去適應及適合藍圖所構想的制度，與「揠苗助長」無異。一旦將群體制度的性質看作「自然」制度，我們便會像種樹一般去栽種，甚至要等那些果樹自然生長，天生天養，後果就是「守株待果」、「守株待兔」，收場相信亦是十分悲慘的。將

它看作「人為」制度，放棄「無為」轉為「有為」，便合乎邏輯，但同時要「為而無過分而為」。我的意思是：第一，改革是不能避免的，因為變化是不能避免的，世界也是經常在變；第二，改革不能根據藍本，亦不應等待藍本出現才去改；第三，改革必定要進行，必定要循著大家都同意，或者最低限度不會強烈反對的大方向以「嘗試—改錯」的方式進行。

主席先生，多位議員曾經提過民意與一九八八年政制改革的關係，主要謂一九八八年應否有直選要視乎民意而定，因為這樣才符合民主原則。我原本想在這裏略為談論民意的問題，但因為要費相當時間才可以清楚說明我的看法，所以決定不去討論這個問題。我只想指出，我認為若果民意強烈要求在一九八八年推行直選，正因為要保持香港的安定繁榮，這項提出強烈要求的民意即使只佔支持及反對者總數的過半數，香港亦必定要在一九八八年推行直選。我很同意謝校長剛才的說法；我們應該易地而處，看看情況如何，但這是中英兩國政府都應該看的。我認為我們應該照道理看看應否在八八年舉行直選。如果我們自己想過，認為應該直選，就應該說出來；並不是每個人的智力都相等的。

主席先生，我支持直選的立場經已在一九八五年十一月二十七日我在本局首次發言的時候講過。我的論據在當時沒有提及的有二：第一，只有透過選舉才可以和平地更換立法者，而選舉是越直接越好，因為越直接越能確保和平更換，當然選舉必定要自由及沒有賄選或其他形式的操縱才行，否則等額選舉或差額選舉是沒有意義的；第二，只有在直接選舉產生的代議政制下，人民對公共事務的意識和知識，才可透過實踐日漸提升，如果說要待人民有足夠公民知識，即政治洗腦之後才有民主自由直接選舉，我相信這是一個做夢的講法而已。當時，我並沒有教條式地說一定要在一九八八年推行直選。今日我支持一九八八年有大約十個直選議席，亦非為了教條式的原則。我的論據基本上很簡單，中英聯合聲明簽署後，因為聲明內載有立法機關由選舉產生的規定，而世界各地的中央政府及地方政府的立法機關，中國本身在地方層次的人大，都是以直選舉產生的，因此要求直選的呼聲在香港市民當中是不能長久抗拒下去的。所以，「早到好過遲到」，這樣可以令政制適應地以「嘗試—改錯」的方式繼續演進。當然「遲到好過冇到」，「遲到更好過報到」，但因遲到而造成的損害，主要是香港人信心及政府信用的損害，是難以估計的。

主席先生，認為一九八八年不適宜有直選，或者對一九八八年進行直選有保留者的論據，謬誤及矛盾的地方太多，例如政治意識不高，或必定導致對抗性政黨政治等，我不打算逐一擊破。我只希望大家仔細閱讀首席議員鄧蓮如女士的演辭。鄧女士雖然呼籲我們要小心考慮應在甚麼時候才推行直選，但在她所講有關選舉的 17 段說話中，只是提出了三點，即三段，而共有八點，即共八段則明顯指出反對直選或反對一九八八年直選者所持的理由是謬誤的，而且鄧女士的說話字字珠璣，可謂一針見血。請寬恕我擦鞋。

主席先生，綠皮書所涉及的範圍極廣，所提供的選擇亦很多。有些議員，似乎只有李柱銘議員，譚王䓪鳴議員也有此想法，認為這樣會混淆視聽，令市民無所適從。我認為這個想法有些過慮。其實，市民大可選擇自己最為熟悉、或最有興趣的地方去反映意見。事實上，在昨日及今日發言的議員，亦不是「瓣瓣精，瓣瓣講」，我亦不打算這樣做。在此，我會就組成立法局的其中兩類議席提出一些意見。前此，我只想表示，我在以前向本局提出有關：第一，部長制或所謂部長制問題；第二，總督閣下出任本局主席，及三層架構等的意見，自當時提出之後，至今未有改變，我認為本局內各司級的官員議員應該開始漸漸變為由非官員擔任，而總督閣下不應再出任本局主席，三層架構應該以合併區議會和市政局的方法改為兩層，我的論據，請大家參閱立法局會議過程的正式記錄。至於投票年齡，我認為在一九八八年選舉投票權應降低至 18 歲，我的論據主要是平等。若果 18 歲可以控制某個商號，因而可以選出商界代表，包括工業界、金融界等，那以甚麼理由，區議會、立法局的議席，18 歲的人士沒有投票的權利這一點難以明白。

言歸正傳。主席先生，多位議員談及功能組別議席的時候，喜形於色，有褒無貶。很奇怪，他們大部分均提議增加議席，而通常均與他們本身的議席組別或本身的專業有關。雖然我認為功能組別選舉無論在概念及運作上均大有問題，我並不打算在此詳細討論這個學理問題，我亦不反對有功能組別的議席，甚至有所增加，不過我要提出一個警告，功能組別的議席不應在立法局內佔有過半數的席位（為謹慎起見，最好不超過四分之一），否則立法局將會變成一個極不穩定的議會。

主席先生，功能組別的議席，在過渡期是有其作用的，甚至在一九九七年

後的五十年內，亦可能仍有需要存在。功能組別的作用有二：第一，提供一些專才；第二，照顧部分人士的利益，原則上來說，若果這些利益不受照顧，則可能有害公益。但問題是：甚麼才可構成一個功能組別呢？我在一九八四年白皮書公布的時候，提出過一個解決方法，這個方法就是由政府切實說明，我們要容納那些專才及照顧那些特殊而重要的利益團體。當時流行的名詞是「功能團體」，並非「功能組別」，因此我提出應該將重點放在「團體」兩個字上，其實商界現有的兩席中，一席是香港總商會的專利，另一席是中華總商會的專利；工業界的兩席，亦分別是兩個團體：工業總會和中華廠商聯合會。可見重點的確是在「團體」兩個字上。所以我當時建議，現在再次建議，新界鄉議局，作為五十萬原居民的代表團體，應該在一九八八年獲得一個功能組別的議席（其實應該在八五年已經有）。主席先生，我只是鄉議局的顧問，而我不是原居民，不是鄉議局的議員，若果作出這個建議需要公開我作為顧問的利益，我會樂意這樣做。

主席先生，相當多議員，包括李鵬飛議員和周梁淑怡議員認為，若有直選，必定要取代選舉團的議席，論據只是在於雙重代表的概念。在選舉平等的概念上，這個的確是一個大問題，但功能議席與直選議席同時並存，亦同樣在概念上出現問題，因為這樣也違背了選舉平等的原則。我相信李議員及其他議員，例如周梁淑怡議員所擔心的是運作問題。按照區域市政局的經驗，雖然為時仍短，但未見有任何運作上的重大困難（區域市政局兼有直選及區議會互選的議員。）在務實構成各級議會制度的前提下，直選議席是代表選區的人民，間選議席是代表地方的事務，兩者不但並不構成雙重代表，何況在很多時候，兩者的區界並不相同，疆界亦不相同。同樣，若果依照張有興議員建議，我們用多席選區的方法在一九八八年進行直選，例如港島 3 席、東九龍 3 席、西九龍 3 席、新界 3 席。我並不是同意那些數字，因為我說 10 席，新界可能會有多些議席。這樣便完全沒有需要擔心雙重代表，因為一個大區當中已包括很多區議會。所以，李議員及周議員會不會想著其他的考慮呢？

主席先生，我不但支持繼續保留選舉團的議席，而且我提議酌量增加從區議員組成選舉團的議席數目（目前為 10 個議席），原則是立法局的議席，由一個至兩個（即不超過兩個）區議會的議員組成選舉團而產生。例如潘志輝議員認為可能沒有多大問題，因為他本身只有一個區；雷聲降議員有 4 個區議會照顧，我則

有 3 個區議會照顧；這在工作和運作方面使我們的負擔相當重。

主席先生，我原本希望談談銜接的問題，但要費相當唇舌。我想談及這點是因為謝志偉議員剛才亦講過。但若果講的話，便可能趕不及吃晚飯。但我仍然想談談和銜接有關的問題，因為譚惠珠議員昨日在本局放置一枚詐彈。我相信這個「詐」字，是從「言」字旁而非從「火」字旁，否則我們今日大有可能不可以繼續開會。我歡迎這枚假炸彈，它無論如何都比上星期在沙田火車站發現的假炸彈好，當然更好過上星期放在太古城及昨日放在金鐘道政府合署的真炸彈。不過，布政司霍德議員便不能那麼容易應付過去，他不能像昨日一般，只發表聲明謂警務處會全力以最優先次序處理真假炸彈事件，而要親力親為，親自拆彈。

為甚麼我說譚議員這番說話是一枚或真或假的炸彈呢，因為若果是真的，它的威力會大過港澳辦公室副主任兼草委秘書長李後先生「傳聞」出來的「言」字旁的炸彈，即「直選有違中英聯合聲明的精神」，因為譚議員連「精神」兩個字都沒有提及，似乎只說「有違中英聯合聲明附件一第十三條」。

其實譚議員幾個星期前已經跟我討論過這個問題，我認為這個問題雖然問得好，但似乎有些小心眼，而且我認為它根本並沒有違背中英聯合聲明，我的論據如下：

第一，國際人權及政治權利公約締約國（我將翻譯稍為修改了，我不說公民權，因為「Civil」一字是指人，不是指公民），在簽署及認准公約的時候，保留不引用某些公約條款，只保留不引用的「權利」，並沒有保留喪失引用這些條款的「權力」。這點我曾經向譚議員提過，她也表示同意。

第二，締約國簽署認准公約後，不僅仍然有「權力」，而且有「責任」（因為權力和責任正是一個兩面神，少了一面便不再成為神）盡量施行公約的全部條款，保留的條款首先是要越少越好，即使保留了亦應該盡量施行，否則公約形同廢紙，實際上也是廢紙。設想世界各國全部樂意簽署認准這個公約，但保留全部條款，保留後又全不施行，豈不是荒天下之大謬？英國在一九六八年簽署公約時，保留了香港已婚婦女及女公務員獲得同工同酬及平等就業機會條款不予施行的權利，但本港的公務員制度經已改革到不再歧視已婚婦女。這點我未曾跟譚議員討論過，但我相信她雖然雲英未嫁，亦可能無意做公務員，她亦會同意這個就是人權及政治權利公約的精神。

所以，第三，中英聯合聲明附件一第十三條所載「……公約……適用於香港的規定將繼續有效」中「適用於香港」等字眼，意思是指一九九七年七月一日前所未保留，及雖經保留但已實施的條款。第十三條第二句所載（這和剛才所引的無關，因為只是前面的部分）「香港特別行政區政府保持香港原有法律中所規定的權利和自由……」中「原有法律」等字，亦是指一九九七年七月一日前的香港法律，而並非一九八四年前的法律，否則本局自一九八四年九月二十六日中英聯合聲明草簽之日起，至一九九七年六月三十日止，無法可立、無法可改，立法局根本無需存在，倒不如事無大小，均由諮委、草委、人大等來決定一切。

主席先生，我在開始發言的時候說過，經濟、社會、政治、法律等群體制度，是「人為」的制度，所謂人為制度，就是制度的前進、後退、健康、疾病，均由每一個人，每一個成員的行動所導致。因此，我們責無旁貸，不應該因自以為是而判斷錯誤，自以為處於劣勢之下，不作嘗試而未戰先敗。既然我們絕大多數認為直選可取，為甚麼我們不嘗試說服中國當局在一九八八年推行呢？我們可能「屢戰屢敗」或「屢試屢敗」，但如果我們不本著「屢敗屢戰」、「屢敗屢試」的做人態度，那麼一九九一年、一九九四年、一九九七年，以至二〇四七年一年復一年地過去，或許仍未推行直選，而我們或許已作古。

我還可以說兩個故事：群體的制度基本上好比一個人，要以僅有的一幅畫布畫油畫，有些地方畫得不好，怎辦呢？扔了它，不行；扔了後便沒有畫布。這只有「paint over」，在上面再畫，蓋過原來的油彩。又好比在大海航行時，船仍在海上，如果這艘船某些地方是我們不喜歡、不惬意的，便要加以改造。在這情況下，我認為只可以將船板逐一改造，而不能夠畫一個藍圖，然後把船拆了依藍圖改建。若果要以這個方法造船，相信沒有人能夠，只有神才可以做到。

布政司致辭（譯文）：

主席先生，這兩天的辯論很有啟發性、生動而有趣，相信各位議員都會有同感。雖然我很想分析各位議員的演辭，不論是逐一分析也好，甚至是依黃宏發議員所說的將演辭逐段分析，但我定要抵受這種誘惑。今天的報章已設法以回答選擇題的形式，在不同答案的方格內劃上「✓」號，代表不同議員的意見，由此可

知這項分析工作實在非常困難。

然而，主席先生，今次的辯論非常重要，而各議員花費許多時間和精神，審慎撰寫有關演辭，實在精神可嘉，我謹代表政府向各議員致謝。這次的辯論中，所有議員均先後發言，這點足證綠皮書備受議員和整個社會的重視。議員所發表的意見，並不相同，這實在不足為奇。我相信，在這兩天所表達的意見，反映出香港市民對這問題的意見，仍有分歧。

我希望在未來數月內，我們可以更清楚知道市民的意願。這次就綠皮書所展開的諮詢工作，如要確實反映全港市民的真正意願，就必須確保各界人士都向民意匯集處表達意見。我們不僅是收集那些在綠皮書發表前已作出決定的人士的意見，而是希望得到各方面人士的意見。

主席先生，至目前為止，民意匯集處已收到超過 1,500 份意見書。而據我所知，這些意見書大部分來自個別人士，民意反應迄今相當理想。但我想促請市民注意，各位可向政務總署轄下各政務處的職員口頭表達意見，政務處職員便會代為記錄，轉交民意匯集處。民匯處已獲清楚指示，倘市民要求將意見書保密，該處必須一律應其所請。

我在本局提交這份綠皮書時已經說過，我們瞭解到，由於綠皮書內所載的事項並非全部簡單易明，可能會令部分市民不願意發表意見。有鑑於此，香港電台特別製作 12 集五分鐘的電視節目，名為「綠皮書透視」，在兩家電視台的黃金時間播映。我希望那些想對綠皮書有多點認識的人士留意收看。節目內容深入淺出地解釋綠皮書所載的所有事項，使各位觀眾都能容易明白。我們希望這樣可鼓勵更多各階層人士，對綠皮書內所有的主要事項 —— 我要強調是所有主要事項，踴躍發表意見。

主席先生，綠皮書列載選擇所關乎的事宜，都與我們的社會有重大的關係。其中包括區議會的任務、成員組織及其與市政局和區域市政局的關係；市政局的議員人數和結構；立法局的成員組織和主席的職位；以及選舉安排的實務問題等。政府歡迎市民就上述事項的每一方面提出意見，而所提意見，定會受到重視。政府將於本年年底考慮如何草擬白皮書，屆時如能清楚知道市民對所有事項的意見，將極有助於政府作出有利香港整體利益的決定。

主席先生，今次辯論中，曾有議員要求政府說明，在評估綠皮書所載的各項

選擇時，民意佔一個甚麼比重。自綠皮書發表至今，政府所持的看法，是明確和始終如一的。在諮詢過程完結後，民意匯集處將提交報告，並由本局進行另一次辯論，然後，政府會就檢討的結果作出決定，並以白皮書形式提出建議。政府在作出結論前，定會充分考慮市民的意見。我們亦已清楚指出，還有其他因素是要顧及的。若干位議員在發言時，曾表示草擬中的基本法也是應考慮的因素，因為基本法將會為未來特別行政區提供憲制發展的架構。

至於檢討所涉及的範圍，容我向各位引述綠皮書第 2 段的內容，這段亦有議員提過：「一九八七年檢討的目的，是考慮應否在一九八八年進一步發展香港的代議政制，以及如要進一步發展，應採用何種方式。該項檢討將在香港現有憲制架構的範圍內進行，亦會充分顧及中英兩國政府關於香港問題的聯合聲明的有關規定。根據聯合聲明，香港將自一九九七年七月一日起成為中華人民共和國的特別行政區。」因此，主席先生，我們認為綠皮書內所提出的各項選擇方法，均與現有憲制架構相符，而且是真正可供選擇的方法。關於黃宏發議員、李柱銘議員和司徒華議員提及譚惠珠議員放了一個炸彈這一點，現在讓我順帶加以處理。主席先生，我很尊重譚議員，而我可迅速處理這事。與其說那是一個炸彈，不如說是一個詐彈。以下是為處理這個詐彈而發表的聲明。主席先生，綠皮書內任何一項選擇方法若予以採用的話，都不會與英國在公民權利和政治權利國際公約中所要負的責任有所抵觸，這一點是相當清楚的。

就政府的立場來說，我要鄭重強調，我們並沒有任何預作的構想；也沒有預定的結果。我認為政府的責任是，慎重權衡所有因素，然後為香港市民推行符合他們最佳利益的工作。

民意匯集處的報告一經發表，本局便會隨即進行辯論，屆時政府會再度細心聆聽各位議員的意見。在目前這個階段，我促請全港市民仔細考慮，區議會、市政局、區域市政局及立法局應該怎樣發展，才最能符合香港的利益，然後就這些問題發表意見。

主席先生，我們必須確保在諮詢過程結束後，能夠決定一個向前邁進的方法，這方法既須確保有效的管治，令市民對前途有信心，又須使社會保持穩定，而這正是全港市民福祉所繫的因素。

1987 年 10 月 7 日
總督施政報告

（10）政府的架構和運作

150. 在履行繁多的職務時，政府的一貫施政方針，是以符合香港的整體最佳利益為依歸，這是不言而喻的。因此，政府其中一項要做的工作，便是維持一個既穩定可靠，又能顧及社會不斷轉變的需求的健全行政架構。只有這樣，我們才可以確保政府的各項政策和措施，繼續得到廣大市民的擁護和支持。

（a）代議政制發展檢討

151. 基於上述原則，政府的架構和其內各部分的職責和組織，多年來都在不斷改進。這個改進過程並不是突變式，而是循序漸進的。在這個過程中，我們經常保持審慎態度，每次採取一個步驟後，都會再三研究和徵詢民意，才決定下一個步驟。我們遵循這個做法，就本港代議政制各環節的發展，剛完成了另一輪徵詢民意的工作。代議政制發展檢討綠皮書，已引起公眾人士熱烈討論。本局亦曾於七月間就綠皮書進行辯論。除官守議員外，所有在港的議員都有發言。議員在席上各抒己見，提出多個不同論點，並熱烈地環繞這些論點審慎進行辯論。

152. 民意匯集處將於本月底完成報告書。該處在四個月諮詢期內，接獲超過十三萬份意見書，遠較以往任何一次徵詢民意活動所收到的意見書為多，可見很多市民都對綠皮書的內容，特別是關於立法局應否有部分議員由直接選舉產生的問題，非常關注。民意匯集處除了收取市民提交的意見書外，亦自行委託市場研究社進行民意調查，以便客觀地評估廣大市民對綠皮書內所列舉各項可供選擇方法的意見。我不打算現在就對該處將會提交的報告書內容預作評論。到下月初，報告書便會提交本局，而各位議員隨後亦會有機會就其內容進行辯論。

153. 在今後三、四個月內，我們將要決定在一九八八年進行那些改變才是正

確的。這些決定是重要的。政府已承諾，在作出這些決定時，定會充分考慮民意
匯集處報告書內所載錄的全部意見。我們當然亦會充分顧及其他有關因素，包括
必須確保任何可能進行的改變，都不會干擾本港一向以來的穩定發展，亦不會危
及本港社會所極需要的安定局面。

1987 年 11 月 4 日
布政司聲明：社會各界人士對綠皮書的反應（包括民意匯集處報告書、監察委員報告書）

布政司致辭（譯文）：

主席先生，本年六月三日，鄧蓮如議員在本局提出一項動議，呼籲本港市民對「一九八七年代議政制發展檢討」綠皮書發表意見。當時我和本局其他議員都對這項動議，表示全力支持。我們顯然都希望市民會響應這項呼籲，也相信他們會這樣做。但我懷疑有誰會預料到這次直接收到的意見書，竟然超過 130,000 份，遠比以前任何一次民意徵詢工作所收集到的意見書為多。相信即使我們當中抱最樂觀看法的人，也意料不到市民這次反應如此熱烈，與一九八四年「代議政制在香港的進一步發展」綠皮書所獲的反應比較，簡直有天淵之別，那次我們一共只收到 364 份意見書。

今天下午提交各位議員省覽的，是民意匯集處就社會各界人士對綠皮書的反應所編寫的報告書。這是一份值得注意的文件。我這樣說，並非只是因為報告書內容和篇幅都引人注目，而是因為報告書反映了超過 130,000 份逕寄民匯處意見書內所載的意見，以及從接近 170 項民意調查和超過 20 次簽名運動中所收集到的意見。這些意見顯示了市民對一九八八年和以後本港的政制，所希望見到的發展。

報告書共分為三部分。第一部分載有民意匯集處所提交的主要報告，以及獲委任監察民匯處工作的監察委員所提交的報告。第二部分撮錄本局、市政局和區域市政局各議員就綠皮書所發表的意見，為主要報告提供更詳盡的資料；還有遞交民匯處的各項民意調查、簽名運動及同類文件詳情；以及所有向民匯處遞交書面意見而又沒有要求保密處理的團體和社團的詳細名單。報告書的第三部分載錄民匯處所收到的各款預先印製的信件和問卷的樣本，只有三款因有關主辦人要求保密而未予刊載。這些預先印製的信件和問卷，共佔個別人士及聯名人士所遞交

意見書的 86％。

綠皮書於五月二十七日發表，隨即開始諮詢市民對一九八七年代議政制發展檢討的意見，一直至九月三十日才結束。在這四個月的諮詢期內，民意匯集處共收到超過 134,000 份意見書，其中約有 2,900 份未予接納，因為有些是逾期收到，有些則經鑑定為與綠皮書內容無關、重複或冒名遞交的。

報告書所處理並予以反映的意見書，稍為多過 131,000 份，其中絕大部分（接近 96％）由個別人士提交；其餘有超過 4,600 份由聯名人士提交；另有 1,100 份左右則由團體組織提交。提供意見人士之中，不足 7％要求將所提交的意見書保密，主席先生，當局當會絕對尊重其意見，將有關意見書予以保密。諮詢期最後三個星期接獲的意見書，約佔全數的 85％；僅在九月二十九日當天遞交的已有 14,300 份，故須於短時間內為民意匯集處加派人手，應付驟增的大量工作。同時，要將格式迥異、長短不一的意見書分類及分析，並不容易。民意匯集處所接到的信件，有些只得一行字句，聲明支持或反對某項可供選擇的方法，有些則長達多頁，就綠皮書所載的所有事項發表意見。不過，民匯處雖然面對艱巨工作，仍能如期完成報告。該處今日提交本局省覽的報告書既全面又詳盡，各有關方面的努力，實在值得讚揚。民意匯集專員及屬下各人員在這項工作中居功至偉，我們深表謝意。

除了收集市民提交的意見書外，民意匯集處亦聘請一間市場研究社，進行兩次民意調查。在這兩次調查中，該社從全港人口隨機抽選約 6,000 人接受訪問，詢問他們對綠皮書的內容有甚麼意見。比較來說，其他同類性質的民意調查所訪問的對象，一般只不過是 1,000 至 2,000 人。這兩次民意調查的結果，已在報告書內說明。

主席先生，有些送交民匯處的意見書，已被發現並非真正由意見書上所聲稱的發信人所寄出；市民大眾對此事感到關注，是可以理解的。截至十月二十一日為止，民匯處共接獲 2,182 宗投訴，指稱被人冒名投寄個人意見書。其中 45 宗投訴後來遭撤銷，而 228 宗無法受理，因為投訴人未能向當局提供有關的檔案編號，以致無法找出所涉及的是那一份意見書。其餘 1,909 份意見書已從民匯處的記錄中刪去，並轉交警方調查。主席先生，這些冒名意見書有非常不同的主張。在我剛才提及的 1,909 份冒名意見書中，904 份贊成在一九八八年有直接選舉，

977 份則表示反對，另外 28 份並無明確評論應在何時實行直選。

十月二十一日以後，民匯處再發現 542 份指稱被人冒名提交的意見書。由於時間緊迫，已來不及從民匯處的報告書內刪去這一部分的意見。在這些意見書中，支持一九八八年實行直選的有 238 份，反對的有 293 份。餘下的 11 份則對實行直選的時間並無表示意見。

主席先生，一小部分人士盜用他人名義提交虛假意見，似乎想藉此影響民意調查的結果。出現這種事件，誠然令人感到遺憾。但我們在看這些事件時，應該綜觀全局，不要以偏蓋〔概〕全。絕大部分意見書都是真確和充滿誠意的。所有個人及聯名遞交的意見書中，有 90％以上都附有身份證號碼，可以與列具的姓名互相核對。此外，凡附有地址的意見書（以個人名義提交的意見書中，有 70％是附有地址的），民匯處都會用書面回覆，表示已收到意見書，亦因為採取這個步驟，冒名提交意見書的事件才被揭發出來。揭發這類事件，非但沒有減低民意匯集處報告書的可信程度，反而可以證明民匯處所採取的程序，對確保報告書內所反映意見的真實性，卓有成效。

兩位獨立監察委員所提交的報告書，亦可進一步證實民意匯集處各方面的工作，一直受到十分嚴密的審查。監察委員的職權範圍是：「觀察民意匯集處各方面的工作，並向總督提交獨立報告，說明他們對民意匯集處能夠妥當、準確和公正地執行任務及依照職權範圍所定程序行事是否滿意。」

主席先生，我想在此際向李福述先生和蘇國榮先生致意，多謝他們不辭勞苦，公正嚴謹地履行監察委員的職責。根據監察委員報告書所載，兩位委員審閱民意匯集處所收到的每一份意見書，這真是一項艱巨的工作。此外，他們還出席本局、市政局、區域市政局和各區議會所舉行的會議，以及出席數個研討會，親自聆聽各界人士對綠皮書的意見。此外，他們對民意匯集處的工作程序，特別是該處所採用的數據處理系統，亦十分熟悉，因為這樣他們才能有效地查核該處人員把數據輸入電腦，以及從電腦檢索資料以便撰寫報告書的工作。

主席先生，監察委員顯然曾細心觀察民意匯集處各方面工作，既然監察委員認為民匯處已妥當、準確和公正地執行任務，我們大可信賴他們的判斷，也應重視他們的判斷。

主席先生，今天下午我實不宜就市民對任何個別事項的反應模式作出評論。

市民對綠皮書內的各個主要事項的意見已經過整理，並詳細載錄於民意匯集處報告書各章內。這份報告書人人都可以索閱。在某些方面，民意徵詢結果似乎是清楚明確的；但在其他方面，市民所表達的意見則各有不同，或對某項選擇持反對或贊成意見者差不多各佔一半，這時評估民意徵詢結果的工作就會複雜得多。

一如所料，有關立法局應否實行直接選舉，以及如認為應該的話，又應於何時實行的問題，是大多數市民就綠皮書發表意見時均有討論的事項，差不多有96％的意見書都論及這點。這個問題亦差不多是所有民意調查（不論是民意匯集處所委託公司或由其他人士及團體所進行者），以及所有簽名運動和同類文件的主題。

現在，政府必須謹慎評估就一九八七年檢討而進行的民意徵詢所得的結果，並在評估工作結束後，就應該採取那些政策作出決定。我說政府必須謹慎行事，因為我們冀望能把載錄於民意匯集處報告書內的資料，仔細地一一反映出來。報告書內的統計數字，代表數以千計人士的努力。他們大都樂意用不少時間去撰寫意見書、出席有關綠皮書的會議或研討會，或是填寫調查問卷。我們很感謝這些人士，因此實應花時間細心考慮他們的意見。各界人士所發表的意見，均十分重要，全部都會得到當局充分考慮。

主席先生，正如你在十月七日向本局宣讀施政報告時所說，在今後三四個月內，我們將要決定在一九八八年進行那些改變才屬正確，而這些決定是重要的。在作出決定時，行政局議員將肩負重任，向你建議正確的措施。要作出這些決定並不容易。不過，相信行政局的同寅會同意我這樣說：我們一向最關心的，就是確保所建議的發展路向，是我們認為能夠符合全港市民最佳利益的路向。我們在研究商議時，一定會對本局議員在本月稍後辯論民意匯集處報告內容時所提出的意見，非常審慎加以考慮，這點實毋庸贅言。

有關代議政制發展的白皮書將在一九八八年年初發表。主席先生，我深信白皮書發表時，香港市民當可看到政府已充分考慮他們的意見，實踐許下的諾言。

1987 年 11 月 5 日
恢復致謝議案辯論

布政司提出動議：

「本局對總督的演辭，謹致謝意。」

（編者注：此致謝動議係 11 月 4 日提出，故 11 月 5 日為恢復致謝動議辯論。）

李柱銘議員致辭（譯文）：

主席先生，關於政制方面，有一個非常重要的和根本的問題是未被提出來討論過的。這個題目如下：現時行政局和立法局透過兩局會議和兼任議員維持的關係，我覺得很遺憾，正漸呈瓦解。數字顯示在八五年立法局引進民選議員之前，很少兩局會議曾被取消，但在過去的兩年裏，在立法局加入民選議員後，這些「行政立法兩局非官守議員會議」（現改稱為「行政立法兩局議員會議」）大多數都被取消了。在八五至八六年度，舉行了的會議有九次，取消了的十三次。在八六至八七年度，舉行了的兩次，取消了的二十次。就今個年度至目前為止，只舉行了一次兩局會議，就是鍾士元爵士促請我們支持港府動用外匯基金救市的計劃而臨時通知召開的那一次。這個現象反映出政府和某些行政局議員根本就不信任立法局議員。舉一個例子，立法局議員經常比報界更遲收到一些在特定時間前不得發表的公布或政府的新聞稿，這個情況的結果是港府經常很難估計究竟它的法案會否在立法局中受到激烈的質疑。很多本局同僚都感覺到目前的制度運作得並不太妥善，我們必須尋找解決方案。

或者，我們必須提醒自己，在現行的殖民地架構裏，「政府」安穩地掌握著立法局的大多數議席，透過十位官守議員和二十二位委任的非官員議員，政府可以在立法局通過任何法案，無論該法案多麼不受歡迎。在八七年三月十二日於廣大群眾要求擱置聲中，匆匆通過的公安（修訂）條例就是一個例子。

主席先生，無論我們在一九八八年是否有直接選舉，政府最重要的決定仍然是將來的行政機關和全部民選的立法機關之間的關係如何。即使假設真的沒有直選，立法局只有功能團體選舉和選舉團選產生的議員，政府如何預期可以通過法案呢？

我估計這是目前我們面對的最重要的一個問題，也是基本法起草委員會的重要課題。在一九八四年的綠皮書中已提出了這個問題，前布政司夏鼎基爵士在一九八五年一月的白皮書辯論中甚至公開承諾本局在一九八七年的檢討中這個問題將會是主要針對的問題之一。但為著一些從未告知本局或公眾的理由，港府把這個至要緊的問題從今年五月發表的綠皮書中剔除出來，因此無論行政局從今次的政制檢討中得出怎樣的結論，都將不會對這個重要問題提出答案。

……

主席先生，除非我們找到一個可行的方法去解決因聯合聲明規定立法機關全部選舉產生所帶來的具體問題，否則把現行的殖民地政制照單全收地搬進基本法內是非常不智的，不幸地這正是現時的情況。現在的制度是按著一個殖民地政府為管治以武力得回來的土地和居民因而必須有最高的控制的需要而發展出來的，其設計就是全部委任產生的立法局。這個制度根本不適合一個有高度自治和全部選舉產生的立法機關的中國的特別行政區政府。如果把我們現在的政制照搬進基本法內（此舉很可能是出於一種想為中央政府保留同等程度的控制權的意圖），就好像把舊酒倒進新瓶裏一樣。整個制度會解體，一國兩制的偉大構思將會注定失敗。

……

對於由雅捷市場研究社負責的問卷的設計，特別是關乎到至為要緊的八八年應否有直接選舉的部分，我感到極度地不滿，該問卷載於附件十附表 A 之 F 段，見附表之 20 頁，共有四個問題：

（1）官守、委任和民選議員人數和比例維持不變；

（2）作出結論，認為採用直接選舉選出立法局議員的做法並不可取；

（3）作出結論，認為採用直接選舉選出一部分議員的做法，在原則上是可取的，但不應在一九八八年推行；

（4）如認為在一九八八年改變立法局成員組織是可取的做法，則可作出以下其中一種或若干種改變：例如，略增官守議員的人數；減少委任議員的

人數；增加由間接選舉產生的議員人數；增設直選議席等。

首三個問題異常清晰，全都是傾向排除八八年有直接選舉的。第四個是唯一容許八八年有直選的問題，但卻是前所未見地繁複和累贅。實在任何在本港受過小學教育的人都可能會做得好一點。但就這樣的問卷問題怪責雅捷市場研究社是頗為不公平的，因為問題原設計者並不是他們。許雄先生告訴我這個部分差不多是逐字逐句照搬八七年五月的綠皮書第 41 頁第 163 段的。這一點並不完全正確；第 163 段的原文至少把多個不同的選擇分細小段從（a）至（f）列出來，而問卷則只是草草拼湊起來就算。

然而除非雅捷市場研究社是得到明確的指示要在問卷中照抄綠皮書的字句，否則這種做法仍然是難辭其咎的。第 163 段是綠皮書第四章的一個總結，用意是列出第四章中的選擇。至今我已經屢屢批評綠皮書是一份草擬得甚為惡劣的文件。事實上，它是設計來混淆大眾的。這點我在很多公開的論壇上都提過。綠皮書包含太多瑣碎的細節，起草的人根本不打算讓公眾能看得明白。

再者，大家都很清楚綠皮書的總結部分是從未想過會拿來做問卷的藍圖的，因為除非民意調查中的被訪者看過又明白並且記得綠皮書中較前的有關部分，否則拿綠皮書裏的總結選擇來做問卷調查的問題是毫無意義的。而根據民匯處報告書第 5.24 至 5.26 段所載，要市民如此是幾乎不可能的。

主席先生，我相信雅捷市場研究社在設計問卷之時，必然明白到所問的問題一定要是一個普通人能夠明白的；要做到這一點，光是抄襲綠皮書裏總結部分的累贅文字是不成的。

現在的問題是：究竟雅捷市場研究社是自行決定問卷之設計，抑或是受指示照抄綠皮書的總結一章呢？如果是前者，那麼明顯地雅捷市場研究社並未盡其對民意匯集處（即其僱主）所負的專業責任。如果是後者，它的含義就絕不簡單，因為引申出來的意思就是說政府蓄意地以技術控制產生一既定結果 —— 香港市民不願意立法局在一九八八年引進直接選舉。有不少香港市民都十分相信現在民匯處的兩個民意調查的結果正正就是中英兩國政府所盼望見到的，因為如此一來英國政府就可以免除在這個極度敏感的政治問題上與中國對抗，但真正的問題是：這種民意調查的結果，我們可以接受嗎？

我認為答案只有一個：「絕不！」讓我們看看綠皮書第 163 段（41 頁）第二小段：「作出結論，認為採用直接選舉選出立法局議員的做法並不可取。」為公平的緣故，我們理應接著加上一項：「作出結論，認為採用直接選舉選出立法局議員的做法可取。」

同樣地，在第三小段：「作出結論，認為採用直接選舉選出一部分議員的做法，在原則上是可取的，但不應在一九八八年推行」之後，理應加上：「作出結論，認為應該在一九八八年推行直接選舉。」

為甚麼綠皮書中完全看不到這些問題的影子呢？又為甚麼綠皮書總結內的問題被原原本本地抄為用作問卷的問題四，但並沒有加上以上我所提出應有的問題呢？

主席先生，從上述種種看來，很多香港人會相信政府如此別有用心地寫綠皮書，是想市民說政府想聽的話，即八八年不應有直接選舉，同樣地，當把這問題照搬進問卷中時，無疑在問卷的設計者或其僱主心中，所想得到的結果也就是香港市民不願意八八年立法局有直接選舉。如果情況不是如此，我們怎樣解釋這無可推諉的事實：被訪者有三個清清楚楚的機會反對八八年推行直選，反之贊成八八年直選卻只有六分之一個機會，並且要被訪者看得明問題才成。

主席先生，讓我在立法局上清楚而強烈地表明一點：無論任何人在八八年應否有直選的問題上若果倚賴這兩份由雅捷市場研究社做的民意調查的結果都將會是絕對不公平的！我拒絕接受這些調查結果的原因並不是因為它和我的主張有抵觸，而是因為它是基於一個錯漏百出的調查而來的。若非如此，我們怎樣解釋其他所有專業市場研究公司在諮詢期做的民意調查都得出一個與民匯處報告完全不同的結果呢？其他所有的調查都顯示支持八八年直選的人一貫地以大約二比一之比多於反對八八年直選的人。理由很簡單，這些公司沒有照抄綠皮書的總結，反而採納了一份更簡單更清楚的問卷來問這個至為重要的問題。

主席先生，很多人花了無數的時間、金錢和心力來回應這次政制檢討。這兩份調查結果令他們十分失望，也許我們都對雅捷市場研究社的專業水準有太高的期望，對香港政府有太大的信心。我們一直在白日作夢，以為英國政府會以香港人的利益為念，會到了某個階段就採取立場不再向中國叩頭，以為鐵娘子會守著她說的英國對香港有道德上的責任的承諾 —— 民意匯集處的報告使我們在夢境中驚醒過來。

如果香港政府真的想知道香港人在八八直選的問題上究竟怎樣看,只有一個應該做的辦法:讓香港人全民投票!

在八七年五月綠皮書發表前不久我第一次在立法局提出了這個問題,布政司立即就否決了這個可能性,原因是綠皮書載有超過三十項選擇,舉行全民投票根本不切實際。

但我們如今知道,民意匯集處所收到的意見書中有百分之九十六都是關於八八年應否有直選的問題的。香港人已經選擇將焦點置於八八直選的問題上。政府再沒有藉口不讓香港市民全民投票,除非是因為中國的因素;中國不希望為未來特別行政區政府開這樣的一個先例。在這一點上,林鉅成議員提出了警告:在這九年半的過渡期裏,不要過分渴望和中國政府「銜接」,以致於不必要地邀請中國的干預,對此我深有同感,而閣下剛剛到北京的訪問正給人這印象。

主席先生,我高興見到香港政府和中國政府之間有緊密的合作關係,但我們可能會過分地緊密。我們必須緊記中國政府在一九九七年前干預香港的行政,例如曾經發生過的由中國官員告訴我們甚麼時候可以或不可以有直接選舉是違反中英聯合聲明的。為甚麼英國政府不提出抗議呢?事實上,當我在聽閣下的施政報告的第一部分時,我還以為自己是在聽特別行政區政府行政長官的講辭呢!

主席先生,有一個時期我以為英國在香港的政府是外堅內強的,但也許我錯了,又或許我們的鐵娘子已經變成「生鏽的鐵娘子」。

司徒華議員致辭:

本局不少議員,都形容期貨交易所是一個大賭場。這使我想起了以「免費午餐」來嚇人騙人的論調。今天香港沒有「免費午餐」,即使將來舉行了直接選舉,也不會有「免費午餐」。我是贊成「不勞動不得食」的精神的。雖然沒有「免費午餐」,但現在卻有「免費賭注」。政府以市民的血汗錢,為在豪賭中輸過了頭的投機者,提供了二十億的「免費賭注」,讓贏家贏盡而有錢可收。

一些人誣衊支持直選爭取民主的人,將會帶來衝擊,導致香港陷入危機。市民應該從這次金融風暴和年來收購銀行事件中,看清楚:曾經帶來嚴重衝擊,幾乎陷香港於危機的,卻是另一些腰纏萬貫的人。歷史是嚴肅的。所有真正愛護香

港的人，都要由此記取教訓，提高警惕，帶眼識人。

昨天所發表的《民意匯集處報告書》，我認為是不公正的，有很大的誤導性。該處收集民意有兩大來源，一是市民寄去的意見書，一是委託顧問公司進行的兩個調查。我們先看看對市民來信的統計。

簽名運動所收集得的 23 萬多個個別人士和團體的數字，為甚麼不列入統計圖表內？有接近 7 萬份預先印製而內容相同的信件，其性質與簽名運動有甚麼分別？為甚麼卻又列入統計圖表內？是不是因為一個是支持八八直選的，另一個卻是反對八八直選的？從報告書第三部分所附錄的《各款預先印製的意見樣本》中，我們可以看見其中的絕大多數信件的相同內容是甚麼？再由早些時報章曾揭露過的事件，論證這些信件是甚麼人預先印製、收集和寄發的？簽署者是在怎麼樣的環境中簽署的？我們要問一問：為甚麼要厚此薄彼？政府曾再三強調的公正的立場何在？

我們再看看顧問公司的問卷。頭三個問題都是帶有反對八八直選的引導性：

（1）官守、委任和民選議員人數和比例維持不變；
（2）作出結論，認為採用直接選舉選出立法局議員的做法並不可取；
（3）作出結論，認為採用直接選舉選出一部分議員的做法，在原則上是可取的，但不應在一九八八年推行。

問卷用了三個問題，去累積擴大反對八八直選的百分比。至於贊成八八直選的選擇，卻只插在一條問題中：

如認為在一九八八年改變立法局成員組織是可取的做法，則可作出以下其中一種或若干種改變：
例如，略增官守議員的人數；減少委任議員的人數；增加由間接選舉產生的議員人數；增設直選議席。

把八八直選排列到最後，與其他的三種選擇並列，擾亂視線，分散注意，製造矛盾，以此去分散縮小支持八八直選的百分比。我們要問一問：為甚麼要厚此薄彼？政府曾再三強調的公正的立場何在？

1987 年 11 月 11 日
恢復致謝議案辯論

布政司致辭（譯文）：

　　民意匯集處報告書的發表，再次引起市民紛紛議論本局明年應否進行直接選舉的問題。正如報告書所指出，社會人士對這個問題仍然意見分歧。香港是一個自由先進的社會，對政制發展的步伐，當然會有各種不同的意見；而市民當然亦可以公開力陳己見，這實不足為奇。即使在一個家庭內，對於一些遠較政制問題普通得多的事情，也常常會有意見分歧的情形出現。解決分歧的方法，在於小心分析和理性討論，而非把與自己觀點不同的意見視作並不存在，甚或視之為別有用心的第三者所捏造出來。有人試圖引起市民極度懷疑民意匯集處的公正無私和政府徵詢市民意見的誠意，這實在令人感到十分遺憾。這些人的指責事實上毫無根據。一九八七年代議政制發展檢討綠皮書和民意匯集處的報告書，市民均可索閱。這兩份報告書，並非簡單文件，因為所涉及的問題，非如某些評論家希望我們相信的那麼簡單。不過，凡有意瞭解事實真相的人士，都可以研究這兩份報告書，從而對檢討的真實性作出自己的結論。

　　　……

　　主席先生，許多議員都有談及政府與市民的關係這個一般性問題。我想就這個問題，發表我個人的一些意見。經常有人形容這關係是一種對立的關係：政府站在一方，市民或大多數市民則站在另一方。但實際情形會不會是這樣呢？特別是在像香港這般自由開放的社會，一個在施政上經常違反民意的政府，能否屹立不倒呢？按「政府」一詞的定義來說，政府所做的或所沒有做的，必然或多或少會直接或間接影響市民。往往政府所採取的行動，會妨礙某些人或社會部分階層的利益。政府這樣做，並非輕率從事，亦不是出於報復心理，而是為了保障社會整體的利益。我們必須明白，我們不可能時常都令所有人感到滿意。無可否認，

一個複雜先進的社會，很少能夠就任何問題都達成共識，而政府無論作出甚麼決定，總會有人歡迎，也會有人批評。同樣，從政治角度來說，贊成或接受政府決定的人，甚少會嘉許政府，但反對政府決定的人，必然會對政府大肆抨擊。是以香港政府不怕批評，而我們亦十分願意承認我們並非事事正確。其實，我們以香港是一個自由社會為榮。我們的社會鼓勵市民進行辯論，各市民可以直抒己見，批評政府。事實上，近來我們便曾在本局見過不少充分利用這項自由的例子。

不過，上述自由亦包括政府可以對批評提出答辯的權利。有些人說我們行使這項權利的次數不夠多，但我認為今天實有這樣做的必要。主席先生，在今次辯論中，有兩位議員不但抨擊政府的措施和政策，而且還質疑政府的誠信。主席先生，這些指控是不能不加理會的。

李柱銘議員和彭震海議員，分別繞著一個明顯相同的主題，指責政府放棄管治香港的權力，欺騙市民，以及缺乏道德觀念。李議員更進而暗示，主席先生上次訪問北京時，曾邀請中國干預香港；但他卻沒有解釋如何達致這個令人矚目的結論。

我從小到大都相信，大律師是受過訓練、要根據事實和證據來提出論點的。然而李議員在演辭中，卻純粹用含沙射影，旁敲側擊的詞句，毫無證據去支持他反對政府的所謂「事例」。主席先生，政府依照你和列位前任總督所樹立的榜樣，全心全意致力促進香港市民的利益。這一向是政府的首要任務，今天依然如是。現在政府的誠信和動機竟受質疑，我們深感憤慨。主席先生，我知道我這句話，道出了政府全體人員的心聲。

......

主席先生，李議員和彭議員企圖破壞政府的威信，他們這樣做只會對本港社會造成嚴重的損害。兩位議員的目的究竟是甚麼，實在令人莫名其妙。假如他們是在玩弄政治的話，則這實在是一個危險的遊戲。因為事實上社會的穩定和繁榮，端賴政府的威信。政府無須李議員和彭議員來提醒甚麼是我們的職責。政府的每一位高級人員都深深明白，我們必須繼續獲得香港市民的信任；我們所採取的每項政策、每項行動，均須獲得本港大多數市民的支持，也要以大多數市民的利益為依歸。事實上，不論是過去或是現在，我們的管治力量極有賴市民的信任和支持。

　　主席先生，我們所受到的指責實在嚴重，決不能淡然處之，視作等閒，以為這不過屬政治辯論中唇槍舌劍的一部分而已。對於這些指責，我以最強硬的言詞來加以駁斥。要是有人繼續胡亂指責，誤以為所罵的是跛腳鴨，他們會發覺其實是抓著了老虎的尾巴，而這頭老虎並不是紙老虎。

1988 年 2 月 3 日
質詢：就「一九八七年代議政制發展檢討綠皮書」進行的民意調查

李柱銘議員問（譯文）：

有關民意匯集處委託雅捷市場研究社就「一九八七年代議政制發展檢討綠皮書」進行的兩次民意調查，鑑於英國國會下議院霍基善議員於本年一月二十日就「一九八七年度香港事務年報」白皮書發言時表示雅捷市場研究社常務董事說過，該研究社在處理此事上若有完全的自由，當會提出較現有者更直截了當的問題，以及該社認為本身受綠皮書的繁複字句所限制，謹請政府告知本局，是否仍然信賴該兩次調查所得結果，認為接受調查人士中只有 15% 及 12% 希望在一九八八年實施直接選舉？

布政司答（譯文）：

主席先生，去年十一月十八日，本局曾就民意匯集處報告書進行辯論。我在總結該次辯論時指出，各界人士對於雅捷市場研究社所進行的民意調查，有廣泛不同的意見。現在讓我引述我當日演辭中的其中一段：「在這類調查中，某些問題實在應該怎樣提出，人們難免有不同的看法。對於雅捷市場研究社的專業看法或所採用的方法，我不認為我有責任去加以辯護。聆聽過今天下午各位議員的發言後，我覺得雖然有些議員對報告書提出了強烈的批評，但亦有些議員對雅捷市場研究社慎重的解釋感到滿意。我可以向各位保證：行政局研究該報告書時，必定會同時考慮這兩種意見。」主席先生，我可以證實行政局已考慮這些意見。

李柱銘議員問（譯文）：

主席先生，對於這個無結果的答覆，實在令人很難提出補充問題，但我會盡量一試。請問政府是否知道，雅捷市場研究社抄自綠皮書的有關問題，雖然英文本長 251 字而中文本長 368 字，但仍然未問及一項簡單問題，那就是接受調查的人是否贊成在一九八八年推行直選？

布政司答（譯文）：

主席先生，我原來的答覆確有回答李議員的問題。他要我評論一間市場研究社在設計問題時的專業判斷，以及該社在設計這些問題時的想法。主席先生，我要重複說一次，我不認為我可以下這種判斷。不過，我或者可以在兩方面給李議員協助；首先我要重申，對該市場研究社來說，不論民意匯集處或政府，都沒有意圖在任何方面詳細指示該社應如何進行是項調查，或是意圖左右問卷的草擬工作。據我瞭解，雅捷市場研究社的立場是，既然獲邀就綠皮書所載事項和選擇進行民意調查，他們憑本身的專業意見，認為應盡量依照綠皮書的用字，因為如果不依照綠皮書的字眼，可能會令調查結果有所偏差。

林鉅成議員問：

請問布政司在去年十一月十八日在本局發言的時候，他是否一如英國國會下議院議員霍基善所講是知道雅捷市場研究社無設計問卷的完全自由呢？

布政司答（譯文）：

主席先生，正如我在回答李議員的問題時所說一樣，問卷的設計，是由雅捷市場研究社負責的。我相信在回答李議員的補充問題時，我已清楚解釋這一點。政府並無試圖左右雅捷市場研究社，而民意匯集處亦無試圖在問題的設計上，左右該社的決定。

李柱銘議員問（譯文）：

主席先生，請問政府究竟是否知道，在綠皮書內所載選擇的表達形式，會影響雅捷市場研究社的問卷設計工作？

布政司答（譯文）：

主席先生，當局給予該研究社的職責範圍十分清楚，只是要該研究社在一九八七年七月至九月期間，就綠皮書所載事項和選擇項目，進行兩次民意調查，而問題的形式，則由有關的研究社根據該概括性職責範圍而設計。主席先生，我再重複一次，我不能就該研究社的專業判斷作出評論。

1988 年 2 月 10 日
布政司聲明：代議政制今後的發展白皮書

布政司致辭（譯文）：

主席先生，今天提交本局省覽的是「白皮書：代議政制今後的發展」。

隨著這份白皮書的發表，一九八七年代議政制發展檢討便告結束。政制檢討綠皮書是約於九個月前，提交本局省覽。從那時起，社會人士、傳播媒介以及本局議員便一直熱烈辯論該份綠皮書。雖然有時辯論人士措詞強硬，但整體來說，他們都是經過深思熟慮後方始發言，而且說話溫和，極有分寸。各界所發表的意見，誠懇真摯，相信我們都深深感受到這一點。

多年來，香港政府一直致力發展更具代議特色的政制。在策劃該項發展時，政府考慮到香港與其他地方不同，因此並不只是把其他地方的成功制度照搬過來。事實上，我們著意發展一套適合香港的特別環境，和符合香港特別需要的制度；我們還特別注意到維持政策延續性的需要，以便我們可以應付由於過去四十年來，人口大量增加所帶來的重大社會問題。以香港這麼細小的地方來說，四十年間的人口增幅，是世上任何地方都無法相比的。香港人進取努力、幹勁十足，為香港帶來經濟繁榮，使我們可以應付人口日增所帶來的各項挑戰，為市民提供房屋、教育、醫療和福利服務。但單靠持續推行現有政策，實不足以應付香港的需要。我們的政制，成效卓著，又能順應民情，因此得到市民的支持和信賴。這個政制對締造香港今日的成就，實在居功至偉。

主席先生，諮詢程序在本港政制中，佔著重要地位。本港政府細心聆聽民意，我們對這種開明的態度感到自豪。香港市民經常透過傳播媒介，以及總數多達 250 個的各類委員會，公開發表自己的意見。各階層人士所發表的意見，對政府實在有莫大的貢獻。無論那一方面的意見，政府都會細心留意，因而獲益良多；在本港社會，所有市民都可以自由發表自己認為最符合整體社會利益的

意見，而且又可獲得政府保證，他們的意見全部都是重要的，一定會得到政府重視。

多年來，市民經已習慣應當局所請就廣泛事項，例如房屋、運輸、教育和醫療服務等發表意見，即使應否推行夏令時間的問題，當局也徵詢民意；是以「代議政制發展」這個問題，我們當然也有諮詢市民。但一九八七年政制檢討的民意徵詢工作，是與別不同，因為這次民意徵詢工作，規模空前龐大。派發給市民的綠皮書，超逾二百萬份。政府這次徵詢民意，探討香港人對政制應如何發展的意見，雖然有若干地方受到批評，但從來沒有人懷疑政府籲請市民發表意見的誠意。

政府的努力並沒有白費。民意匯集處獲得空前熱烈的反應，由個別市民和聯名人士遞交的意見書超逾十三萬份。區議會、市政局、區域市政局，以至本局都熱烈辯論該綠皮書。成千上萬的報紙專欄，電視、電台的大量廣播時間，以及由關注人士舉行數以百計的會議，都是以討論綠皮書為主題。

主席先生，一九八七年的檢討工作，徹底擊破香港人並不熱衷於政治發展的傳說。社會人士在這九個月期間所作出的熱烈反應，顯示他們明白按照本身的期望，去發展代議政制的基本重要性，同時又明白到，代議政制的發展，必須令我們的政策得以延續、社會得以穩定繁榮。而這些都是我們所深切渴望得到的。

雖然社會人士意見紛陳，但幾乎異口同聲贊成的意見是：香港市民要獲得更具代議特色的政制。無疑市民廣泛相信，倘若政府要繼續運作良好，順應民情，本港政制發展，必須與社會發展的步伐一致。香港現在成長的新一代，受過高深教育，既有遠見，又能言善道。這些青少年對社會和對政府的期望越來越高，而他們也實在應該有這樣的期望。

不僅香港的青少年期望日高，其他地方的青少年也越來越多抱負。世界各地目前的發展，清楚顯示由於免費中小學教育的普及，各國對大專教育的重視，以及到處旅遊令人增廣見聞的影響，青少年有更強的政治意識，並使他們產生一種參與政治的使命感。這是一項健全的發展，令人深感欣慰，但亦表示本港代議政制發展路向，必須鼓勵更多各個階層市民的參與，以便有更多人並肩工作，共同建設一個令他們真正感到自豪的社會。

有些人擔心發展更民主的政制，會令我們的社會，出現意見分歧，甚至令

到以前推行有效的政策，從此改弦易轍。我不認為我們應害怕唱反調的聲音。但是，我們必須建立鞏固健全的制度，一方面可以廣納和容忍不同的意見，另一方面，又可讓大部分市民有機會去表達意見，支持一些雖不為部分人士歡迎，但卻符合整體社會最佳利益的政策。

就以我們在本局的經驗來說，雖然在很多問題上，議員的意見容〔各〕有不同，但政府各項政策的主要目標，受到絕大多數議員的支持，同時也受到一般市民的支持。我就不相信將來本局的議員，無論是如何獲選進入本局，會捨棄近數十年來顯然對社會有利的政策不用，而嘗試推行一些明顯不同的新政策，從而使我們一直以來所取得的成就，受到威脅。

現時香港顯然有相當多的人，都認為自己是民主運動的熱烈支持者。其實，我也可算是其中的一分子。不過，亦有不少人對邁向完全西方式民主的道路走得太快和太遠，存有戒心。對一些論者來說，他們可能覺得這點難以接受，特別是那些來自奉行西方式民主政制的國家的人，就更覺得難以同意，因為這些人自然認為西方式民主政制，是最理想的一套制度。他們甚至認為，任何一個香港人，如果不大聲疾呼要求立即實行直接選舉，就一定是只顧全自己利益，或只是處處恐怕開罪中國的人。事實卻是：許多香港人憑著本身在這裏所得的經驗，或根據他們在發展中國家所見，的確堅信香港的政制改革，應該循序漸進；他們並認為本港以往一直運作良好的政制，不應只為要符合西方民主制度模式而改變，完全不理會這個制度模式究竟是否解決香港問題的最佳辦法。

為符合社會人士的這種願望，政府多年來所宣揚的宗旨，是在所有決策上，無論是財政、經濟、社會或政治政策，都力求審慎從事，循序漸進。這個宗旨或許不是轟動性頭條新聞的好題材，但卻很奏效，使香港得以繼續發展，即使當世界其他地方處於一片蕭條境界，香港仍能保持欣欣向榮。最重要的是，這個宗旨令到香港人得以續享繁榮。在這樣的情形下，又怎能怪責他們對重大的改變，存有戒心呢！

在發展代議政制方面，政府雖然採取審慎的做法，但亦同時清楚知道有需要令本地和海外人士，對香港保持信心。在一九九七年前過渡期內這個關鍵性時期，保持信心尤其重要，而保持信心的其中一個辦法，就是要確保香港的政制，繼續遵循一個不但能滿足香港人的希望和期望（這點十分重要），且能達致順利

過渡的方法去發展。因此，我們的目標，必須是要盡量保持代議政制的延續性，能夠由政權移交前延續至政權移交後：這個政制可使我們目前所享有的高度自治權，能夠按照聯合聲明的規定，在一九九七年之前和之後，繼續保持，歷久不變。當然，由現在至一九九七年的一段期間，我們所作的任何事情，一定不得有違保持高度治權的需要。

主席先生，我現在要轉談政府在制定白皮書內的建議時，所顧及的一些重要原則。

我們在考慮所有事項時，一直強調必須從整體去看政制架構。現行架構是一個雖分三層，但卻極有聯繫的架構。這三層是地區層面、區域層面和中央層面，分別包括區議會、市政局和區域市政局，以及立法局。在決定最好應如何在現有架構上作進一步發展時，我們考慮到以下的主導原則：

第一，在三層架構中，每一層次的責任應予明確界定，各層次的任務不應重複；

第二，三個層次應有效地互相合作，聯繫的方法應讓每一層次能向對上一個層次充分表達其意見及關注事項；及

第三，選擇每一層次成員的方法，應使各組織能夠密切接觸到廣大市民的意見，及與該組織工作特別有關的各階層的意見。

市民就綠皮書發表意見時，也表示這些考慮因素十分重要。很明顯地，本港市民均希望看到這種政制繼續演變下去，並相信日後進一步的發展，應以目前的三層架構為基礎。正如我剛才所強調的，市民均重視循序漸進的發展方式，而這種方式，正是本港近年發展的特色，對維持本港的穩定繁榮，十分重要。許多人在考慮綠皮書所列舉的選擇辦法時，顯然亦曾顧及另一個因素，那就是要確保一九九七年以前的各項發展，與基本法日後所訂立的架構銜接，以便順利過渡到一九九七年以後，這點非常重要。毫無疑問，這項因素促使許多人採取審慎的態度，認為在基本法定稿完成之前，任何改變，均應審慎行事。

主席先生，現在讓我轉而談及直接選舉的問題。綠皮書曾經研究對政制架構三個層次有影響的各種事項，民意匯集處亦接獲市民對所有這些事項提出的意

見。不過，正如所料，最受議論的，是應否實行直接選舉以選出立法局議員，以及應在何時實行直接選舉的問題。從市民對綠皮書的反應看來，絕大部分人原則上贊成立法局在距離一九九七年還有一段日子的時候，便應有若干直接選舉議席。政府必須根據這項意見行事。

不過，民意匯集處報告也顯示，社會人士對直接選舉應在一九八八年實施或是遲些才實施的問題，意見極為分歧。對於應如何去理解民意調查結果，以及平均來說，民意究竟是贊成或是反對在一九八八年實行直接選舉的問題，雖然各有不同的看法，但市民對這個問題的確意見紛紜，則始終是事實。無論人們就這個問題作多少爭論，都無法改變這個基本事實。眾議紛紜的情形，在本局、市政局、區域市政局和各區議會的辯論中，均清楚顯示出來。雖然各項簽名運動，毫不令人意外地顯示意見是一面倒的，但聯名人士和個別人士遞交的意見書，則顯示極分歧的意見；至於備受議論的民意調查，則顯示市民對實行直接選舉的時間，意見極不一致。

鑑於社會人士的意見如此分歧，政府已十分小心地考慮，是否應該在一九八八年就推行直接選舉。

採用直接選舉，以選出立法局議員，是一個十分重要的步驟。當政府採取這個步驟時，一定要十分肯定得到整個社會的衷心支持。政府認為，要是在一九八八年進行直接選舉的話，則不能肯定獲得市民的全力支持。不過，要是因這個原故，而不宜在一九八八年實行直接選舉的話，則應該明確決定，本港政制上這項重要的改變，應在何時實行。因此，政府決定，在一九九一年，立法局將首次有 10 個直接選出的議席，以取代現時由選舉團內的區議會組別間接選出的10 個議席。

議員若是按地區參加直接選舉，進入處理全港事務的中央階層，則由這些議員來取代同樣按地區但間接選出的議員，顯然是很自然的發展。同時，保持中央階層和區域階層的有效聯繫，亦十分重要。因此，政府會保留兩個特別組別，以便市政局和區域市政局可以繼續各選一位議員出任立法局議員。

立法局直接選舉問題，雖佔一九八七年檢討中很重要的部分，但其他許多重要事項，也曾在這次檢討中加以考慮和評論。市民對總督應否繼續擔任立法局主席的問題，普遍感到關注；就此事提出意見者，極大多數認為他應該繼續擔任

主席。政府尊重這項意見，因此，總督擔任立法局主席職位的辦法，暫時不會改變。

至於本局目前的成員組織問題，一般民意贊成在一九八八年以循序漸進方式來改變。因此，政府的結論是，立法局目前的成員組織，在一九八八年不應有重大改變。較長遠來說，當然需要進一步的改變；未來特別行政區的立法機關成員，全部將會由選舉產生，待一九九七年以後的憲制安排較明確時，便須採取有系統的步驟，使立法局的成員組織，能與基本法所規定者相符。目前來說，首要考慮的事情，當然是維持效率，同時使社會各主要階層均有代表參與的代議政制，得以進一步發展。基於這一點，政府遂決定，在一九八八年採取下列步驟：

> 第一，官守議員的數目，不會改變；
>
> 第二，委任議員將會減少兩名，即人數由 22 名減至 20 名；
>
> 第三，功能組別選出的議員，將會增加 2 名，即由 12 名增至 14 名；以及最後，由選團舉體選出的議員，數目將維持不變。

主席先生，在決定於一九八八年將功能組別制度擴展時，政府注意到該制度自一九八五年推行以來，卓有成效；從社會人士對綠皮書的反應，亦可看出他們大都贊成進一步發展該制度。很多團體和社團均有反應，表示希望藉著功能組別制度而爭取得代表議席。但要決定增添那些功能組別，實非易事。理論上，這個制度可以不斷地擴展，但以循序漸進的方法來看，則不應過度和過快推行。故此，白皮書的建議認為，應將現有的兩個功能組別擴展，以便將一些有密切關係的專業團體收列在內，而不是另外增設新的組別。

白皮書建議，區議會的任務和成員組織基本上維持不變。區議會已證明是香港代議政制中可貴的一部分，受到市民廣泛支持，市民明顯地希望加強區議會的諮詢功能。因此，白皮書集中論述如何將區議會的現有功能更有效地發揮。

另一個備受廣大市民關注的事項，是市區區議會與市政局的關係。市政局為市民提供種種高質素的文康市政服務，是一個表現出色的組織。但從社會人士對綠皮書的反應中可清楚看到，現時普遍的意見都極力贊成改善市區區議會與市政局的關係。對於這個問題，政府認為最佳的解決方法，是在一九八九年市政局現

行任期屆滿時，每個市區區議會各自選出一位代表加入市政局。屆時，市政局議員將不再是市區區議會的當然議員。

在作出這個決定時，政府已非常慎重考慮市政局議員的意見，儘管他們大部分都是反對這個改變的。不過，政府相信這是加強市區區議會與市政局之間聯繫的最佳方法，並能使代議政制中三層架構之間的聯繫更為合理。我們希望，市政局議員目前雖然感到不安，但仍願意給新制度有推行的機會，使市政局和區議會之間，能發展更有效的工作關係。

主席先生，這份白皮書的名稱是經過小心考慮後才選定的。白皮書的目的，在於制定由現時至一九九一年間代議政制發展的路線，而所採用的是一向在本港施行有效的循序漸進方式，並在現行政制的三層架構穩固基礎上繼續發展。

白皮書內的決定，已全面顧及一九八七年政制檢討時市民所發表的意見。事實上，行政局議員在決定本港代議政制應如何發展時，首要的考慮便是市民的意見。

在一九九一至一九九七年間，本港政制仍須再作改革，以便能夠與聯合聲明的規定和基本法的條款銜接。我曾經強調，本港政制必須保持延續性，直至一九九七年及以後，這點非常重要；同時，我們亦須維持現時所享有的高度自治權，這點在聯合聲明中也有訂明。政府所會採取的措施，充分反映出我們重視這兩個原則。

主席先生，我們的目標是要維持一個有效率和順應民情的政制，而這個政制的演變，又必須得到全港市民的信賴。本白皮書為這個政制的未來發展，作出了明確的承諾，相信會受到本港市民的歡迎和支持。

1988 年 3 月 16 日
議案辯論：代議政制今後的發展白皮書

布政司提出動議：

「本局獲悉『白皮書：代議政制今後的發展』所載各項方案和目標。」

布政司致辭（譯文）：

主席先生，我謹提出我名下的動議。

五個星期之前，我在本局提交「代議政制今後的發展」白皮書。這份白皮書的目的，是確定從現在到一九九一年間代議政制發展的路向。書內所載的各項決定，已充分顧及在一九八七年檢討時市民所發表的意見，包括本局議員所發表的意見。

在提交這份白皮書時，我已經重申政府會致力發展代議政制。我們的目標，是發展一套切合香港本身特別需要的政制。這套政制必須確保維持各項政策的延續性，且要能夠有效運作，順應民情，得到全體市民的支持和信賴。這套政制的發展方式，不但要符合香港人的意願和期望，更要顧及在一九九七年順利過渡的需要。我們必須做到以上的要求，才可期望使本港和海外人士對香港保持信心。主席先生，白皮書內所載的各項建議，對於達成上述目標已邁進了一大步。

過去五個星期，本港市民紛紛考慮白皮書的內容，許多人並已作出評論。我們不能期望政府所作的多項決定，每一項都得到所有人同意，而當然已有人提出反對意見。不過，整體來說，市民作出了肯定性的反應。從市民透過政府各種溝通途徑和傳播媒介所反映的意見，可以看到社會人士大致認為白皮書的主要目標是正確的，並得到本港大多數市民的支持。大部分市民亦同意，我們應將去年的爭論忘記，並應積極前瞻，努力推展工作，建立一個可確保由現在至一九九七年

期間使香港保持穩定的政制。

主席先生，許多滿意政府政策的市民，都沒有對政策公開表示滿意。他們的默許，並沒有成為頭條新聞。但政府重視和信賴他們的支持，就好像過往一直重視和信賴沉默的大多數，對各項政策的支持一樣。

不同意白皮書其內任何一項決定的人，自然會高聲反對，這是可以理解的。有些人更會採取進一步的行動。焚燒白皮書的行動，引起了一些人的注意，可能因為以某份文件其中部分內容未能合意為理由，而將文件焚燒，在香港來說，實屬罕見；而許多人都認為這種做法，有違香港社會的慣常情形。此外，亦有人力陳對白皮書有所保留，但他們並沒有採取惹人注目的行動。他們的意見亦同樣得到政府的重視。

這些反對的意見，很多是在較早時候發表的。政府在作出白皮書所載各項決定之前，已經仔細考慮這些意見。不過，在白皮書發表後，仍有若干問題引起議論紛紛。在今次辯論中，部分議員無疑會提到這些問題。主席先生，因此，我想先就這些問題說幾句話。

首先，我想談談發展代議政制的步伐，特別是立法局實行直接選舉的時間問題。這一直是本港和海外人士的一項主要談論話題，這些人士大多出於好意，認為全面的議會式民主是民主政制的唯一形式。事實上，許多香港人對於過分急進地全面推行議會式民主政制，都持有審慎態度，但有些人卻覺得這項事實難以接受。我亦聽到很多人說過，他們不明白一九八八年和一九九一年的差別，為甚麼值得這樣小題大做。他們還說其實最重要的，是立法局將會加入由直接選舉產生的議員。凡是願以正確觀點來看政制發展的人士，都會同意我們現正大步踏前，走向一個更具代議特色的政制。

根據白皮書所載，立法局在一九九一年將設有 10 個直選議席。換句話說，在六年的時間內，本港的立法機關先從一個全部由委任成員組成的組織，演變為一個具有間接選舉成員的組織，然後再發展為一個直選成員佔相當比重的組織。

那些認為政府不在一九八八年實行直選便是錯誤的人士中，有許多似乎不願意承認，關於直接選舉應在一九八八年或稍後時間實行的問題，意見實在極為分歧。不過，這卻是事實。本局議員辯論綠皮書時，18 位贊成在一九八八年實行直選，而 18 位表示反對；在市政局和區域市政局進行的辯論或討論中，19 位議

員贊成直選,9 位反對;至於區議會方面,贊成直選的議員有 121 位,而反對的則有 123 位。因此,這些辯論和討論都是公開進行,且記錄在案。個別人士遞交民意匯集處的意見書顯示,贊成在一九八八年實行直選的約有 39,000 人,而反對的則約有 91,000 人。至於團體遞交的意見書方面,共 229 份表示贊成,352 份表示反對。雅捷市場研究社曾先後進行兩次民意調查。在第一次調查中,15% 被訪者表示贊成,19% 表示反對,而在第二次調查中,贊成者佔 12%,反對者則佔 21%。其他全港性的隨機抽樣調查結果,顯示了紛紜的意見;總的來說,被訪者大致贊成在一九八八年實行直選。至於簽名運動,則差不多全部贊成在一九八八年實行直選。

主席先生,任何人都不能指稱這些數字是由政府虛構的,而明理的人亦不能否認,這些結果反映出市民意見有分歧。

正因為社會人士對於實行直選的時間,意見大有分歧,政府才作出結論:在一九八八年實行直接選舉將不會是正確的做法。直接選舉立法局議員,是重大的憲制改革。因此,政府在實行直選時,要確定得到整體社會的支持;要是在一九八八年實行直選,則不能確定獲得整體社會的支持。同時,我們不要忘記,上次進行重大改革距今只不過三年:當時本局首次引進 24 位民選議員,佔全體議員人數 40% 以上。

主席先生,有人批評雅捷市場研究社進行的兩次民意調查。誠如我曾在本局兩次提到,對於這類調查應該如何進行的問題,總會有不同意見。我仍然認為,我不宜為該公司的專業判斷或所採用的方法,進行辯護。總之,當局在考慮調查結果時,已充分顧及社會人士對該兩次調查所提出的各種意見和批評。

主席先生,關於以某一種形式發表的意見,應如何理解及衡量的問題,是可以爭論不休的。但我想強調,政府已考慮所有的意見,而並非僅是顧及某項調查或以某種形式遞交的意見。事實上,我覺得僅是依賴某一套調查的,反而是那些提出批評的人。他們企圖依賴某一套調查,來證明自己的論點,而不理會民意匯集處報告書所載意見的整體意向;這些意向清楚顯示,關於立法局應在何時有直接選舉的問題,市民的意見出現分歧。

民意匯集處報告書發表時,我曾說過,本港市民可以自行判斷,白皮書內的決定是否如實反映了整體社會的意願。我相信整體社會都已作出這項判斷,而且

肯定了白皮書確實做到這一點。

白皮書決定，立法局在一九八八年增設兩個功能組別席位。民意匯集處報告書顯示，約有五十個團體和組織，要求當局將其列為新的功能組別，或納入現有的功能組別內；這一類的要求，有些是由其他人士代為提出。雖然白皮書內的決定，令許多團體和組織感到失望，但我們可以保證，當局對其要求，均已審慎考慮。

至於鄉議局的情況，須要在此略作解釋，因為在眾多要求政府列為新功能組別的團體中，鄉議局獲得的支持最多。此外，有人提出一項問題，就是政府對鄉議局的功能，到底重視到何種程度？

主席先生，鄉議局是政府與新界原居民之間的一道橋樑。一直以來，鄉議局對新界的發展，貢獻良多，而且會繼續致力促進新界的發展。政府對鄉議局重視的程度，從該局個別成員在立法局長時期佔有議席，以及獲頒授無數勳銜和獎項等事實，可見一斑。

對於鄉議局要求列為功能組別問題，政府曾非常審慎加以考慮，但由於功能組別所要代表的，是那些在全港具有重要地位的專業和行業團體，因此政府認為不宜把鄉議局列入這一組別。這個決定不應視為政府低貶了鄉議局所擔當角色的重要性，而政府亦已向鄉議局作出解釋。正如我在一九八八年三月十一日致鄉議局主席信中所說：「政府確認鄉議局全面關注新界事務，並確認該局代表新界原居民利益的重要角色。政府定會確保新界原居民的利益，在立法局內將會得到確切的代表。」

白皮書中另一項引起爭論的決定，是在市政局內加入市區區議會的代表。市政局在白皮書發表後不久即舉行辯論會議，席上不少議員繼續表示，對這項改變感到有疑慮。不過，市民就市政局與區議會關係向民意匯集處表達的意見，卻清楚贊成有改變。一如所料，大多數評論這個問題的市政局議員，都認為不應有改變；而多數區議員則贊成擴大市政局，讓每一個市區區議會都可以推選一名代表加入該局。不過，民意匯集處所收集的意見顯示，不論是個人、團體或社團，都大力贊成改變。民意調查的結果雖然極不一致，但整體而言，是贊成增加市政局議席以加入區議員的。

我們建議作出的改變，一般人都覺得方向是正確的，並有助於加強市政局與

市區區議會的聯繫。從市民對白皮書的評論中，可以肯定這種看法。同時，這項改變也意味著，全面負責多項主要公共事務決策的市政局，其成員將會首次以民選議員佔大多數。本港的政制發展，將藉著這項安排邁進一大步。在上述新安排下，我相信市民都會對市政局的運作和表現深感興趣。主席先生，市政局在服務市民方面，一向都有優良記錄。在考慮到這點時，我深信市政局議員為了使市政局與區議會的關係更為密切，定必會使新安排行之有效。

白皮書所載的各項新安排，訂定推選區議會代表加入市政局和區域市政局，及推選市政局和區域市政局代表加入立法局，這種做法使三層架構更為合理。一九九一年時，現在立法局內按地區劃分的選舉團議席，會由直接選舉議席代替。

這種由按地區劃分選區的間接選舉，改變為按地區劃分選區的直接選舉，是自然循序的發展，亦是邁向更民主政制的一個重要步驟。區議會選區的選民，首次可以選出他們心目中的人選，進入立法局。

我們是在上述情況下，考慮有關保留按地區劃分的選舉團議席的建議。但是，立法局若同時有兩種按地區選出，但一種是以直接選舉產生，而另一種是以間接選舉產生的議員，實在沒有甚麼好處，甚至可能帶來壞處。區議會所擔當的角色和重要性，絕對不會因取消按地區劃分的選舉團議席，而受到影響。白皮書已承諾加強區議會的諮詢功能，以及逐步增加給予區議會的資源。主席先生，最重要的是，白皮書重申政府對區議會的信心，以及再次確認區議會將會繼續在各區作出重大貢獻。

主席先生，我們不會期望各位議員，更不要說全體市民，都支持白皮書的每一項條文。這是為甚麼我今天所提出的動議，是希望各位同意本局應注意白皮書所載各項方案和目標。至於白皮書各項方案的實施問題，日後當每項建議須要通過立法程序時，各位議員自會有機會去辯論，並且發表意見。

不過，政府在考慮香港政制今後的發展時，有責任去尋求共識，以符合社會整體的需要，並且令大部分市民感到滿意。

主席先生，我深信白皮書內所載的政策大綱，是符合本港市民的最佳利益，並確會獲得他們的支持。政府致力循序漸進地發展一套政制。這套政制既要滿足市民對發展代議政制的期望，亦要確保香港由現在至一九九七年，以及在

一九九七年之後，仍能繼續保持穩定繁榮。我希望政府在這項極為重要的工作上，能夠獲得本局各位議員的支持。

鄧蓮如議員致辭（譯文）：

政府發表綠皮書徵詢民意所得的一個明顯結果是，香港人確實想進一步發展更具代表性的政制，換言之，他們希望在釐訂管治香港的方式方面有更大的發言權。多年以來，本港的政制不斷演變，而差不多所有人均認為將直接選舉引進本局是發展本港政制的下一個步驟，這點也是毫無疑問的。

香港有史以來規模最大的民意調查中所顯露的一個不斷受討論的問題，就是有關採取下一步驟的時間安排，亦即立法局應在甚麼時候首次設立直選議席。很可惜，關於這個問題的辯論結果顯示，人們的意見有很大的分歧。大多數人均希望民意匯集處報告書會把所有疑問一掃而空，肯定告訴我們民意的依歸，但結果報告書並沒有這樣做。儘管如此，有些人已要求在今年推行直接選舉，並以此為考驗政府的誠意及管治能力的試金石。我想告訴他們，倘若社會人士對這問題的意見是一如對綠皮書所有其他主要問題的意見一般明確，並且清楚表示支持他們的要求，我本人定會向主席先生建議在本年推行直接選舉，同時我確信行政局所有同事亦會這樣做。然而，在獲得社會人士明確支持之前，負責任的政府不可能，也不應試圖作急進的政制轉變。要將具爭議性的轉變付諸實行，必須首先獲得廣大市民的支持。無論我們用甚麼方法去分析民意匯集處報告書的結果，也不能抹殺一個事實，就是市民對這問題的意見顯然有分歧。同時問題並不是贊成直選的人是否比反對的人多那麼簡單，而是政府是否可以把社會上眾多反對在一九八八年作出轉變的人士的真正保留態度置之不理。

在一九九一年推行直接選舉顯然是正確的做法。我希望那些現時對這項歷史性建議表示失望的人會因一件事實而感到安慰，就是他們在堅持香港應該有直接選舉方面，經已取得原則上的勝利。我希望他們現在會放下失望的心情，更希望我們可以並肩齊步，向前邁進，以便在一九九一年成功推行直接選，以及順利解決過渡期間要面對的許多其他問題。

我認為過分重視直接選舉這個問間〔題〕是令人惋惜的，但這並不表示我想

貶低有關直選的辯論的重要性，只不過它著實分散了我們對其他重要問題的注意力。舉例來說，很多人注意到中英聯合聯絡小組的顯著成就，該小組在很多問題上，例如取得關稅及貿易總協定會員資格、有關旅遊及身份證明文件的事宜、空運服務協議、設立香港船舶登記處等等方面，均已獲得實質的進展。中英聯合聲明簽署雙方能夠互相合作，在對本港日後的自治和發展至為重要的事項方面所作的努力，對香港的重要性，是無可比擬的。

同樣，雖然已有不少人就直接選舉問題發表過意見和撰文評論，但對於香港應實行那種模式的直接選舉，卻絕少加以考慮。至於另一項更重要的問題，即由全部民選議員組成的立法機關日後應採取甚麼運作方式，則更鮮為人討論。此外，我認為本港市民對基本法起草工作的關注亦不足夠。沒有人較本港市民更瞭解香港的運作情況，這是因為我們以香港為家，並致力使它順利運作。基本法是我們日後所實行的資本主義制度、所體驗的生活方式和各項自由的藍圖；因此，我們必須協助基本法起草委員會制訂妥善的方案。若要有效地達成這項目標，我們必須齊心協力，在這些確實重要的事情上謀求共同的意見。

在中英雙方就聯合聲明進行談判的兩年內，本港市民確能團結起來，發表一致的意見。團結就是力量，這股力量使中英兩國政府不能忽視我們的意願。結果，聯合聲明所載的條文，不少是我們所要求獲得的。但自從聯合聲明簽署以來，我們的表現已較前遜色。社會人士已花費太多時間和精神在互相爭辯，熱衷於反省過去、追求不切實際的事物，以及不信任本港政府方面。上述情況一定會使很多人懷疑我們是否已準備妥當，能否行使聯合聲明承諾給予我們的自治權。除非我們能團結一致，否則，香港能夠順利過渡及獲得穩定前途的機會，實在是微乎其微。

本港目前的經歷是前所未有的。在這十年間，香港必須作好準備，這個活力充沛、成就超卓及開放文明的社會的主權，將會移交給中國，由一個素來奉行自由民主傳統的國家移交給一個現代社會主義國家。難怪人們有時會提問，這項獨一無二、史無前例的試驗如何才能成功施行。隨著日子的過去，一九八四年初步美好的日子已告一段落，人們對聯合聲明及香港將來的信心，已因現實及審慎的看法而稍減，這是無可避免的。

然而，我們可從上述情況汲取教訓。中英兩國政府對本港人士的憂慮和期

望，必須有更敏銳的反應。中國政府對在一九八八年推行直接選舉一事所持的態度，以及最近就本局是否有權辯論基本法擬稿問題所發表的評論，已是眾所周知，這種態度和評論，對那方面亦沒有很大幫助。同樣，英國政府對越南難民問題的處理方法及在軍費問題上的強硬態度，亦令人懷疑英國政府是否瞭解香港人特別關注的問題。

但最重要的是，香港人必須更加團結一致。只有這樣，我們才可在爭取中英聯合聲明承諾給予我們的各種權利和生活方式時，更能使人信服。若各自謀求理想的解決方法，只會弄巧反拙，除非在所有人發表意見後，我們願意以大多數人的意見為依歸。

請別忘記，要是沒有聯合聲明，我們便肯定不會得到主權交還中國時享有自治權的承諾。我們並無選擇餘地，因此社會人士必須團結起來，使這個安排順利施行。誠然，那些認為聯合聲明將不能落實施行以及有關政府不足信任的人士，定可提出理由支持其觀點，但對於六百萬香港人中沒有機會離開此地的大多數人士來說，這樣做有何益處？正當舉世的年青人均需要希望和鼓舞時，若令到香港成長中的一代失去對未來的憧憬和意志消沉，又有甚麼好處？我們如不能同心協力，卻繼續絮絮叨叨，爭吵不休，又或企圖劃分界線，將社會人士分為有與無、貧與富、中與外以及民選與非民選等等，我們的社會便有可能變得支離破碎，為混亂、缺乏自信和互相猜忌所癱瘓。如果我們不能消除歧見，又怎可以合力建造未來呢？

本局全體議員以及每位從事香港公共事務的人士均對香港人負有重大責任，因此，我們必須團結一致，為大眾未來的福祉一同努力。我們之間固然會有不同的意見，將來亦復如是，但卻不應為此耗盡精神，糾纏不休。建設性的批評固受歡迎，但吹毛求疵而纏繞不清的批評，只會令人懊惱，及使人不能將注意力集中於整個社會面對的更重要事項。

這是香港最近才出現的現象，可能是因為不願面對將來的緣故吧。但除非我們能夠積極而充滿信心地面對將來，並矢志攜手合作，令聯合聲明得以落實施行，否則又怎能懷疑我們的前途並非在自己掌握之中？白皮書引領我們向此目標邁進一步。現在，且讓我們一同朝那方向前進。

何錦輝議員致辭（譯文）：

　　主席先生，如果我們細心閱讀白皮書，就會發現該文件所載有關政制發展的各項決定是經過廣泛諮詢而作出的。這些決定明智地將互相矛盾的實況和要求加以協調；巧妙地對社會各界人士的意願作出公平的處理；在期望改革和謀求安定繁榮及順利過渡之間取得平衡；而同時兼顧到一方面須實行高度自治，另一方面須對基本法和統治權加以尊重。由於這些政制改革都符合實事求是的原則，故白皮書獲得社會人士廣泛和大力的支持。事實上，市場策略研究中心在當局發表白皮書後曾進行一項民意調查，結果發現三分之二的被訪者贊成在一九九一年透過直接選舉選出立法局議員。某青年機構所進行的另一項調查亦顯示，接近 70% 的被訪者接納白皮書所建議推行直選的時間。

　　政制發展是極重要而又非常複雜的事情。根據普通常識，我們知道當局必須對許多互相連結的因素作出慎密和周詳的考慮，然後才制訂這些政制改革。民意只不過是其中一項考慮因素；而在審核民意時，必須顧及本港在歷史、經濟、政治及地理環境等各方面所受到的限制，以及社會人士的其他意願。如果我們將注意力全部集中於其中一個因素，例如民意之上，可能會令判斷力出現偏差，將我們導向極端的理想主義，因而提出一些片面而又不切實際的政策，影響市民對本港的信心。

　　我想指出白皮書提出了一些劃時代的積極計劃，將香港帶入直接選舉的新紀元，使本港能體驗開埠接近 150 年以來的首次直選。這是本港政制結構上一項基本的改革，亦是中央政府階層民主化程序的先鋒。與直選問題比較，立法局由直選產生的議席數目只不過是一項遠為次要的改革而已。

　　採用直接選舉引進立法局議員的方法，遠較透過區議會的選舉團間接推選立法局議員的做法受歡迎。透過第一種方法，草根階層代表可直接進入立法局和直接參與政府事務。此種方法符合港人一直爭取的民主參政的形式。擬議的按地區劃分的直接選舉亦可以消除雙重代表的問題。然而，由於在接近一九九七年時直選議席將會增加，我希望屆時 19 個區議會均可各自推舉一名代表進入立法局。

　　現在白皮書既已發表，而政府亦作出明確的承諾，表示會在一九九一年實施直接選舉，我堅決認為繼續抨擊白皮書所載的方案，或策動反對力量貶低這些方

案的價值，都是毫無用處的。為本港利益想，不同政見和背景的香港人，都應該
拋開歧見，齊心合力將白皮書上的承諾付諸實踐，使直接選舉可以在一九九一年
順利推行。在政制發展的歷程當中，三年不過是很短的時間。讓我們現在開始一
同努力，營造一種氣氛，藉以鼓勵全港市民更熱心參與公共事務，以及提高選民
投票率。我們亦應密切留意即將發表的基本法草稿的條款，以確保這套法章能夠
貫徹聯合聲明的目標和精神。社會各界必須同心協力，方能帶領香港平穩順利過
渡至一九九七年，使香港在這個歷史性的重要時期維持安定繁榮。再者，白皮書
只定下至一九九一年為止的政制發展方案，在一九九一年以後，我們還要齊心協
力，推行其他更長遠的政制改革。立法局與行政局的關係，便是屬於這類改革的
一個好例子。

李鵬飛議員致辭（譯文）：

去年七月，立法局辯論代議政制發展檢討綠皮書時，我主張在一九八八年推
行直接選舉。當時我說，我認為立法局適宜於一九八八年設立小部分直選議席，
一則可給予香港人更多機會參與施政工作，二則可為基本法所指定的政制及早作
出準備。我還表示，由於職責所在，我會尊重和接納大多數市民的意見，不論這
些意見是否與我的相同。

去年夏天，很多人都對民意匯集處報告書的內容作出種種揣測。我期待報
告書對立法局在一九八八年引進直選議員的問題會有明確的交代。細讀該報告書
的調查結果後，我只可以心安理得地說，社會人士對八八直選問題意見分歧。人
們多番爭論應重視「這」類意見書還是「那」類意見書。部分人士甚至完全否定
民匯處報告書的價值。事實上，期望立法局在一九八八年有直選議席的香港人，
為數相當可觀，這點是不容否認的。然而，同樣也有不少人持相反意見。依我看
來，民匯處報告書所提出較具意義和較重要的一點是：香港市民廣泛支持立法局
加入一些由直接選舉產生的議員這項原則，但對於應在甚麼時候採取這個步驟卻
有分歧。面對這種分歧，我認為政府已作出歷史性的決定，承諾在一九九一年引
進直選議席。

白皮書重要的地方，是政府在直選問題上作出承諾。白皮書並沒有建議在

一九九一年「檢討」或「研究」應否將直選引進立法局的問題，卻指出政府的政策是本局在一九九一年加入十個直選議席。我認為這承諾是因應市民的反應而作出的。自一九八三年以來，我便爭取直選的承諾。我曾主張在一九八八年開始推行直選，現在雖然推行的時間是一九九一年，但鑑於當局終於作出承諾，我由衷地感到高興。

主席先生，我認為這本白皮書的重要性，肯定不單在於應否推行直接選舉的問題。因此，在未來三年內，我們毋須再就應否推行直接選舉的問題爭辯或作出揣測，反之，我們可展開建設性的工作，為立法局在一九九一年設立部分直選議席作好準備。此外，同樣重要的一點，是我們可專心處理立法局的事務，通過制訂法例以改善本港的運作。當基本法在一九九○年公布時，我們要處理的，不僅是立法局直選的問題，還要研究其他重要的事項，例如立法機關與行政機關的關係，及如何確保由現行制度順利轉移至一九九七年時的制度。我們不應專注於直接選舉問題而忽略了必須考慮的其他重要事項，這點至為重要。

主席先生，去年七月我在本局致辭時指出，辯稱推行直接選舉可以防止中國當局日後干預香港的說法是錯誤的。對於目前有部分人士鼓吹香港獨立，我並不覺得奇怪。但是，當中英雙方就香港前途問題進行會談期間，這些人到底去了那裏？他們在這段期間在做甚麼？現在，他們利用本身的地位去貶低本港政府的聲譽，實在令人慨嘆。我希望那些不斷公開聲稱倘若不在一九八八年推行直接選舉，我們便永遠不會有直選的人士再次站起來說話。

胡法光議員致辭（譯文）：

當局計劃在一九九一年推行直接選眾立法局議員，是一個合理的解決方法，可以排解市民對何時實行直選所出現意見「極為分歧」的問題。因為屆時我們對基本法的各項規定已有清楚認識，並可為過渡期須施行的發展制訂計劃。

雖然我支持一九九一年推行直選的原則，但其中仍有若干細節的問題值得探討。白皮書所忽略者，就是由現在至一九九一年實施直選之間的若干項政制發展程序。

據我的看法，立法局引進直接選舉可分兩階段進行。去年本局辯論代議政制

綠皮書時，我亦曾提出這點，現請容許我在此重述。

在第一階段，立法局議員候選人須由區議會推薦提名，以確保候選者的質素達致一定的水準。這項措施可提供一種機能，確保候選人有能力為社會服務，而市民亦可直接投票選出他們所支持的人。這段期間可視作熱身階段，使競選者和投票人均可從中吸取若干有關直接選舉的經驗。

至於第二階段，則可接受各區直接提名候選人，此舉可確保任何有意參選的人士可在機會均等的情況下參與角逐。再者，我認為現有的選舉團制度應逐漸廢除。一九九一年以十個地區劃分的選區各自直選選出議員取代現時的選舉團議席，這只是演變的第一步。下一步應是取消市政局及區域市政局推舉人選出任的兩個議席，改由按地區劃分的選區直接選出議員代替。

此外，我亦認為現行的三層架構制度應予修改，合併為兩層架構——即分為中央及地區層面，各具明確界定的任務。香港地域狹小，不宜施行過於複雜的制度。累贅的政制架構只會使效率降低及導致資源的浪費。儘管如此，上述改變毋須急於實行，大可於一九九七年後才實施。在此之前，除作若干輕微的修訂外，香港應保留現行的制度，以免在過渡期間引起不必要的動盪。

目前最迫切的事，就是政府須為一九九一年的直接選舉訂定各項詳細的安排，尤其是劃定各選區的界限。雖然政府在白皮書中已承諾在未來兩三年內作出此等安排，但屆時是否為時已晚，則頗令人關注。

⋯⋯

⋯⋯對於讓區議員加入市政局，以代替現時由市政局議員出任區議會當然議員的做法，我懷疑是否真有必需。市政局在現行制度下，其直選及委任議員各佔半數，而運作亦一直令人滿意。但若將市政局的成員人數擴大，包括來自由區議會選出的議員，該局可能會變成政治舞台，因為來自區議會的新任市政局議員將會各自為所代表的地區爭取利益，結果市政局便會四分五裂，效率亦大受影響。

對由區議會推選加入市政局的議員來說，這項安排亦有欠公允，因為他們的責任比現任市政局議員更為繁重。在現行的安排下，三十位市政局議員全體均為十個市區區議會的當然議員，但根據白皮書所載，每個區議會將只有一名代表在市政局，除非現任市政局議員透過區議會選舉贏得區議會議席，則作別論。

根據擬議的安排，每個區議會與市政局之間將只有一位市政局議員作為溝通

的橋樑。回憶本局上月辯論 1988 年選舉規定（修訂）條例草案時，多位立法局議員曾對這項修訂是否最佳安排，以及是否急切需要在現階段進行改革，表示關注。在閱讀白皮書及對各項建議作整體考慮後，我仍不認為現階段有需要作這項改變。

雖然我同意區域市政局與區議會之間的安排暫時應維持不變，不過，除了白皮書所提出的建議外，還有其他方法可加強市政局與區議會之間的聯繫。市政總署可以作為有效的橋樑，方便彼此意見的交流，市政局與區議會亦可定期舉行會議，討論共同關注的事項。我認為這些都是較為有效的方法，可以減少節外生枝的問題。但長遠來說，所有議局及議會的成員應透過直接或間接選舉產生。任何有抱負的候選人若要加入任何議局或議會，就必須參與有關競選，這樣便更能符合我們正設法發展的代議政制的模式。

一九八七年發表的代議政制綠皮書曾提出一項可供討論的建議，就是將來或可由一個有多方面代表參與的新選舉團選出立法機關的部分成員。白皮書並未就此問題作進一步探討，只謂由民意匯集處委託私人機構進行的民意調查顯示，社會人士頗有興趣進一步考慮這個概念，對此我感到有點失望。

如眾所周知，一九九七年後的立法機關將不會有委任議員，然而我們所需要的立法機關，必須能夠均衡地反映各方面的意見及顧及社會各界人士的利益，日後立法機關的成員若只包括從直接選舉或透過功能組別間接選出的議員，恐怕未能達到這個目標。綠皮書所提出有多方面代表參與的選舉團將會是一個實際而有效的方法，確保本港日後可以獲得一個能均衡地代表各方面意見的立法機關。

基本法起草委員會曾經討論上述建議，委員似乎普遍支持建議。日後公布的基本法極有可能規劃類似的安排，從而選出立法機關的部分成員。根據在綠皮書諮詢期蒐集的民意，政府應就這個概念著手草擬更具體的建議，以便進一步徵詢民意，及早推行這項制度。我們需要時間讓這項新制度在香港扎根，及在一九九七年前作出所需的修訂。

我們明白由於基本法仍在草擬階段，本港政治架構演變的範圍須受到限制，而有關的主要決定亦須待基本法公布後才可作出，但這並不表示在此以前我們可以坐視而不採取任何行動。事實上，政府可藉此期間為未來的改變作好準備。在現階段，我們可預期有多項改變：包括進一步界定功能組別的定義；重新劃分按

地區進行直接選舉的選區範圍，以及更詳細研究有多方面代表參與的新選舉團的建議。我們必須未雨綢繆，作出充分準備，本港的政治發展才可在基本法頒布後穩健地大步向前邁進。

張鑑泉議員致辭：

首先，我對政府推行代議政制的精神深表贊同，香港是一個進步中的社會，隨著市民教育水平普遍提高，很自然地會引發多一點興趣參與政府各環節的運作過程；政府能夠適時提供一些建議，盡量滿足市民的需求是明智之舉，雖然某些少數的社會人士對於政府白皮書所訂下的政策、步伐或措施，曾經表示強烈不滿，無可否認的事實是，香港政府對於推廣代議政制的努力確實地向前跨進一步。

在一九九一年引進十個從直接選舉產生的立法局議席是進步的表現。在一個開放自由的社會，執政人士在未落實推行某中央政策之前，必須聽取和吸收社會各界人士對該政策的評估及意見，而地方性的意見是少不了的，所以政府在一九八五年提議十個立法局議席從區議會選團產生，大量提高地方性意見的參與，這構思是對的，不過，當時亦有不少論政人士批評及指出選舉團可能產生的流弊，現在白皮書建議從直選途徑代選舉團來選拔有地方行政工作經驗的人士入立法局，從理論的層面來看，這是基本上一個比較進步及有邏輯的建議。

但有些人士以指責政府不尊重區議會為主要論調，猛烈抨擊這個提議。經過深入思考這些意見後，我覺得這些論調並沒有一個經過深思熟慮的完整邏輯基礎，況且這些言論帶有過多煽情色彩，相信其主要目的，只不過是以興波作浪的技巧，撩起區議員對政府的反感，從而達到對抗政府的目的，這種情況是否香港之福呢？請大家三思。

從實際運作及考慮其功能看來，立法局成員的組合是應該有各界不同工作經驗的人士一齊參與；並不能過於一面倒，傾向於某一方，如果直選和選舉團在九一年同時被採納作為進入立法局途徑的話，有絕大可能會對立法局的成員組合應有的平衡需要有不良影響。

......

主席先生，當代議政制白皮書公布之時，我覺察到多數人都只關注一九八八年有沒有直選這個問題，大家很自然地便翻去第四章尋求答案；其實，細讀各章數次之後，我感覺到最能啟發思潮及自我反省的，是第一章引言的第 2、第 3 及第 4 段，短短的數百字，務實地描述了香港的特殊情況，香港政府運作的指標、精華及所面對的各種困難，我希望大家可以心平氣和地仔細斟酌這幾段文字的意義，反覆思考及反省香港將來需要走那一個路向，才能成功地達到未來六十年安定繁榮的目標。

要達到這目標，我認為以下數點，一定要大家同心合力，才能辦到：

（1）要維持香港經濟能夠繼續有機會發展，這是需要一個安定的環境，令投資者繼續放心參與香港的經濟活動，故社會就不能承受太多對抗性的衝擊，間接對政府管理運作產生不良影響。

（2）沒有香港人希望中國將來會時常干預本港的事務，尤其是在自由及基本人權這方面，要將干預的可能性減至最低，香港有需要繼續發展成為國際性的商貿、金融及旅遊中心，以便中國有效地以香港作為與世界各國構通及經貿的主要橋樑。

要達到這個重要目的，一定需要外資對香港有深切實際的瞭解，方便促進他們作出有利於香港的投資決定。這方面的重要推廣工作，相信大家明白是非常困難及艱苦，而且也需要香港的有心人士，包括督憲閣下在內，配合貿易發展局及工業署的努力，盡量為香港將來的發展奠下良好的基礎。在推行這些活動時，一定要依賴香港各界人士的支持和努力。

最近的跡象顯示，一小部分人士利用人際關係及國際輿論工作者對本港事務並不大瞭解的空隙，散播一些不盡不實的、對香港前途一片灰暗的形象，對於這些人，我提出誠心的呼籲：如果你們真是有心為一九九七年後仍留在香港的大多數香港人謀幸福，請高抬貴手，不要只為自己的意氣、執著和理想而做出減低我們可以安樂地生活下去的機會，李鵬飛議員在法國推廣香港利益工作時所遭遇到的問題是令人痛心及絕對無必要的。

（3）香港現在及一九九七年後的命運，完全維繫在本港特區政府能否與中國中央政府保持有建設性及良好的理解和關係，這是一國兩制、港人治港能否成功的關鍵。不論從實質的環境角度或用理論角度來看，相信一定會有不少困難要大

家去克服，不少矛盾要去化解。究竟如何去克服困難和化解矛盾呢？是不是心平氣和地對話，互相瞭解較有用呢？或者是我們應該採取尖銳性和中央對抗的技巧好呢？那一種是比較可採用的方式？如果真心為香港人著想的話，相信大家經過冷靜的思考，便會覺察到適當的答案。

我本人認為，經常的尖銳對抗並不是有效的方法，所以希望某些英文刊物的作者不要再毫無根據地抨擊香港中文刊物的工作人員軟弱，受中國影響而導致自律地採取低調在抨擊政府白皮書。這些言論雖然可以逞一時之快，可以因為白皮書建議不符合自己理想而發洩心中的怨憤，但這些言論的推廣者有沒有撫心自問，這種指責是否真的符合實況呢？尖銳對抗性的技巧是否會為香港帶來幸福呢？請大家三思再三思。

主席先生，香港過去的成就，大體來說是值得大家驕傲；整天整日漫罵香港，嘲笑政府為跛腳鴨是否真的符合市民的利益呢？要維持香港為美好的地方，以及大部分香港人能夠積極地面對將來的問題時，是需要大家採納鄧蓮如議員的提議：大家要抱著同舟共濟的精神，齊心合力為香港實際地辦點事；經常糾纏在一兩個問題上，不但無濟於事，更會引起大家所不希望見到的反效果。為著香港在過渡期間的安定繁榮，為著落實中英聯合聲明，為著一九九七年後大部分會留下的香港人的前途和幸福，謹此希望香港各界人士響應鄧議員的呼籲，齊心協力，團結一致，為香港辦一點有實質效果的事，多盡一點力。

張人龍議員致辭：

……本人明白到，在多種局限性的情況之下，要為本港政制設計出一套既能與基本法銜接，又可以兼顧過渡期間民主化的要求；一方面要保持社會的穩定繁榮，另一方面又要使本港政權落實的代議制度，的確並非一件容易的事。故此，今次白皮書的內容有幾點受到部分人士的強烈爭議，這是可以理解的。

白皮書內最具爭論性的，相信就是政府把立法局加入部分直選議席的步驟延遲到一九九一年才去實行。對於這一點，我本人是支持八八直選的，所以對今次白皮書否決了在八八年立法局舉行直選的做法，我覺得相當失望。雖然我亦同意政制發展適宜循序漸進，亦應該與基本法銜接，但直到現在，我仍然未能信服，

在八八年推行直接選舉就不是循序漸進，就不能夠與基本法銜接。

雖然是失望，但我們亦不妨退而求其次，接納立法局在一九九一年才進行直接選舉作為一個務實的回應，因為我們總算得到政府推動直選的承諾，大家為爭取直選所付出的努力，可以說得上是開花結果，有了收穫。

至於功能組別方面，這制度自實施以來，一直都受到社會人士的歡迎。唯一的爭論，就是現有的九個功能組別所代表的階層類別，是否已顧及「全面性」的原則。本人在一九八五年一月本局辯論代議政制白皮書的時候，曾經促請政府當局把會計師行業以及鄉議局一同列入立法局功能組別，或者以其他途徑撥出一個法定議席給予成立迄今已超過六十年之久，而在新界居民心中已建立了根深蒂固形象的鄉議局。所以我歡迎白皮書內功能團體增加兩個新議席的決定，因為其中一個議席將會是代表會計專業的人士，我認為這是從善如流之舉。但政府始終沒有接納在立法局給予鄉議局一個法定議席，就令我深感遺憾。我認為這反映出政府忽略了鄉議局過往積極協助港府在新界地區的政務工作，更輕視了鄉議局將來可以作出的更大貢獻，我甚至認為這可能是代議制未及全面化的一環。

主席先生，白皮書另一項受到爭議的，就是政府決定在一九九一年以十個由直選產生的立法局議席取代現時由區議會間接選出的十個議席。本人對於這個決定表示贊同。我不知自己算不算是直選派，總之，我一向認為，立法機關成員的產生如果是採取選舉制度的話，以直接選舉為主導形式，收效是應該比間接選舉更好的。理論上，直選可以使政權更為穩固，而在實務上，透過直選，市民可以更直接體驗民主參與。七十年代是香港推行代議政制的起步。至八十年代初期，代議精神仍然未算普及，香港市民還是不太熟習代議制度的運作，故此，間接選舉是有推行的必要。今日，市民的公民教育以及選舉知識都已漸趨成熟，加上白皮書明確地規劃了立法局將於一九九一年舉行直接選舉。所以，到時把我們中央議會的直選權交還給市民大眾是順理成章的政制發展。此外，如果立法局有直接選出，又有由區議會選出的議員，就等於在同樣的地區基礎上同時使用直選和間選兩種方式選出議員。這個做法，不但沒有甚麼好處，反為擾亂了立法局的整體成員比例。在運作上是很容易會造成混亂的。故此我們不應該把這個決定看作一項倒退的政策，反而應該從積極的立場去接受它。以直選議席替代區議會選舉團的措施，實在是標誌著本港代議政制進一步的成長，更是開創了立法局直選制度

的先河，為將來擴大直選的代議制奠定根基。

最後，白皮書對本港現行三層政制的決定是基本上維持不變，尤其以區域市政局所受的影響和衝擊最少，故就區局而言，我個人是樂於接受白皮書的建議。一向以來，我都比較贊成於地方行政上能夠在統一之中具有特性，不同的區域擁有不同的做事方法和架構，實在亦有其可取的一面。

周梁淑怡議員致辭（譯文）：

……無論是透過與社會各階層人士直接接觸，抑或是由有利害關係或毫無利益關連的組織所進行的獨立調查，所得的結果就是市民普遍接受白皮書，認為它是一份實際可行的政策文件，所採取的步伐和求取的均衡，都是以面對現實和實事求是地向前邁進為取向。我同意這項觀點。在任何民主化的過程中，政府必須提供充分機會，使所有意見得以表達及加以辯論。但在同一的民主化過程中，當然也會有必須作出決定的時候，即使這會令部分人士不悅亦要如此，因為沒有一項決定是可以令所有人滿意的。倘若在公開辯論時超越上述的觀點，對有關的決定及決策者的智慧及威信懷疑，只會為本港社會帶來危險及不穩定的影響，況且社會人士對於對抗式的事件已極為敏感。

主席先生，我相信一項宣傳運動正在進行，要使國際人士獲得一種印象，我必須補充這是指一種假象，以為香港政府藉著白皮書中的決定，欺騙、出賣及壓迫香港市民，而後者為表示抗議及反抗壓迫，在街上進行騷亂。

農曆年間在倫敦時，在數個場合中有多位人士曾問我前往香港旅行是否仍如以往那般安全。發問的全部都是普通人，他們有些甚至不能在地圖上指出香港的位置，更遑論對香港政治的興趣。當我問他們為何會認為香港不安全，他們答稱當然是從報章上得悉的。我相信這對為力求事件得以廣泛報導而努力的人來說，是一項喜訊。但他們是否知道，如此頑強地力求見報，不惜歪曲事實，捏造香港不穩定的醜陋形象，與本港的日常境況完全不符，在此歷史性的時刻使我們正希望及設法建立與維持的國際間對本港的信心動搖，其實是為香港帶來極大的損害？他們是否真的相信其行動是為著香港的利益？他們或會辯稱是為求使香港更加民主，但在他們未答辯前，我建議他們自我反省，撫心自問其所作所為是否反

映本港市民的意願，及能否為我們熱愛的香港的利益作出貢獻。

若干活動分子不但公然譴責白皮書未有決定在一九八八年推行直選，更對在一九九一年由直選議席取代區議會選舉團議席的建議加以斥責。記憶猶新，在一九八五年選舉團第一次選舉完成後，同一班人對現行的間選方法大肆批評，認為會使區議會分裂及破壞其和諧合作，因此主張應用直接選舉取代。我記得我亦曾在本局親自反映這項意見。現在政府已採納這些意見，並以此為基礎將直選代替間選，但這班人現在反而將其原先的主張變為其所非議的目標。他們並沒有為這個一百八十度的轉變提出任何理由，而事實上理由也不存在。用直選代替選舉團可使有關的選舉方法及制度簡化，更為利落及有效，且可避免雙重效忠的問題，獲選的代表只需直接向其選民負責。

現在有若干學術及政治組織提出另一觀點，將最近區議會選舉選民投票率下降的情況歸究於白皮書。我認為必須假定大部分的區議會候選人均著眼於立法局議席，才會得出這種想法。我懷疑有多少真憑實際〔據〕可以支持這項假設，我曾與大部分區議員會晤，他們只是為改善其地區的生活質素而努力工作，而不是將區議員的工作視為晉身立法局的踏腳石。在其他國家的憲制組織中，將地區議會與國家議會分開並不是罕有的事。無論如何，彼此的職責極不相同。以本港的情況而言，區議會可為有宏大政治抱負的能幹人士提供一個優良的訓練場所。儘管如此，根據現時的情況，我認為在培養正確的責任感方面，政府仍未夠進步，並未將適當的權力下放給區議員。直至目前為止，區議會與其並行的地區管理委員會之間並無可以互相協調的正式途徑。一般來說，政府人員都不願意區議員或甚至區議會主席參與地區管理委員會的事務，或只作為觀察者。這種情況必須改變。只有摒除地區政府人員與擔任諮詢角色的非公職的區議員之間的障礙，才可扭轉令人擔憂的趨勢，使區議會的力量不致因為屢受挫折而逐漸趨向於壓力團體式的思想。各區議會內精英雲集，日後我們必須招攬更多有識之士加入，為求達到這目標，政府當局必須在其工作態度及辦事方法方面作基本上的改變。

主席先生，我希望白皮書把香港帶進一個新階段，各人互相合作、真誠相待、批評具建設性、態度容忍、同舟共濟，努力邁向最終的目標──就是為決定在一九九七年繼續在香港生活的 550 萬人建立更為美好的前景。為應付一九九一年直選的來臨，我們必須證明我們能夠以民主及負責任的態度解決各項分歧及爭

議，以尋求解決辦法為目標，而非製造問題，求取協調而非各走極端。我們必須謹記，我們是生活在同一社會，任何妨礙社會團結及統一的作為都是可疑的。要下定這樣的決心，香港的代議政制才能得到繼續發展，適合本港。

譚惠珠議員致辭：

從一個純客觀的角度來看，自從一九八五年七月基本法起草的工作開始以來，香港政制的發展必須與基本法銜接；而將來香港特別行政區第一屆政府必須盡量保留原在香港政府、立法與司法機關中工作的人，唯一所需的是選出一位行政長官。這些已經不是學術問題，而是實際需要。

雖然如此，在考慮立法局應否在一九八八年有直接選舉的議席產生過程中，我只是參考了民意匯集處收集的資料和兩位監察專員的報告。不容否定的就是民意匯集處裏面的資料內容肯定了大部分香港人贊成在一九九七年以前，香港應該有直接選舉產生的立法局議員，只是時間方面有不同的意見。

民意匯集處報告的第 II 部第 13.28 段開始對這些資料作出闡述，第一個要考慮的就是：

建制中議會的辯論

在立法局、市政局、區域市政局和區議會內發言表示贊成或不贊成一九八八年立法局有直接選舉的議員人數已經在布政司霍德先生的演辭內闡述清楚，我不想重複。我的看法是：假如我評估民意匯集處的報告時是用「質」的角度來看的話，這樣憲制裏面各議局的辯論，是最能充分表現出發言人後面的深思熟慮，但是以數目來看三層議局裏面所發表的意見可說是平分秋色。我聽聞立法局的同事對於民意匯集處收集到的意見書作出強烈的批評。這就是收到的意見書，很多都是事前經印製的表格，這亦可能表示後面有團體安排組織意見。因此在考慮意見書時，我特別要分清楚有多少是用事前印製的表格，有多少是真正寫入來的意見。首先在團體提供的意見裏面，反對有直接選舉或認為在一九八八年不應有直接選舉的意見書有 359 份；贊成或不反對一九八八年有直接選舉的有 229 份，以第一類意見為多。

至於其他個人意見書又怎樣來的，第一種是：用表格式文件表示反對直選或不贊成八八直選者，有 67,370 份；而贊成八八直選者有 1,313 份。用問卷方式表達個人意見者中，反對有直選或不贊成八八有直選者有 10,301 份；而贊成八八有直選者有 26,745 份。

其他的個人意見書中（即是自己寫入來的，不是用表格，或者表格式的問卷）反對直選或不贊成八八直選者有 8,941 份；而贊成八八直選者有 7,071 份。因此，我們剔除了事先用印製方式發出的表格，或者是問卷，以排除事前有組織地反映民意的方法，留下來第三種的意見仍然是反對直選或是不贊成八八直選的比較多。

民意調查

1. 用抽樣調查方式的有雅捷市場研究社及大專教職員關注政制發展小組。他們的報告顯示較多人不贊成一九八八年有直接選舉。

2. 其他 33 個用抽樣調查，顯示多數被訪者贊成一九八八年有直接選舉。

3. 另有 128 個問卷調查，顯示出在個人意見方面，被訪者多數贊成一九八八年有直接選舉，而在團體方面，被訪者多數不贊成一九八八年有直接選舉。

我認為雅捷的問題設計是太複雜，它將一九八八年是否應該有直接選舉的一項課題，分為是否應有直接的分區或全港性的選舉，或代替區議會互選出來這兩項題目。被訪者不能容易地看出問題癥結所在。但看來是經過一番面對面的解釋，說明香港現有的政府架構後，結果有 21％贊成應有直接選舉但不應在一九八八年舉行；而 19％認為應該改變立法局的組成，包括有直接選舉在內。

我認為雅捷所作的調查並不完美，但在瞭解了它處理的方法後，也不能否定它有一定的價值。

怎樣考慮簽名運動？

簽名運動的主辦人，收集了 233,371 個簽名，民意匯集處的報告裏，沒有其他的資料可供參考。我不願意推測有多少人拒絕簽名，或持反對意見者有沒有機會表達他們的意見。或者簽名的人是真的相信一九八八年應該有直接選舉，抑或禮貌上或趁高興簽名而已。以上四種可能性都存在。翻一翻八七年九月十四日的

報章報導，主辦人對簽名運動是否科學化，或有代表性，有相反的意見。假如是純用「量」的角度去考慮應否在一九八八年引進直接選舉，我個人認為，科學化或有代表性與否，大量的簽名運動，必然有一定的分量；但在重要的問題上，不能作為有決定性的理由。否則，沒有一個國家需要有政府或者議會，用簽名運動便可解決問題。

我瞭解到這樣詳細地解釋我對民意匯集處報告的看法，會給贊成一九八八年直接選舉人士批評的機會，但我認為不需迴避。因為今天是交待的日子，我對民匯處報告中的資料是作一個全面性的評估，而不是特別依賴某一種表達或探求民意的方法，我希望這做法可作一個客觀的總結：香港人意見對一九八八年立法局應否有直接選舉的問題，是明顯的分裂，個人對個人，團體對團體，民意調查對民意調查，均有相反意見的結論，也有很多被訪者沒有意見；這個重要問題，也不能以簽名運動來解決。在意見分裂的基礎上，進行直接選舉是不穩重的決定。因此，一九九一年，在公民教育更進步，整個社會有充分的心理準備的情況下推出直接選舉，是一個較明智的做法。我同意行政局所作的集體決定。

主席先生，我對用選舉或者直接選舉來選擇民意的代表的方法，並沒有酸葡萄的心態，我自從一九七九年以來已經經常參與選舉，或支持有志為香港做事的人參加競選。我一向對代議政制發展所抱的希望，是能夠找出一些既能為市民做事，又能適當地支持香港政府的人材，以保持香港在過渡時期的元氣。在十年中培養我們在一九九七年後保持香港繁榮、穩定的條件，而因此減少要由中國干預的需要或危機。我絕對不希望市民對香港政府或者對自己在香港前途的信心，被政客或唐吉訶德式的處事方法者所毀。因為有很多香港人，仍然寄望這十年內香港仍是一個樂土，無論是去與留，也可以做好面對一九九七以後的轉變作準備，及保持香港制度和生活方式基本上保持不變的條件。

事實上，中英聯合聯絡小組為香港在一九九七年後保持國際城市、貿易中心地位的安排已經有滿意的成果。香港政府對教育、基本設施等等長遠投資，只有越來越積極。我們是有份參與討論和撥款的人，為甚麼要抹煞這些事實？以香港在一九八八年有沒有直選，去斷定香港有沒有前途，聯合聲明的內容能否實現，或者單從政制改革不夠快這個角度去批評香港政府治理香港的決心是一個偏激的、錯誤的做法。香港人爭取的直接選舉，並不須拋頭顱、灑熱血，而是經過

深入的辯論，平心靜氣地評估民意，理智地選擇最佳推行的方法。白皮書內容說
得很明，一九九一年立法局將有直接選舉，這事證明香港政府和香港人已經作出
一個突破，而這個政制成熟過程，不會引起夭折的現象，這是可以記錄在案的
成就。

我相信白皮書中各項的決定，基於它們是有利於香港穩步向前，可以不斷地
在一九八八至一九九七年的時間內，繼續增加由直接選舉或者功能團體選舉產生
的立法局成員，發展一個更能植根於當地的政制；也能夠顧及政策的延續及本地
和海外投資者對香港的信心，因此必然能進一步的保證，香港政制以後的延續。
然而，最可行的做法，最誠懇的用心，都要依賴能夠和衷共濟的香港人去實現。
本局首席議員鄧蓮如女士的致詞，值得香港人細細體味。

陳英麟議員致辭：

我今次參加了區議會選舉，壓力雖然很大，但卻令我強烈體會民選與委任議
員的分別，故我想趁此機會，談一下選舉的意義，除了使議員進一步深入瞭解市
民需要外，更瞭解到「為民請命」的真正意義。

社會上有錢有面的人，未必能體會到小市民無權的困擾，因小市民對於政
府，或多或少會有微言，且會感到自己很渺小，例如受公務人員不禮貌對待，甚
至因政府部門處事不夠徹底，或將小市民的申訴延誤處理，更甚者會因政策不
當，令小市民的生計受損，感到前路茫茫。無奈小市民知道，權在政府手中，即
使現今有很多申訴渠道，但每日要為生活奔馳，亦難抽時間前往申訴怨情，故除
非政府做得太過分，令切身利益大受影響，否則，他們便會自我息事寧人。

不過，當他們極受不公平的困擾時，亦寧願去找議員解決，而不願直接入官
門，因他們真誠的願望，是希望議員能切實做到「為民請命」。但議員如何做到
「為民請命」呢？這就需要講權力了。

我認為，不論每個國家或社會，做到如何民主，但執政者亦不可能將權力下
放給每一位市民，唯一可以做到的，是給予每一位市民投票的權力，選出代表，
為他們行使發言權，以及作為與掌權者的溝通橋樑，毋須擔心下情不能上達，且
有議員願意為他們出頭，令他們亦較為安心。

然而，現今民選的區議會，卻只能上達到中層官員的層面，因此最終仍是要靠立法局實行直接選舉，才能令市民與制訂政策者及各政府部門的最高掌權人，有直接的溝通，因我體會到「朝裏有人好辦事」，任何合理要求，只要有機會上達最高層面的掌權者，無不獲得滿意解決，且在制訂政策方針時，亦能盡量兼顧到小市民的民生需要，不致出現偏差情況。基於議員與市民的接觸愈直接愈好的理由，我是贊成立法局要有直選議席，並同時贊成當立法局有直選時，便取消選舉團議席，而在三年一次的選舉拉票工作過程中，令議員能時刻都要緊記他們所負「為民請命」的責任。

白皮書清楚界定了三層架構的職權，規定區議會是做地區事務，但當地區問題需要中央政府協助解決時，便需要有一條有效的途徑，將問題上達，故在取消了立法局選舉團議席時，大凡區議會要求中央政府協助時，我建議中央政府應派高層官員列席，以求解決問題。

主席先生，討論過直選溝通的問題後，便是要討論議員有責無權的問題，政府如何配合議會的發展而下放權力，令議員可做得更好，是市民所期待的。

立法局自八五年加入間選議員後，立法工作是較以前做得更好，政府亦很樂意接受議員所提出的種種修訂，但在其他政策方面，卻令我感到失望，政府已愈來愈不信任這個向民主邁進一大步的議會，而許多政府的內幕消息不向議員匯報，反而向外界透露，議員需要留意報章報導才可得悉。

去年七月，我在本局辯論綠皮書時，已曾明確地表示，擔心立法局會流於只是一個吐吐苦水的議會，但當時並沒有進一步說她已變成一隻無牙老虎，因害怕這會沖淡市民對爭取直選的熱誠，影響綠皮書的諮詢工作。但現今發展路向已確定，我便不妨在此說清楚，有直選，並不等於有權力，而要執政者下放權力，就必須要令掌權者有信心，一旦權力下放，亦不會出亂子。否則，要求的聲音越大，放鬆的尺度只會越來越緊，而我懷疑政府就是因為怕出亂子，在八四年綠皮書提及的行政與立法兩局關係的問題，今次便索性不提了。

我認為在竭力爭取民主的同時，我們亦應考慮到如何使立法局議員真正可以有權做到為民請命。雖然，可能有人喜歡做反對派，不想有權力的責任，但我並不想如此，我希望在立法局能夠有建樹。

主席先生，以現今情況而言，最重要的還是要打破立法局權力被局限，令到

立法局做得更好。我認為，要達到這目標，首先，民選議員要爭取委任議員的支持，而不應為爭取直選而說委任議員埋沒良心，做政府的「馬仔」，劃分界線，此舉著實令我非常氣憤和反感；其次便是要積極去爭取參與各諮詢及決策機構，令這些機構能有特定比例，給予立法局議員加入，以便能更有效地反映民意，影響政策的制訂。

此外，我想圍繞著權力問題，談直選與中國的信心問題。這關乎維繫港人信心的因素。九七年後中國恢復行使對香港的主權，港人是否有權向北京告御狀？正如我剛才所說香港小市民的意願如何下情上達一樣，是非常重要的，但直選未必能保證做到。因為港人近年到內地設廠及做生意者日多，有機會親自體會到中、港兩地截然不同的做事作風和處事態度。例如有中資機構由內地派一位教育部長來攪經濟，他很有權，故並不聽香港職員的意見，這種離晒大譜（不合情理）及不可想像的安排，香港人又怎會對未來有信心呢？但中國如此大，官員如此多，北京領導層不可能做到事事過問，親力親為，故我認為港人的心聲，能否直達北京，可以去告御狀，是維繫港人信心的重要因素之一，所以在今年五月發表的基本法初稿，是需要深入研究的。

講了一大堆好像與白皮書無關——其實卻很有關係的說話之後，我便要言歸正傳提出對白皮書的意見。主席先生，我對於白皮書否決八八直選，感到非常失望，因為到九一年才引進直選將會太遲，而且屆時所引入的十個直選議席，是取代選舉團間選議席，換言之，從選舉入立法局的議員數目，在九一年維持不變，但我認為，既然已取消選團議席，直選議席理應有所增加，因議席太少，不但減低市民參政的機會，更重要的，是否會令九一年漸進之後，而跟著在九七年前要大變，才能達到立法機構全部由選舉產生，符合聯合聲明的規定？這是否會違反政制循序發展的原則，影響社會的安定繁榮？故我建議政府應多增二至四個議席，否則所選出的議員，因選民數目龐大，難以兼顧。此外，並須考慮在九一年之後，逐步增加直選議席。

范徐麗泰議員致辭（譯文）：

各種調查報告顯示，大多數人都希望立法局加入若干直接選出的議員，不過

他們並不堅持必須在一九八八年實行。相距三年的時間不至於是一件生死攸關的事情。白皮書確實承諾在一九九一年實行直接選舉，肯定會受許多人歡迎，因為種種臆測和不穩定的情況藉此得以消除，而誤解亦得以澄清。市民已對這持續不斷的爭論感到厭煩。現在是我們把有關事情付諸實行的時候，為一九九一年的直接選舉開始作好準備，使其更具意義和代表性。

主席先生，本局某些議員在要求一九八八年實行直接選舉而作的努力，實值得認許。他們堅持不懈和憑藉其組織能力，為他們的行動取得相當多的支持，其成果是不會被忽略的。然而，對於時間問題，是否必須一成不變，況且本港市民已願意接受在一九九一年實行直選？是否只因在一九八八年沒有直接選舉，香港便失去民主？在考慮今後的發展時，大家必須緊記，香港人是腳踏實地、實事求是而且相當明白事理，此外，亦須明白代議政制的發展亦可在一九九七年後繼續進行。在此情況下，在一九九一年或一九八八年實行，時間上實際並不相差太大。強硬堅持在一九八八年實行，會否僅是一個政治立場？抑或是出於為了必須在爭論中獲勝，而不惜一切？以香港市民的智慧和辨別是非的能力，自會得出結論。

主席先生，去年七月在辯論綠皮書的時候，我曾主張增加功能組別的議席，並以直選議員取代按地區劃分的選團間接選舉出的選員。欣悉白皮書已採取有關步驟。若干人批評功能組別制度，謂其不合民主和有分化作用。然而經過 26 個月的經驗，證明由功能組別選出的議員，既關心所屬功能組別的利益，同時亦關注與全港有關的問題。再者，不同專業和行業人士的意見亦充實本局對各項問題的討論，並使所訂立的法例獲得更徹底的審議。雖然我尊重理論和學院派認為功能組別的制度可能有缺點的論據，但我相信增加此類別的議席是有本局的實際經驗支持，證明此類議席是適合本港的立法機關。由於旅遊業對本港經濟的重要性和巨大貢獻，我更希望日後旅遊業能列為功能組別。

對於用直選議席取代現時十個分配予區議會選舉團議席的建議，有人批評為民主的倒退。但我有不同的看法，我認為這是民主的進步。間接選舉實行了一段時期後，由直接選舉取替，是順理成章的步驟。亦有人認為沒有了由區議會組成的選舉團，可能會降低區議會的地位。這種保留態度我可以理解，但這種揣測並不一定準確。事實上，任何具遠見的區議員都會在地區的層次倍加努力，顯示其

能力，以便其表現能為其在一九九一年的直接選舉鋪路。此外，由地區層次直接
選舉議員時，在任區議員的地位更形重要，因為投票人認識他們，並對他們有信
心。參與一九九一年直接選舉的候選人不可能沒有其地區區議會的支持。雖然在
一九九一年的直選議席只有 10 個，但我看不到甚麼理由在一九九一年後不可以將
這個數目增加，充分顧及到 19 個地區和每區的人口，從而讓立法局議員有更大比
例由直接選舉選出。

　　主席先生，在本次辯論之前，曾有人向我游說。他們主要關注者，是民意
被忽視，香港政府已屈從於中國的壓力之下，而他們認為香港政府已經成為市民
的負累。根據他們的結論，他們認為我應該反對白皮書。我仔細聆聽和考慮他們
的意見。儘管我體會他們的感受和誠意，但對他們的意見我不敢苟同。他們認為
政府利用雅捷市場研究社的調查報告書來欺騙市民，但我的看法與他們相反，我
相信政府確曾誠意地考慮社會上各階層人士所發表的意見，而就雅捷市場研究社
調查報告書而言，游說人士所強調的事項是有所偏差的。一個明智及負責任的香
港政府，對於和香港有密切關係的中國官員所發表的意見，理應予以考慮。如果
「根據常理辦事」可被指為「向壓力屈服」，是否要我們接納「孩子氣」便是「有
原則」的說法？至於香港政府已經成為市民的負累的說法，實需要相當強的想像
力才可設想到，如果現實情況像法庭的案件一樣，則辯方律師可利用上述論調引
進疑點，而疑點的利益一向是給予被告人。然而，現實情況並不取決於一點，肯
定也不單靠政治理論或滔滔雄辯，而是取決於對實際表現和成就的整體評估。倘
若不以這個社會的安定和經濟繁榮來衡量，我們還有甚麼更佳的衡量標準呢？能
達致這樣成績的政府對市民來說怎能是一種負累呢？因此，我的結論是支持白
皮書。

　　主席先生，在是次辯論中，議員的意見肯定會有不同，可能還有辛辣的措
詞、激動的語句去加強他們所說的要點。但從積極方面來看，這可說是言論自由
的表現。但身處這場激烈的論戰，我們須留意一點，就是香港人要求一個為整個
社會利益而服務的立法局。市民期望立法局關注所有與他們民生有關的問題，並
希望議員彼此合作，而不是浪費時間在小事上爭執。在過渡期內，香港需要各方
面的人才緊密合作，共同締造更美好的將來。無論如何，我們是同坐一條船。因
此，我們應以行動和說話去證明，我們的職責是為市民服務，在各方面維護和爭

取他們的利益，並能和諧地協力工作。我們在此的主要功能，並非譁眾取寵，上演一場政治劇。這些戲劇化表演可能受到傳媒報導，甚至為個人贏得國際聲譽，但對本港市民來說，有何實際裨益呢？更壞的是，若做得太過分，會否令市民對本港的歸屬感有所損害，並減低其對立法局的信心？

主席先生，我向各位明白事理的議員呼籲，身為立法局議員，我們必須實事求是，保持理性和負上責任。讓我們顯示，在本局之內，獲勝的是理性而非衝動的激情。

楊寶坤議員致辭：

主席先生，政府發表之「白皮書：代議政制今後的發展」是過渡期路向的重要文件。它提出四個目標 —— 政制應繼續演變；步伐應是循序漸進；改革應獲廣泛支持及政制改革應可促成九七年順利過渡。無可否認，香港獨有的政治背景及獨特的社會型態決定本港民主政制的改革步驟應該是循序漸進，也決定本港代議政制的運作程序，應該是適度均衡。這些目標的意向及概念，今時今日可稱為切合本港的客觀情勢與具體情況。此外，白皮書亦強調「不應勉強把政制的步伐加速，以致本港的管治出現不穩和不明朗情況」。英國在過渡期內對香港有管治責任。過急的轉變，將會使政府的運作受到衝擊，高級公務員受到壓力，士氣低落。在九七年前，香港要實現穩定和繁榮，港府保持有效的管治十分必要，這是中英聯合聲明的規定。過於倉促，思慮未周的急劇變動，肯定會影響到今後的政治穩定及經濟發展。因此，白皮書的目標作為代議政制發展的依據及規範，應該是值得歡迎和肯定的，它可稱為一份既中肯又踏實的政制改革報告。

在香港政制發展上，中英港的政治經濟利益是一致的。逐步的政制演進能予人以較穩健的信心，因此是大家所樂見的。今日香港，大家所需要的是一股「理性的主流」。直選的接納是一項歷史性的決定。白皮書選擇了九一年直選，這是根據香港在過渡期的實際情況。在九一年開始直選後，以後的發展，如果符合香港社會人士的願望與基本法的規劃，這就更容易解決順利過渡，順利交接這個廣大市民關心的問題。白皮書雖列明九一直選，但直選的方式和制度，現時仍未有明確的規定。政府有責任盡快擬備九一直選綱目，列明直選制度的方式，足以確

保直選議席確是在充分民主制度下產生。此外，政府亦應考慮九一年後直選議席
得以按期遞增，並於今後努力培養參政人才。從現在到九一年間，市民將有足足
三年時間，從事對「直選」的認識及對席位人選的考慮。匯積了這些認識，自然
可以更踏實地從事抉擇，有效地行使選舉的權力，也只有這樣，直選才能發揮真
正的意義。

主席先生，由於立法局涉及的法案及問題，需要各階層具有不同工作經驗
和不同教育背景的人士發表意見，以求取得一個比較大眾接受的政策。在這個層
面上，功能團體可以發揮一定的作用。本人很高興政府今次能將功能組別增設兩
個議席，即由 12 個增為 14 個，其中一個議席由現時的金融界，擴展為金融及會
計組別，增設一個會計界組別。而另外一席，則是把現有的醫學界組別，擴展為
「醫學及衛生界」組別，並分為兩個分組，其一由醫生及牙醫組成，其二則由護
士、助產士、藥劑師及五個輔助醫療專業人士組成。逐步擴展功能組別是值得鼓
勵及推崇。它不單只認可及肯定有關組別的功能，並且關注它們代表的重要性。
香港作為一個金融中心，增加財經界的政治力量是無可厚非。會計師成為立法局
一個功能組別，不但能鞏固及幫助提高香港金融中心地位，亦能從過去只為自己
客戶服務，轉移到為社會盡更多的責任，使在稅務評審方面及總體經濟發展方面
為香港作出更大的貢獻。

主席先生，歷史是前進的，而政治是需要協調的，我們必須面對現實，積極
向前，白皮書用實際而沉實的手法，闡明本港身處的政治環境，點出未來政制改
革道路的大方向，現在要做的，是在白皮書所規劃出的藍圖之上，積極具體建設
本港未來的政制。有關政制的討論，已轉入討論基本法的階段，市民應在將來的
諮詢期間，作出積極的反應，使之能真正落實中英聯合聲明的承諾。

湛佑森議員致辭（譯文）：

主席先生，當局發表這份白皮書顯示本港政制演變又向前邁進一步。展望未
來，我們必須深思熟慮，以發展一個可與中英聯合聲明所描述的民選立法機構相
配合的政府架構。

具體來說，本港的政府架構必須向市民負責，關懷社會的需要，最重要的就

是，當其治績不符市民的期望時，便須實施若干措施，以求改善。因此，我們現在便須認真考慮香港立法局日後該怎樣運作。有些政府採用部長制。不過，毫無疑問，按照任何一個政制模式依樣葫蘆，完全不加修訂是不適合香港的。然而，我們可認真考慮一個由現時常務小組及專案小組演化的專責委員會架構。現時各小組就特別問題深入研究，並審議在憲報刊登的條例草案。作為第一步，這些條例草案將來應由其有關的專責委員會的主席於獲得其委員會初步同意後在立法局提出，如此便可確保條例草案於未在立法局提出前便已獲相當的支持。而第二步則是由這些專責委員會的主席在立法機構答覆議員的質詢，如此便可避免議員只知批評政府此一紕漏。這種直接參與可確保議員會受到監察，對於法例的釐訂和實施都同樣負責。由於這樣，議員便須避免流於過度理想化而不講求實效。我在市政局的經驗是，專責委員會在一批能幹的公務員支援下，甚具成效。專責委員會的群體行動可確保法例的制訂與實施在整個過程上均獲得徹底的考慮和監察。我希望在對立法機構進行下一次改革時，會認真考慮採用專責委員會制度。

關於兩個市政局方面，政府決定在一九八九年三月下次選舉時，市區的十個區議會應各自選出一位代表加入市政局，而屆時市政局議員將不再出席市區區議會為當然議員。在評論這項建議之前，讓我們先行研究區議會及市政局目前的運作情況，然後再考慮這兩個組織在憲制當中的關係。目前，區議會在很多方面都有向市政局提供意見。例如，市政局每年都會把該局的基本工程計劃提交區議會討論，並會參考區議會的意見調整工程的優先次序，以便符合各區的實際需求。這樣做是為了確保市政局能就基本工程等重要計劃，徵詢每名區議員的意見。此外，市政局又透過屬下的地區關係委員會，將區議會上討論，而又是市政局所關注的事項記錄在案。市政局的專責委員會是為處理個別特定事項而成立，它們亦會留意區議會會議上發表的意見。因此，任何在區議會提出而又與市政局職責有關的事宜，都會由兩方面加以考慮。再者，我們必須同時考慮到，市區的客觀環境跟區域市政局管轄的新界區是大不相同的。在新界區，各個新市鎮相距甚遠，但市區內的分區則往往只是一街之隔。因此，在市區方面，由每區各派一名代表加入市政局，雖然或會令市政局的工作效率降低或易起爭議，但仍然引人嘗試。然而，白皮書指定由一九八九年三月開始，市政局議員便不再成為區議會當然議員，這個日期實有商榷餘地。這項措施假如分階段實施，應較為合理。區議會可

由九八年三月起派代表加入市政局，但市政局議員不再成為區議會當然議員的規
定，則可延至一九九一年下次區議會選舉之前才予檢討。議員的加入和退出假如
能夠分階段進行，市政局整個制度便可以漸次演進而可免引致劇變。就以一個電
腦系統作為比喻，倘若採用平行操作的方法，分階段輸入新的體系，再逐步取代
舊有部分，這樣，即使新的部分操作不如理想，亦不致拖垮整個系統。

關於直接選舉，我在上一次演辭中說過，根據調查所得，縱使一九八八年不
擬進行改革，我們的路向是為未來的實施訂下具體計劃。白皮書確已辨明這點，
承諾於一九九一年為部分議席進行直接選舉。此外，觀乎上星期本港所進行的選
舉，一九九一年選舉的候選人確需有充分時間妥為準備。以這次區議會選舉的表
現來看，候選人在為自己作準備時要有良好的組織水準，三年籌備是適當的。

陳濟強議員致辭：

主席先生，白皮書否定八八推行直選，是完全背棄和強姦大多數市民的意
願，亦一反循序漸進的慣用語調，同時亦忘記八四年白皮書所作出的承諾。當時
政府很有信心表示，會逐步建立一個權力穩固，立根於香港的政制。九一年才進
行直選，過渡期的政府還餘下多少時間，九一年之後就是九四、九七年，三年
又三年，究竟餘下來還有幾多個三年，政府有充裕的時間為香港政制進行民主
化嗎？

政府經常聲稱會按照市民的意願施政，但從政制發展檢討的過程中，民匯
處的報告書，以及今次發表白皮書的內容，給人的感覺，就是政府進行利用民意
的招牌去反民意。我們很明顯地看到，白皮書是引用被歪曲的民意來否定八八直
選。更可笑的是，政府還厚著臉皮表示，白皮書的制訂是審慎考慮民意，得到廣
泛支持，這些混淆視聽，似是而非的論調，簡直侮辱我們市民的智慧。

過去支持香港維持安定繁榮的基本因素，是香港的法治制度；為市民的工作
和生活提供無比堅強的信心。而民主政治是公平法治最好的保證。現在香港市民
在英國民主制度延伸保障之下，不害怕人權受到侵奪，亦不害怕政府官員徇私枉
法。九七年之後，香港脫離英國管治，民主制度的保護罩亦隨之而消失。如果現
在政府還不推行民主政制，將來就難保障現行良好的法治制度，談何維持香港安

定繁榮。我們不是害怕中國管治而爭取民主改革，事實我們大多數市民都是熱愛祖國，我們題意為中國四化作出貢獻，而香港的安定繁榮正有利中國這方面的發展。我們追求民主改革的兩個真誠目標：一，為香港安定繁榮；二，為促進中國國運昌隆。

本人覺得害怕中國的不是香港人，而是香港政府，政府施政失控的主要原因，可能是中國領導人的聲音經常時寬時緊，我總覺得政府實在過於憂慮。我們不是都經常聽到中國領導人一些悅耳的聲音嗎：「這是英國政府的事，這是香港政府的事。」這些聲音給我們一個非常好的訊息，就是中國政府尊重英國目前對香港管治權。但很可惜，政府往往忽略這些柔揚悅耳的聲音，辦起事來總是自我束手束腳，不過也可能是香港政府對中國禮貌的表現，來一個扯起白旗迎紅旗的姿態。

主席先生，因為政府一直以來缺乏誠意推行政制民主化，已經令到不少市民懷疑香港將來能否維持繁榮安定的局面，他們紛紛找尋太平門移居外國，從市民申請良民證的數字來看，近年有顯著增加的趨勢，由八四年的 23,000 人增至八七年的 53,000 人。政府必須正視政治制度不明朗所帶來的不良影響，否則這個情況相信會繼續惡化下去。

主席先生，本人仍然深信八八年立法局的部分議席應由直選產生。白皮書建議九一年所產生的十個議席應可在八八年實行，毋須延至九一年，而九一年應採取更開放態度，將直選議席擴展至每一區議會所屬行政區。雖然議席增加，但本局仍有足夠的虛位以待，政府毋須擔心因此而減少政府有貢獻的委任議席。

主席先生，政府屢屢背棄承諾，歪曲民意。本人恐怕政府將來說甚麼動聽的話也好，市民也以為是空氣噪音而已。

鄭漢鈞議員致辭（譯文）：

我認為在一九九一年直接選舉立法局議員是一個適當的時間，因為目前這個在一九八五年開始實行的代議政制結構，屆時已經歷了充分的時間考驗。六年可算是一段合理時間，可讓一個新制度獲得充分的審核，因此，在那時才對政制作進一步改變，將更為明智。

我認為一九九一年開始直接選舉立法局議員在時間上是合宜的，因為我堅決相信，對於像政制這樣極其重要和舉足輕重的制度，任何改變都應該循序漸進。這樣不單可消除本港政制可能遭受損害的危險（這種冒險的代價太大，香港是吃不消的），亦符合中英聯合聲明的精神，就是以本港政治制度的持續性為重，按部就班的演變。政府在考慮代議政制發展的下一步時，必須充分顧及中英聯合聲明的規定，這點至為重要。

布政司上月在本局就白皮書致辭時表示，「許多香港人……的確堅信香港的政制改革，應該循序漸進……」。主席先生，對於此種信念，我極為贊同。

再者，正如我較早前在去年七月致辭時所指出，在現階段實行任何重大改革，差不多可以肯定被視為先發制人之舉，替本港日後的基本法製造既成事實。相信本港市民均會一致同意，為了保持本港的安定繁榮，使一九九七年能順利過渡是極其重要。為此，確保一九九七年前的發展，與一九九零年頒布的基本法所訂的體制互相配合，是有必要的。所以，不在本年內對立法機關實行重大改變，實屬明智。

至於一九九一年立法局的直選議席數目，我並不反對建議中的十個議席，作為一個開始，我認為這是切實和合理的數目。我亦不反對進行直選的方式，即採用由數個選區每區選出一位議員的方式進行。不過，代議政制應在一九九一年至一九九七年之間再邁進一步，從而方便順利過渡，和讓新的選舉形式可以穩固確立，其進行方式，亦應符合基本法的條文，以確保與一九九七年後的政制建立高度的連貫性。

主席先生，從市民對直接選舉的共識來看，當局由現在至一九九一年期間，應倍加努力，加強公民教育，使本港市民對一九九一年的改變作好準備。在發言反對一九八八年實行直接選舉時，我曾表示，「我們沒有所需的時間加強推行公民教育 —— 而我相信這步驟是推行直接選舉的基本先決條件」。既然現在已決定不在一九九一年前實行直接選舉，我們應有時間更進一步培養市民大眾的公民意識。

現在我想談及區議會和兩個市政局。根據白皮書所載，每個市區區議會可選出一位代表加入市政局，我認為這是值得支持的做法。我一向都贊成市區區議會選派代表加入市政局，以加強市政局與市區區議會透過共同成員所產生的聯繫。

相信此舉可確保代議政制的每個層次的意見和關注事項，均能夠在對上一個層次得以充分表達，從而使到目前的三層架構更能有效地互相合作。

關於立法局主席的職位、官守議員和委任議員的數目等問題，白皮書經已反映我的意見，我甚感欣慰，此即總督應繼續擔任立法局主席；官守議員數目維持不變而委任議員數目應進一步削減。

不過，主席先生，我在閱讀白皮書的時候，還是感到有些失望。我個人感到失望者，就是政府未有為建築、測量及都市規劃界提供另外一個議席，在我所屬的功能組別中，工程界的人數實比上述專業的人數多。我懇切盼望政府日後委任議員加入立法局時，應讓這些專業人士佔有議席，以求取均衡。此外，政府忽略了香港地產建設商會和香港建造商會的成員對本港經濟的重大貢獻，亦令我感覺失望。主席先生，我曾力言，這兩個團體的成員應有代表加入本局。今天，我再重申這個觀點。

我感到欣慰，因為政府在草擬白皮書時，已充分顧及民意、中英聯合聲明所載的規定，以及代議政制的任何發展必須與尚待頒布的基本法銜接的事實等因素。本港若要在這段過渡時期維持繁榮和安定，這些因素缺一不可。未有足夠準備的突變，今時今日的香港是抵受不住的。對多項不同的問題經過這些激烈的爭辯和討論後，現正是時候，讓每一位香港人齊心協力，為建設一個更美好的香港而努力。要達致上述目標，我們必須採取穩健和循序漸進的方式，使香港在邁向一九九七年期間，保持政治穩定和經濟繁榮。

張有興議員致辭（譯文）：

現時已非常明朗的一點，就是今後在決定香港於過渡期間政制發展的方向、架構及步伐方面，中國將會扮演一個重要的角色。

因此，當香港在大勢所趨的情況下，迎著一九九七年主權回歸中國的前景邁進時，絕對重要的是決不可損害本港接近六百萬市民的信心。

在實現中英聯合聲明的協議方面，中英兩國政府都作出承擔，保持香港的安定繁榮。

港人對本港前途的信心，實際上，亦是港人對中國推行開放政策和現代化計

劃所抱的信心，主要須視乎中英兩國政府如何在未來九年實現中英聯合聲明的協議而決定。

中英兩國政府必須充分認知和尊重香港各階層人士的意見，我必須強調 —— 是本港「各階層」人士的意見。從廣大市民對一九八七年政制綠皮書和一九八八年政制白皮書所發表的議論來看，很多青年專業人士和知識分子對英國似乎收回承諾，在一九九七年前未能在本港發展一個以群眾為基礎和植根於社會的代議政制，因而希望幻滅。

除非中英兩國政府對民意有更敏銳的反應，港人移民海外的情況，特別是上述舉足輕重的社會階層的人才外流現象，將會在九十年代初期達到極其令人擔憂的地步，對香港的經濟增長，甚至對中國的現代化計劃和經濟發展，都會造成一定程度的損害。

……

現在讓我談談備受爭議的一九八八年立法局直接選舉問題。我認為較中肯的評語是，雅捷市場研究社就立法局直選事項所擬備的調查問卷題目頗為迂迴，措詞累贅及難於理解，這種情況難免令人遺憾。

另一方面，就算雅捷調查報告顯示有半數或以上的市民贊成在一九八八年進行直接選舉，但事實卻不容否認，中國已毫不含糊地向英國表明不欲香港在基本法於一九九〇年通過前實行直接選舉，而所得的理解是基本法將會包括直接選舉的成分，此點似乎已獲得公開的認同。

政治就是如此現實，香港市民必須以實事求是的方法面對這種情況，不要對本港在過渡期間繼續穩定發展民主的事，失去希望。

我向來贊成立法局有直接選舉產生的議席，並且個人認為本年立法局應實施直接選舉。與此同時，亦有為數不少的市民公開或以其他途徑表示不贊成八八直選，但他們卻認為直選可延至一九九一年實行。至於中國在這方面的態度對本港民意有何影響，則難以用具體數字計量，但肯定有顯著影響。

因此，一九八八年直接選舉立法局議員的問題現在似乎仍極具爭論性。將直選延至一九九一年實行，前進的步伐將不會太快，但卻可減低問題的爭論性，從社會上若干深具影響力的階層及從中國方面來的反對壓力也會相應減少。

坦白而言，這份白皮書基本上具抑制作用，以待採納一九九〇年所頒布的基

本法。

……

關於一九九一年取消區議會選舉團議席一事，頗多區議會深感不滿。

當局此舉是否暗示日後會以大選舉團取代現時的選舉團制度？

然則大選舉團的成員將會怎樣組成及如何使其在實際運作時更具代表性和更為民主？

抑或大選舉團將會成為一種受操縱的投票制度，使香港不能獲得中英聯合聲明中所承諾的高度自治？

當局可否對擴大選舉團制度的基礎一事再加考慮，以便一方面保留一些選舉議席給區議會，讓區議員推選議員加入立法局（雖然其議席數目已削減），另一方面又可使全港性的團體包括諮詢組織及非政府組織可獲分配其他的選舉議席？

關於功能團體方面，當局未有擴大教學界的代表性，為大學及專上教育界增設一個議席，我對此感到驚訝。

主席先生，公眾人士及兩局議員憲制發展小組在基本法諮詢期間須研究的關鍵問題如下：立法局直選議席與其他類別的非直選議席數目比較，起碼應佔何種比例？立法局與行政局之間的關係將會如何？公務員是否仍不准參政，抑或可透過擬議的大選舉團在立法局獲得議席？兩局議員制度的前景如何（尤其是關乎二十多個事務小組在維繫行政局及立法局兩者關係的作用方面）？應否將部分小組改由立法局常設的特別委員會取而代之？

白皮書建議，市區區議會應於一九八九年選出十位代表加入市政局，屆時市政局議員將會失去其在區議會的當然議員席位，我謹籲請政府將這項建議的實施時間由一九八九年延遲至一九九一年。

延期實施這項建議可讓市政局在政府資助下，重建現有市政局會議廳，及增添必需的輔助設施，以容納新加入的十位議員。

此外，並可給予市政局一段合理的時間，以適應議員人數的顯著增加，我們須記得，市政局的議員組合，包括民選及委任議員，將於一九八九年有所改變。

蘇海文議員致辭（譯文）：

　　當局決定延至一九九一年才進行重大的政制改革，由於我是一向主張在這些極為複雜及重要的事情上採取審慎步驟的循序漸進主義者，我對這項決定當然感到高興。本局一些議員及部分社會人士認為，本港實有迫切需要在本年作出轉變，這對我來說始終是不可思議的。他們並且聲稱本港絕大多數市民均贊成在一九八八年將直接選舉引進立法機關，我對這個說法亦感到大惑不解。即使人們就民意匯集處的調查工作和結果所得的資料作無數次的爭辯，本港及國際間的傳播媒介加以鼓吹，或人們就假設進行全民投票會得到的結果作出揣測，均無法掩飾這項基本事實。

　　若要證明本港一般市民尚未充分瞭解或認識到在參與民主政制發展過程中所獲得的益處，則最近舉行的區議會選舉便是一個好例子。雖然這次選舉的投票率並不只是證實了選舉的歷史趨勢，但將選民投票率偏低委諸公布白皮書一事，確是別具創意但相當奇特的理由。倘若真的如那些鼓吹及早推行直接選舉的人所言，即本港市民目前極為渴望透過全民投票去獲得表達政治意向的機會，那麼，本港選民為何不利用這個現成的機會，徹底表達這種意願？──由於有關綠皮書及白皮書的辯論，以及其後的報導，必定有助於提高市民的政治意識，選民更沒有理由不利用這個機會。當然，人們會說區議會選舉與立法局選舉兩者有明顯的分別，但上星期區議會選舉投票率偏低的事實亦不會因此而改變；尤其是當我們將這個比率與全港符合資格選民的總人數相比，以及從透過直接選舉在草根階層推行民主方面來看，投票率偏低的情況便更為明顯。

　　現在，我想向在這次區議會選舉中當選的候選人祝賀。雖然他們並未即時獲得榮譽、權力及受人稱頌的機會，但他們熱心協助管治本港的態度和服務社群的精神，實在值得我們敬佩和支持。

　　主席先生，事實的真相是，在我們當中的政治活動家並沒有獲得廣大市民的支持，然而，他們卻以獲得廣泛的支持為理由，抨擊政府和批評民意匯集處的調查結果。倘若這些活動家希望人們視之為有責任感的政治家，則必須學習如何進一步瞭解及接受大多數市民的意見。在東方社會，焚燒紙張可能是一種淨化或驅除妖魔的儀式，但在白皮書公布後不久，參加遊行的市民在布政司署門前及新界

地區焚燒白皮書的情景，卻令我想起世界上最令人齒冷的其中一種極權制度。這些情景更增強了我的信念，就是香港在政治教育方面，仍要走一段相當遙遠的路途，同時，倘若事先缺乏充分的準備，卻對政治架構或政制發展過程作出急速的轉變，很容易會產生反效果。

較早時，我曾多次批評政府當局就一九八四年代議政制白皮書所載建議採取的進一步行動向市民交代的方法不妥當，特別是因為政府沒有向市民清楚解釋其後有修訂該等建議的必要。另一方面，我認為政府在反映本港目前的情況方面已審慎從事，同時，我深信本港政府及英國政府是真誠地為香港市民謀取已知的福利。因此，任何有關兩地政府違背或出賣港人利益的指責，全部都是不負責任及純粹以煽動民情為目的。這些抨擊最能證明有關人士愚昧無知，對本港事務缺乏經驗，但又顯示出那些人士絕對無法接受及適應本港不斷轉變的社會環境，更不能根據共識的基礎，謀求可行的解決辦法。

上述情況令人感到遺憾，但也許是無可避免的。當然，這並不表示我們應該阻止別人發表及宣揚不同的意見，或將別人坦白表露的失望感受置諸不理，因為這情況已成為本港政制發展的一部分，人們可以暢所欲言，各自發表不同的意見，這是自由社會的特色之一。我們必須確保中國當局能夠明白一點，就是本港市民以能繼續享有這項自由為在香港順利實行「一國兩制」的主要明證，而且，這並非不忠或不愛國的行為，也沒有敵對的意圖。公開討論基本法初稿的時間已日益接近，中國當局對這方面的瞭解尤為重要。順帶一提，由於白皮書開宗明義地說明，政府的目標之一，是確保在一九九七年前存在的制度，應可促成在一九九七年順利過渡，並在其後保持高度的連續性，所以我們實際上已在辯論未來基本法所涉及的各方面問題。

在對白皮書及前此的綠皮書和民意匯集處報告書內容的爭議中，出現了「民主派人士」和「反民主派人士」或「保守派人士」和「自由主義者」等分門加類的稱號，以香港的情況來說，這些分類並不恰當，而且會使有關問題大為混淆及錯誤地反映當事人的意見，尤以在香港以外的地方為然。雖然西方民主制度化的模式與它在英國本土制度化的模式不盡相同，但毫無疑問，香港社會經已有民主的實質。辯稱普選制度可以確保本港在一九九七年後有更民主和更具代表性的政制，以及更負責任的政府和更大的自治權，是將問題過於簡化及有誤導的弊病。

作出這種一般性的假定，是完全忽略今日香港的政治傳統、本港社會的特質、以及非宗主國地位對本港發展新的政治架構的限制，更重要的是忽略了尋求適應中國的最佳辦法的需要。這種以偏概全的淺薄說法亦忽略了另一點，就是我們目前對本港未來政制的梗概一無所知。主席先生，讓我打個比喻，這說法亦等於認為人們只要看見米開朗基羅的大衞雕像某些主要部分，便可窺見該雕像的全貌。

因此，我們大致上應視今日的辯論為實用主義者與理想主義者兩大派別的辯論。假如我們不提其他派別名稱，則或可除去這辯論的一些對抗特性。無論最後釐定的香港未來內部政制藍圖是甚麼模樣，倘若我們一致要求以社會安定和經濟不斷進展為基礎的高度自治，則這個藍圖應該是實際可行的，即使未能符合那些傾向於追求理想的人士的所有期望，亦別無他法。那些信奉理想主義的人亦應謹記一點，就是香港市民大部分是講求實際，而不是沉緬於夢想的人。不過，雖然我並不同意那些理想主義者的處事方法和所得結論，但我承認我敬重他們的熱誠以及不屈不撓的精神；同時，我認為他們對有關事項的討論可作的貢獻，始終遠勝其他的人，例如給香港及香港政府提出忠告的一些英國國會議員及國際間的傳播媒介，他／它們看似誠懇，但往往對實情一無所知。

　　……

一些人認為應等待基本法草擬工作有結果才作出決定，以免在過渡期間要後退或迴避，我同意這種推理方法。然而，在另一方面，這種推理正好暗示一個可能性，就是我們現時為一九九一年擬定的轉變亦可能是過早提出。倘若社會人士期望由現在直到一九九七年，立法局的民選議席不斷增加（這並非是純粹假設），而基本法則將民選議席的數目維持在固定的低比率（從近期的草擬工作會議看來，這個可能性同樣是十分大），後果會如何？白皮書應否提出這個可能出現的矛盾，並加以討論，以防在一九九一年之前或其後興起一股政治覺醒的新浪潮？假如最終所有立法者均是由選舉產生，以便符合中英聯合聲明的條文，那麼，實施部分直選的推理或優點存在？事實上，這樣透過直選產生的少數立法者不會起多大作用，然而，他們又要個別對廣大選民負責。主席先生，這樣做豈非不倫不類，吃力不討好？

　　……但對於直接選舉應在一九八八年後何時實行，民意並不明確。他們顯然並不充分瞭解在一直關係密切的小社會裏設立對抗式政制可能出現的弊病，這個

社會能夠昌盛繁榮，全賴彼此摒除歧見，達到共識。為了在一個局部直選的立法機關裏，有少數人代表廣大的市民所帶來的無形利益，便須容忍上述弊病。政府沒有切實去分析這種發展的利弊，也沒有提供一個逐步擴展的間接選舉辦法，作為另一項可取的選擇方案，讓市民加以考慮。據已發表的民意顯示，市民認為直接選舉與選舉團的間接選舉二者兼備的方案較為可取，而不希望以此取代選舉團的間接選舉。白皮書根本就忽略了這點。

市民集中討論單獨一個問題，並對政府施加壓力。我覺得政府在作出反應時，任由催逼，結果須不必要地在期限屆滿時作出承諾，失去了再三籌謀，及採取英明果斷行動的機會。政府當局並甘冒失信於民的危險，僅為另一項短期和不切實際的應急措施，放棄原有的機會，不根據協商制度的模式去設計一個周全及內部連貫一致的代議政制方案。這個方案理應切實可行，而且真正適合香港的特殊環境，結果，我們的去向不但沒有越趨明確，反而增添紛亂，令全港的政治團體越覺不滿。基本法起草委員所遇到的困難，正反映了這個紛亂局面，我們一點也不會感到意外。

當我們把注意力轉到基本法，再回顧過去時，立法局近期多次討論，便似乎是並非必需，我們的內部爭辯也像多此一舉，小題大做。希望這次我們會訂出更明確的計劃，為將來建立更清晰的指標。更希望我們能繼續使中國政府明白，為著這個國家的最佳利益起見，他們必須鼓勵議員在這裏毫無保留和坦誠地討論問題。理想主義者如能最後徹悟，明白一起把頭顱撞向八八城牆上也是無補於事的，便可在這過程作出貢獻。他們可轉而把精力集中在兩項工作上。首先是協助推行教育，令更多市民明白實有需要更積極關注現行政制的運作和優點。其次是深入及有建設性地參與基本法初稿所載條文的討論。香港人最終應在這項討論中保障自己的權益、自由和獲得允諾的生活方式。此外，我們實應加倍團結，訂定更明確的目標以便進行這項討論。

1988年3月17日
恢復議案辯論：代議政制今後的發展白皮書

招顯洸議員致辭（譯文）：

主席先生，政府決定擴展現有的醫學界功能組別，以包括衞生界人士在內，我的醫學及衞生界同事對此深表歡迎。這些年來，醫療衞生服務是公眾服務最重要而又不可或缺的其中一環。提供這些服務的人早以敬業樂業著稱，其職責使他們有機會與各界人士直接接觸。我深信他們會繼續為社會作出貢獻，反映市民的需要。

主席先生，將兩萬多名人士列入現行功能組別，說明負有重要任務和職責而界別明確的團體是會獲得其所應有的重視的。我一向呼籲立法局於一九八八年設置合理數目的，由直選產生的議席，理由只是因為我深信香港安定繁榮主要有賴一個較開放民主的政府。以此而言，我認為八八直選即使不是確保港人能有更美好將來的唯一途徑，也是最有效的途徑。良工需時。要發展美好的民主制度，就像興建華廈，不能操之過急。民主制度需時建立。獨裁統治可以旦暮施令，加諸人民身上，但這不是我們所樂睹的。我們需要充裕的時間，來體會鑑辨政策的制訂過程、社會人士的贊同以及政府市民的合作。經驗顯示，要新的政制行之有效，須待十年以上。由於時日已無多，我認為一九八八年是最好的開始發展的時刻。因此，不論在公開場合抑閉門會議，我都會毫不猶豫地表明立場，為我的信念而盡力。白皮書訂明一九九一年會推行直選。鼓吹在八八年推行直選的人，包括我自己在內，對於當局這項決定將不會感到高興。不過，我們定不能忘記，在一個重要原則上我們已告勝利，這原則是香港必然推行直選。

有三項要素必須緊記：

第一，過渡期間須有一個審慎的政府。

第二，我們不能忽視目前的政治現實。

第三，公民參與是直選中重要的一環。我會在下文詳述這些要素。

我們在過渡期間須有一個審慎的政府。雖然政府在考慮絕大部分港人要求直選的意願後，毅然承諾一九九一年立法局有十個直選議席，但白皮書顯示香港政府，一如世上其他眾多負責任的政府，對決定政制發展步伐的緩急程度是極為審慎的。在無法肯定改革是否會使香港前途冒上風險之際，誰又可以責怪政府在進行政制改革時這樣小心翼翼呢？對香港政府來說，這就像跳越鴻溝，不容有失，這是我們必須面對的政治現實。理想是我們生活中的香料，使之更有意義。理想亦是一種推動力，使我們勇往直前，奮力到底。

說到理想，我相信我們全部抱有崇高的期望和理想，唯一的不同是，彼此的理想高低不一。可惜我們卻不能忽視現實環境。

有許多或大或小的障礙，阻止我們的立法機關在這數年內有直選議席，而倘使我們現時過度急進，或非本港社會之福。本局各位議員或會記得，以往多次曾有來自各方面的鉅大壓力，逼使政府暫時不要把直選引進我們的政治制度。鑑於本港獨特的政治環境受到各種限制，若假設我們可以無休止地繼續做下去，或想做便做，不理會各種條件限制，恐怕亦不甚合理。因此，實際來說，在一九九一年推行直選並非不可接受。

雖然白皮書承諾在一九九一年推行直接選舉，這並不表示這些議席將來會繼續存在和發展下去。如何使這些辛苦爭取得來的直選議席在本港的政制內鞏固下來和合乎法理，是我們急須採取的明智之舉。各位議員，能否做到此點，實在有賴各位的努力。

現談到公民參與直選的問題。今日本港有人口逾 550 萬，其中已登記為選民的有 140 萬。最近區議會選舉有多少人前往投票呢？只有 30.3%，較三年前區議會選舉的投票率還低 7.1%。最近一次選舉給我們的教訓是，我們需要多些時間來加緊推行公民教育計劃，鼓勵人們更關心香港的政制，促使他們行使投票權。現時我們便有多三年去做這些事。一直以來，本局議員努力為港人建立一個更美好的將來。近年來，我們一直為本身堅信的目標而奮鬥。當我們過分專注於自己認為是對的目標，也許會忘記聆聽別人的意見。當我們採用自己的方法去達到目標，也許會忽略別人在以其本身的辦法去達到同樣的目標。過去曾有些時候，我們對不同問題持不同意見，那時我們會批評那些不朝同一路線走的人，因而令本

局以外的人覺得本局議員意見分歧。既然我們有共同的目標，何不以友善合作的態度共步向前，反而在一些次要的問題上浪費寶貴的時間？我可以告訴各位，無論我們說多少遍我愛香港，無論我們對如何實踐「一國兩制」的概念表示多大的關注，一旦我們之間的歧見變為彼此間的衝突，那麼市民的信心、經濟的增長等等都會變得毫無意義。在這裏，我想強調一個意見分歧的立法機關殊非本港社會之福，尤以在目前的過渡期為然。因此，團結一致和齊心合力工作是同等重要。無論如何，團結的立法局總勝於意見分歧的立法局。

許賢發議員致辭：

……因為剛於上月公布的「代議政制今後的發展白皮書」，正好充分反映香港政府是與中國政府取得「默契」後才寫成的。在此情況下，八八年白皮書的整體表現，只能用「矛盾重重、步伐倒退」來形容，令人讀來不禁感到痛惜、失望與無奈。理由如下：

（1）在政制發展的原則和步伐方面 —— 白皮書強調政制發展要循序漸進，並且要取得社會人士的廣泛支持和信心。這些原則應不難獲得絕大部分市民的認同；但問題是誰人憑甚麼去判斷發展的步伐是大步還是小步？記得八二年的區議會選舉，以及八五年立法局一次過引進 24 個民選議席，都是本港從無到有的歷史性大步伐的發展；但當時不僅聽不到強大清晰的反對聲音，如今看來，也看不到這些改變令香港的管治出現不穩定和不明朗的情況。

所以，白皮書第 75 段指出：「市民對一九八七年綠皮書的反應，顯示社會人士渴望進一步發展代議政制。經多年來發展而成的代議形式，證實是有效和得到市民堅定支持的。」我們實在沒有理由懷疑這段說話的確切性，也肯定了政府在過去每三年一次較大步伐的代議政制發展，是循序漸進，且獲得市民的廣泛支持。

然而，反觀八八年白皮書所提出的發展步伐，絕對不是循序漸進，而是八八年基本上是原地踏步，九一年後才突變以符合聯合聲明的規定。八八年代議政制的改變就只有立法局減少兩個委任議席，以便加入兩個新功能組別的議席，以及在結構上改變市政局與區議會的關係。更令人失望的，是政府不僅否決有強大民

意支持的八八直選，就是連民意支持較大幅削減立法局委任議席，以便配合九七年前循序漸進地取消委任議席的原則，政府也辦不到。本人認為，八八年的發展步伐，與過去六年來代議政制的實踐經驗比較，不僅是倒退且背道而馳的做法，也是與政府在白皮書對過去六年政制發展的評價互相矛盾。

（2）在政制發展目標方面—八八年白皮書既然主要是依據八七年綠皮書的提議寫成，自然很難期望政府會重提在八四年白皮書所訂下的代議政制發展目標和承諾；不僅如此，白皮書叫人擔心的是，我們現時只看到代議政制在九一年的小部分發展（即在該年的立法局增設 10 個直選議席，但同時取消區議會選舉團的 10 個議席），九一年的其他改變，以及此後至九七年一段時間內的發展，就完全要視乎到九〇年才有定案的基本法。故此，九一年以後的政制發展，還能否讓代議政制繼續發展，實屬疑問。本人並不反對代議政制要與基本法銜接的原則；但對於政府的做法則不免有所保留。

我們清楚知道，當年開放地方行政，以及發展代議政制，完全是香港政府主動提出的。姑勿論這些改革是否如一般的分析所說：是為了在過渡期給港人留下良好印象，抑或是為英國在九七年光榮撤退留下藉口，好使英國國會及西方民主國家接納中英聯合聲明；但有一點不容否認的，是最瞭解香港內部事務和最能掌握本港政制發展的需要，除香港政府外，再沒有其他組織或政府可比擬。

然而，香港政府卻以銜接為理由，在這時將代議政制在九十年代的發展方向及步伐，交由基本法決定，這是不智而且危險的做法。因為這會帶來出爾反爾及虎頭蛇尾的不良印象。更嚴重的，是負責香港事務的中國高級官員曾公開表示過，中港兩地人民長期生活在兩個不同的社會制度裏，出現隔膜是在所難免的事。故此，中國對香港所制訂的方針和政策，也難免會出現偏差。所以，本人認為，港府應繼續在政制發展問題上，代表港人據實陳情，以確保基本法不超越中英聯合聲明的精神。

（3）在採納民意制訂決策方面 —— 在民意蒐集期間，爭論最激烈的，莫如八八直選問題。當時經常被反對八八直選人士引用的論據，就是基本法要到九〇年才公布，八八年推行直選，便使代議政制無法與基本法銜接，他們認為，直選的時間表應由基本法來確定。

政府以「社會人士在這問題上有明顯的分歧」，而否決在八八年推行直選，

並提出在九一年實行，理由是「政府已注意到在基本法的最新擬稿內，所有關於日後怎樣選舉立法機關的方案，都包括了採用直接選舉選出部分成員的方式。」很明顯，政府在直選時間的安排上，是充分照顧到反對八八直選者所提出的衝接論。

不過，本人認為這個說法不僅過分樂觀，且前後矛盾。首先，根據「基本法草稿匯編」列出三種立法機關的產生方案，無疑每個方案都有直選成分；但問題是三個方案所列出的不同產生方法（如直選、大選舉團及顧問團），都極具爭論性。故此，每一個方案都沒有「必然通過及與基本法衝接」的把握；即使最後通過有直選成分的方案，白皮書在現階段就決定九一年推行直選，以反「八八直選」的論調來看，無疑已違反中方所提出的「衝接論」，然而，白皮書卻多次提及政制發展與基本法衝接的重要性。此外，白皮書在現階段就決定在九一年推行直選，也無疑是把基本法獲草委會及中國全國人大的通過，視為「蓋橡皮圖章」。而令人感到奇怪的，是白皮書公布至今，社會上還未聽到過去持「衝接論」反對八八直選的人士、團體甚至中國政府，對白皮書的有關安排發表任何聲明。這就使人懷疑，香港政府是否已與中國取得「默契」，才能作出「九一直選」的決定。

白皮書為否決八八支持九一直選而提出的理由，固然難以使人信服和接納，即使在爭論較小的問題上，白皮書所作出的決定和提出的理由，也令人因政府出爾反爾的做法而感到不滿。

記得在民意蒐集期間，政府曾多番強調，會以民意匯集處依據綠皮書的建議收集民意的結果，作為草擬白皮書的依據。然而，在白皮書內，有幾項決定既非綠皮書的建議內容，也沒有民匯處報告書「清晰的大多數」民意支持，例如：（1）在九一年推行直選；（2）由八九年開始，取消市政局議員出任區議會當然議員的制度；及（3）在九一年取消區議會在立法局的十個選舉團議席。

主席先生，白皮書公布後，便屬政府的決策性文件，對於曾積極爭取八八直選，甚至曾發表意見的普羅市民而言，九一年直選的前景盼望，並不能彌補他們對白皮書的失望和無奈的傷痕。他們感到失望和痛惜，不僅是因為白皮書一再否決八八直選，而是政府在今次政制檢討中，表現出爾反爾、獨斷獨行，以及有選擇性地採納民意的做法，實在太露眼。對於本人而言，白皮書所顯示的前後矛盾、過分保守以至倒退的精神，是可以理解的；因為以過去政府在其他事務的行

政表現而言，若非受到中國、英國甚至雙方的壓力，香港政府很少會有像在政制
發展問題上，陷於進退失據、方寸大亂的尷尬局面。至於香港政府為何在政制發
展問題上，處處受制於中英兩國政府，本人於去年十一月在本局辯論民匯處報告
書時已有談論，今日不再贅述。本人希望利用以下時間，作出幾項建議。

（1）政府發展到今時今日，市民應徹底明白，要實現聯合聲明中有關港人治
港、高度自治的原則，已不能單憑中國或英國的賜予，也不能藉助香港政府爭
取，而是要徹底撤除過去「我不理自有人理」的苟且心態，把消極怕事無奈的心
態，化為積極進取敢於犧牲的精神，只有這樣才能使民主運動出現生機和希望。

（2）由下月起至九〇年中國全國人大正式頒布的一段時間內，是基本法兩度
諮詢港人意見及加以修訂的機會，也是影響香港今後命運的關鍵時刻，身為這一
代的香港市民，應盡這歷史性的責任，就基本法的各項條文發表意見，相信中國
政府不會公然漢〔漠〕視強大的民意。

（3）既然政府有決心改善市政局與區議會的關係，則從長遠利益的角度而
言，應拿出勇氣向前行多一步，即索性把市政局和區議會的兩層架構，合併改為
一個地方性議會，取代現時市政局及區議會的功能及職權範圍。屆時只有一個負
責中央政策的立法局，和負責地區事務的地區議會。

（4）早日落實推行「九一直運〔選〕」所需進行的立法工作，並由本局監察工
作進度，免得夜長夢多，臨時再有變卦。此外我們應充分利用七月開始長駐在港
工作的中英聯合聯絡小組，向中英兩國政府反映我們對政制改革的意願和建議。

（5）最後，本人認為，雖然本局已成立憲制發展小組，集中討論代議政制與
基本法；但要進一步爭取中國政府重視小組的地位及討論結果，否則只會流於
空談。

主席先生，本局雖已獲悉白皮書之各項方案及目標，但本人對白皮書的有關
決定及安排有很大保留，所以決定不接受這份白皮書。

雷聲隆議員致辭（譯文）：

白皮書不斷強調「穩定」和「改革須審慎」，但除了指向基本法外，並沒有
指示任何路向。

一九八八年沒有直接選舉已是意料中事，因為去年十一月的民意匯集處報告書已暗示政府有意這樣安排。取而代之的，是於一九九一年在立法局加入十個從按地區劃分的選區直接選出的議員席位。整體而言，我歡迎推行直接選舉，但對推行的時間卻不表贊同，更不同意上述席位取代現時由區議會推舉人選出任的席位。

在諮詢期中，有關方面廣泛鼓吹日後特別行政區政府的發展必須符合基本法的規定，這一點在白皮書最後一章也有提及。基本法將於一九九〇年頒布，不知道取消選舉團的決定是否會與基本法的內容吻合。即使是基本法的初稿也要等到本年五月才會公布，諮詢公眾人士的意見。因此令人有理由相信中英雙方已在日後特別行政區政府的結構問題上有了默契。否則，當局為甚麼一方面重申必須符合基本法的規定，另一方面又早在基本法公布前作出這項決定？

目前的選舉團議席將由十個按地區劃分的選區直接選出的議席取代，我感到非常詫異。白皮書提到立法局會出現雙重代表的問題，但情況並非一定如此，只要在界定選區範圍時採用不同的方式便可避免。畢竟，目前兩個市政局分別採用的制度中已經包括由直接選舉選出的議員和由區議員互選出任的議員。由區議會選舉及直接選出議員進入立法局的辦法，應視為「兩種選舉地方性代表進入立法局的制度」，有別於白皮書所說的兩種同時實施的制度。由選舉團及按地區劃分的選區，譬如新界，選出的議員須向不同組別的人士負責，處理不同範圍的地區事務，當局不能以出現雙重代表的問題為藉口，取消選舉團的制度。

一九八五年開始實行由選舉團選任立法局議員的制度，使區議會與立法局之間有直接的聯繫。明確地說，此舉開設了一個途徑，讓市民可在三層架構的制度下參與政治。由選舉團選出的議員須就其在立法局內的工作向有關的區議會作出交代。在新安排下，區議會只限於扮演純屬諮詢的角色而無實際的影響力。雖然三層架構仍然存在，但區議會的吸引力卻已減低。改善地區問題的興趣及政治抱負並非互相排斥。若能保存選舉團的制度及給予區議會一些實權，則會吸引更多人參與地區事務。最近的區議會選舉投票率很低，只有 30.3％，由此可得的結論是，白皮書的規定已令市民對區議會所扮演的角色失去興趣。我以為這情況可能是因為區議會所能做的工作實在極少。

我的辦事處曾就白皮書進行一項問卷調查。有關在一九九一年取消由選團選

出的民選議席的問題，三分之二在是項調查作答的人士均不贊成這項決定。區議會亦反對這項安排，其中大部分均支持區議會擔任行政上的職責。

儘管三層架構的制度運作良好，但在代議政制的長遠發展方面來說，前兩局議員憲制事務小組所討論過的兩層架構的制度或會更適合香港。區議會是市民最易接觸的辦事處，可直接對地區事務作出反應。倘若區議會的行政及管理權不獲得擴大，便不能充分發展為一個可有效和獨立應付問題的組織。

主席先生，我現在想談談立法局功能組別所起的作用。白皮書肯定了功能組別代表在立法局的價值，因而加強他們在政制架構內所擔任的角色。與選舉團不同，由功能組別選出的議員數目將由 12 位增至 14 位。正因如此，鄉議局在立法局沒有得到席位，令人更感訝詫。多年來，鄉議局在新界區新市鎮發展方面擔當一個重要角色，並且與政府非常合作。我對該局的失望及憤怒，亦深表同情。當局倘不能將鄉議局列為功能組別之一，至少亦應保證其在立法局有充分代表。畢竟能聲言代表約五十萬人利益的功能組別又有多少呢？

民選代表須對其選民負責，由功能組別選出的議員則只須向某一行業的人士交代。後者所代表的利益未免過於狹隘，相比之下，按地區劃分的選區更能代表市民的利益。

另一項有關功能組別制度的問題，是如何決定那一種專業應被列作功能組別。誠然，很多專業團體認為本身應在立法局佔有議席，倘毫無準則地將議席撥予該等組別，將會引起紛爭，而未被列入功能組別的團體欲佔有議席的要求會進一步增加。我極希望今日功能組別議席的擴展不會演變為日後「大選舉團」制度的序幕。在這裏，我要特別強調，「大選舉團」制度絕不應在香港推行，我不會向香港人推薦這個制度。總括而言，在立法局選舉中加入功能組別，永不能保證社會大眾的利益會獲得照顧，因為嚴格來說，他們沒有真正的代表性。雖然我對採用功能組別的辦法有很大保留，但就香港目前的社會而言，這可能是唯一最合適的辦法。

林鉅成議員致辭：

事實上，大多數的大學生和專上學院的學生都不滿這白皮書，這批未來社

會的支柱和精英分子為何對這白皮書如此不滿，是值得我們去關注和去探討其緣故。

整體來說，白皮書的建議是短視和不完整的，給人一個見步行步和十分被動的印象。在八四年的白皮書裏，我們可以清楚看到代議政制發展的時間表（包括立法局與行政局的關係，行政局成員的產生等等），八八年的白皮書完全迴避了這些重要問題，政制發展的時間表，也只是到一九九一年為止，一個對自己有信心，對市民意願有充分瞭解的政府，應有更具體，更長遠的政制發展計劃。八四年政府宣稱大部分市民希望八八年立法局有一小部分議席由直接選舉產生，現在又說因為民意分歧，所以九一年才會有 10 個直接選舉的議席，如果民意在這三年內有所轉變，則基於政府現時處事的邏輯，這 10 個直選議席是否能夠落實，主要是由九一年香港的民意去決定。談到民意分歧，局內局外就有顯著的不同，一個負責而有代表性的政府，是應聽取各方面的意見，從而作出公平的決定。白皮書就立法局八八直選問題的決定，究竟是否公正？布政司昨天說：在討論八七政制檢討綠皮書時，本局贊成和反對八八直選的議員各佔一半（18：18），市政局和區域市政局內，贊成八八直選的議員比反對的多出一倍以上（19：9），在區議會內，贊成和反對八八直選的約各佔一半（121：123）。既然三重架構內的議員贊成和反對八八直選的各佔一半，政府單單接納反對者的意見而否決贊成者的意見，這種做法是否公平？大家可以心照不宣。

曾在本局發言支持八八直選的議員們，有一部分現已改變立場，轉而支持九一直選，他們這樣做當然有他們的原因。本局一向大力鼓吹提高公民教育，拖延給予市民投票選舉立法局議員的權利，實在有違人權和平等這兩大原則；倘若我們說的一套，做的又是一套，又怎能令市民信服，受到市民尊重？

昨天一位政府官員對我說：「港人信心危機與香港政府無關。」我同意信心危機並非由香港政府所引發，我也相信香港政府有維持香港安定繁榮的意願，不過，有時我並不同意政府的處事手法。政府過分著重有效的管理香港而忽視民意，必然會加深香港人的信心危機。中英聯合聲明內的高度自治、港人治港，在這白皮書第八章有關「今後的發展」內，已完全沒有提及，只是強調有效地管理香港和政權的順利交接。整體來說，香港政府可以說是一個好政府，不過我們知道任何政府或人都不是十全十美，如果政府不能虛心接受善意的批評，對任何反

對的言論，視為對抗的行動，實在十分可惜。正直而有量度的政府，是無需害怕批評，因為市民的眼睛是雪亮的，他們知道誰對誰不對。堅定的立場是值得我們市民的支持，但如果政府獨行獨斷、不理民意，對持相反意見的人士，直接或間接的排擠，就會給市民一種感覺——「官」字兩個口。

主席先生，一個聰明的人，有時都會做一些愚蠢的事，這份白皮書是一個好的比喻。我會原諒政府這樣做。基於上述種種原因，本人不接受白皮書。

李柱銘議員致辭（傳譯）（編者按：就修訂動議的致辭）

主席先生，我提出這項修訂動議並非因為政府決定不在今年實施直接選舉違反了我的意願，而是因為政府這項決定是錯誤的。這項決定如獲本局通過，對香港長遠來說是很不利的。

首先，中國的領導人未曾見過直接選舉實施後會是怎樣，所以他們不願讓香港將來的立法機關有超過 25％直選議席是可理解的。但假如今年即實施直接選舉的話，中國領導人便可親自見到這制度可在香港運作良好，而他們亦會樂於讓我們有更多的直選議席。不過，如果我們等到一九九一年才實施直選，則到時基本法已公布，而將來的立法機關要有超過 25％直選議席似乎並不可能。在此情況下，我們在一九九七年時，便不會有一個真正民主或真正具代表性的政府。

其次，信心危機和移民潮將會愈來愈嚴重，因為這不單只是何時引進直選的問題；有很多人將此事看作中英政府對香港是否有誠意的試金石。

第 5 段

主席先生，我看過白皮書好幾遍，卻找不到有合理解釋為何不在今年實施直接選舉。我想大家看看白皮書第 5 段，內容是：

> 因此，在香港的代議政制方面，政府有以下的目標：
>
> （甲）政制應繼續演變，以適合香港的情況；
>
> （乙）政制的發展應該是審慎和循序漸進的；
>
> （丙）任何改革都應獲得盡量廣泛的支持，以求得到社會人士整體的

信心；

（丁）在一九九七年前存在的制度，應可促成在一九九七年順利過渡，並在其後保持高度的連續性。

主席先生，張鑑泉議員對白皮書開頭幾段大為讚賞，現在我想花多些少時間指出，政府建議在一九九一年始引進 10 個直選議席以代替目前由區議會間接選出的 10 個議席，實在是違反第 5 段所公布的各項目標。

首先要談的是「政制應繼續演變，以適合香港的情況」。我們在一九八五年開始大力推行間接選舉。當時 46 個由非政府人員出任的議席中，有 24 個是從間選產生的。如果不包括官守議員的話，間選議席數目已略佔大多數。但白皮書建議在今年只增加 2 個間選議席，如以距離來說，主席先生，我們的第一步走了 24 吋，而現建議踏出的第二步則只有 2 吋。這使人認為，〔有〕司行動的系統定是出了問題。

現在我轉談第二項目標：「政制的發展應該是審慎和循序漸進的」。正如許賢發議員指出，假如在一九八八年只作輕微轉變或全無轉變，而直至一九九四年夏天仍保留 30 個委任議席，則我們肯定必須在一九九四年九月實行「大躍進」，才可確保屆時能逐步取締所有委任議員，以符合中英聯合聲明。主席先生，現在裹足不前，而在一九九四年則實行「大躍進」，這肯定在任何方面都不能說是「審慎」或「循序漸進」的。

第三項目標是「任何改革都應獲得盡量廣泛的支持，以求得到社會人士整體的信心」。主席先生，目前，根據所有民意調查，支持今年有直接選舉的人士比支持在一九九一年或任何其他年份引進直選的人士為多。既然獲得「盡量廣泛的支持」是這般重要，為何我們不揀選大部分人士都贊成的一九八八年來舉行直選？

第四項目標是「在一九九七年前存在的制度，應可促成在一九九七年順利過渡，並在其後保持高度的連續性」。換言之，這即是銜接問題，但用其他方式說出而已。據我瞭解，「銜接」一詞令英國政府頗為尷尬，故政府已避而不用，但我深信這意思就是銜接。

主席先生，在基本法的暫定草稿內 —— 基本法已定於今午五月公布以諮詢民

意 —— 該項有關特別行政區將來的立法機關的最民主選擇，仍保留 25％目前由選舉團選出的議席，包括由區議會間接選出的議席。

主席先生，如我們以其他模式取代基本法起草委員會現正考慮的模式，則如何能與這項有關「連續性」或「銜接」的已公布目標互相配合？假如基本法果然按照香港市民的意願而採納這個民主模式（我但願如此），則政府怎能實行其現已決定要做的事？

主席先生，至於政府如何作出這個決定，則只可能有兩個解釋：第一，這結論是經過諮詢中國後作出的；其次，這是獨立作出的，與中國無關。現在讓我首先談談後者。在該種情況下，基本法可能會採納這個民主模式。正如我剛才所說，在這情況下，政府當然不能履行其諾言。然而第一個情況甚至更壞，這即是說中國已決定不接納區議會這選舉團的間接選舉制度，而要將該民主模式從基本法初稿中刪去。如果是這樣的話，則諮詢香港人對基本法初稿意見的活動，只不過是門面工夫而已。

主席先生，無論怎樣去看，將 10 個直選議席取代目前由區議會間接選出的議席這項建議，實在是違反了白皮書內公布的各項目標。但當然，白皮書內尚有其他段落與這問題有關，我現擬一一討論，而且希望能詳盡無遺地說清楚。

第 20 段

第 20 段與上述問題有關，請恕我只讀出其中一部分：「反對的人……」，即反對今年舉行直選的人，「則認為在一九八八年實行直接選舉是過早的。他們所持的理由是：上次的重大改組進行了還不到三年，現在就實行直接選舉或會危及穩定和持續性；或是基本法仍未確定一九九七年後採用的選舉制度，而基本法預期要到一九九〇年才頒布。」這裏，我想指出兩點：第一，今年舉行直選或會危及穩定；第二，這或會引起不銜接的問題。

關於第一點，我認為絕對不能成立，因為政府在一九八七年五月二十七日在本局曾就一項問題給予答覆。各議員或會記得，大約在那時候有好幾份親北京的報紙曾指出，一九八八年實行直接選舉會危害香港的安定繁榮，因而會違反聯合聲明。在這方面，為方便各議員起見，我認為應將聯合聲明第四條讀出來：「中華人民共和國政府和聯合王國政府聲明：自本聯合聲明生效之日起至一九九七年

六月三十日止的過渡時期內，聯合王國政府負責香港的行政管理，以維持和保持香港的經濟繁榮和社會穩定；對此，中華人民共和國政府將給予合作。」

我們從親北京的報紙上看到，由於在一九八八年舉行直接選舉或會危害香港的安定繁榮，故今年舉行直選是不當的。在這情況下，林鉅成議員曾在本局提出下列問題：「由於應否在一九八八年推行直接選舉是一九八七年政制檢討綠皮書所涉及的重要問題之一，謹請政府說明是否會告知本局，是否會鼓勵市民就此問題發表意見，而不論他們是支持或反對直接選舉，也毋須擔心其言論與中英聯合聲明的條文有所抵觸？」當時政務司的答覆是：「主席先生，是的，政府會鼓勵市民就綠皮書所涉及的所有問題發表意見，當市民發表意見時，市民可以自由支持或反對綠皮書所討論的任何政制改革辦法。我們不認為這些辦法任何一項會與中英聯合聲明有所抵觸。」

讓我謹此提出，這答覆是完全正確的，而含意很可能是最低限度政府在一九八七年五月二十七日認為 ── 我希望這並不表示該立場已有所改變 ── 只要香港人想在一九八八年推行直接選舉，則絕對應實行，而毋須擔心會危害本港的安定繁榮。主席先生，根據這項在不足一年前向本局提出的答覆，政府怎可以仍在白皮書內提出這樣似是而非的論點，而不至少說明在政府眼中，這理由是不成立的？

現在讓我談談銜接那點，我認為那一點亦一定不能成立，因為政府在第 26 段所提出的論點是，基本法起草委員會所考慮的所有方案，都包括了「採用直接選舉選出部分成員的方式」。該段的上下文指出，政府不怕一九九一年推行直接選舉的建議會引起任何不銜接的問題，因為他預料最後在一九九〇年頒布基本法時，其內必列明將來的立法機關最低限度會有部分直選議席。

不過，主席先生，問題是如果政府現在能堅決決定在一九九一年實行直接選而不怕會不銜接，他如何能說在一九八八年實行直接選舉會有與基本法不銜接的危險呢？政府的言行定要更為前後一致。因此我謹提出，第 20 段所載的論點亦一定不能夠成立。

第 21 及 22 段

現讓我談談第 21 及 22 段。第 21 段說：「在民意匯集處收到個別人士、團體

和社團遞交的意見書中，反對在一九八八年實行直接選舉的多於贊成的。民意匯集處委託私人機構進行的兩項民意調查，也得到相同的結果。其他民意調查和簽名運動 —— 尤其是後者 —— 都贊成在一九八八年實行直接選舉。至於立法局、兩個市政局和各區議會議員的意見，當中也有很大的差異。」

第 22 段說：「總括來說，大眾對綠皮書的反應顯示：香港市民廣泛支持立法局加入一些由直接選舉產生的議員這項原則，但對於應在甚麼時候採取這個步驟卻有分歧。」

主席先生，布政司昨日曾說：「任何人都不能指稱這些數字是由政府虛構的，而明理的人亦不能否認，這些結果反映出市民意見有分歧。」但對不起，我要提出一點，布政司所言只有一半屬實。我會就此加以解釋。

布政司所著眼者有三點：民匯處收到的意見書，各局會議上所發表的意見，以及民意調查所收集的意見。

首先有關意見書問題。主席先生，最近在一九八七年十一月十八日就民意匯集處報告書進行辯論時，我已在本局提出，政府沒有理由不把簽名運動收集得附有身份證號碼的簽名，和反對今年推行直選的親中集團預先印製的不提供選擇的信件給予同等看待。政府不聽從專家的意見，而繼續給予上述兩者不同待遇，卻沒有提出理由解釋其立場。根據我在一九八七年十一月十八日發表的演辭所陳述的各項理由，我建議政府應改在白皮書內說明：「在民意匯集處收到個別人士、團體和社團遞交的意見書中，贊成在一九八八年實行直接選舉的意見較反對的為多。」

第二，至於有關本局、兩個市政局和區議會的數字，我們必須緊記，本局的議員不能真正代表「本港整個社會」，很多議員也曾這樣強調。因為，主席先生，無論我們喜歡與否，我們之中沒有人是由市民選出的。同樣，在兩個市政局和區議會方面，其成員也並非全部是民選的。

主席先生，在這情況下，政府在白皮書內所得到的結論說「總括來說，大眾對綠皮書的反應顯示：香港市民對於應在甚麼時候採取這個步驟卻有分歧」，很顯然是根據雅捷市場研究社所進行的兩項調查而作出的，而政府認為，這兩項調查顯示，反對在一九八八年實行直接選舉的人多於贊成的。主席先生，在這情況下，我們必須向政府查詢，他們是否承認對這兩項雅捷調查所提出的大量有力批

評是合理的。因此，在上星期，我曾向本局提出一項動議，希望可在一九八八年三月九日，即在今次辯論前，進行辯論。我的動議是：「公眾人士對民意匯集處委托的雅捷市場研究社就立法局在一九八八年應否引進直接選舉一事所作的兩項民意調查的結果（於一九八七年十月二十九日刊於民意匯集處報告書內）發表周詳而有力的批評，這些批評證明了調查結果是無效的，政府未能就此作出回答，本局感到遺憾，我因此促請政府就一九八八年二月十日發表的白皮書第 28 段所宣布不於一九八八年推行直接選舉的決定在本局進行辯論前，詳細回答這些批評。」

主席先生，可惜閣下拒絕把這種動議列入議事程序內。主席先生，如閣下拒絕把它列入議事程序的理由是說動議太長，我倒無話可說。但可惜，閣下提出的理由是它搶先在今日的辯論前進行。主席先生，我謹服從閣下的裁定，但我想恭敬地指出，該項裁定是不正確的，因為白皮書並無提到任何對於雅捷調查的批評，因此，我請求政府發表意見以表明是否接納這些批評的動議，其實是與今日動議所處理的問題不同的。

主席先生，後來，八位立法局議員聯名發表了一封公開信，刊載於八八年三月十一日的《南華早報》及《信報》，要求政府就雅捷的兩項調查受到的批評作答，要不就勿再用民意作為不在今年實行直選的理由。

副布政司陳祖澤先生已立刻回覆這封信，其答覆已於八八年三月十四日刊登在上述兩份報紙。但很可惜，他未能解答這個主要的問題。因此，我們昨天再次在這兩份報紙刊登另一封公開信，指出由於政府未能解答這些批評意見，唯一的辦法就是不要再用所謂民意作為不在今年實行直選的理由。

主席先生，我們知道，香港很多專家所見略同，他們認為雅捷就這個問題進行的兩項調查是無效的，應該置諸不理。這些意見最近更得到一位韋比先生證實。韋比先生是世界馳名的蓋樂普民意調查公司的秘書長，他曾將民匯處報告書內所載的資料加以評核。當然，他是以個人名義來做的。他得出的結論是：如果在這期間，單就八八直選一事讓全港的成年人投票的話，結果最低限度會是二比一，贊成的佔多數。正如遠東經濟評論報所述（該報也支持韋比先生的評核研究），當年英國就是以全民投票的方式決定應否保留在共同市場的席位，結果贊成保留的佔 67%，這樣便解決了那個棘手的問題，從此一勞永逸。

韋比先生進一步指出，專業調查公司向全港市民進行調查所得的資料最為可

靠；如果這些調查經過準確分析及理解，那麼，贊成在今年舉行直接選舉的人數最低限度應是二對一之比。當然，意見仍然分歧，但很明顯的是，一直以來都有大多數市民贊成八八年度直選。但是，議員仍然不斷重複白皮書內的一句話，就是：社會人士「對於應在甚麼時候採取這個步驟卻有分歧」。

主席先生，鑑於韋比先生發表的意見，我謹此指出，政府要將實行直接選舉的日期延遲三年，所持的基本論據實際上已完全摧毀。無論如何，很清楚的一點是，政府不能繼續認為民意是反對在今年進行直接選舉。主席先生，我希望以後不再聽到這個不盡不實的說法。

第 25 段

現在我想轉談第 25 段，這段提到「為了保持穩定，香港代議政制的發展應該繼續是循序漸進而不是突變的。每一步驟都應經過小心考慮，而任何改變都應取得社會人士的廣泛支持和信心。」

主席先生，「突變」這一詞非常駭人，但是這裏是否說，舉行直選是突變呢？如果不是，為甚麼這樣說呢？

我想提醒大家，尤其是請首席議員鄧蓮如女士回想她自己在一九八七年七月十五日就綠皮書進行辯論時，所說的一番話：「在考慮直接選舉問題時，我們必須記得，現在所討論的並非在香港舉行第一次的直選，而只是將現有的選舉措施推廣至本局。換言之，我們所論及的並非一項創新的重大變革，而是一個循序漸進的步驟。」就第 25 段所說的到此為止。

第 26 段

我想談談第 26 段。第 26 段的內容是：「這些演變也必須有助於一九九七年政權的順利交接。到時將有無可避免的改變。如果能同時保持高度的持續性，和有一個早以為香港人所熟悉的管治形式，那將會是對香港社會最有利的。因此，在考慮一九九七年前進一步發展香港的代議政制時，必須顧及中英聯合聲明的有關規定，和基本法起草委員會對一九九七年後怎樣執行這些規定的商議。在這方面，政府已注意到在基本法的最新擬稿內所有關於日後怎樣選舉立法機關的方案，都包括了採用直接選舉選出部分成員的方式。」

主席先生，讓我再次提到高度持續性，亦即是衛接的問題，結論是：日後將會沒有問題，因為基本法起草委員會所考慮的所有方案都有直選成分。所以，主席先生，基於相同的理由，我相信在今年實行直接選舉也同樣是沒有問題的。

第 28 段

我認為第 27 段是不必要的，我略過這段不提，轉談第 28 段，原文是「至於實行直接選舉的時間，政府的結論是：鑑於社會人士在這問題上有十分明顯的分歧，在一九八八年實行這樣重大的憲制改革將不會是正確的做法。」

主席先生，所謂「十分明顯的分歧」這一點我已說過了，這段接續指出：「一個有充分理由支持的看法，就是下一屆的立法局應再次採用現有的組合方式，而不應在三年內進行第二次重大改組。」主席先生，這句話最耐人尋味。讓我舉一個例子來說明其不確之處。例如我可以說：一個有充分理由支持的看法，就是我應該打你的鼻子。但主席先生，到底論據是甚麼呢？這段的後半截這樣說：「另一方面，在一九九七年前及早引進新的選舉方式，讓它有充分時間穩固起來，也是很有道理的。政府因此決定在一九九一年採用直接選舉選出若干名立法局議員。」

主席先生，這段後半截的其中兩句值得一談，原文說應該「在一九九七年前及早引進新的選舉方式，讓它有充分時間穩固起來」，這無疑是支持在一九九七年前及早採用這些選舉方式的理由。其實這段只提到兩點：一是社會人士的意見有十分明顯的分歧，這點我已經說過了。另一點就是那個「有充分理由支持」的「看法」。要理解這句子，唯一可行的方法是將上述理由與第 20 段對照參考。因為只有在該段才可以找到「理由」這兩個字。讓我加以復述，第 20 段是：「反對的人則認為在一九八八年實行直接選舉是過早的。他們所持的理由是：上次的重大改組進行了還不到三年，現在就實行直接選舉或會危及穩定和持續性；或是基本法仍未確定一九九七年後採用的選舉制度，而基本法預期要到一九九〇年才頒布。」這點我已說過。因此，我認為上述理由是不當的。

但願我們今日所投的，是日後可引以自豪的一票。好讓我們在二十年後，可以告訴兒孫我們怎樣投了今天這一票。

主席先生，為了這些理由，本人謹動議修訂在布政司名下的動議，就是在末端加上幾個字：「但對政府決定不於一九八八年在立法局推行部分直接選舉感到

遺憾。」

司徒華議員致辭：

　　主席先生，我支持李柱銘議員提出的修訂動議。

　　布政司霍德議員原來的動議是：「本局獲悉『代議政制今後的發展白皮書』所載各項方案和目標」。這個動議是毫無意義的。本局議員既非盲、又非聾，怎能夠不獲悉呢？本局議員既非草木，又非岩石，獲悉了又怎能夠既不歡迎，又不反對呢？我不知道布政司霍德議員，為甚麼不把原來動議中「獲悉」兩字寫作「歡迎」。難道他不希望受到歡迎嗎？難道他已經知道不會受到歡迎嗎？

　　在目前的政制下，本局不會亦不能反對這白皮書，因為即使反對也無效。現在，本局的官守議員和委任議員佔了絕大多數。政府官員在這次辯論之前已經說過：無論如何白皮書一定不會修改，一定要執行。既沒有人提出歡迎，又不容反對，那麼表示遺憾總可以罷？本港五百多萬市民中，有多少對這白皮書感到不滿的呢？單是簽名支持八八直選的人，就有二十多萬，他們是感到憤怒的。本局議員是民意代表，有責任反映他們的反應。只用「遺憾」來表達他們的憤怒，實在有點心中有愧。

　　在辯論綠皮書時，我駁斥了種種反對八八直選的論調，有所謂「經濟繁榮論」、「公民教育論」、「違反中英聯合聲明論」、「銜接論」、「循序漸進論」、「效率論」、「有待評價論」、「反民主抗共論」等等。白皮書反對八八直選，只取回了其中的「銜接論」和「循序漸進論」，並創造了一個「分歧論」，這等於證明了其他的論調已經破爛。但白皮書所載在九一年才引進十個直選議席和其他有關政制的決定，也同時說明了它所拾回的「銜接論」和「循序漸進論」自相矛盾，自打咀巴。

　　我們先來看看，在白皮書中略作修改的「銜接論」。

　　白皮書說：「政府已注意到在基本法的最新擬稿內所有關於日後怎樣選舉立法機關的方案，都包括了採用直接選舉選出部分成員的方式。」這是騙人的話。我是基本法起草委員會的委員，參加了每一次草委的全體會議和政治體制專題小組會議，知道得清清楚楚，並不是所有方案都包括有直選，其中一個方案是主張

實行百分之一百功能組別選舉。我雖然反對這個方案，但認為在基本法頒布之前，香港政府無權一手抹殺這方案，更不應該一手掩住這方案來說假話欺騙香港市民。在目前，基本法的討論稿還沒有公布，諮詢期還沒有開始，中國的人大常委會也不能一手抹煞這方案，何況香港政府？

　基本法定稿要到九〇年才頒布，距離現在還有兩年。在基本法定稿頒布之前，假如決定了九一直選並不違反「銜接論」，那麼決定八八直選也沒有違反「銜接論」；假如決定八八直選是違反「銜接論」的，那麼決定九一直選也違反了「銜接論」。白皮書中的九一直選，粉碎了自己的「銜接論」。

　曾經高唱「銜接論」的人，假如是堅持原則、緊守立場的話，應該反對現在基本法定稿還沒有公布，白皮書就已經作出了九一直選的決定。否則，他們高唱過的「銜接論」只是幌子，都是胡說八道。我雖然不贊成但卻願意聽到這樣的聲音，因為我欣賞能夠堅持原則，緊守立場的人，即使他們的意見是我不同意的。

　我們再來看看，在白皮書「見牛而未羊」的「循序漸進論」。

　白皮書說：「香港代議政制的發展應該繼續是循序漸進的」，「這些演變也必須有助於一九九七年政權的順利交接。到時將有無可避免的改變。如果能同時保持高度的持續性，和有一個早已為香港人熟悉的管治形式，那將會是對香港社會最有利的。」

　甚麼是「無可避免的改變」呢？根據中英聯合聲明是：「立法機關由選舉產生。」怎樣才「有一個早已為香港人熟悉的管治形式」呢？官守和委任是香港人早已熟悉的，但卻無可避免要改變，改變為選舉，改變為有一部分的直選，那麼越早實現全部選舉和引進直選就越好，讓香港人能夠有長一點時間去熟悉新制度。假如現在我們在原地踏步，就錯失了早已熟悉的時機。到了無可避免的改變日益逼近時，那就無法循序漸進了。

　在九七年前，立法局只有三次選舉。現有委任議員 22 人，到九七年便要一個也沒有。用簡單的除數去計算循序漸進的速度，每次選最低限度也要減少 7 人。但白皮書卻決定八八年只減少 2 人，這又算是甚麼循序漸進呢？對直選，喋喋不休強調循序漸進；對委任，就絕口不提循序漸進，這不是像《孟子》一書裏所說「見牛而未羊」的偽善者齊宣王嗎？

　我們最後來看看，白皮書中所新創的「分歧論」。

白皮書說：「政府的結論是：鑑於社會人士在這問題上有十分明顯的分歧，在一九八八年實行這樣重大的憲制改革將不會是正確的做法。」

在一個多元化的社會裏，意見分歧是正常的現象。俗語說：「關公也有對頭人」，如果以意見分歧來拒絕某一種意見，則任何意見都會被拒絕。

我們要問：要增設甚麼功能組別，意見不是更分歧嗎？為甚麼政府又斷然決定只增加其中的兩個組別呢？對市政局議員在市區區議會內的當然議席，意見並不分歧，絕大多數的意見是贊成「不應取消」的。為甚麼政府又斷然作出與絕大多數意見相反的決定呢？

說穿了，管甚麼分歧不分歧，唯我獨尊，我要怎樣就怎樣。值得重視的，倒是政府的決定與廣大的民意是否有分歧，假如政府的決定與廣大的民意有了分歧，將會有怎麼樣的後果？

譚王䓪鳴議員致辭：

主席先生，在我們的生活裏面，經常存在著一些先入為主，似是而非的錯覺和誤會。好像當我們提到「理想」和「現實」這兩個問題時，就很容易直覺認為「理想」是崇高的東西，「現實」則是俗品。因此那些講理想的人就自然應受到歌頌，那些講現實的人就應被投以鄙視的目光。上述看法如果是用在討論個人道德生活問題時，自然無可厚非。但若應用在政治世界裏，則大有問題。西方著名社會學家韋伯（Max Weber）曾經為政治家應具備的基本條件立下三項標準。除了具有判斷力（Power of Judgement）外，一個理想的政治家還必須具備現實感（Realistic Passion）和責任感（Sense of Responsibility）。所謂現實感，是指不會抽離現實世界盲目追求某些政治理想。而所謂責任感，則指不會單獨追求本身的政治理想而不考慮照顧其他人的看法，一廂情願地強迫他人跟從自己的理想。缺乏現實感和責任感，在韋伯眼中，是政治世界的兩大罪惡。本人以為，韋伯上述經典的講法，對於今日身處政情複雜的本港社會裏面的每一個政治人物來說，是值得細想和注意的。

在過往幾年，直接選舉一直成為本港政制發展過程中最受爭議的問題。本港不少來自各行各業的社會人士，都極力鼓吹八八年立法局應開始引進直接選舉；

但與此同時，亦有相當多的社會人士不以為然，積極主張將直接選舉的引進時間押後幾年。這種爭論已經持續了幾年，斷不能無休止地持續下去。在兩不相讓的情況下，我們只有接受在兩者之中作出取捨。而無論決定如何，肯定的是必會令一方滿意，一方失望。因此，問題的關鍵並非政府究竟為八八直選問題作出了甚麼決定，而是政府的有關決定究竟以甚麼為基礎。

早於去年五月，本港社會普遍已為作出這重大政治決定的考慮基礎達成共識，就是要以市民的意願，特別是所謂沉默大多數的意願為一個基本考慮基礎。因此才會有民意匯集處的出現，才會有民意調查和意見匯集的安排。而最後得出的結果，是絕大多數的市民支持本港長遠有直選，但應否於八八年開始推行，則意見分歧。上述結論，並非單單基於受到非議的兩次官方意見調查而得出的。無論是直接遞交民意匯集處的意見書，抑或由多個民間團體委托調查公司進行的多個隨機抽樣調查，所得出的民意都是相若。

在政制改革這個重大問題上，面對著分歧的民意，任何有政治現實感和政治責任感的人，相信都會選擇謹慎的做法。今次白皮書作出了寧可延遲三年才開始引進直選的決定，是照顧到整體民情，和考慮到勉強於八八年推行直選可能帶來的不良後果。因此，八八直選雖然是本人的政治理想，但本人並不以為它的落空顯示政府作出了錯誤的決定。本人覺得真正令人遺憾的，應是本港整體社會在八七年還未能就直選的施行做好準備，以致我們錯失了八八年這個引進直選的理想良機。

黃宏發議員致辭：

……今天我不打算重複以前所說過的理由，只想提及有關公民教育及直選準備的問題。公民究竟是否準備接受民主，完全在於實踐。我們已經在一八八八年而不是一九八八年，舉行過第一次直選。該次選舉就是張有興議員曾任主席的市政局的前身──衞生局，在一八八八年所進行的直選，推行至今。現在較低一層的機構──區議會，亦已推行直選，因而立法局推行直選已經有足夠的訓練機會。假使在這個最高層面上有足夠的訓練機會，開始引進部分直選議席，亦是使市民和議員可以透過實踐而加以準備，若然不引進的話，根本是不能的。我認為

在簽訂了聯合聲明後，基本上特別說明未來立法機關是由選舉產生，所以必定要盡早產生。司徒華議員指出應該循序漸進，每一次應增加 11 個或減少 11 個委任議員或官守議員的議席，在這方面我有不同意見。我認為應該只計算委任議員的議席，所以這次我認為應該減少大約 7 個議席，或者稍為少於 7 個議席亦可，而絕非 2 個議席。我們不可以說因為會使立法局議員的人數大大增加，所以不應在立法局引進直選議席。一個立法機關如果說明由選舉產生，必然不能長遠抗拒民間對直選的要求；若果抗拒的話，即使有一個由選舉產生的立法機構，仍可能導致人民有由直選產生行政首長的要求，例如南韓最近發生的事件，就可以顯示這經驗。

......

民意究竟是甚麼一回事，我認為基本上白皮書內所持的論據，認為在一九八八年不宜進行直接選舉而應延遲至九一年推行，並非基於第 1 段內其中一句話 —— 雅捷民意調查，而是基於第 20 段內提及意見極為分歧；第 22 段提及採取這個步驟也有分歧和第 28 段提及社會人士在這問題上亦有極分歧的意見。對於當時那幾封信，我認為副布政司並無清楚答覆的是有關第 21 段：「在民意匯集處收到個別人士、團體和社團遞交的意見書中，反對在一九八八年實行直接選舉的多於贊成的。民意匯集處委託私人機構進行的兩項民意調查，也得到相同的結果。」在這方面我認為副布政司並沒有加以答覆。但有關這方面的答覆，在昨天的辯論中，譚惠珠議員亦曾提及。她指出民匯處 —— 民匯專員的資料（這些資料並非載於民匯處報告內，而是事後我們要求得到的）顯示，用表格式文件表示反對直選或不贊成八八年直選的有 67,370 份，贊成八八年直選的有 1,313 份，這些都是預先印製的表格 —— 表格說明立場是甚麼。以往本人曾經向主席先生呈交一份文件，當時閣下決定不應將這份文件呈交立法局，但是在去年十一月十八日我曾委託兩局議員辦事處將這份文件傳交全體議員，當時我引用的數字不是表格的數目，表格數目只列於括號內，我所引用的是人數、相應的數字就是 71,566 人反對直選或不贊成八八年有直選，而 1,327 人則贊成八八年有直選或不反對八八年有直選，請各位注意這兩個相對數字。但譚議員跟著引用另外兩項由民匯處提供的數字，就是以問卷方式表達個人意見者，問卷是預先印製的，但基本上是給予個人作出選擇；反對直選或不贊成八八年實行直選的有 10,301 份，相應的人數是

10,325 人，贊成八八年直選的有 26,745 份，而相應的數字是 26,833 人。

接著譚議員亦引用其他數字，即其他個別人士的意見，或由多位人士聯名簽署的意見書。反對直選及不贊成八八年直選的有 8,941 份，相應的人數有 12,379 人；贊成八八年直選的有 7,071 份，相應的人數是 11,185 人。但譚議員接著說以上 A 及 B 的表達方式都是比較有組織的做法，對於這點我完全不能同意。若說是有組織的做法，我對三者都有所懷疑，因為意見書的數目和人數在相比下均有差距。譚議員認為我們考慮數字時應將 A 與 B 都計算在內，即凡以表格方式遞交意見的，不論立場書或問卷都應同樣獲得考慮，如此看來，以乎是反對八八年進行直選者比贊成八八年實行直選者為多。我認為這個計算方法是不對的。至於其他個人意見中，12,379 人反對直選，或不贊成八八年推行直選，而贊成八八直選者有 11,885 人，數字略低。但在我交給主席的原有表格內，我是將 B 和 C，即人數與意見書的數目加在一起。歸根結底，我認為正確的數字不應如譚議員所說，它們應該能夠清楚顯示個人意見，而並非以立場書的形式表達，因此反對直選或不贊成八八年推行直選的有 22,704 人，而贊成或不反對的有 38,018 人。至於預先印製的立場書表格方面，71,566 人反對直選或反對八八年實行直選，而只有 1,327 人贊成或不反對八八直選。我認為應將預先印製的立場書和簽名運動相提並論，否則，就不應將其完全計算起來。在簽名運動方面，反對八八年直選或反對直選的有 295 人聯名簽署的一份意見書，而贊成八八年直選或不反對八八年直選的有 223,886 人，意見書則共有 20 份，所以若將 4 項全部加上，總數是 94,565 人反對直選或不贊成八八年直選，而 263,231 人則贊成八八年直選或不反對八八年推行直選。

這些數字可供行政局及政府參考，當局不可以說民匯處報告書中並無這些數字，因為這是經過再三研究所得，所以應該進一步加以考慮。至於民意究竟是甚麼，是否分歧，我在原來呈交主席先生那份文件的第一表內曾作出分析。在分析方面，剛才梁淑怡議員曾指出比數大概是 3 比 2，或韋伯所說的 2 比 1 左右，因為我在計算中摒除了雅捷調查，而從九個全港性用科學方式進行抽樣調查結果來看大約是 60% 左右。若不計算沒有意見者在內，相對於 30% 左右贊成八八年有直選，所以基本上已經可確立，明顯地我們可以說存有分歧的現象。基本上政府在白皮書內所引論據，亦指出存有分歧，而在這分歧方面我認為需要斟酌一下。何

為分歧？因為對於任何問題，各人的意見必定不同，有不同就有分歧，政府就不可能作任何決策。我們必須考慮分歧的嚴重程度，和人們堅持其立場的程度。

關於這一點，在本局就綠皮書進行辯論時，剛好民匯處呈交其報告書，當時看過該報告書後，我曾說過一句話，我認為是次民意調查沒有說明民意的強烈程度，似乎十分可惜，但即使沒有列出，有關左、右傾向的強烈程度，也可以略知一二。從雅捷進行的調查研究，我們可見在第一次調查中，40％的人表示沒有意見或不知道、不瞭解。這些人士在一般構想下似乎集中在分布圖的中間位置，而在第二次調查中，這些人士佔 45％，即他們表示沒有所謂，不知向左或向右走才好。

剛才所述的調查載於民匯處報告書第 1 部分 13.37 段，加上有關數字後可以見到上述比率。從 13.39 段則可以見到在香港市場研究社所進行的研究中，表示有其他意見、不予置評或沒有意見的百分比大約是 28％至 33％；市場策略研究中心進行三項調查，所得的結果是 10％至 35％表示沒有意見；在大專教職員關注政制發展小組所作的一項調查中，41％的人士表示沒有意見或沒有所謂；模範市場研究社所得的結果是 23％；其他以某類群體人口為對象的調查共有 25 個，意見的分布似乎很混亂，在一些調查中只有 1％的人表示沒有意見，但在其餘調查中，表示沒有意見的人士則高達 65％。

在此情況下，我可以得到一個結論，就是香港人的態度基本上非常保守，而在保守的情況下，那些不同的意見不可以說是分歧，只可以說是兩類不同的意見。假若我們用頻率分布圖來加以劃分，如可見的情況在基本上是一個中型的「正常分布」，我們就不能說這是分歧至分裂的程度，因而作出延遲的決定。若我們看見雙峰的分布，就認為事態嚴重而不知所措。但事實上我們可以延遲作出決定，將不同的意見看作兩個不同的陣營，設法把各走極端的人士之間的距離拉近，才是合理的辦法。故此，我認為講道理雖然是正確的做法，但判斷方面似乎有錯，錯失了從一九八八年開始引進直選的良機。

在此等情況下，白皮書所提的論據顯然沒有提及中國的因素，但我認為中國的因素根本上可見於字裏行間。倘若真的是由於中國的因素，而在基本法的初稿也尚未公布的時候，政府就能在白皮書中承諾一九九一年必有直選，我認為是一種有膽色的做法，實在難能可貴。但在此情況下，必須誠實地說出這是問題的

癥結所在。當然，政府可能不願意承認卻是另一問題。但我認為不能以分歧為理由就說八八年不應該有直選，要至九一年才可以推行直選。按照同一論據，九一年的時候難保沒有分歧，因為這次的決定是基於一九八七年所作的調查，倘若在一九九〇年再作調查，發現分歧仍然存在，是否表示再推遲至一九九四年呢？所以我非常擔心分歧的說法。在我看來，民意不是分歧，但很多議員說存有分歧，而部分議員更特別提及一定要考慮各級議會中議員的分裂意見。

我認為這方面的分歧比較民意的分歧更大，因為一般議員對於政治事務認識較多，政治意識也會較高。我認為除立法局外，在其他各級議會中，意見似乎相當平和，因為大部分議員都不至太激昂，但自從綠皮書發表後，我在立法局內所看到的現象卻似乎相反。若蘇海文議員認為沒有派別的話，或即使認為有的話，我認為基本上可以這樣說，一批是理想主義者，而另外一批是務實者。務實者可稱為守舊者，或建制派，而理想主義者是屬另外一派。此外，建制派或務實派可能認為理想主義者別有用心或過於激進。基本上認為這是由於大家政見不同，抱著互不信任的態度，甚至對立對峙，不能夠平心靜氣地考慮應該怎樣處理問題。倘若我們讓這情況繼續發展下去，一方面有人燒書、一方面有人救火，本局內部的分歧就會非常明顯。倘若分歧已經存在，我希望可以彌補，若然沒有，我希望不會出現。我更希望政府能回心轉意，現在再重新考慮在一九八八年引進直選是否一件不可能的事情。

倘若現時分歧的局面進一步惡化，顯然在一九八八年引進直選可能會引起更大的風波。我一貫的宗旨是認為應該分而不裂，爭而不鬥，假若不能做到此點，無論作何種決定，八八年有直選也好、沒有直選也好，都有弊端存在，同樣會令本局繼續分歧下去，香港社會亦會受到損害。

我聽過一個故事叫葉公好龍，出自漢代劉向的一本書，話說一個叫葉公的人很喜歡畫龍，家中的裝飾品全都畫上龍。龍想葉公既然如此喜歡我，待我現身給他看看，結果葉公卻嚇至一病不起。這條龍就等於八八年推行或不推行直選的立法機關，無論喜愛龍的是誰，在真龍出現時，都可能大吃一驚。

說到這裏，我想清楚說明我個人對於李柱銘議員所提修訂動議的立場。我認為既然已經看見分歧的現象，而很多時候提出修訂動議只會使分歧的現象加劇，再加以政府基本上已承諾在一九九一年引進直選（這實在難能可貴的行動），所

以即使八八年沒有直選，我亦支持和接受這個決定。但我仍希望政府回心轉意，重新考慮一次，這就是我反對李柱銘議員所提出的修訂動議的主要原因。

李柱銘議員致辭（傳譯）（編者按：就原動議的致辭）

很奇怪，許多位今日發言，強列〔烈〕支持政府將直選延遲到一九九一年的議員，他們以前均曾熱烈支持八八年應有直選。可惜他們已隨著局內的風向轉變而改變了立場。雖然市民大眾都知道這些議員改變他們的立場，但他們自己並不會承認，他們反而聯手一起對付那些少數派，因那些少數派不肯隨風轉軑，且要堅持自己的原則。他們的手法太露骨了。在白皮書公布後，他們便要香港人忘記了八八年直選這回事。他們不希望有任何人批評白皮書，而任何作出批評的人都被稱為不負責任。有人對我們說，我們仍然可以作出有建設性的批評，但何者為有建設性則要由政府及其支持者來決定，市民大眾顯然在這方面是沒有發言權的。不同意政府決定不在今年推行直選的議員，照鄧蓮如議員的說法，他們正令人「失去對未來的憧憬和意志消沉」，致令「社會分化」；又照周梁淑怡議員的說法，他們對「這些決定背後的智慧和威信表示懷疑」，以致給「社會帶來危險及不穩定的影響」，又使「國際人士產生錯覺，以為香港市民正在街上進行騷亂」，反抗政府，他們「歪曲事實，捏造香港不穩定的醜陋形象，對香港造成很大的損害」，他們的作為又「妨礙社會團結及統一。」

我們倒有興趣知道報界對於這種處理手法有何反應。今日的南華早報刊登了一篇文章，題目是「現在應停止爭論，謀求共同的意見。」亦即說，現在不要再爭議了，即使你對政府在白皮書內所載政策有正確的見解，也不應再爭議了，且應以鄧蓮如議員的意見為意見。電視節目「議事論事」一位評論員則總結說：「問題不是反對派有錯，而是反對派就是不對。」

主席先生，一些立法局議員曾猛烈批評外國的報章，說他們在抨擊白皮書時，曾散布有關香港的虛假消息。他們倒是十分幸運，如果他們是在香港刊登這些消息，他們便會成為首批遭受當局根據那條著名的公安條例第 27 條所檢控的人士。公安條例經由本局通過，差不多也是由現在支持白皮書的議員所通過。

且讓我們看看是那幾份海外報章這樣不負責任地去批評白皮書。他們真是大

膽！他們就是《泰晤士報》、《金融時報》、《衛報》和《獨立報》，即是英國最有
聲望的四份報紙。白皮書發表後翌日，他們相繼發表社評，責備香港政府不在今
年推行直選。這些編輯是否都是壞人？抑或是，他們都說得對？

我們之中有勇氣以及仍然天真地去批評白皮書的人要小心了，因為如果香港
的市民對香港政府失去信心，又如果他們溜之大吉作為表態，很多人正這樣做，
我們便會受到責備了。

主席先生，上述的恐嚇，我已聽慣了。今年一月，當我在倫敦時，賀維爵士
就曾經給我類似的警告，說如果我想為香港謀福利，我就不能公開說香港被英國
政府出賣了，或說香港許多人正在移民他去，否則我便會害了香港人。我答覆賀
維爵士說：「爵士閣下，你是否想我在返港時對報界講，因為我在倫敦曾與你會
面，我以後不再批評英國或香港政府了？你又是否想我在三個月內保持緘默，以
看看離開香港的人會增多抑或減少？」賀維爵士當時並沒有回答我。

主席先生，我們是否已到了這樣一個地步，就是對大眾說出真相也成為一
種罪過？抑或是當局期望我們以繁榮為重，團結一致，對外國投資者撒謊，假稱
香港的情況很好，雖然我們心裏都知道許多本地的投資者和精英分子，包括很多
能幹的公務員在內，都正在移民？我不認為我們有這樣的責任去集體撒謊，以引
誘外商來香港投資。主席先生，我們想要的，是真正的繁榮和安定，是建立於內
在信心這個基礎上的繁榮和安定，而不是一些在沙上勾畫出來多姿多彩的騙人的
假象。其實，有人在這個會議廳內若隱若現地出言恐嚇，儘管是以團結、謀求共
識、為了美好前途而一起合作為名，目的卻是要阻止別人批評白皮書，這又是否
公平？是否恰當？

⋯⋯

多位議員都叫我們忘記今年推行直選這個問題，專注於基本法。基本法固
然重要，但基本法的初稿要到五月才會公布。我又想問問立法局各位議員，我們
憑甚麼認為，中國政府會聽取大眾對基本法所發表的意見，既然香港政府也不去
理會大眾強烈要求在一九八八年推行直接選舉的意見？事實上，我們應記得，一
位頗為高層的中國官員曾說過，立法局不應辯論基本法。這點我完全反對。我可
否要求政府正式作出聲明，准許立法局辯論基本法，即使中國提出強烈反對也准
許。我又希望鄧蓮如議員，我們的領袖，可以使我們全體議員——套用她的說

話 ——「矢志攜手合作，令聯合聲明得以落實施行」，辦法是不論中國對這事的態度如何，我們也會就基本法進行辯論。我衷心希望那些在這次辯論中叫我們專注基本法的議員，日後不會變成務實派，認為我們不應該和中國對抗，硬要就一套由那個無上權威的政府所草擬的律法進行辯論。

......

主席先生，近年來，總督這一角色較以前具有政治性得多。主席先生，對你來說，作為立法局的主席，你定會感到很尷尬，因你要處理一些程序等問題，一些與你作為總督必定十分關注的事項有關的問題，例如政制改革。當然，最重要的還是公眾的觀感。主席先生，在我心目中，毫無疑問你已竭盡所能，在履行不同身份的職務時，盡量劃分清楚兩個不同的角色，但如要市民大眾相信立法局主席在面對某個決定時，不會受他作為香港總督這身份所影響的話，則似乎相當困難。主席先生，我當然相信你，但大眾的觀感才是最重要的。因此，請恕我直言不諱，當我看到白皮書沒有建議在這方面作出改變時，我是感到有點困擾。當然，我承認輿論在這方面是反對有所改變，但這或者應歸咎於綠皮書的寫法。我的意見是，如果政府在八七年五月所發表的綠皮書內倡議，立法局主席一職不宜由總督繼續兼顧，因為這兩個角色可能會有衝突，則我敢肯定大眾定會熱烈支持這一點。不過，由於綠皮書根本沒有這樣的建議，因此，主席先生，恐怕你仍須與我們一同議事，多做三年立法局主席了。

潘志輝議員致辭：

主席先生，每一個政制的路向是正確或錯誤，以及每一件事情的得與失，從不同觀點與角度來看，都可能得出不同的結論。因此，很多時難評定它們的誰是誰非。事實上，從我們中國過往的歷史，已可看到部分不受當時民眾歡迎的政策，經過歷史長期的考驗，卻證明這些政策可能是較好和較有利於當時及後世人民的策略。就以中國古代的修築長城與移民殖疆來說，在當年有誰樂於遠離家鄉，遠赴千里修築長城和殖根於邊疆。在當時又有多少人會樂於支持及接受這種政策。不過，歷史的辯證告訴我們，這種當時不受歡迎的政策，卻是保障了當時人民免受外來侵略之苦和使到我們中華民族得以延續、發展、成長和發揚光大。

而古人有云：「民可以樂成，而不可以慮始。」

　　各位，上述的例證，絕不表示民意不應重視，也不能作為否定一切民意的藉口。但在考慮民意之時，絕不應只是盲目遵從民意，或不擇手段的誤導或誤用民意。在這日新月異，世事變化萬千的今日，加強公民教育意識的培訓，提高民意的質素與水平，引領民意於正確之途，以達致真正利國利民的民主；這比空談自由民主，盲目遵從民意，對整個社會更為有利。所謂人無三思必有悔，我們在引領民意之表達及分析民意時，亦應小心考慮，目光遠大，以香港整體及長遠利益為依歸。特別在民意有嚴重分歧之時，一個穩健、審慎和循序漸進的政制，似乎是更符合當前香港政制發展的策略。

　　主席先生，我們過往一直希望和強調自由辯論，集思廣益，對事而不對人，同舟共濟，為香港美好的將來而努力。不過，這些理想並不一定能成為事實。過去兩年，八八直選問題無休無止的偏激爭論，在一定的程度上，已帶來了對立和意氣之爭。若長此下去，不單加深分歧，更可能導致極端的分裂與對抗，再進而引致混亂不安的局面，而影響投資者對香港的信心，更令廣大的市民在心理上對香港的安定繁榮蒙上陰影，我確信這實非香港之福，市民所願見。我們不能否定，香港過去輝煌的成就，在很大程度上，是因互相信任與尊重，萬眾一心，勤奮創造出來的。這與最近的針鋒相對的情景，實有天淵之別，令人憂心。

　　……

　　主席先生，政制白皮書提出九一年取消選舉團組別選出立法局議員的制度。這一決定，引起很多區議員的關注。他們部分贊成，亦有部分擔心這一改變使區議會地位下降，從而動搖整個地方基層組織。同時也擔心此一決定，使區議會與中央缺乏聯繫，並難以反映地方民意。為了消除上述的疑慮，政府應加強與區議會的聯繫，選派高級官員出席區議會及其轄下委員會的會議，盡力協助區議會解決地方問題和推行區議會在地區上的工作與活動。同時更應作出安排，維持區議會與立法局的直接聯繫。在這方面，無論政府在將來作出甚麼安排，或如何劃分選區，政府應考慮規定將來從各選區直接選出的立法局議員為該等選區的當然區議員，出席區議會的會議，以維持區議會與立法局的直接聯繫。

　　主席先生，今次政府發表政制白皮書，作出了果斷的決定，訂定了今後政制發展的一個明確路向，使市民有所依從，實為明智之舉。這總比優柔寡斷，任由

政制發展永無止境的爭論恰當得多。

司徒華議員致辭：

主席先生，我對布政司霍德先生的動議提出修訂。我的修訂動議是在原來動議「本局已獲悉『代議政制今後的發展』白皮書所載的各項方案和目標」之後，加上「但對政府決定在一九九一年只引進 10 位透過直接選舉進入立法局的議員，並以此取代目前由間接選舉產生的 10 個議席，感到遺憾。」

這個修訂動議的內容主要有以下兩點：

一、九一年只引進 10 個直選議席，數目實在太少。假如九一年立法局議席總數仍如目前一樣，直選議席所佔的百分比不到 18%。「白皮書」沒有明確規定九一年立法局議席的總數是否會增加，倘若增加，直選議席所佔的百分比就更少。「白皮書」為甚麼只規定直選的議席，而對其他各類議席和議席的總數，卻不作出規定呢？它為甚麼要厚此薄彼呢？是不是當局現在就已經有了打算，其他各類議席和議席的總數是會增加的，但為了要減少直選議席所佔的百分比以削弱其在立法局內的影響力而鋪路呢？

基本法的立法機關有部分直選議席，這絕對是民意，是無可抗拒的。是不是因為無法抗拒，就要採取壓縮的策略？九一年只有極少的議席，到時又再會唱循序漸進，結果到了九七年後也只有極少的議席，直選只成為聊備一格的點綴。

二、10 個直選議席所應取代的，是委任的議席，而不是選舉團的間選議席。

在三層架構中，區議會是基礎，是最接近基層的組織。取消選舉團的議席，不但貶低了區議會的社會地位，打擊了區議會的積極性，而且削弱了中央政府與廣大市民的聯繫，動搖了以上兩層架構的基礎，對於在基層推行公民教育和推動廣大市民參與社會事務的積極性，也有很大的反動作用。

直選與選舉團的間選並沒有重複。直選向廣大選民直接負責而選舉團的間選，則是透過常設的區議會間接向選民負責。區議會是常設的監察機構，直接議席並沒有這樣的監察機構。

如果說，直選議席和間選議席是重複的，因為它們都是地方性代表，所以前者可以取代後者，那麼，為甚麼在市區市政局又偏偏引進這制度呢？市區市政局

現有的民選議席都是直選產生的，「白皮書」斷然取消了他們在區議會的當然議席，在市區市政局內引進由區議會間選產生的新議席，這不是和立法局的決定有矛盾之處嗎？

有人說直選比間選進步，所以贊成以直選取代選舉團的間選。的確，直選比間選進步，但議席間選是否比委任進步？無人會否認間選比委任民主，而且委任議席到九七年便必須全部取消，那麼為甚麼不以直選取代委任，卻以直選去取代選舉團的間選呢？

在基本法的各個方案中，其中一個重要的方案是有選舉團的間選。現在「白皮書」取消選舉團間選的決定，等於抹殺了這個方案，干預了基本法的諮詢、討論和制訂。假如基本法最後決定保留選舉團的間選，那該怎麼辦？這樣是否會影響銜接？為甚麼在這一點上，又不強調銜接呢？

為了反對八八直選，「白皮書」說：「上次重大改組進行了還不到三年，現在就實行直接選舉，這可能會危及穩定和持續性。」選舉團的間選推行了不到三年，淺嘗輒止，突然被取消，這是否也會危及穩定和持續性呢？

有人說以前有人反對選舉團的間選，現在又反對以直選取代選舉團的間選，目的是別有用心去煽動區議員反對「白皮書」。這一番話是插贓。我從來沒有反對過選團的間選。或許有些人曾反對過，他們反對也只不過是認為直選比間選更為民主，如果不是簡單的取代，而是在取代之外增加新的直選議席，相信他們是不會反對的。

從來沒有出現過取消選舉團的強烈意見，那麼「白皮書」根據的是甚麼民意？

說到底，雖然選舉團的間選比不上直選，但間選也帶有民主成分，在某種程度上也體現出平等的政治權利。直選已經是不可抗拒的，那就取消選舉團的間選，從另一方面來抑壓削弱立法局內的民主成分。這反映出內心的怯弱，對民主的厭惡。

主席先生，有人問我提出這修訂動議，會得到多少議員的支持？是否會獲得通過？假如明知不獲得通過，為甚麼又要提出？

「明其義，不計其利；正其論，不計其功。」這話的意思是說清楚瞭解到這是一件公義的事，便不計較其利害；為了堅持正確的原則，便不計較其成敗。

「自反而不縮，雖褐寬博，吾不惴焉；自反而縮，雖千萬人，吾往矣！」這話的意思是經過嚴肅冷靜的自省，假如是自己不對，雖然對方是普通的老百姓，我也不能不誠惶誠恐地去傾聽他的意見；假如道理是站在自己這一邊的，雖然有許許多多人反對，我也要勇往直前！

這個修訂動議，並不單是向本局提出，亦是向全港五百多萬市民提出。我所希冀的是獲得全港五百多萬市民的回應和通過。

主席先生，布政司霍德先生的動議是：「本局已獲悉『代議政制今後的發展』白皮書所載的各項方案和目標。」我把所載的目標和八四年「白皮書」所載的對比一下，八四「白皮書」所載是這樣的：「逐步建立一個政制，使其權力穩固地立根於香港，有充分權威代表香港人的意見，同時更能直接向港人負責」。在現在的「白皮書」裏，「穩固地立根於香港」，「有充分權威代表香港人的意見」，「更能直接向港人負責」等等，全都沒有了。現在的「白皮書」所有，而八四年「白皮書」所沒有的是甚麼呢？「審慎和循序漸進的」，「順利過渡」，「保持高度的連續性」。我並不是說，「審慎和循序漸進」、「順利過渡」、「保持高度的連續性」有甚麼不好。但是，假如閹割了「穩固地立根於香港」、「有充分權威代表香港人的意見」、「更能直接向港人負責」，那麼所謂「審慎和循序漸進」、「順利過渡」、「保持高度的連續性」，又有多大的意義呢？

再將兩份「白皮書」的方案對比一下，現在的「白皮書」，對行政局的成員和行政立法的關係，完全避而不談，這是不是一種倒退呢？

主席先生，我還要對一些議員的發言作出回應。

有人力竭聲嘶高呼團結一致向前看。

我是贊成團結一致向前看的。但團結必須有一致的原則，否則便是背叛出賣，不能以原則作交易。向前看，必須有一致的目標，否則便會迷失方向，不是誤入歧途便是開小差。有人說我們是理想主義者，雖然理想主義並不是一個貶詞，但我也要奉還這一頂紙冠。我並不承認我是一個純粹的理想主意者，我的每一點意見都是有現實意義的。「前事不忘，後事之師」，汽車裝了倒後鏡，前進時也要看一看，這是為了能更好地前進。沒有裝倒後鏡的汽車是違例的，必會出事。我們不能為了「向前看」，就把爭論的原則性分歧一筆勾消。我是渴望溫暖的，但決不會與帶菌者擁抱。

有人再三呼籲不要對抗。作這樣呼籲的人他的言語往往就帶有強烈的對抗性，甚至引起新的對抗。他有沒有想到，對抗是要有兩個對立面才存在的，而他自己就是對立面的一方呢？目前的爭論，並沒有影響投資和有效的管治。過去兩年，香港不是一片繁榮安定嗎？試問一大批已經移民或準備移民的人，他們所害怕的是目前的爭論，抑或是別的東西？我相信，假如目前一些敢言的人，突然變得噤若寒蟬，或是與違反自己的原則的人擁抱起來，或是放棄了，逃跑了，也移民了，這樣必定更影響港人的信心，引起更大的移民潮。我並不是對自己估計過高，不少港人的希望寄托在一些百折不撓、鍥而不捨、奮不顧身為爭取民主而努力的人身上，我仍不能讓他們的希望變成絕望。昨天不是有議員說過，九一直選雖然不是爭取八八直選的人的目的，但也是他們努力的成果嗎？假如沒有過去幾年爭取八八直選的努力，亦即某些人所說的對抗，今天贊成九一直選的人，也無可贊成，這一本「白皮書」還有甚麼可寫呢？當你們抨擊這些人時，請高抬貴手。

有人說反正九一年便有直選，延遲三年並不重要。三年是現有過渡期的三分之一，從循序漸進來看，並非不重要，但更重要的是延遲這三年的真正的無形的因素是甚麼？這真正的無形的因素是否繼續存在？是否違背港人治港的原則？

我曾說：「不要上羊來了的當。」九一年終於有一些東西出現。這是甚麼呢？不是羊。我從來不用「跛腳鴨」這個名詞，因為多少有點於心不忍。來的是甚麼？不是羊。來的是，是拔了毛，而穿上了羊毛背心的老鼠。鼠目寸光，膽小如鼠。

謝志偉議員致辭：

事實擺在眼前，不管從甚麼觀點去看，我們也無法否定，綠皮書發表以後，在立法局直選的時間問題上，市民所表達的意見是有重大分歧的。我強調「重大」兩字，因為在意見重大分歧的情況下，政府才有理由作出白皮書所作的決定。我們必須記得，政府有一個重要的責任，就是維持社會的平穩發展，任何足以導致社區分裂的問題，都不能冒失處理。今天我們討論政制改革，並不是因為香港已經到了「奸人當道，民不聊生」的地步，必須立刻來一次徹底的大革新才能把市民從水深火熱中搶救出來。事實上情形剛好相反，如果我們還記得的話，短短幾

年之前，香港最受歡迎的口號就是「五十年不變」，這種情緒正好說明了，基本上市民是相當滿意現有的生活方式和按實際需要而進行的政制演變的。只是因為有了一九九七年主權回歸的歷史因素，我們才要在過渡期間加速發展一套可以銜接將來，又能保證現有生活方式得以延續的政制。基於這個大前提，如果當政者為了害怕反對者尖銳的責罵和抨擊而勉強推行意見重大分歧的政革，那就真的違背了一個有責任感的政府應有的表現了。

另一方面，事實也擺在我們眼前，大多數香港市民都同意立法局應有直選議席的原則，所以，雖然少數人士仍然反對，政府也應該衡量內外的社會環境和政治因素，為將來立法局引進直選的時間和方法作出果敢的決定，並且著手調整現行政制來配合下一階段的發展。從這觀點來看，白皮書所作的決定，基本上也已經符合了我們對一個有責任感的政府的要求。至於政府所作出的評估和衡量是否正確，那就要看市民對白皮書的反應了。在這方面，正如我剛才指出，市民已經通過獨立調查的報告表達了他們的意見，而我們的同事譚王荵鳴議員也在她所服務的青年協會中作過廣泛的調查，結果發現，即使在較為理想主義的青少年中，接納白皮書定論和對政府管治有信心的人也佔了大多數。

基於以上的分析和觀察，雖然白皮書被部分人士罵得狗血淋頭，我個人仍然樂於認同白皮書所作的決定。至於力主八八直選的朋友們，他們的失望我是可以理解的，但我不能苟同他們繼續糾纏下去的憤怒行動和辱罵方式，我謹向那些曾經憂慮過若沒有八八直選就永遠沒有直選的朋友們呼籲，現在白皮書既然肯定了一九九一年開始直選的政策，我們就應該放下彼此的歧見，在今後三年中努力增加香港市民對民主選舉的認識，使一九九一年直接選舉的過程和果效，都能成為文明社會選舉的優良榜樣。

劉皇發議員致辭：

……為何政府卻決定在一九九一年將區議會選舉團取消，而由直接選舉產生的議席來代替，政府這個決定無疑是「削足就履」的做法。須知道區議會是代議政制三層架構最基層的組織，而政府當初設立區議會，也是本著讓下層民意能夠直接上達的概念去推行這個制度。如今卻將實施不足三年的區議會選舉團制度在

未知得失的情形下，遽行決定腰斬，將三層架構破壞，政府在這方面的決定，實在未能自圓其說，使到服務基層群眾的區議員和熱心人士感到失落，本人認為這是白皮書一個錯誤而未經深思的決定。

另一方面，白皮書並未把鄉議局列為立法局的功能組別，此舉引起了鄉議局及新界鄉民極度不滿。鄉議局成立六十多年來，對香港社會的貢獻是有目共睹的。布政司霍德爵士在昨天動議發言時亦明確說明：「鄉議局是政府與新界原居民之間的一道橋樑。一直以來，鄉議局對新界的發展貢獻良多，而且會繼續致力促進新界的發展。」不過，對於鄉議局要求列為功能組別，他卻作出下列解釋：「由於功能組別所要代表的，是那些在全港具有重要地位的專業和行業團體，因此政府認為不宜把鄉議局列入這一組別」。但本人對此解釋並不苟同，因為根據一九八四年十一月代議政制白皮書第二章第 12 和第 13 段所載，功能組別是「從每個按社會功能劃分的選民組別中選出一名或多名代表，出任立法局議員」，「目標是使在社會、經濟和職業等背景上有共通利益的各個主要社會階層都能有代表出席立法局」。同時「一九八七年代議政制發展檢討綠皮書」第 89 段所列出的四項準則亦沒有對功能組別作出「專業」和「行業」的規範。然而今次的白皮書，政府最後卻堅持將功能組別狹義地局限於「專業」和「行業」的團體，而將具有社會功能的團體摒諸門外，我認為政府這樣做是不符合設立功能組別的精神和原則。

鄉議局是新界事務唯一的法定諮詢機構，根據香港法例第 1097 章鄉議局條例，鄉議局的代表性和工作範圍是跨越了專業和行業的界限，其獨特的社會功能是任何其他組織所不能取代的。鄉議局實質上完全符合了「一九八七年代議政制發展檢討綠皮書」第 89 段功能組別的四項準則。

隨著代議政制的發展，很多階層與組織已經由過去的諮詢角色，轉變為直接參與決策和反映其所代表界別的利益。因此，本人始終認為鄉議局要求列入功能組別是合理和適當的。

……

我很高興布政司霍德爵士在昨天發言時，重申了他在三月十一日致鄉議局主席覆函中所作出「政府定會確保新界原居民的利益，在立法局內將會得到確切的代表」的承諾和保證。既然事情已發展到如今的地步，站在維護香港社會安定繁

榮大前提下，尤其在這過渡期階段，本人及鄉議局都不希望事情會繼續惡化。因此本人希望政府能落實所作出的承諾。在八八年至九一年這三年內作出適當的安排，讓鄉議局的代表直接出任立法局議員。不過，此項安排只是目前權宜之計，我認為最重要的，還是在一九九一年以前，政府應該對此問題作出檢討，和作出更適當的安排，務使鄉議局有明確的代表參與立法局，為涉及新界民生的事務而發言，並參與討論香港整體性的問題。

何承天議員致辭（譯文）：

雖然我曾公開聲明不贊成在一九八八年實行直接選舉，但對於本局各位議員所提出的意見和市民所提出的相反建議，我均樂於研究。然而，經深入探討後，我發覺仍無足夠理由改變我對這事情的觀點。

我發覺這些意見大部分強調民主理想，但對於達致民主理想的方法，尤其是在加速改革步伐如何能有助於維持本港安定繁榮及改變市民的生活質素方面，則所談不多。

我感到極為困惑的是，除非他們認為為求達致崇高的民主理想，可以不惜犧牲工商業，否則，他們倘渴望推行改革而其意見對工商界人士造成困擾時，他們為何不放鬆緊握的拳頭，嘗試以較具說服力的方法，向工商界人士提出有理由支持的意見，使後者相信他們亦是以為香港謀取更佳的前景作為大前提。我在此亦反對只有那些主張在一九八八年推行直選的人士被冠上「民主派人士」之名。

從這一兩天所見，黃保欣、張鑑泉、倪少傑及李鵬飛等幾位來自本港工商界的議員所憂慮的事是千真萬確的，他們瞭解工商界人士的感受，並誠心關注本港的利益。身為專業人士，我亦贊成上述議員的意見。

至於在一九九一年才實行直接選舉，我不認為我們會有三年的時間損失。事實上，我們正需要利用這三年的時間，為改變作好充分準備，並推廣較完善的公民教育，提高市民的政治意識，使選舉的過程中，有更多市民能夠真正參與。

在辯論民意匯集處報告書時，我已就「沉默的大多數」作出評倫〔論〕。重要的是必須讓這些人士知道，目前本港的政治發展方興未艾，在這情況下，不發言並不會維持事物的現狀。如果沉默的大多數不表示他們的意願，則他們的生活

方式將會被願意發言及設法使其意見為當局獲悉的少數人士所影響及控制。

對於以十個直接選出的議席代替由區議會組別間接選出的議席的建議，我表示支持。當局表示同時實施兩種選舉地方性代表進入立法局的制度，並沒有甚麼好處，我接受這論點。

關於功能組別的組合，若干團體定會對增加兩個由功能組別選出的議席表示歡迎，但頗多其他團體，例如鄭漢鈞議員所提及的建築師、測量師及城市規劃師，則對於未被列為功能組別而感到不滿。

倘若在現階段為了滿足各團體及機構的願望而增加議席，定會影響立法機關成員組合的均衡，為免出現這種情況，我籲請當局在一九九一年前檢討此事。

現時預料基本法將會在一九九一年前頒布，一俟頒布後，當局仍應就擬議的政制進行檢討，我實在看不出有何原因不這樣做。

由此可見，我雖然贊成在一九九一年有十位議員由直接選舉產生的構思，但並不認為改變必須到此為止。到一九九一年我們應已擁有一個完整的政制，可以順利繼續演進為香港特別行政區的政制。

目前而言，我支持一九八八年白皮書所載的各項決定。

我藉此機會，促請全港市民留意及致力研究將於短期內發表的基本法初稿，並提出有建設性的意見。

我們必須緊記，現在所辯論的只是一九九七年之前過渡期內的事項；但基本法卻對我們於九七年後 50 年的管治有影響。在這方面，我們對下一代肩負極其重大的責任，絕對不能繼續保持緘默。

我們不論做甚麼事，千萬不要忘記，只有香港社會繼續保持穩定及繁榮，我們的自由及自治權利才會得到保證。香港人的命運實在掌握在我們自己而不是別人的手中。

為此，我們需要所有熱愛香港及誠心關注香港利益的人士，攜手合作，使我們能夠真正向前邁進。

布政司致辭（譯文）：

主席先生，這次辯論最使我留有印象的，是辯論的內容有兩個主題。第　個

是關於我們下一步工作的問題。正如不少議員提到，我們已有了決定，而政府亦已堅定明確地承諾，將於一九九一年在立法局引進十個直選議席。因此，我們現在應該著眼於如何策劃進行這些選舉。

有些人似乎覺得，爭取在一九八八年實行直選的行動，必須繼續下去。主席先生，坦白說，我認為這種做法既無意義，亦無建設性——並且我要請有這個想法的人，審慎考慮繼續爭取八八年直選所帶來的後果。

主席先生，雖然我不懷疑有份參與行動的青少年的動機，但有關本局門外示威的新聞圖片，經已透過國際電訊網，發布到世界各地，卻是事實。主席先生，不論是本局內外的人，都無法肯定知道，這些圖片對香港在海外的形象，會造成甚麼影響。

這次辯論所引出的另一項主題，就是代議政制的發展，不會在一九九一年停頓下來。我曾說過，一九九一至一九九七年間，本局的直選議席仍有機會增加。此外，到了一九九一年，基本法將已頒布，屆時，香港特別行政區的組織架構亦會公布。

正如白皮書所解釋，進一步發展本港的政制時，必須顧及基本法的規定，以確保政權在一九九七年順利過渡。像行政局與立法局的關係等重要問題，仍有待解決；這些問題均須按基本法的規定，予以考慮。主席先生，基本法的草擬工作是中國政府的事，不過，對於中國政府有意徵詢香港市民的意見，我們深表歡迎，而我希望本港市民對中國政府邀請他們發表意見，會如他們對代議政制發展綠皮書一樣，有熱烈的反應。

主席先生，現在我想簡略地談談某些議員提出的若干意見。主席先生，陳濟強議員、李柱銘議員以及另一些議員，指責政府漠視民意、違肯〔背〕諾言，因而出賣了本港市民。主席先生，這些指責實在與事實大不相符。凡細閱白皮書的人都可以看到，我們已非常審慎考慮民意，而且一九八四年白皮書內每一項諾言都已兌現。我要重申，任何暗示政府違反一九八四年白皮書內所載諾言的說法，都沒有事實根據。

至於李柱銘議員用去不少時間談及的其他各點，我認為他並非得不到答案，而只是不願意去聆聽罷了。所有這些指責香港政府背信棄義的說法，都是毫無根據的。持這說法的人，難免會被視為因所願未逐〔遂〕，而施展最後一著。他

們這樣做，肯定不會對促進本港市民的利益，有任何幫助，我要強烈駁斥這些指責。

主席先生，林鉅成議員暗示，本局對白皮書的反應，有異於外間市民對白皮書的反應。這點我就不能同意。外間的確有人不滿白皮書，但正如我昨天所說，整體來說，市民作出了肯定性的反應。事實上，主席先生，從我們與外間市民及團體的所有接觸，我得到的明確印象是，本局昨天及今天進行的辯論，反映出社會人士的感受，也即是說，有人感到滿意，有人感到不滿意。但整體來說，市民都認為白皮書是向前發展的良好基礎。

胡法光議員和另一些議員都建議，政府應為一九九一年的直接選舉預早作好準備。我可以向他們保證，政府當會及早訂定關於選舉的細節安排。同時，我亦留意到各位議員就進行選舉事宜所提出的各項意見。無疑我們須權衡各種辦法的利弊，作出最恰當的安排，一方面設法減少輕率參選的情況，另一方面則確保選舉盡量公開，讓所有真心希望參選的人士都有這個機會。

主席先生，數位議員曾經提及移民增加的問題。我們當然注意到這方面人數有所增加，而這也是社會人士所關注的問題。導致這情況出現的原因有多個，其中包括外來因素，例如有些國家放寬某些類別人士的移民限制等。至於另一個因素，當然就是關注前途的問題。若貿然否認這個因素，就是不肯面對現實。但無論是甚麼原因，我們都不應忘記，遷徙自由是香港市民的基本權利，並且是中英聯合聲明保證香港人可享有的權利。我們要努力建設香港，讓市民可以安居樂業，和吸引移民海外的人士回歸。同時，我們亦須確保香港的教育制度，可以不斷為香港提供所需的專業人材，使香港能夠繼續繁榮。

主席先生，這次的辯論再次顯示，本局議員對香港代議政制發展非常關注，而事實上，他們的感受亦很深。希望在今後的歲月裏，我們可以就未來發展的最佳路向，取得一致的意見。這並不是說，任何對政府及其政策的批評都要加以壓制。香港重視表達自由，政府保證無論現在或將來，都會致力維持表達自由。不過，自去年公布綠皮書至今，差不多已有一年，其間經歷過長時間的民意諮詢和多次討論，而這次的辯論標誌了諮詢工作的終結。我們現已制定明確的政策和方案，帶領我們步向一九九一年。為確保這些政策和方案能夠貫徹執行，令整體市民感到滿意，我們還有很多實務工作要做。其間的工作，當然包括諮詢和討論。

不過，主席先生，我希望我們能夠停止就這些政策和方案的主要目標，及其推行時間，再作爭論。政府已在白皮書內作出明確的承諾，而這些承諾是不會撤〔撤〕銷的。我們相信，這些承諾獲得大多數市民的支持，並深信本局大部分議員都同意這個觀點。

主席先生，致力維護本港市民的利益，一直是本局同寅的優良傳統。外間有些人士曾對本局議員的動機，表示懷疑。他們這樣做，不啻是對本港的公共服務傳統，加以嚴重打擊。這是一項我們真正能夠引以為榮的傳統；正如香港社會的許多方面一樣，這也是一項獨特的傳統，為許多國家所欽羨。

主席先生，隨著本局逐漸作出改變，我懇切希望本局同寅，無論以甚麼身份出任議員，均能攜手合作，為促進本港市民的福祉而努力。大家必須目標一致，齊心協力，才能使香港在未來的歲月穩步向前發展。我希望，同時亦相信，大家能夠團結一致，推行「代議政制今後的發展」白皮書內所載的各項方案。

基本法起草
（1988—1990）

1988 年 7 月 13 日
議案辯論：香港特別行政區基本法（草案）徵求意見稿

鄧蓮如議員提出動議：

「本局得悉中華人民共和國香港特別行政區基本法（草案）徵求意見稿，並籲請香港市民對該稿加以研究及發表意見。」

鄧蓮如議員致辭（譯文）：

中國政府發表基本法初稿，是一件盛事。誰能在五十年、二十年，或甚至五年前料想到有朝一日，中國政府會發表這一套法律擬稿，廣泛公布其內容，並正式邀請各界人士發表意見呢？還有一點值得注意的，就是中國自始便讓香港人參與草擬基本法的工作。事實上，這些人當中，還有本局的議員在內。

我認為單是這些行動，便可確證中國誠意為香港特別行政區設計一個政制架構，從而確保香港獨有的生活方式可維持不變，市民也不會失去現有的各種權利和自由。

本局議員必須藉此機會就基本法擬稿發表意見，否則，若日後發現其定本強差人意，便不能怪責他人了。不過，我們還有另一個發言的理由。像這樣長篇而複雜的文件，雖然設有委員會負責草擬工作，而且在委員會之下還有數個小組處理其事，但其部分條文仍需改善、澄清或修訂，是在所難免的。即使是極小心謹慎地草擬的法例，也須嚴加審議，才能精益求精。深信憑各位在本局工作的經驗，已足以印證這點。

作為本局的議員，我們並非代表香港政府發表意見。我們本著良心，發表一已〔己〕的評論，日復一日，努力為香港市民服務，處理他們關注的問題。基本法擬稿

是一份關鍵性文件，在未來的歲月對我們每個人都有影響。因此我們不能保持緘默。

為此，我們曾請求由黃宏發議員出任召集人的憲制發展小組研究基本法擬稿。該小組也曾就擬稿各方面的特殊問題，諮詢其他小組的意見。黃議員會隨後發言，告知本局其小組的進度及初步意見，小組在研究工作完成後，會向本局所有非官守議員匯報。屆時，我們會請英國政府將報告轉交中國當局，並會發表該份報告書，俾眾周知。

我懇切期望基本法諮詢委員會和中國當局會認真考慮和重視我們的意見。

主席先生，今天我不打算就擬稿的內容發表詳盡意見，卻希望就較廣闊的範疇加以討論。我考慮到一個問題，香港人對基本法有甚麼期望呢？對這問題我會提出四個答案：

第一，基本法不單要遵守中英聯合聲明的條文，還要符合該聲明的精神。

第二，香港現在實行開明政制，基本法應以這個事實為基礎，而不是建立在目前憲法所訂那套不合時宜的殖民地管治方式上。

第三，基本法必須盡量靈活，俾香港在繼續穩步取得進展之際，在未來五十年仍有發展的餘地。

第四，雖然基本法有需要確立未來五十年管治香港的原則，但詳細的政策應留待香港特別行政區政府決定。

現在且讓我逐一細說這幾點。

我提出的第一點可以說是其中最基本的一點。猶記不足四年前，香港人曾明確支持中英聯合聲明。「一國兩制」的獨特概念和港人治港的構想，實在別具創見，贏得那些曾經懷疑中英談判是否會有良好結果的人士的好評。這些字句並沒有列入中英聯合聲明，但卻是該聲明的精神所在。

中英聯合聲明有部分地方，例如未來的政府結構等，都留待日後再作闡釋。該聲明提到「高度自治權」，但也沒有為這重要的概念下定義。為此，基本法的有關條款必須反映中英協議的精神。

下放權力給特區政府時，必須慷慨，不能吝嗇，更不能諸多牽制。必須信任香港特區政府和香港法院會忠實地行使職權，不負所托。如果基本法能夠清楚承認，香港人對維持本港的繁榮安定之道認識最深，香港人肯定會更有信心。

如果基本法有違中英聯合聲明的精神及其條文，可能正因為它在這些關鍵部

分有欠理想。

我提出的第二點是，基本法必須反映現行政制的實際情況，因為現行政制在很多方面都與總督所領受的英皇制誥和皇室訓令的規定大相逕庭。這些文件初訂於十九世紀，賦予總督各種特殊權力，以便執行來自倫敦的命令。早期的總督經常有運用這些權力。後來，特別是在第二次世界大戰後，其中最重要的幾項權力已不復使用。

舉例來說，總督有權否決所有法例，並可拒絕接納行政局的意見而自行作出決定。不過，近年的總督全都接納一項行之已久的施政慣例，就是不能否決行政局和立法局的決定。簡單來說，今天的總督是整個政府架構的一部分，卻非擁有絕對權力的統帥。但如同日後的行政長官一般，他仍掌握相當的權力，具有極強的影響力。

從另一角度來看，近期的趨勢是權力逐走由倫敦轉移至香港。香港已在內政和對外貿易方面享有高度自治權，其程度之高，是翻閱政制文件的人所無法想像的。基本法起草委員必須考慮到現時這些實況，這是十分重要的。未來的政制須能延續，並進一步發展本港現有的自治體系和那套一直發揮良好效用的均權制度。

事實上，本港現行政制最重要的特色是，沒有一個人擁有無上權威，也沒有一個政府部門能夠凌駕所有其他部門。不斷就各方利益謀求廣泛獲接受的共識，是使香港繼續穩定的不二法門，我們必須保持這種特色。

第三點是，基本法起草委員所擬訂的應是原則，而非方針政策。將來，基本法會成為香港的憲法，而憲法所處理的，是治國或治理地方所依據的原則；權力的轉授與分配；權力的限度；以及施政者與個別市民的權利及責任問題。

基本法應實踐中英聯合聲明的承諾。除了實踐這些諾言外，基本法不應試圖先行頒定政策，要求日後的政府遵行。制定政策之事，須由當時的政府因應當前環境進行。今日可取的政策，日後可能會變成過時累贅，並惹起法律爭端。將來的特別行政區政府不應受到這些政策束縛。

為此，很多論政人士曾特別提到第五章的草擬條文。舉例來說，該等條文規定香港特別行政區政府應如何制定財政預算，以及實行低稅率政策。我殷切希望，將來各位財政司能夠奉行這些規條，但卻不認為它們應在一份憲法文件中佔一席位。既然目前無人可預見將來各位財政司會面對甚麼形式的財政問題，我亦

認為將這些規條納入基本法並非明智之舉。

以此形式對政策事宜作硬性規定，似乎亦不符合中英聯合聲明的精神。中英政府同意，香港特別行政區政府應「自行」決定經濟、貿易及貨幣金融政策，並「自行」處理財政事務，包括運用財政資源及訂定財政預算。擬稿第五章的部分條文，似有損於中英政府答允賦予特別行政區的自治權。

因此，我希望基本法起草委員再次研究應如何劃定界線（我知此事或不易為），以區別為實施聯合聲明各項具體保證而必須列入基本法的原則，以及應留待日後特別行政區政府自行決定的政策事務。

我提出的第四點，就是有需要為將來留下作出改變的餘地。香港社會活力充沛，經常變化不定；種種變化包括：經濟上的轉變、居民的需要和期望方面的轉變，以及他們對社會事務的認識及其解決方法的改變。過去四十年來，本港變化萬千；而在中英聯合聲明簽署後的過去四年中，亦經歷了不少變化。現代通訊及交通運輸的速度日漸提高，社會轉變的步伐因而亦愈來愈快。

因此，我們必須確保基本法不會產生一種削弱香港的活力的效果，或令其動力受到窒礙，這點至為重要。我們將須適應難以想像的新趨勢或新的發展方向。一個不能改變或沒有變化的社會，將無進步可言，而其穩定程度亦會受到威脅，此種例證，在歷史上已屢見不鮮。

經常具備迅速應變的能力，是過去香港成功的因素，不論是關乎世界各地的外來轉變，或是本港市民需求方面的改變，香港都可迅速予以適應，這實有賴採取貫徹一致的原則與施行務實的政策所致。如果基本法能訂定明確堅定的原則，另一方面又配合聯合聲明的施行，盡可能讓日後的特別行政區採取靈活的政策，便會發揮良好的效果。

基本法起草委員亦知道靈活變通是不可或缺的要素。因此，擬稿中有條文規定基本法日後可予修改，這是不足為奇的。同樣地，第 67 條規定法會議的產生辦法可「根據香港特別行政區的實際情況和循序漸進的原則」予以變更。

我們必須明白一點，就是現時不可能為未來五十年擬定完美無瑕的安排。儘管不少人大有理由希望基本法有更詳細的條文，但我們必須小心從事，切勿令香港圍於一個刻板不變的框框，以免一旦需要以現時無法預測的方式作出改變時，不能有所回應。

　　主席先生，我深信，繼我之後發言的議員，會就基本法中多項已引起評論的一般及特定事項發表意見。他們會談到我亦同樣關注的事項，但在我們看似集中討論基本法的毛病和弱點的當兒，亦不應忘記，由於起草委員的辛勤努力，基本法草稿中也有很多良好而令人滿意之處。草稿篇幅甚長，是因為起草委員不欲遺漏聯合聲明內的任何事項，及渴望兼顧多方面的利益，這種態度是值得讚許的。

　　基本法起草委員如何就香港各界人士所提出的眾多意見及建議作出回應，將會十分重要。香港人期望基本法定稿能積極反映他們的希望和意願。基本法是引導我們邁向未來，及使我們對未來建立信心的鑰匙，不論對中國或對香港來說，它都有莫大的重要性。

何錦輝議員致辭：

（二）行政長官

　　將來香港特別行政區行政長官能否有效率地領導香港特別行政區政府，這與他和立法機關的相互合作程度是有一定的關連。比方立法機關對行政機關制定的政策，提出的法案和編制的財政預算會否大力支持，有賴於立法會議成員對行政長官的信任。相反地，行政長官對立法機關通過的法案及提出的質詢會否落實執行，也有賴於行政長官對立法會議成員的信任。所以，行政長官與立法機關之間，一定要存有高度的相互信任、瞭解及支持。可是，根據基本法（草案）中的附件一，行政長官的產生是強調民主性及各利益團體的代表性；在產生過程上著重採用提名及普選的方法，並特別重視選舉團和功能組別。究竟以這些方法產生出來的行政長官，在實際方面能否獲得立法機關成員的支持，則無從估計。由方案三及方案四辦法中產生的行政長官，似乎不需要立法機關的支持；由方案一產生的行政長官，可望獲得立法機關小部分成員的支持；由方案二及方案五產生的行政長官，估計獲得立法機關百分之十至十二的成員的支持。這低程度的支持，是很難保證政府能夠有效率地順利運作。

　　從我本人的經驗來看，行政長官一定要得到立法機關大多數成員的支持，否則香港特別行政區政府一定在管治方面遇到極大困難，淪為一個無效能的政府。可惜基本法（草案）似乎沒有對行政長官與立法機關的關係，作出詳盡的檢討。

（三）行政機關與立法機關的互相制衡

行政機關有制定政策及提出財政預算的權力；立法機關則負責監察工作，並有權否定或削減財政預算。兩者保持獨立，相互制衡，務求政治體制的運作，公平與暢順。

但是，為求立法機關更能發揮其監察的功能，我提議考慮將立法機關的職權範圍稍為擴大。基本法第七十二條第（九）項說明行政長官如有嚴重違法或瀆職行為，立法機關透過若干程序，可對行政長官提出彈劾案，報請中央人民政府決定。此項彈劾的對象只限於行政長官，未免有欠完善。因為其他主要官員，亦有可能會嚴重違法或瀆職，而他們可以免受彈劾，在情理上實有欠公允；所以我提議擴大彈劾權力的範圍，使之包括其他主要官員，即司級官員。

行政機關高層的官員的越權或濫用職權的行為，會產生許多不公正的事情。立法機關如要徹底發揮其監察功能，就必須獲得足夠的調查權力，務求達到聯合聲明中所指明行政機關必須向立法機關負責的目標。所以，基本法第七十二條必須修改，藉以擴大立法機關的職權，並准立法機關設立常務委員會和專責委員會。這種權限，實在已包括在英國國會及香港立法局的現行運作方式內。

胡法光議員致辭（譯文）：

日後立法機關的產生必須顧及質和量兩方面的問題，同時亦須謹慎及均衡地照顧本港各方面人士的利益。換言之，香港市民將可推選代表出席立法機關，但有一點要注意的，是必須確保當選者能均衡地代表各界的利益。

我支持附件二方案 —— 有關立法機關的產生辦法，該方案建議特別行政區立法機關的成員，其中 50％ 應由功能團體選出，25％ 以「一人一票」直接選舉選出，其餘的 25％ 則由選舉團選出。

在行政長官的產生方面，亦須均衡地照顧本港社會各方面的利益。行政長官不應由立法機關推選，以確保不會受到立法機關不必要的影響，同時亦可確保行政長官能獨立處事。

我支持附件一所載的第一個方案，即行政長官應由選任立法機關 25％ 成員的同樣組合的選舉團選出。選舉團可適當地照顧本港各方人士的利益，同時亦包含

選舉的成分。

上述立法機關及行政長官的產生方法均須成立一個有廣泛代表性的選舉團，才可付諸實行。選舉團由本港各界團體選出的六百名代表組成，可確保能均衡和全面地代表本港市民的意見。

本港現行的政治制度尚未有選舉團存在，若等到一九九七年當香港成為特別行政區後才組成，未免過於倉卒，我們必須未雨綢繆和作好準備。

因此，假如成立這種選舉團的方案終能獲得接納，我建議香港現時的政府應在基本法頒布後盡快設立選舉團，以便在一九九七年前有足夠時間在有需要的地方將這個制度加以改善，精益求精，以確保香港能順利過渡。

張人龍議員致辭：

另一點政制方面的意見我想一提的，就是基本法徵求意見稿正文中並沒有列明兩個市政局和區議會等將來的地位，只表示將來的區域組織和職權的組成方法由法律規定；區議會的地位也只在注八中提及到：如果保留三層架構，區議會仍應為地區性諮詢機構。市政局和區域市政局這兩個擁有廣泛代表性，在功能運作上有卓越貢獻和成就的地方行政組織，竟然隻字不提。

本人不知道是否因為基本法的立場是恐防這類地方機構會逐漸演變成地方政權組織，但總覺得這項疏漏絕對不會是偶然的。兩個市政局目前擁有直選議席、間選議席、當然議席，以及委任議席等各類型代表性議員，兼且是財政獨立，充分顯示出兩個市政局與市民之間的密切關係。它們的功能一向以來都只是集中在地方性的市政服務方面，大家並且瞭解到文康市政、環境衛生等地方性服務，由市民自己選派代表管理區內事務是最有效及最能增強歸屬感的。

本人對於基本法徵求意見稿中沒有提及兩個市政局表示極度遺憾。我認為就算對於地方政制三層架構的未來發展方向未能作出最後定奪，亦應該好像行政長官的五個方案，或立法機關的四個方案一樣，把各種方案並列於附件之中，徵求廣大市區和區域選民的意見才是正確的處理方法。

意見稿中不提兩個市政局是使到兩個市政局缺乏憲法上的地位，對它們來說是極端不尊重的。對參與市政服務的人士來說，是會打擊他們的士氣，對選民來

說，更是削弱了他們對兩個市政局的信賴和熱心參與。三層架構的地位早在政制檢討過程中確定了下來，如今基本法草稿又豈能遺忘了架構中的基層和中層組織的存在？！

主席先生，基本法徵求意見稿是尋求廣大市民意見的草案，是應該一不怕批評，二不怕修改的。民意集中要求作出某些原則性或技術性的修改，就是踏進自治的第一步。本人謹在此呼籲全港市民即時開始坐言起行，盡抒己見，共同為九七之後的香港創造美好的將來。

周梁淑怡議員致辭（譯文）：

主席先生，有人曾說：「委員會原想設計出來的駿馬，卻往往變成一隻駱駝。」

基本法草案第四章所載有關政治體制的條文，正存有這個危險。雖然在擬訂第四章的條文時必定已作周詳的考慮，而該章亦已列出若干選擇方案，但卻沒有針對在考慮各項選擇方案前應注意的主要問題。

無論在一九九七年採用何種形式的政制，它必須是一個良好的政制，相信沒有人會對這種說法提出異議。我所指的是一個必須每時每刻都以香港的利益為依歸的政治體制，其運作必須既能保護港人極為珍惜的固有價值觀念，同時亦能在毋須犧牲這些價值觀念的情況下解決任何香港與中國之間的矛盾。

毫無疑問，必須加以研究的問題是，香港特別行政區政府會否保留目前立法機關與行政當局之間的聯繫，或者只是倡導所謂兩者分權而立的論調，起草委員會曾否對這些問題加以探討，徵求意見稿顯然沒有明顯的說明。我的意見認為，在行政機關與立法機關之間這項重要的關係未有定論前，要評估徵求意見稿所列出有關產生行政長官及立法會議各項方案是否適當，雖然並非全無可能，卻屬極其困難的工作。

部分人士則主張，鑑於行政長官可能不是由選舉產生，而行政機關的官員卻是由行政長官所委任，因此，最佳的制衡辦法是將行政會議及立法會議的成員分開，使由選舉產生並由市民的代表組成的立法機關能就行政機關運用權力方面的事宜進行有效的監察，確保政府經常承擔責任。

雖然我亦同意立法機關應對行政機關加以制衡，但我恐怕這個制衡作用可能

會被過度利用，使其失卻原本的目的，結果淪為絆腳石，妨礙政府有效的運作及辦事效率。

因此，最重要的是，行政長官及其政府必須獲得大部分立法機關成員的支持和信任，使政府的政策，雖然受到公眾人士的辯論、批評或審查，但仍可保留主動權及控制能力，以及時常適當地採納公眾人士的意見。

有見於此，行政長官的最佳產生辦法是由立法者以大多數票選出，以期為政者能在政治的敏銳性及行政效率這兩項重要的標準上同時付諸實踐。

抨擊這項概念的人士曾辯稱，這種選舉方法可能會導致政黨的成立，因而會引起對抗及不穩定的情況。但他們卻忽略了一項事實，就是無論在政治人物或政治活動而言，本港已跨越了漫無組織的時代。目前本港的政黨已在襁褓階段，對其黨員的控制及紀律已能發揮若干程度的影響力，各有其公認的領袖，活動範圍打破地域的界限，而且伸展至政制各層次的非官守成分當中。

這種發展是無可避免的，在任何情況下，一旦踏上選舉之途，便必須有某種組織的出現。事實上，沒有組織反而會更為危險，因為在沒有組織的情況下便不能維持力量、秩序和責任感。倘若在擬訂一九九七年本港的政制模式時而假設屆時沒有政黨的存在，實屬不智，且亦不切實際。為求迴避這個情況而建議設立一套複雜及有異於常的政治個體，稱之為大選舉團，將使政治體制更為笨拙，難於明白，尤以對市民大眾為然，倘若我們希望更多人參與政治活動，不管是候選人還是選民，所採用的任何政制模式必須容易使人明白及可以簡單地運作。

我的持論是，要建立一個有效和辦事效率高的政府，行政長官必須獲得立法機關大多數成員的支持，如果我這論據獲得接納，跟著而來的問題是立法機關應如何產生。

在基本法徵求意見稿中，除發現了不願實施普選的意向外，我很難探索出各個方案背後的理念。

由於本港的歷史背景及舉足輕重的經濟因素，最少現在我們存在一種共識，就是本港政治制度必須依據均衡地照顧各方面的利益及對經濟有貢獻的原則而運作，而不是單按人數計。很多人認為，香港今日在經濟方面的輝煌成就，是有賴於專業及具效率的運作方法，將香港當作一間公司般管理。如果接受這個比喻，我們便會明白鍾士元爵士的意見，他認為對香港管治的發言權，取決於其對本港

作出多少貢獻，而非按股東的人數而定多寡。換言之，在釐定政府政策方面的權力及影響力，應在每個人均有表達的自由的基本權利下，根據其貢獻予以評定，只要每個人享有自由表達的基本權利，包括毋庸恐懼亦無偏私地去質疑政府政策及其按政策所採取行動的權利，能獲得保留及尊重。

在這種基礎上，日後特別行政區的立法機關必須是發揮其支持行政機關的作用，而不是與之對立。立法機關必須作為行政機關與市民之間的橋樑兼緩衝組織，並能向市民解釋政府的政策，倘若政策遭受反對，立法機關便要設法尋求雙方均可接納的折衷辦法。

這正是現時的運作方式，我們必須設法保留這項業經證明切實可行的方法。倘若發展一個行政與立法機關各自獨立的美國式制度，就政治體制的形式而言，將會是一項徹底的改變，香港實難以應付這樣的改變，其所帶來的結果，將會比過往的任何改變更富對抗性及分裂性，對香港人士所珍惜的社會安寧，並無裨益。

最簡單的方法是保留區議會及已佔 75％議席的功能組別的直接選舉，但容許香港在民主道路上向前進時，作進一步的調整。餘下的事則須留待在政治上具領導地位的人決定，由他們推動群眾。

不論在一九九七年採用何種形式的政制，相信所有人都會同意，在政權移交時能引起愈少混亂愈好，這是萬眾一心的期望。較早之前有傳聞謂中國領導人曾為直通車的方案而加以辯釋，但在過去兩年，語氣又有所改變。我曾聽聞（對與錯也好），他們開始「掉頭」，因為有些香港市民採用實際示威行動來表示他們對若干政府政策的不滿，其所產生的影響是可以理解的，因為對身在香港的市民來說，這些行動亦令我們忐忑不安。然而，我們不能因為偶爾發生的事件而完全抹殺直通車方案整體上的優點，因為從長遠來看，這些事件只不過是社會上部分人士或整個社會因一些不受歡迎的政策而感到挫折，偶然表達出來的行動，而這些行動亦不為酷愛和平的全港市民所贊同及支持，甚至已視之為不受歡迎的做法。因此，我們必須以言行來令中國確信，港人處事成熟謹慎，無須跑到街上遊行示威亦可將問題解決，而我們具備慧眼，能挑選適當人選來領導我們。

為此，我要表示支持某些議員提出的建議，這些建議列在基本法附件有關特別行政區第一屆政府產生辦法的第 4 段，引述如下：

一九九七年六月為香港立法局議員的人士到了一九九七年七月一日自動成為香港特別行政區第一屆立法機關成員，至其任期終結為止。除宣誓效忠香港特別行政區的儀式外，不作特別安排。

如容許的話，我想補充一點：當第一屆行政機關人員宣誓效忠後，應可進行行政長官的選舉。

主席先生，最後我想對基本法的諮詢過程略進一言，除兩局議員憲制發展小組的成員，本局和若干有關的政府人員外，我從未遇過一名曾經從頭到尾閱讀基本法（草案）徵求意見稿一次的人士。我不擬猜測箇中原因，但事實俱在，情況實未能令人愜意，我建議基本法起草委員會及諮詢委員會應肩負責任，以公平和客觀的態度向市民解釋徵求意見稿的內容，因為該份文件實在頗為複雜，細節甚多，普通人不易完全明白。因此首要的工作是由對基本法（草案）徵求意見稿有確切認識的人士，先摒棄其個人意見，向市民解釋基本法初稿背後的要旨。市民的意願必須根據其認知、理解及分析作出，因此向他們灌輸基本法的知識是不可或缺的。無論電視宣傳短片怎樣以優美的形象介紹基本法，亦不能發揮這項基本、實際及絕對重要的功用。雖然傳播媒介每日廣為報導有關基本法的消息，我認為市民對參與研究及認識基本法的工作仍未足夠，這是我們必須加以正視和糾正的問題。

譚惠珠議員致辭：

在政制方面，我贊成司法獨立、行政立法分立，但互相配合，互相制衡的構思。基本法中的政制及權利和自由兩章的條文中，均無禁止政黨的形成（因居民及其他人均有集會自由），但大致上政制的構思並不需要一定有政黨的運作。但仍可容許政黨在需要時經過成熟階段而產生。基本上行政長官和立法機關的產生方法（附件一和附件三），均在香港本身的立法機關和行政長官的權力範圍內可提出修改，如此，方能容許適應五十年長的改變。當然，我也不希望香港特別行政區成立後，要經過太長的時間才有全面的普選。我絕無疑問，在政制上的構思各是有理想，但事實上我們從一九八四年到現在的三年半中，不斷地辯論這個問題，

相信在這一個辯論中也必然是各執己見，或許殊途永不會同歸，最後讓不參與辯論的人去作最後決定。我相信香港人要想一想這個是否我們樂於見到的結果。

主席先生，雖然政制方面的構思會成為反映意見或爭論的要點，但我認為，我們更加應該注重基本法委員會的組成，對中華人民共和國全國人大代表常務委員會的隸屬關係和通過它向人大常委的建議或報告的所需票數。

行政長官和行政機關的權力，有由選舉產生的立法機關衡制。我不準備討論由何種方案組成的立法機關對行政長官及行政機關的制衡更有效，反正任何派別在立法機關中取得 50％加一票，已經可以控制立法機關的運作。行政長官或行政機關的決定，可由立法機關加以影響。……

張有興議員致辭（譯文）：

第四章：政治體制

第一節：行政長官

長遠而言，儘管一人一票直接選出行政長官的辦法極為可取，但我認為香港特別行政區成立初期，仍不宜採用直選的辦法。

以往我曾主張行政長官應由立法機關成員互選產生，現在我仍然認為這是最佳的辦法；不過，如果行政長官不能是立法機關的成員，那麼，我建議在特別行政區成立初期，行政長官應通過一個有廣泛代表性的選舉團選舉產生，而選舉團於選舉後即行解散。這選舉團是專為選舉行政長官而組成，並非用以選舉立法會議的代表。

選舉團將由 600 至 1,000 名來自各階層的代表組成，並設提名委員會，永久性居民如獲得不少於 10％選舉團成員贊同，其提名應獲得接納，而每位選舉團成員只可贊同一項提名。

關於第五十五條，我認為行政會議的成員最少應有四分之三來自立法會議，以確保行政當局及立法會議在工作上維持聯繫。

屆時出席立法會議的行政會議成員，其責任是使政府的事務能在立法會議按照立法程序時間表得以推行，甚至可在質詢時間解答各項提出的問題。

第三節：立法機關

關於在香港特區政府產生立法會議的辦法，我贊成由一九九七年開始設約 70 個議席：

> 三分之一的成員由功能團體選出；
>
> 三分之一由地區直接選出；
>
> 三分之一由多個選舉團選出，其中包括：
>
> > 兩個市政局組成的選舉團
> >
> > 各區議會組成的選舉團
> >
> > 各諮詢委員會及法定委員會組成的選舉團

我認為這些選舉團只可用以選舉立法會議的成員，不可與專為選舉行政長官而設的選舉團混為一談。

關於第七十條，我認為立法會議主席應由立法會議成員互選產生。

我相信以上的建議可為本港的民主參政發展奠下良好的基礎，並可在一九九七年後由香港人再加以發展。

蘇海文議員致辭（譯文）：

仍然有待解決的問題，是有關行政長官的挑選或推選方法的爭議，以及如何安置立法機關現有成員的問題。至於司法人員方面幸獲乾脆予以留用；這雖然有點出人意表，卻是最漂亮的解決辦法。

身為所謂「81 人小組」的一分子，以及基於該小組提出的理由，我贊成有關透過由多方面代表組成的選舉團選出日後的特別行政區行政長官的建議。該選舉團的成員包括本港各界代表，以及立法會議的成員。選舉團可於一九九六年後期設立。別忘記以間接選舉的方式選任國家元首亦是很多已確立民主制度的國家的一種特色。

另一方面，對在一九九七年之前或之後透過選團選出四分之一立法會議成員

的建議，我並不太贊成，亦從來沒有隱瞞過這個觀點。反之，我主張在一九九一年後政制發展（及基本法條文）的目標，應該是在一九九四年以透過功能團體選出的議員去取代屆時仍然留任的委任議員，並且像那些透過如直接選舉選出的議員一樣，任職至一九九七年六月三十日為止。

根據一九九四年採用的選舉模式推選特別行政區第一屆立法機關成員的事宜，應在一九九七年七月一日前的兩個月進行；至於候選人的資格及任期方面，則應依照基本法所訂定的必要條件辦理。如此一來，新的立法機關亦可於一九九七年七月一日組成，而毋須面對效忠於那個政府的問題及其他過渡方面的困難。同時，若採用這個辦法，便可不必如基本法草案所述一般，需要設立暫時或臨時政府機構，而我認為亦不應採取這樣的步驟。在成立特別行政區後的最初數月和最初的數年，我們尤其需要堅穩的領導層：若能採取上述辦法，便可避免出現不銜接及不明朗的情況。

以目前的情況看來，假設香港在一九九七年後仍將繼續採用公務員制度，那時，我們仍需解決兩項相當重要的政制問題，其中一項是關於行政機關與立法機關應有怎樣的相互關係，特別是倘政府官員不再出任立法會議成員（因按照邏輯，他們不應透過選舉選出），則應如何在立法會議中提交及處理立法建議的問題。

另一項是關於停止採用委任制度後，行政長官可能贏不到立法會議的信任和支持、及對其絕無影響力的問題。周梁淑怡議員已略有提及，現為了作討論，且讓我們假設李柱銘先生成為行政長官，而屆時他須面對就其政策提出的反對意見，正如他在過去三年來不幸受到本局同事反對一般。在這種情況下，即使備有解散會議及／或迫使行政長官辭職這些安全措施可供使用，又如何去消解這種矛盾而不致產生長期不穩定局面的威脅呢？在這方面來說，由立法會議成員推選行政長官的辦法有可取之處。另一方面，採用這個辦法豈不是有違三權分立的原則？同時，這個辦法會否提高而不是減低符合中英聯合聲明所規定的責任承擔程度的機會？我認為本港人士及基本法起草案委員會均須進一步討論這點。

倘若草委們不是那麼著意去複製現行架構，而是採用更具創意的方法，以便更能反映本港的嶄新局面及為一宗前所未有的創舉作好準備的需要，則我們便可不必面對以上所述的某些問題。或許草委們太過盲目追隨中英聯合聲明，難怪在中英協議中沒有提及或並未作清楚交代的各方面，他們便顯得束手無策。

1988 年 7 月 14 日
恢復議案辯論：香港特別行政區基本法（草案）
徵求意見稿

李柱銘議員致辭（譯文）：

政治體制

主席先生，我想簡略談談基本法內有關香港特別行政區政制的某些條文。我第一句評語是：該草案要延續目前權力集中於總督一人身上的殖民地政制，行政機關亦獲得很大的權力，但立法機關的權力則不足，不能對行政機關提供所需的制衡。

此外，有關行政長官的選舉和立法機關的組織雖有多個方案可供採用，但亦有很多建議主張成立所謂「大選舉團」以選出行政長官及立法機關的大部分成員。

此建議是源自基本法諮詢委員會內若干較保守的成員，即「81 人集團」的意見。他們建議約由六百名來自本港各界的人士組成一個選舉團，但卻沒有解釋在大選舉團內，那些組織有資格可作代表，亦沒有指出誰人可決定那些組織可列入。他們只說在大選舉團內，不同的團體或組織按照本身的內部程序（實質內容亦無說明），並透過民主方式，選出他們的代表。這種含糊不清的建議令人懷疑他們提出建議的態度是否認真。

根據 81 人集團所編印的小冊子，我們可見大選舉團的代表主要來自工商界，即使根據最保守的估計，最低限度大部分成員均來自上述行業。因此，由大選舉團選出來出任行政長官的人肯定會維護工商界的利益，而又毋須向香港特別行政區的其他市民負責。如該行政長官有意連任，便須向工商界作出承諾，以確保繼續得到這些人士的支持，但這些承諾卻未必能夠符合香港特別行政區整體的最佳利益。

因此，我認為這個制度會產生不良的政治經濟勢力聯盟，並會為一小撮人士

帶來互利交易，因而腐蝕我們的社會。再者，如果工商界的某組人士可以駕馭其他組的人士，則後者便會首當其衝，因為前者可能濫用權力，謀取自身的財政利益，令其他人士，尤其是同業者蒙受損失。根據經驗，我們知道當經濟政治兩種勢力合而為一時，往往會產生壟斷及特權的現象，因而使我們極為珍惜的自由開放市場經濟遭受打擊。

至於立法機關，81 人集團建議 25％的議席應由大選舉團「選出」。但其實這只是一種委任制度，因選舉結果很容易受到操縱。其實，採用這方法的基本目的是要確保立法機關內有一組人永遠都同意政府的任何建議或政策。有人告訴我，另一個目的是使到主要的官員可「獲選」進入立法機關，以便保留立法局內有官員出任議員的現狀。這清楚顯示建議成立大選團的目的是為了達到一個預定的結果。

不過，為了這些主要官員而採用這樣一個既複雜又不能令人滿意的選舉辦法，實不合理。其實，還有其他更好的辦法，例如我們可用所謂部長制度，即主要官員由當選的立法機關議員提名，然後按照中英聯合聲明的規定，由中央政府委任。第二個辦法是在基本法內列明主要官員可以參加立法局所有會議，但沒有投票權。因此，他們可以代表行政機關回答問題，並就條例草案提出動議。其實，這是跟隨財務委員會的目前做法，即當然的官守議員並無投票權。

主席先生，我想談談功能組別的選舉方法，因為我亦是由此途徑晉身立法局的。這種選舉方法在一九八五年九月第一次採用，是邁向民主化的第一步。自此以後，本港不少人都贊成此辦法。但這個選舉方法亦有很多內在缺點，因為由各個功能組別選出來的人，很可能會將其所屬功能組別的利益放在社會整體利益之上。如果立法機關大部分議員都用這種辦法選出，立法機關便會變成十分鬆散甚至出現分裂，並且會減低政府的效率。

這個選舉辦法不公平之處可從下述一點看出來：香港有很多能幹的人，他們受過良好教育、很聰明，而且對我們蓬勃的經濟作出了很大的貢獻，但他們仍然沒有投票權。這些人有些是銀行經理、有些是大型國際或本地公司的經理、企業家、有經驗的秘書、或專業人士等。其實，目前大量離開香港的就是這些人，因為如果我們不准他們用手投票，他們就會用腳來投票。

因此，我不同意周梁淑怡議員的意見，她認為將來香港特別行政區的立法

機關成員應有 75％由這個方法選出。本局比較資深的議員當會記得，立法局在一九八五年決定今日的九個功能組別時，曾是多麼困難和完全不合邏輯的。本局議員亦會記得，當我們要求決定在今年九月的選舉中增加那兩個功能組別時，決定是多麼難以作出。難以決定的原因是，要我們決定那個功能組別對於我們的社會更重要，根本是引人反感的事；互相比較是令人討厭的。

因此，我絕不認為我們應透過功能組別這條路線來增加席位。這個選舉辦法只不過是向前邁進的第一步，最終目標仍是全部成年人有投票權，投票選出香港特別行政區立法機關所有的議席。

潘宗光議員致辭：

首先，就香港特別行政區立法會議的產生方法，我認為應以保持香港的安定繁榮為大前提，要避免香港受到難以補救的衝擊及以不妨礙現存制度的有效運作為依歸，故應該是建立於有廣泛代表性的基礎上。我們在政治制度的轉化過程中，必須選擇一些對香港整體社會最為有利的改革措施，循序漸進，推行及發展民主制度。

我們認識到民主是有程度之分的，而措施的推行是需要配合社會的整體情況。選舉有「一人一票」的普選，有選舉團形式的間接選舉，也有像功能團體形式般的「一人或一個單位一票」的選舉等等。每種選舉方式僅代表了其支持者對政制組成的一個理想而已。

過去幾年來，香港政制的演變可算是循序漸進，目的是為了避免驟變情況的出現及避免對施政做成不穩定的情況。九一年設置十個直選議席也是為了排除大程度的驟變。有關未來政制的問題，香港各界目前仍然還未達到一致的看法，基本法所羅列的各個不同方案也反映了這一個情況。看來香港各界還需一段時間才能達致對政制的共識。然而從基本法草稿的各個方案看，主要的分別是在於傾向於有較多從直接選舉或間接選舉選出的議席，及在推行基本法的初期香港應走的步伐有多大。

香港過去所實行的委任制度已有一百四十多年的歷史，這個制度的確把香港建設成為一個大家都公認是成功的國際城市。大家知道，大部分被委任的人士是

因為他們各自在自己的職業和專業界別上可以對社會作出適當的貢獻。我們未來的立法者都應該是來自社會的各個階層的代表。功能組別的制度是可以達致上述功效，而這類的代表是在特定的界別內以「一人一票」選舉產生的，因此其界別的代表性是無可置疑。過去三年的經驗亦證明功能組別的制度是最能適應香港的特殊情況。所以我是贊成在將來立法機關的組成方面，功能團體選出的成員一定要佔最大的比例。同時，為了逐漸推行民主改革、為了補足功能組別制度所欠缺的地區性的因素，「一人一票」的分區直選是必要的。

因此，我認為意見稿中附件二所提出有關香港特別行政區立法會議的產生辦法的四個方案中，以方案一及方案三的內容與我的看法較為接近，因為功能團體都是佔較大比例。但當我比較方案一所提及的選舉團及方案三所提及的顧問團時，對於這兩個構思，我個人則略為傾向於選舉團的概念。不過，這個選舉團雖然是要廣泛地容納各界代表，但在界別有關成員及各組別席位的分配方面，則宜深思熟慮，以防止因架構過分臃腫而妨礙整個制度的運作效率，及保證個別的界別不會因人數太多而造成某單一勢力會明顯地佔了一定的優勢，以致影響或操縱整個選舉團；還有，各個界別的代表的選舉方式應可由各個界別自行決定，但應以不違背民主精神為原則。

今天，我雖然只提及四個方案中的方案一及方案三，但無可否認，四個方案都不乏其可陳之處及其一定的支持者，但我謹希望香港人不要各自堅持己見，應以香港整體利益為大前提，務求達到共識，找出一個能融匯各方案之所長而能為大多數香港人接納的方案，這個才是我們香港人應邁向的目標。

司徒華議員致辭：

不能不變，一定要變的「政制」，要變得怎麼樣，才能「保持香港原有的資本主義制度和生活方式，五十年不變」呢？我認為，必須貫徹下列的三個原則：

1. 港人治港，高度自治。「港人治港」，很可惜，因為有人說過「不科學」，所以也沒有人提及了，但六百萬香港市民，對這四個字最刻骨銘心。我認為，這「港人」是一個集體名詞，它是指能夠真正代表香港整體利益和各個階層利益的人，是香港人的真正代表；並不是任何一個、或幾個、或十幾個、或幾十個幾

萬個，只合乎某些人的心意的，具有中國籍香港永久性居民資格的人。真正的代表，要由民主選舉產生，不是由無形之手去欽定。即使被授予高度自治權，但不是落在真正的代表手上，而落在被欽定的人手上，這並不是甚麼高度自治權，而只是高度代理權而已。

2. 共同參與，民主參與。絕對的權力，就是絕對的腐蝕。不受到制衡的權力，必定會演變為絕對的權力。首先是人民的制衡，讓人人享有平等的民主的政治權利，讓他們能夠按照自己的意願，對某些人授予或撤回本來是屬於人民的權力。其次是各階層之間的制衡，不是某一階層唯我獨尊，大權獨攬。讓各個階層在共同參與中互相制衡，在互相制衡中調協矛盾和謀求合作，這樣才可避免出現不是「東風壓倒西風」、就是「西風壓倒東風」的局面，導致矛盾激化，發生你死我活的鬥爭。

3. 三權分立，互相制衡。行政、立法、司法三權分立，是另一種制衡；同時，也是人民的制衡和各個階層之間的制衡，透過具體政治體制的一種反映。不管三權分立，是不是三個政府，這實在是幾百年來，資本主義政治體制發展的經驗的結晶。要保持資本主義制度和生活方式不變，必須建立起這樣的資本主義政治體制。否則，非資本主義的上層建築，必定會動搖和破壞原有的資本主義經濟基礎。經濟基礎動搖破壞了，「一國兩制」中的資本主義，也就會奄奄一息，命不久矣！

《附件三》的「第一屆政府和立法機關的產生辦法」，簡略來說是這樣的：人大常委會委任過半數的港人組成籌備委員會，籌備委員會按一定的比例籌組推選委員會，推選委員會以協商或協商後提名選舉產生行政長官，並同時以選舉產生立法機關的全部成員。

組織是：人大常委會、籌備委員會、推選委員會。程序是：委任、籌組、協商或協商後提名選舉和選舉。斧頭打鑿、鑿打釘；一環緊扣一環，第一步影響下一步。委任的籌備委員會人選，決定了推選委員會的籌組方法和人選；推選委員會的人選，決定了行政長官和立法機關全部成員的產生。經過了委任和籌組的兩重過濾，最後一步的選舉還能算得是選舉嗎？雖然隔著籌組和協商或選舉的兩種輕紗，我們還是可以清晰地看見那隻具有決定性影響的委任的有形之手的。這樣，並不符合「港人治港，高度自治」的原則。

在委任和籌組的基礎上所進行的選舉，連間接選舉也算不上，只能算是間接的委任。這樣產生的立法機關，是違背中英聯合聲明的。

通過這樣的組織和程序，還有甚麼民主因素呢？參與的只是人大常委和小數被委任或被間接委任的港人。半數以上的籌備委員是港人，推選委員會的成比例，由此也變得毫無意義，他們只是花瓶而已。這樣，並不符合「共同參與，民主參與」的原則。

受到有形之手決定性影響的推選委員會，由其同時產生行政長官和立法機關全部成員，這樣，行政和立法，可謂共一個鼻孔出氣。再加上，終審法院法官和高等法院首席法官，須由行政長官徵得立法機關的同意而任命或免職，同一個鼻孔出氣的行政和立法之下，必會影響了司法的獨立。這樣，並不符合「三權分立，互相制衡」的原則。

第一屆行政長官和立法機關成員的任期，一個五年，一個兩年，一長一短，一正常一反常，更令人莫名其妙。假如一定要找出其中的奧秘，只能這樣去推理：由於原立法局議員都可以作為第一屆立法機關成員的候選人，雖然有形之手可以操縱一切，但一下子全部落選總會很難看，便留下一部分來作點綴，久了又不耐煩，所以在短短兩年後就去撤換。除此之外，還可以有其他的解釋嗎？

在這樣的方案裏所謂「體現國家主權」，只不過是由我作主的權力慾的暴露；所謂「平穩過渡」，只不過是由我作主才可放心的心理反映。

去年討論代議政制的綠皮書和白皮書時，為了反對八八直選，「銜接論」的調子，高唱入雲，震耳欲聾。曾經高唱過這個調子的人現在面對這個寫在《附件三》的唯一方案，為甚麼噤若寒蟬？他們跑到那裏去了？這個方案，符合「銜接」的原則嗎？這是一個「兩頭不到岸」的方案，既沒有顧及九七年前香港政制的發展，也沒有顧及第二屆政府和立法機關的產生。它不但不是一條過渡的橋，而是在轉折點上挖出的一條密布險灘的急流，使撐渡或游泳到彼岸去的人，遭遇極大的艱困。對這個方案毫無異議而又曾高唱過「銜接論」人，午夜夢迴，撫心自問，會有何感想呢？

第一屆政府和立法機關的產生，極端重要。根據第 45 和 67 條，雖然經已確定的，寫在《附件一》的以後行政長官產生辦法和寫在《附件二》的以後立法機關產生辦法，在同一個鼻孔出氣的第一屆行政長官和立法機關的狼狽為奸下，便

可以大改特改，面目全非，影響到以後 48 年的政制。

在本局憲制發展小組的討論中，沒有人接納這方案，而一致支持另一個方案。這個方案，就是李柱銘議員和我聯合提出而未有被草委會接納的方案。「好物沉歸底」，這個方案刊在《徵求意見稿》的最後一頁，沒有注明是我們提出的，但有心人總會找到。這個方案如下：

一、在一九九六年內，全國人民代表大會常務委員會，委任一個「香港特別行政區第一屆政府籌備委員會」。籌備委員會成員均為香港永久性居民中的中國公民，主任委員由委員會互選產生。

二、在一九九六年中或年底，第一屆政府籌備委員會，在香港依照本法選舉，經普及而直接的選舉產生候任行政長官。一九九七年七月一日，候任行政長官接受中央人民政府的任命，正式宣誓就職。

三、候任行政長官於一九九七年七月一日前，提名香港特區行政機關的各主要官員，報請中央人民政府任命。各主要官員於一九九七年七月一日宣誓就職。

四、一九九七年六月時的香港立法局議員，到了七月一日自動成為香港特別行政區第一屆立法機關成員，至其任期終結為止。除宣誓效忠香港特別行政區等儀式外，不作特別安排。

我對這方案，要作幾點補充和解釋：

一、參加討論的議員，因為《基本法》對行政長官和立法機關的產生辦法，還未有定論，並列為方案，所以對「經普及而直接的選舉」等字句有保留。

二、假如《基本法》接納了一九〇方案，因為第二屆行政長官須由十分之一的立法機關成員提名，所以第一屆行政長官的任期，須於第一屆立法機關成員任期終結後半年結束，以便產生新的行政長官。

三、一九九〇年《基本法》頒布後，行政長官和立法機關的產生辦法經已確定。香港立法局的產生辦法，便可以立即開始據此而逐步轉變。假如《基本法》規定特區立法機關的任期是四年的話，九一年或九七年前產生的立法局也改為四年一任，那麼，九一年就任的議員任期至九五年，九五年就任的議員任期至九九

年而橫跨九七年。這是最平穩的過渡。

四、國家的主權，體現在籌備委員會由人大常委委任，第一屆行政長官的產生在籌備委員會的主持和監督下進行，宣誓儀式由中央人民政府派人到港主持等。

有好的開始，就成功了一半。有另一句反面的廣東俗語是「落筆打三更」。三更是黑沉沉的午夜。我們希望第一屆政府和立法機關在黎明中誕生。

何承天議員致辭（譯文）：

我希望本港社會人士最少能同意一點，就是制定日後政府模式的主要目標，是必須確保香港的繁榮和安定的〔得〕以保持及發展。

繁榮與安定是相輔相成的，沒有安定便沒有繁榮，反之亦然，兩者不可缺其一。繁榮的先決條件是必須有一個運作良好及辦事有效率的政府；而政府也必須對社會的需要負責及作出適當的反應，這樣才可帶來社會安定。

為使政府承擔責任及能夠順應民情，就必須循序漸進地朝著更為民主的政制形式發展。

政府民主化是邁向一個更美好社會所必經的進展過程，應會受到全體市民歡迎，但對於進展步伐的緩急，則見仁見智。

另一方面，認為可以利用民主來防止中央人民政府干預的想法，實在極其錯誤。

倘若香港特別行政區繼續保持繁榮和安定，中央人民政府實無理由干預香港特別行政區的事務。但我們必須從實際方面設想：假如香港遇到經濟嚴重衰退或民眾騷亂而不能自保，在這種情況下，不管有否民主，中國也必須加以干預。

來自本港工商金融界及專業人士的 81 位基本法諮詢委員會成員，為日後的政治體制擬定了一個模式，現已列入徵求意見稿內，即附件一及附件二的第一個方案。

這群工商界及專業人士相信，為了提供一個穩健的基礎，使香港將來能夠繼續安定和繁榮，任何政治體制的轉變必須循序漸進，保留目前政治制度的優點，並客觀地顧及香港實際的需要。

　　他們的意見與司徒華議員在其演辭所表達的不約而同，就是「要變要變得好」。

　　大選舉團的概念是由 600 名香港各界人士代表組成選舉團，其成員包括：立法機關成員、兩個市政局和各區議會的代表、各法定團體和永久性非法定團體的代表、社會和慈善組織、專業人士和勞工界、工商界、金融界、宗教人士、教育界以及公務員的代表。

　　大選舉團的成員是透過民主的程序，從各成員所屬的組織中推選產生，而他們則須負責選出立法機關 25％的成員。

　　李柱銘議員批評說，大選舉團會被佔大多數的工商界人士所操縱。他聲稱「81 人集團」出版的小冊子已如此提出。該小冊子已清楚說明，工業界將獲席位 80 個，商界 50 個，金融界 50 個，即在總數 600 個的席位中共佔 180 個。我以簡單的數學計算，可知 180 絕非佔大多數。主席先生，我又不大明白，李柱銘議員既為精明的政治家，怎會想到來自各行各業的 600 人團體也可以被人「操縱」？此外，李柱銘議員一定已閱讀錯了小冊子，因為「81 人集團」根本不希望官守議員獲選入立法局。他們只表示官員應出席立法局會議，提交條例草案、答覆問題，但他們並無投票權。李柱銘議員亦同意這個意念，我實在感到高興。

　　反對上述工商界及專業人士所提方案的人士則抨擊這方案不民主，並指稱其目的是維護富人的既有權益。（但我必須補充一點，那並不是李柱銘議員今天採用的字眼。他所用的字眼是：「工商界」。）

　　但事實上，大選舉團是由本港各界人士代表組成，而這些代表都是透過民主的選舉方式選出。批評者將本港社會人士劃分為「貧」與「富」，這種概念實令人反感。我認為在香港這個社會，這種想法毫不恰當，因為任何人只要有抱負及決心，其力爭上游的目標實際上是可以達到的。

　　這群工商界及專業人士坦誠表明其憂慮，恐怕其他方案可能會帶來對抗式的政黨政治，破壞本港社會的秩序及各階層傳統融洽和諧的關係，甚至惹致外來政治勢力的干預。

　　如以客觀的態度細閱附件二所列出的各個方案，不難發覺部分人士所唯一認同的民主方式，此即在立法會議應有直選議席一點，在各方案中均有出現，方案一及方案四均認為此類議席應佔 25％，方案三則表示應佔 30％，而方案二則認

為是 50%。因此各個方案均包含了各種選舉方式，其差別只是在於組合的比例不同，而並非對民主的基本原則有異議。

周梁淑怡議員批評大選舉團的制度過於笨拙及難於理解，她認為無論就政治人物或政治活動而言，香港已跨越了漫無組織的時代，對於此種意見，我未敢苟同。但我發覺她亦提出若干非常有用的意見，可供工商界及專業人士深思，就是我們的目標是一個有效運作及辦事效率高的政府，而本港政治制度運作的原則是要均衡地照顧各方面的利益及對經濟有裨助，決不是單按人數計。我相信工商界及專業人士對她這種見解不會有異議。可以肯定的是，我們還有很多意見相同的地方。

倘若在擬定基本法時，能夠訂明政治體制可日後逐漸演進，以配合社會的需求，則或可更易於使各派人士取得共識。

布政司致辭（譯文）：

主席先生，我已非常專心地聆聽這兩天有關基本法（草案）徵求意見稿的辯論。這份徵求意見稿，將會訂定未來香港特別行政區的憲制架構。就這項動議發言的各位議員，都曾經對徵求意見稿進行研究和仔細分析，表現出他們對香港人極具責任感。我謹此對他們努力不懈的精神，深表敬意。

根據中英聯合聲明的規定，香港特別行政區基本法將會訂定聯合聲明所載和附件一所詳述中國對香港的基本方針政策。基本法的草擬及頒布，當然是中國政府的責任；不過，正如英國外交及聯邦事務大臣今年一月二十日在國會所說，英國是中英聯合聲明的聯署國，因此英國政府有權要求基本法的最終條文，能充分和準確地反映中英聯合聲明。為此，我們將會密切注意本港及海外各界人士就基本法（草案）徵求意見稿發表的意見，並在日後與中國當局交換意見時加以考慮。

在這次辯論中，各位議員就基本法（草案）徵求意見稿的多項問題致辭，例如：基本法充分反映「一國兩制」構思的重要性；聯合聲明對香港特別行政區享有高度自治權的承諾；在基本法中堅決保證司法獨立；以及保障基本的權利和義務，和基本法要給予特別行政區政府所需的靈活性，以便對變動中的環境作出反應。這些只是各位議員表示關注的幾項較重要問題，我已把它們細心記下。如各

位議員希望把這些意見轉達中國政府，我們當然會這樣做的。

基本法的草擬工作，是在非常公開的程序下進行，而中國政府已盡極大努力，促使香港人參與這項工作。現正進行的諮詢工作，亦有機會讓廣大市民就這份徵求意見稿提出意見，並且透過各種渠道發表他們的見解。中國官員承認，這份初稿有很多地方未臻完善，必須考慮各方面發表的意見，並須配合香港的環境而加以改善。他們表示會本著這種精神，在修改這份徵求意見稿時，考慮有關意見。因此，主席先生，根據這項動議所用的字眼，香港市民應充分利用諮詢期間所提供的機會，表達他們對現時這份初稿的意見，這是十分重要的。

在過去兩日來，事實上在近數星期來，我注意到社會人士對基本法若干方面，有明顯的共識，而在其他方面，則仍有意見分歧的情形。我希望所有有關人士，會一起以積極的態度和具靈活性的方式，討論餘下的問題，以便盡量求取共同的立場。從本港市民的觀點來看，而且我深信也從基本法起草委員的觀點來看，若干程度的共識，實有助於確保最後制定的基本法，會是一份廣泛得到接受，且屬實際可行的文件。

1988 年 10 月 12 日
總督施政報告

2. 本局這個新會期，是一項重要演進過程的一部分。三年前，本局首次有 24 位民選議員加入。今年，民選議員所佔的比例又告增加。出席今天會議的，有兩位是新設功能組別的代表，而委任議員亦相應少了兩位。

3. 這個發展過程仍會繼續下去。在一九九一年，我們將會歡迎十位由直接選舉選出的議員加入本局，他們所代表的是按地區劃分的組別。我們的政制仍會不斷演變，而日後本局的所有議員，都會是經由某種形式選舉產生的。

4. 立法局成員組織所出現的各項改變，是一九九七年前後香港政制演變過程的重要部分。隨著社會的發展，市民的教育程度日高，生活日益富裕，自然冀求在公共事務上扮演更重要的角色，以及在制訂影響他們自己生活的政策的過程中，有更大的發言權；事實上，市民亦應該擔當更重要的角色，和有更大的發言權。這是一個可喜的發展趨勢，政府會繼續順應民情，作出回應。

1988 年 11 月 9 日
致謝議案辯論

李鵬飛議員提出動議：

「本局對總督的致辭，謹表謝意。」

李柱銘議員致辭（譯文）：

可是，當我們想到有些更重要的事情，懸而未決，甚或一無所成時，上述的成就便變得無關重要，黯然失色了。就民主化一課題而言，我們的政府竟非常失敗地自食其言，沒有履行到「（在一九八四年至一九九七年間）建立一個植根於香港的民主政府」的諾言。

在一九八四年間，英國政府努力向港人推銷「中英聯合聲明」，當時英國政府承諾在一九九七年前在香港建立一個民主及有代表性的政府，而香港市民被引導相信在一九八八年立法局將會有直接選舉。但因為中國領導人公開強烈反對，直接選舉被推遲到一九九一年。而英國政府的種種承諾，如今已成歷史陳跡。

……

主席先生，每當英國政府離開其殖民地前，都會在該地建立一個民主的政制。但香港會是一個例外，英國政府的立場是，由於有英聯合聲明和基本法，民主的程度和速度現已完全是中國政府的問題。但我相信英國及香港政府仍然可以扮演很重要的角色，就是說服中國政府履行一些本應由英國政府做的事，好使香港在一九九七年有一個真正民主及有代表性的政府，使我們可以行使中英聯合聲明所承諾給我們的高度自治。

中國政府也應領略到過去數年，香港人的信心被中方不自覺地動搖和破壞。目前中國政府最重要的任務是盡力彌補，以抵消過去的壞影響。唯　可行的方

法，便是給香港人一套完備的基本法，其中當然要包括香港在一九九七年後五十年都有一個真正民主的政府架構。

港英政府可以立即根據這套基本法，在一九九七年前建立一個民主的政府。通過這些途徑，有領袖才能的人選將會被選入本局，以保證在一九九七年前政府便根據中英聯合聲明向本局負責。

主席先生，容我向所有關心香港的人士呼籲，上述的改革及建議，已經是刻不容緩。除非我們就在此刻開始這些改革，否則將會有更多香港人離開香港。

范徐麗泰議員致辭（譯文）：

……立法局於一九九一年實施直接選舉一事，在本港代議政制發展中，將代表著向前邁進的歷史性重要一步。屆時本港的最高層立法機關將會有議員由約160萬名已登記的選民直接選出，而這項選舉權是公開的。這將會是本港歷史上第一次直接選舉，成功與否，毫無疑問，對於本港在過渡至一九九七年期間及以後民主形式政府的未來發展，有重大的影響。政府所面對的急務，是確保盡可能有最多選民參與選舉。同樣重要的，就是當局需要向選民灌輸以下信息：即每一票都是重要的。投票選舉是神聖不可侵犯的公民權和責任，投票人須具備應有的責任感行使投票權。基於此，當局應提出推介選舉制度的公民教育方案，指出一些選舉須知事項，以便選民知悉在獨立考慮選舉何人時須注意的事項。這項公民教育，跟其他方面的教育一樣，都是說來容易做時難。但是，我深信政府在參考促進公民教育委員會的意見後，可以提出有關實施公民教育方法的嶄新兼實際的建議。實施公民教育的需要，已是無庸置疑，我們越早著手向這方面邁進越好。

1988 年 11 月 10 日
恢復致謝議案辯論

麥理覺議員致辭（譯文）：

我個人認為最能符合香港利益的方案，是建立一個在政治及行政方面均高度自治的政制，在決策方面不受中國干預和介入，甚至不會受到不必要的影響。對一個主權國，尤其是制度與本港相去甚遠的國家而言，這項要求似乎過分苛刻，但正因如此才有此需要。要成功管治一個資本主義的地方，中國既無經驗，在思想上亦缺乏所需的信念。中國為了本身的利益著想，應容許香港在很大程度上實行自治。換言之，我們應群策群力，找出成功的秘訣。我相信憑著我們的誠意，並確保本港市民明白自治與本身的利益有極大關係，必能達致成功。我不同意只有精英制度才能成功推行一國兩制的構思，亦不同意實行民主制度會危害香港的某些利益，事實剛好相反。我們必須尋找一種能為中國所容忍及接納的最民主政制。

主席先生，我們現時所經歷，是前所未有的重要時刻。我所代表的商界組別一向全心全意支持香港政府，並對經濟及社會發展作出極大貢獻。我加入本局的目的是協助政府進行艱巨的工作，而非以不合理及不公平的批評及怨言，攻擊政府。

1989 年 5 月 31 日
議案辯論：中華人民共和國香港特別行政區基本法（草案）

李鵬飛議員提出動議：

「本局呼籲香港市民就《中華人民共和國香港特別行政區基本法（草案）》發表意見，並促請有關方面在基本法頒布前，全面考慮香港市民對該草案所發表的意見。」

李鵬飛議員致辭（譯文）：

政制

（a）行政機關與立法機關的關係

原則上，我們認為基本法應規定行政會議與立法會建立互相合作的工作關係，同時亦具備足夠的制衡作用，防止任何一方出現濫用權力的情況。我們認為，基本法（草案）第二稿的擬議模式並未明確界定這種關係。該模式主要源自現行制度，即由行政局負責就政策事宜作出決定，立法局則負責制定法律以支持政策。然而，在現行政制下有許多不成文的常規，例如：政府當局與行政立法兩局議員各常務小組及立法局專責小組之間經常保持緊密的諮詢；行政局和立法局有共同成員；以及行政局就各項政策作出決定之前，會透過諮詢委員會的龐大諮詢架構，廣泛徵詢各方面的意見。事實證明，這些常規可有效地增進行政局與立法局之間互相合作的工作關係。我們認為這些常規應以明文規定，並予保留。

因此我們建議，就基本法（草案）第五十五條而言，行政會議最少有半數議席應由行政長官委任立法會議員擔任。此規定可確保行政長官在一個全面由選舉產生的立法機關中獲得合理的支持，以及立法機關在當局制定政策的過程中可發

揮影響力。獲委出任行政會議議員的立法會議員一方面可協助解釋政策和爭取支持，另一方面又可在行政會議制訂政策的過程中，起制衡的作用。

我們在審議草案第六十五條時，知道諮詢委員會在當局的決策過程中擔當重要的角色，同時亦認為立法會議員應在行政會議就各主要政策作出決定之前及早獲得諮詢，這點甚為重要，因可藉此加強立法會與行政會議之間的聯繫。然而，由於諮詢組織數目繁多，而立法會的議員人數則較少，我們認為只需訂明，行政長官應按照社會當時的需要，委派立法會議員出任由其決定的主要政策範疇的諮詢委員會成員。

（b）立法機關的產生和成員組織

說到日後立法機關的產生及其成員組織，我贊同基本法（草案）的構思，就是最終應以普選方式產生立法會全體議員。然而，問題是何時達到這個目標。各議員對這個問題意見不一，這是可以理解的，但由於大家均殷切渴望向基本法起草委員提出有力的整體建議，故我們同意通過以下時間表，就是一九九七年的立法會有半數議席由直選產生，而到了二○○三年，則全部議席由直選產生。我們亦同意，需以這個明確的時間表為市民提供一個共同努力的目標，而有了這個時間表，便無需舉行基本法（草案）第二稿所建議的全體選民投票。

在考慮朝著全體議員於二○○三年均由直接選舉產生的最終目標發展時，我們已顧及有需要以循序漸進方式行事，以免改革來得突然和引起不安。我們同時認為在過渡期間及香港特別行政區政府成立初期，本港仍需保留功能組別的議席。儘管該等議席是由間接選舉產生，但經驗告訴我們，功能組別的選民代表推行立法機關的工作成效卓著，貢獻良多。在本港正準備迎接一個全面由直選產生的立法機關之際，保留該等議席至二○○三年會符合本港的獨特情況。

因此，我們建議，在一九九七年所設的 60 個議席中，30 個應為直選議席，另外 30 個則為功能組別議席。換言之，半數議席應由直選產生。在一九九九年，特別行政區第二屆立法會的直選議席應由 30 個增至 60 個，而功能組別的議席數目應維持不變。這樣一來，立法會將共設 90 個議席，其中三分之二由直選產生。到了二○○三年的第三屆立法會，直選議席應再增加 30 個，即由 60 個增至 90 個，等於立法會全部議席，亦即是所有議席由普選產生。屆時，立法會的成員人數會較基本法（草案）所建議者稍多，以便配合我們提議的變動和應付預期出

現的工作量。

（c）行政長官的產生辦法

現在我想談談基本法（草案）中備受議員爭議的問題，即行政長官的產生辦法。我所指的是基本法（草案）第二稿附件一所載的建議。直至昨晚，行政立法兩局議員始就這問題達成共識，認為行政長官最遲在二○○三年便應以普選產生。根據這項共識，兩局議員會對有關行政長官產生辦法的細則進行深入研究及討論，並在有需要時諮詢他們代表的團體。

在轉談另一問題之前，我想指出選舉法的重要性，因為選舉法會規定產生行政長官的具體選舉辦法。我們建議選舉法應清楚載明一人一票的原則，以及推行真正民主選舉所必需的其他重要原則。

黃宏發議員致辭：

首先容許我們以兩局憲制發展小組召集人的身份向小組的成員和兩局全體可敬的非官員〔守〕議員致敬和致謝。去年底今年初在基本法草案未發表以前，憲制小組經已舉行了五次會議，討論人權問題和基本法起草委員會所擬訂的政制方案（俗稱為雙查方案）。就雙查方案，小組當時即認定屬過分保守。小組認為方案建議政制發展時間表的進程，至二○一一及二○一二年（即 22 及 23 年後）始有可能全面普選立法會和行政長官，委實太遲。小組又認為方案內建議進展至普選須先經立法會、行政長官及中國人大常委會同意，始進行全民投票，而投票結果須有 30% 以上選民的贊成，始有效，而若無效或遭否決，則每隔十年，方可再行全民投票等等措施，乃係設置重重關卡。因此小組初步結論，政制方案須修改成為一個固定的時間表，以較短時間進展至全面普選立法會及行政長官。小組及兩局非官守議員內務會議就政制方案的進一步討論和結論，剛才李鵬飛議員已詳加闡述，指出議員支持在一九九七年有半數立法會的議席由普選產生，鐵定於二○○三年（即 14 年後）全面普選立法會議席，並且不遲於二○○三年普選行政長官，詳情我不再贅言。在此我謹籲請香港市民保持開放的態度，謀求共同的意見，以期一如我去年在基本法（徵求意見稿）辯論時所言，果能「眾志成城」。

張人龍議員致辭：

主席先生，在本局辯論基本法（草案）的時候，我必須呼籲，我們應該對近期港人就爭取民主所作出的回應永記於心。受中國學運影響之下，本港近日所出現的數次震撼性群眾大遊行和大集會，都是香港民主發展史上永垂不朽的運動。爭取民主，熱愛自由的呼聲，促使了港人萬眾一心，站立起來，走在社會的前列。群眾熱烈而又有秩序地參與大規模的靜坐及遊行，反映出香港經已孕育出容忍和自律的民主精神。面對港人澎湃的民主熱潮，我們在討論基本法的時候，就應該加倍留心，爭取在憲制上確保他們心目中的自由民主理想，在將來本港的政制運作具體落實市民的意願。故此，基本法的制訂，必須要以民主精神為依歸，它應該是一份確保香港特別行政區自治的文獻，而不是一件加強中央控制的工具。

……

主席先生，草案內的政治體制方面，立法局的組成和行政長官的產生方法這部分遲遲未能達到共識。兩局在鄧蓮如爵士領導下召開的數次內務會議，進展良佳，雖然未能就行政長官的產生方法取得一致意見，但在立法局的組成方面，則終於取得了共識，詳細情形經由首席議員向大家介紹，我不再重複。我只想藉此機會表示欣賞大家為了民主這一致的目標而努力，彼此互相信任，尋求共識的誠懇態度，的確令人鼓舞。

總括來說，香港各階層正逐步邁向一個能夠互相接受的內部政制方案，實在令人欣慰。但另一方面，國內最近的連串事件，亦明顯地指出了香港與中國內地關係的日益密切。這不單是從經濟上而言，而且在社會、文化及政治上，兩地的關係也會日趨息息相關。主席先生，我認為這是十分自然的發展，不過亦正因如此，我要在此強調香港在九七年後的地位，已經由中英聯合聲明所規定，成為中國的一個特別行政區，實行「一國兩制」。基本法內對「一國」的闡釋及規定已經十分完備，但對於「兩制」的保障又是否已經足夠呢？例如，將來國內的政治變動會否影響香港政制的穩定，從而影響香港的經濟及投資前景等等？在「一國兩制」的構思下，正是要兩個完全不同的制度能夠在「一國」的前題下互相容納，互不干涉，尤其將來「一國」之內，實行資本主義式的經濟、政治、社會制度的小小一個香港特別行政區，相對於十一億人口，幅員千萬里的實行社會主義的內

地，可以說是微不足道，我們如何把「一國兩制」這種包容不同制度的精神，以及中英聯合聲明所應允的保障，在基本法中充分落實，其重要性其實比香港內部政制發展的問題有過之而無不及。我謹此大力呼籲全港各界，尤其對法律、外國憲制等有所專長的有識之士，對這個問題提出更多寶貴的意見，好使在「一國」與「兩制」間得以確立一個最佳的平衡。

鍾沛林議員致辭：

主席先生，基本法草案將行政、立法及司法列為「政治體制」一章，顯示香港特別行政區的基本政制是由行政主導。但基於香港人高度自治的原則，行政長官的選舉制度及其權力範圍，將會不會偏離民意，及是否需要從將來的立法方面對行政方面有一個更為合理公平的制衡，最近在本港行政立法兩局議員中已達成一個初步的共識。我並支持首席議員李鵬飛就基本法政治體制部分所表示的意見。

當然，兩局議員對特區政制及選舉方法初步取得的共識，就基本法草案而言，我以為仍要切實尋求各專業團體和市民的意見。

現在，我應該具體提到草案第七十二條，我認為本條規定的立法會職權，應增加以下一項：

> 在涉及公共利益的重要問題時，立法會有權在需要情形下設立特別委員會進行獨立的調查和聆訊，並將聆訊結果提交立法會處理。

基本法對立法會這項授權，目的在切實加強民意代表對政府運作及公共事務的有效監察。

……

大家知道，基本法猶未制定，有關草案的第二次諮詢仍在香港進行中。但是，就在北京學運和天安門事件尚未明朗之際，側聞有個別基本法港區草委及諮委提出辭職，這是一件異常可惜和令人關心的事情。我覺得，假如認為中共及中國高層對北京學運處理不當，而感到負責當局不顧民主，那就更加顯得基本法港

區草委及諮委為香港人及下一代爭取民主法治的重要性。這是一個義不容辭的時代任務，希望市民多加鼓勵，多提意見。

何世柱議員致辭：

我以前曾在幾個論壇中都講過，制訂基本法的主要依據是「一國兩制」方針，中國大陸實行社會主義制度，而香港繼續保持資本主義制度，界限是很分明的，河水不犯井水。我們看一下地圖，中國大陸是一大片，而香港則微不足道，在大小極度懸殊的情況下，香港人祈求的是中國大陸不要干預香港的事。大陸實行四個堅持，以作為衡量及處理事物的準則，而本港則保持原有制度和生活方式不變，就算將來有些甚麼改變，亦是由港人自己決定。能夠做到這樣，香港人是應該滿意的。而到目前為止，中國的領導人並無違反對香港的承諾，亦未干預香港的內部事務，因此，在各項重大原則沒有改變的情況下，就推測基本法會是一紙空文，這未免欠缺說服力。

但是，假如有人不滿足於國內的逐步民主改革，而要求迅速地變成歐美式的資本主義國家一樣的自由民主，這顯然是不切實際的幻想，而且這本身就是違背了「一國兩制」的方針，如果勉強去做這些不實際的工作，可能招致對本港不利。

因此，我在此呼籲，要把國內政局與本港形勢區分開來，要把信心問題同實際工作區分開來，而制訂基本法是關乎本港的、又是實際的工作。有些人信心動搖只是私人的考慮，如何取捨是個人的自由；而基本法卻關係到香港的整體及長遠利益，關係到我們以至後代。為了香港的前途，積極爭取一本好的基本法，總比消極放棄好得多，我們考慮問題，要全面評估到有利和不利兩方面，而積極爭取最有利的效果，如果只看到失敗的一面，那就甚麼事都做不到了。希望大家共同努力，善始善終，繼續盡自己的責任，積極提供意見，把制訂基本法的工作做好。

許賢發議員致辭：

主席先生，正當許多人擔心基本法（草案）在第二次諮詢期間，會遇到市民前所未有的冷漠反應之際，數以十萬計的北京大學生卻在北京天安門廣場，爆發

中國歷史上最波瀾壯闊的民主自由運動。影響所及，遠在香港的市民，亦先後見證兩次約有逾百萬市民上街遊行的歷史性扣人心弦、動人肺腑的壯舉。

認為今次為聲援北京學運而發起的活動，動輒可吸引數以十萬計的香港市民，拋開平日的正常活動，義不容辭地參與，主要有以下兩點原因：

第一，市民一直在香港呼吸自由的空氣，從來沒想象一九九七年後，在中國共產黨政權的揮舞下，人民所享有的自由可達到甚麼程度。但當沉默的大多數市民眼看極少數專制橫蠻的中國領導人，用盡各種手段來鎮壓千萬人渴望民主自由的呼聲，他們不再沉默，除異口同聲發出正義和同情的怒吼外，更深切醒覺到今日的中國，就是他朝的香港，現在不聲援、不爭取還待何時？

其次是，中國自有皇帝天子的統治以來，從沒有過民主統治，故當國內爆發歷來最龐大的民主運動後，全球華人都在民族認同感和使命感的催促下，站起來聲援。他們都希望所有中國同胞能早日有好日子過。因此，爭取民主不僅是全球人類的大勢所趨，更是香港全體市民對民族福祉的一項承擔。而香港今後的民主發展，當然是全球華人社會中，最受矚目的地區之一，因為中、港兩地早已存著唇齒相依的關係。

從遊行隊伍的紀律性，以及各界市民自發性地製作各類橫額、標語及口號等可見，大部分市民都有很高的政治智慧。他們不但可以辨別是非黑白，更有豐富的民族感情。而過去所表現出來的政治冷感，只因他們找不到最便捷的表達途徑，或事件本身的政治性質還未至激發廣大的群眾，以行動來表態，因為傳統的中國人在政治行為上，是較為含蓄保守的。

因此，某些人今後實在不能再以「市民對政治冷感」和「直選會製造動亂」等藉口，來抑制本港民主政制的自然發展，因為每個人都十分珍重香港得來不易的繁榮安定，和民主自由。事實上，本人早已說過，香港要加速發展民主政制，目的不在於抗拒共產黨，而是配合本身未來的經濟發展。因為在資本社會裏，向來只有政治為經濟服務，只有這樣才能令社會穩步前進。而在這方面倒行逆施的中國，最近正恰巧提供一個刻骨銘心的教訓。

在這個基礎上，對於基本法（草案）迄今還未有定論的政制條文，我和絕大部分的社會服務界同工所持的民主信念，更是堅定不移的。我們的要求，不但可在本人過去先後三次為一九八七年的代議政制綠皮書、去年的基本法（草案）徵

求意見稿，以及今年的草案而進行的意見調查問卷中，清楚顯示出來，而結論更是相當一致的。

首先，對於未來特區立法會的組成方面，在今次的調查中，共有 151 份有效回卷，其中有 71% 認為，首屆立法會中應有一半議席由直選產生。這點與行政及立法兩局議員所達成的一致意見，可說是不謀而合。

不過，對於全部議席何時才由直選產生，則仍有少許分歧。因為本局的一致建議是要到第三屆即二零零三年才實現，而本人的調查結果卻發現有 63% 受訪者，是支持在首屆會期內，由全民投票決定是否在下屆實施。雖然我們現在已放棄全民投票的表決方式；但我及大部分同工的意見，都是傾向愈早愈好。

其次，對於較難達成一致意見的行政長官產生方法，在我的調查中發現，有 56% 的回卷者認為，首屆行政長官開始由普選產生，是適當的做法，而贊成在第二任開始的，也有 36%。換言之，超過九成受訪者認為，普選行政長官的時間，最遲也不應遲過二零零二年或第二任。若從這個統計方式看本局在這方面所達成較一致的建議，我認為是勉強可以接受的，即是說是二零零三年。

雖然我們對立法會的組成和行政長官的產生方法，開始有較一致的看法；但我認為將來行政機關與立法會的關係問題，是不容忽視的，因為兩者若不能建立良好的連繫，即使立法會有更多民選成分，也沒法實現行政機關向立法機關負責的原則，我認為類似西方民主國家的內閣部長制，是一個較穩健和較切合現行諮詢架構的做法。

李柱銘議員致辭（譯文）：

主席先生，我現在希望轉談香港特別行政區的政治體制。由於中國及香港近日發生的事故，本局內外人士對事情都重新作出考慮。

港人堅決認為日後的行政長官及立法機關切勿受中央或中國共產黨影響或控制。這種態度是港人前所未有的。

正如李鵬飛議員所說，很多行政立法兩局的議員都願意支持一個較民主的政治體制。事實上，行政立法兩局議員都認識到港人已為民主作好準備，而港人對政治冷感及只懂賺錢的神話亦終於粉碎。

不過，本局不少議員依然認為首屆行政長官不應由全民投票選舉產生。

當這問題在本局內務會議閉門討論時，我仔細傾聽，但卻聽不到任何一項具說服力的意見支持該觀點。

主權問題當然又被拿出來反對首屆行政長官由全民投票選舉產生。但立法局既已有了「羅湖方案」，我不明白為何主權問題這個論據還能成立。本局議員只要支持基本法，願意效忠香港特別行政局，並符合基本法所載的規定，便可在一九九七年六月三十日離職後，有資格為香港特別行政區首屆立法機關服務。據此方法，首屆行政長官可在一九九七年七月一日之前選出，並在該日獲得委任，但他當然須先符合上述三項條件。

第二個爭辯論據就是在過渡期間進行如此大型選舉，可能會影響主權順利移交。但若行政長官在一九九六年下半年或一九九七年上半年選出，在一九九七年七月一日履職，這只會為香港人培養更強的信心，政府亦能更順利移交。此外，那一項選舉較難進行：選舉一人作為行政長官，抑或選舉 400 至 800 位選舉團成員的選舉委員會？

第三個爭辯論據是中國未必贊成首屆行政長官由全民投票選舉產生。本局很多議員都似乎傾向這點，但我卻認為這是徹底失誤的論據。

兩局為了向香港人推銷他們的建議，即在二○○三年之前，行政長官只由選舉團選出，現已同意基本法必須確保選舉團成員經由民主選舉產生，使北京無法控制或影響行政長官的產生。

在這前提下，讓我們研究一下中國的立場。如果中國不想控制行政長官的選舉，那麼她既不會反對首屆行政長官由全民投票選出，亦不會反對由大多數兩局議員所提出的模式 —— 選舉團 —— 選出。但香港人顯然寧願選取前者，因為他們毋須等待制訂選舉法例，以確保選舉團成員真正由民主選舉產生。

另一方面，如果中國真想控制首屆行政長官的選舉，那麼兩個模式北京都會反對。單因為這項理由，議員就應支持首屆行政長官由全民投票選舉產生。

主席先生，我謹此向各位議員呼籲，我們只應為香港人設想，他們最近已充分表現出他們關心前途，準備步向民主。而我們亦須停止猜想中國的意向，原因很簡單，我們不知北京究竟有沒有劃出底線；若有，底線是甚麼？這條底線能否改變？事實上，我們應向香港人負責，確保包含在基本法的最終模式可為他們

接受。

主席先生，數以千計的大學生在北京絕食抗議——長時間的絕食抗議——要求民主。若我們亦想在香港建立民主，但卻不在基本法訂立一個真正民主的模式，我們怎能面對那些學生呢？

主席先生，最近的事件清楚顯示沒有一個香港人希望將來的行政長官盲從中國共產黨的領導層，更沒有一個香港人願意看見黨的領導人無端剝奪憲法賦予他們的權利，即言論、新聞、集會、結社、遊行及示威的自由。故此，我相信香港人並不會接納大多數行政立法兩局議員提出的模式，即至二〇〇三年行政長官才由直接選舉選出，因為首屆行政長官的重要程度較餘屆行政長官為高，在他任職期內，法例及制度已經確立，隨後各屆政府不得不蕭規曹從，要民主也不能。

主席先生，雖然兩局議員現時無法就這問題取得共識，但這些不要緊，因我希望基本法草案的諮詢期會因最近的事件而延長。此外，基本法諮詢委員會應立即恢復職務，徵求市民大眾的意見，因為整個香港都會從一個全新的角度衡量基本法草案。

主席先生，除了香港特別行政區的政治體制外，我常常強調行政機關與立法機關兩者關係的重要性。我很高興行政立法兩局議員已達到共識，覺得行政機關須對立法機關負有較大的責任，而立法機關亦須獲較大權力，以便向行政機關提供所需的制衡作用。

至於中央與香港特別行政區的關係，我完全同意兩局議員所達成的意見。不過，我希望作出一點補充，就是中國的反革命罪狀，不論是根據第十八條作為全國性法律，抑或以任何方法，均不得在香港特別行政區實施。

主席先生，我謹以我在一九八六年十一月五日在本局就直接選舉所發表的演辭作結：

> 「⋯⋯許多人更加相信民主是我們唯一的希望。無需多久，這聲音將成為最響亮的共鳴，寰宇的人民將聽到民主的呼聲迴響於我們的山嶺和平原，飄過我們的汪洋直到四方，因為這是人民真正的聲音——也是香港人的心聲。」

司徒華議員致辭：

主席先生，北京學生的愛國民主運動，驚天地，泣鬼神。血濃於水，這運動喚醒了全世界的中國人，團結起來，組成浩浩蕩蕩的支援大軍。中國人佔 98% 以上的香港市民，走在這隊大軍的最前列。

這個多月來，香港市民動輒以十萬人、百萬人計的、情緒高漲而又冷靜自律的和平行動，充分地表現出，他們一向以來被低貶的民族感情、民主意識和高度理智。還有誰可以說：他們是政治冷感、沉默的大多數、盲目要求「免費午餐」的一群呢？

雖然有人拒絕對基本法（草案）進行全民投票，但最近，香港市民實際上已進行了多次活生生的全民投票。投票的結果是非常清晰的，絕對壓倒性的大多數，都要求：要加快民主步伐，基本法中必須要有一個民主的政治體制，去保衛九七年後的繁榮、安定和自由、人權、法治，去使「一國兩制」的空言，成為較可實現的事實。

殘酷的現實教訓了我們：不能單單相信誠意；絕對的權力就是絕對的腐蝕，這是鐵的規律；只有民主的政制，才能切實保障繁榮、安定和自由、人權、法治；實現「一國兩制」不是恩賜的、要靠全港市民團結一致去爭取。

在北京學生愛國民主運動中，已經醒覺起來、團結起來的香港市民，必須繼續提高醒覺，加強團結，掌握時機，去爭取一個民主的基本法。我願意為此，盡我所能，甚至粉身碎骨。

這是黑暗的時代，也是光明的時代。這是光明與黑暗決戰的時代。每一個香港市民都要動員起來，團結一致，共同掌握自己的命運，共同創造民主、自由、人權、法治、繁榮、安定、美好的明天。

譚耀宗議員致辭：

政治體制

未來政治體制的討論一直是基本法草擬和諮詢工作中最受人關注的。尤其是行政長官和立法會的產生方式更是討論重點的所在。不同人士對未來政制發展的

民主方向基本一致，但對政制發展的步伐和速度卻有著不同的意見。當大家正在積極開展溝通對話，力求在基本法草擬工作的最後關鍵性階段中對政制發展取得共識的時候，社會形勢起了不少變化。

……

以往有不少人認為香港市民的公民意識和參與要求都不強，故不宜過速在香港推行民主政制。只有通過教育逐步提高市民對政治的認識和關注時，民主政制才有在本地建立的條件。因此未來政制的發展應以循序漸進的原則，逐步發展至全民普選行政長官，直接選舉產生立法會議員的民主政體，但近期上百萬香港市民對中國政局的關注和爭取民主、自由的熱情，使我們在自發性群眾運動中看到了積極參與的香港市民。因此我們很難再說香港市民政治冷感、缺乏參與慾望，對社會、政治和國家漠不關心。事實上現時有不少人士經過近日的事件後，都認為應加快未來香港政制的民主化及開放速度。而香港本地的團體和人士都漸趨向於較為一致的共識。如果港人能在一個共識的基礎上團結一致，我相信基本法起草委員會是會聽取建議而作出修訂。

謝志偉議員致辭：

主席先生，過去十多天中，香港市民在感性、理性和血性上都經歷了前所未有的震蕩。市民的情緒隨著北京學生運動的發展和中國領導層內部的變化而翻騰，一方面說明了炎黃子孫的血脈相連，同時也突出了香港的前途與中國政治前景的密切關係。

在最近幾次史無前例的龐大群眾集會和遊行中，香港市民所表現的血性、自律、團結和慷慨，不但值得我們自豪，也證明了香港人是有高度自治潛質的。從公民教育的觀點來看，這次學生運動所引發的衝擊，套用一句武俠的術語，已經為香港社會打通了一度閉塞了多年的經脈，使公民意識的真氣在各階層人士心中可以流暢地運轉。這是一個可遇不可求的奇緣，如果我們能夠善用這機會來深化全港市民對民主權利和義務的認知和認同，關心社會，坐言起行，建立一個更有歸屬感和凝聚力的社群，同心合力地推行代議政制的發展，相信必定能夠在今後幾年中逐步建立起一個具有廣泛代表性的政體，可以應付將來香港成為特別行政

區後一切高度自治的責任和挑戰。

　　基於這個信念，本人與九龍城區大多數的區議員都支持最近兩局內務會議就立法會產生方案所達成的共識。

　　主席先生，九龍城區議員支持兩局的方案，目的並不是要加速產生一個有對抗性的議會。事實上，沒有人可以準確地預測，到了一九九七年的時候，那一個方案才是最適合當時實際的情況。但現在既然廣大市民的政治意識已經有了覺醒，我們相信，只要定下合理的發展進度，香港市民是應該有能力和決心去加速適應時代的要求，早點直接選出能夠代表和照顧香港整體利益的立法者的。基於同樣理由，我們也贊同兩局內務會議的另一個主流意見，就是將來的特區行政長官，如果有健全的公開提名制度，也可以在不遲於二〇〇三年由普選產生，以配合立法會的發展。

　　不過在諮詢過程中，有一位區議員指出，按照所謂「羅湖」方案的構思，如果一九九七年的立法會要有 50% 直選成分，我們在一九九五年的立法局選舉中也應有同樣的成分。根據現行的英國殖民地法律，立法局成員若有半數或以上由普選產生，立法局的憲法地位及立法權力就會產生基本的改變，所以他認為在處理這問題上應該有適當的安排。一個可行的辦法是在一九九五至九七年間的立法局，除了民選議員是半數由普選產生，半數由功能組別產生外，還繼續保留幾個當然的政府官員議席，使九七年之前普選議員的人數保持在 50% 之下。

　　至於行政會議的組成和行政立法兩者之間的關係，本人與大部分九龍城區議員原則上都贊同兩局內務會議提出的模式。不過在細節上，我們的看法與李鵬飛議員的個人意見較為相似。我們認為，將來各主要政策部門都應該有諮詢委員會的協助，而該等由行政長官委任的委員會主席應同時為立法會和行政會議的成員。將來司級官員擬定重要政策或作出重大決定時，若不採納各該諮詢委員會多數成員的意見，須將具體理由一併提交行政會議審議。這種安排既使主要官員能負起實際擬定政策的責任，也使諮詢委員會的主席通過本身的立法議席間接地對市民有問責性地交代。

　　此外，將來有關財政、律政和保安等政策制定，我們認為也應有諮詢委員會的成立，其主席也應參與行政會議，但應由立法會以外的人士擔任，使他們可以在不受政治性選舉影響的情況下提供專業意見。

何承天議員致辭（譯文）：

披閱基本法草案時，實在很難從中構想出這樣的政制模式如何能夠一方面在政府的行政和立法機關之間建立制衡作用，以免任何一方濫用權力，而另一方面又能使行政機關可從立法機關獲得所需的支持，使政府穩定，能適當而有效地運作。

因此，對於行政立法兩局議員就行政和立法機關的關係已取得一致意見的建議，我表示贊同。李鵬飛議員發言時，亦已詳細解釋該等建議。

無可否認，基本法最重要和最令人爭議的部分，是行政長官和立法會的產生辦法。

我們在謀求共識時，曾考慮下列因素：

1. 香港人要求以全面民主為最終目標，換言之，就是普選；

2. 應該循序漸進地邁向這個目標，以免不必要地干擾本港穩定的政局，主席先生，關於此點，本局同僚潘宗光議員也有同感；

3. 雖然民主發展的步伐應配合市民在政治方面的成熟程度，但就上述發展訂定明確的時間表，將可提供一項極其需要的明確性，而且肯定可以加速推進市民在政治上的成熟程度；

4. 在請求民主這抽象概念時，香港在「一國兩制」下作為特別行政區所擁有的獨特性質，以及促使香港成功地發展為強勁的經濟個體、國際金融及旅遊中心、重要的工業基地等的政治、經濟及社會基本設施，均須加以肯定。主席先生，本局同僚倪少傑議員囑咐我代他表示他對此點抱相同見解；

5. 政制模式不論如何，必須為合力促使香港繁榮和安定的各界人士所接納；及

6. 香港應由香港人根據「一國兩制」的原則管治。

任何社會均有財富不均、機會不等的現象，但資本主義的精髓，就是藉著運作良好的競爭市場，達致整體的經濟增長。只有透過經濟增長才使一般市民獲得各種機會。事實上，自由民主需要有一個實行市場經濟概念的體系。在達成共識時，社會各界人士的利益當不致受到妨礙，彼此的利益也不致互相衝突。

要達成這樣的共識，此其時矣！

1989 年 6 月 1 日
恢復議案辯論：中華人民共和國香港特別行政區基本法（草案）

夏佳理議員致辭（譯文）：

⋯⋯基本法（草案）第四十五條的內容很值得大家討論。此條款的原則似乎相當明確，訂明行政長官的產生辦法必須循序漸進，最終達至由普選產生的目標。表面看來，這個概念似乎易於接受。但若細心研究，便會發現此條文實在太過空泛，再看看基本法（草案）附件一的內容，更會察覺發展步伐顯然太過緩慢，亦受到太大規限。本局議員如能就這方面達成共識，或至少達致大多數議員贊成的意見，顯然是激勵市民發表意見的最佳辦法。行政立法兩局議員如要呼籲市民團結一致，我們本身是否應該首先團結起來？為此，我謹向社會各界領袖發出呼籲，請他們想一想：現在豈非摒棄不同意見，彼此尋求共識的最適當時刻嗎？

主席先生，基本法（草案）有很多地方都可稱未臻完善。第五十六條三段便有未符理想之處。該段說：

> 行政長官如不採納行政會議多數成員的意見，應將具體理由記錄在案。

這項規定看來並無不妥，似乎可予接受，但實際上是否如此？這條文顯然表示行政長官有權違反行政會議多數成員的意見行事，有人甚至認為這條文鼓勵他這樣做。我相信目前的情況是，倘若總督要採取與行政局大多數議員意見相反的行動，他必須通知英國外交及聯邦事務大臣，但一直以來，總督行事從來沒有違背行政局大多數議員的意見。因此，我認為雖然理論上總督可以違反行政局大多數議員的意見行事，但實際上他從來沒有這樣做。因此，我認為必須修訂上述條

文以反映這個情況。本局同事周梁淑怡議員亦就第六十四條提出一點疑問，該條文規定香港特別行政區政府應就下列事宜向立法會負責：

（1）執行立法會通過並已生效的法律；

（2）定期向立法會作施政報告；

（3）答覆立法會議員的質詢；及

（4）徵稅和公共開支須經立法會批准。

然而，聯合聲明並沒有規定，政府只限於就上述四項事宜向立法會負責。因此這條文顯然與聯合聲明的規定不符。香港特別行政區政府須就那些事項向誰人負責，是極重要的問題，因此第六十四條必須予以修訂。

主席先生，最後，我想簡略談談政制發展的步伐。本局一些議員已就一九九七年後的政制發展提出明確而有力的意見，我不擬再予贅述。我認為我們必須檢討本港在九七年前政制發展的步伐及重新評估我們的立場。如果我們再堅持在一九九一年立法局只設 10 個直選議席的立場，未免是不切實際。我們現在必須開始思考，研究各個可供選擇的方案，以便在適當時間作出決定。

鮑磊議員致辭（譯文）：

有些人曾經提議重新草擬基本法。但我認為此舉既不切實際又不必要，因為現時的基本法已提供了一個良好的架構，以便進行必須的進一步的改善工作。

這份基本法草稿已包括了不少主要改進部分；其中最重要之一可能是未來立法會的「鏡影」或稱「羅湖」構想。這是草委及其他人經多番努力後才提出的圓滿解決方案。組織制度和人物的連貫性若出現不明朗的情況，市民的信心自然會遭受嚴重損害。

我並不懷疑中國落實其公布的「一國兩制」政策的誠意，也不懷疑其使基本法諮詢過程成為一次具意義的對話的願望。可是，若要令本港居民深信基本法將會貫徹執行，基本法的定稿必須包括三項要素：

第一，本港現行制度對行政權力所施加的制衡，並由獨立的司法機關執行法治；

第二，源自有效形式的代議政府的制衡；及

第三，中英聯合聲明所訂明的基本政策。

……

我想扼要地論述四個主要範疇：

第一，我歡迎行政立法兩局議員所達成的一致立場，即未來立法會到了二零零三年（現在起計 14 年後）須由直接選舉產生，而行政長官到了二零零三年也要由直選產生。這些都是明智的建議，我衷心希望本港社會人士能團結支持。

第二，李鵬飛議員已充分闡釋了未來行政長官和立法會之間的關係，我贊同他的建議。儘管基本法草案第六十四條說明行政長官「對香港特別行政區立法會負責」，而我們建議作出修訂時切戒過猶不及，以免將來的行政長官受到制〔掣〕肘而未能有效操作，但目前的草案顯然仍缺乏足夠的制衡。

周美德議員致辭：

我在此略為一談中國民運對基本法的一點啟示：

一、政府的認受性：當今中國政權的認受性，可謂源自改革開放政策。七九年後經濟上的改革，帶來中國人民生活的改善，令人民賦與政府實際的認受性，但隨著近數年中國經濟出現困難，物價高漲、貪官污吏等現象，令到人民對政府失去信心，政府的權威亦大受打擊，認受性危機隨之出現，學潮亦是在這樣的背景下產生。回到香港，難道五百多萬港人真的心悅誠服地受英國人統治？假如香港經濟出現重大波動，缺乏民主基礎的政府的認受性危機亦不能避免。假如九七後本港政治制度不民主，到了出現任何經濟波動時，政府的穩定性便會動搖，大規模上街事件毫不出奇，到時安定不保，更遑論繁榮了。所以歸根究底還是盡早建立民主政制，樹立政府威信。以大選舉團產生行政長官，無論主觀上希望他怎樣持平、怎樣跨階層，到了有危機時期，客觀上他只能是激發階級矛盾而製造政治特權的象徵。由學運事件可見，有一個民主開放的政制作為一個基礎是非常之重要。有等論調認為先做好經濟後才談論政制改革之論調是本末倒置。誰能擔保九七後貪污官倒情況不出現在香港？若有開放民主政制作為基礎，我們便不需擔心此等情況出現。經濟繁榮，社會安定自會持續向前。只要一天仍是由大選舉團去產生行政長官，破壞

安定繁榮的計時炸彈便仍未解除。我們回顧中共十三大的主要標誌，亦是加速政制改革的步伐，使其與經濟改革同進，兩者有快慢或缺一皆不可。

二、香港市民的轉變：過往，一般集會有三數百人參加便相當難得，上千人參加便成為十分大規模。可是，近日舉行關於愛國民主運動的遊行集會，過萬人只是相當等閒，過百萬人的大遊行亦有兩次！毫無疑問，普羅香港市民的民主慾望及參與精神已被激發起來，特別是上周日的 150 萬人遊行，人數比一周前的 100 萬人還多，但更重要的是，在第二次遊行時，北京局勢明顯地和緩了很多，市民已不單單是同情北京學生，不單單是廉價愛國，而是明白到，「中國不民主，香港無希望」，更要求「重寫基本法，實現真民主」。過往，民主的重要、獨裁的醜惡，只是書本上的宣傳品。今次，從中國民運之中，香港人上了一大課，能夠活生生地、形象地看到代表專制的咀臉，感受到人民力量的沸騰，瞭解到民主的真理及重要。再有人拖延香港的民主化，勢必成為人民公敵、眾矢之的。前天報章發表的一份民意調查便顯示，一半受訪者認為學運事件後，香港推行直選步伐應該加快。

三、中國正在轉變：雖然現時顯示，北京緊張局勢似告一段落，但中國民運並沒有停止！過去一個月所顯示出來的龐大人民力量是不可低估的。就中、長期而言，中國政治上必會更民主開放。十年人事幾番新，待基本法在港實施時，中國大陸的政局在老人政治結束下，已不知有多麼開放了！難道到時我們要由國內支援香港的民主運動嗎？

我自始至終支持民主派的一九〇方案民主體制，再加上上述的一些啟示，更令我堅信，九七年至少要有一半立法會成員由普選產生，以及行政長官由普選產生，是合適而且必需。

四、立法機關對行政機關的制衡：由今次北京學潮中我們可見到，立法機關必須擁有實際可行的權力去制衡行政機關。雖然現時草案第七十二條第九項已容許立法會可行使對行政長官的彈劾權，但仍有兩點不足之處：立法會只能彈劾行政長官而不能彈劾主要官員；彈劾的條件是行政長官嚴重違法或瀆職。換言之，立法會在不同意行政長官的政策、施政方針時是沒法行使彈劾權的。可能有人認為，由於未來政府要三權分立，互相制衡，再加上行政長官的權力來源並非來自立法會議，所以應效法美國的方式，立法機關只能在行政長官違法、瀆職時彈劾

他，而不能以不信任議案逼使行政長官或主要官員下台。可是，現時草案所描述出來的未來政制並不是純粹的總統制，因為在三權分立、互相制衡下，立法機關不能罷免行政長官，行政長官亦不可以解散立法機關，但是，現時草案第五十條卻容許行政長官能夠解散立法會。既然如此，容許立法會有權通過對行政長官及主要官員的不信任案，再報請中央罷免之，亦未嘗不是互相制衡的方法。還有一點要提到的是，有不少西方國家，當立法機關通過對行政長官的不信任案後，一般是行政長官連同內閣辭職或由國家元首宣布解散立法機關，重新進行大選，以訴諸選民的方法決定行政長官的去留。回到基本法，可能有人認為假若立法會有權通過不信任案逼使行政長官下台，則立法會的權力便太大了，但既然本港沒有虛位元首，唯一的方法便是立法會通過不信任案後，亦要自動解散。這種做法並非沒有意義，因為我們都希望行政長官能相對穩定，但假如行政長官做出一些天怒人怨的行為，立法會便會透過不信任案行使其罷免權，然後自行解散，重新訴諸選民。這樣一來，既沒有令權力偏重立法會，亦能提供制衡行政長官的最終機制，使得行政長官在極端不得民心時，市民仍可透過合法途徑罷免之，而無需採取過激行動。總結而言，我是贊成立法會可以通過對行政長官或主要官員的不信任案，報請中央罷免之，而通過不信任案後的議會，亦要自行解散。

……

主席先生，總結而言，我認為近日的中國愛國民主運動給予港人很大的啟示，基本法亦需因應重寫。第一，香港政制民主化的步伐必須加快，即使九七年立法會有一半直選，行政長官由直選產生亦不為過。第二，立法會必須有權對行政長官投以不信任票，報請中央罷免他，而立法會亦須解散，重新訴諸選民。第三，基本法必須具體規定何謂「不可控制的動亂」，亦需具體規定行政長官宣布戒嚴時的程序、條件及受立法會制衡的方法。

我最後寄語一些務實保守人士：昏睡百年，國民已覺醒，今日北京民遭遇，他朝君體也相同。

方黃吉雯議員致辭（譯文）：

在闡述以上各點後，我現在必須鄭重表明我的立場，我認為香港需要有一個

能真正代表市民及其利益的民主立法機關。我亦希望強調，要使香港有一個民主立法機關，這立法機關就必須有代表民意的聲音，為使代表性更具意義，這些聲音必須能有效地反映社會各階層的意見。因此，我們必須擁有適當的選舉程序，使本港社會各有關階層的意見能透過其代表而得以表達。若要達到這個目的，未必一定要實行直接選舉。以我之見，透過功能組別的選舉方法，亦可達致立法機關具有真正代表性的目的。原則上，我並不反對直接選舉，但我認為在目前發展階段，直接選舉並不能真正及公平地代表香港人的意見及利益。倘若缺乏真正的代表性，香港的利益、現行的制度及生活的質素亦難以繼續保存。

上次兩個市政局及各區議會的選舉已包含直選成分，在詳細分析這些選舉的結果後，我認為直接選舉不能獲得具有真正的代表性的結果。相信各位可能會察覺，在透過直選產生的市政局議員及區議員中，來自法律界、學術界及社工界的候選人佔極高比例（50% 至 80%），我對這三種專業並無偏見，但立法機關主要由上述三類專業人士組成的話，則決不能充分代表香港的利益。

現在談到行政長官的問題。我認為推選行政長官的方法對香港極為重要，我仍然認為不能輕率採用直選方法選出行政長官。香港的行政長官只有一個，我們不能作出錯誤的決定。若言既然讓市民推選行政長官，即使他們所選非人，亦是他們的選擇，可謂咎由自取，這種說法毫無意義，我個人並不接受。我們必須選出最佳的候選人出任行政長官的職位，因此，我支持由一個以民主選舉方式產生的選舉委員會推選行政長官的建議，因為選舉委員會更能準確評估各候選人的質素，從而大大提高選出最適當人選的機會。

我須承認任何人都會犯錯。如果我這些被視為保守的意見獲得接納，效果就是直接選舉稍後始實行，但卻可保證立法機關有充分的代表性，並有很大機會可以選出最符合資格的候選人出任行政長官。惟倘若急速進行直選的意見獲得接納，便再沒有安全後撤的餘地，而在選舉後不久，便可能出現人民所選出的代表及行政長官缺乏維繫信心能力的局面。如果所言不差，由此造成的損害將會十分嚴重，甚至可能一發不可收拾。假如立法機關只是由律師、學術界人士及社會工作者組成，而行政長官只具吸引群眾的能力，其中所涉及的危機十分嚴重。倘若對此種情況袖手旁觀，視若無睹，任由香港踏上引向混亂不安的道路，便是不負責任。

向要求直選壓力屈服是贏取民主美譽的最簡單途徑，但這種美譽只是膚淺之

見。直選制度日後若證實為不可行，實不能視之為意外，我們必須質疑直選制度是否完全適當，以及是否具備真正的特質可成為名副其實的最佳制度。如果由選舉產生的立法機關不能充分代表香港的利益，此種選舉程序便屬於失敗；在這情況下，雖然立法機關是由直選產生而選舉程序被稱為民主，但以其「代表性」而言，卻非真正民主。倘若只是為了贏取更多人的接納而贊同採取可能引致上述結果的路向，其實是嚴重損害了香港的利益。

我不認為基本法（草案）所載的建議過於保守，附件一及附件二提出的辦法是想令各有關人士均感滿意。我並非不民主，但堅決認為實質較形式更為重要，因此我堅決主張不應過分強調直接選舉，以致可能出現立法機關並非真正具代表性及所選出的行政長官不能稱職的情況。

直選的步伐無疑將會加快，在我們已準備就緒而情況容許的話，我贊成實行直接選舉。立法機關在初期設有功能組別議席，以及由選舉委員會推選行政長官的方法，都是為落實推行直接選舉而鋪路。我認為政制發展的步伐應該循序漸進，按部就班，因為我們不是在玩遊戲，而是進行一項對本身和下一代的生活有極大影響的工作。我主張應以緩和而穩健的步伐邁進，這種方法在形式上可能欠缺吸引，但卻可提供其固有的保障，可確保所得到的實質成果最能符合所有有關人士的利益。在未徹底測試著陸地點的性質前，我們不應貿然向前大躍進。

這是困難的日子，在這些日子裏，我們要面對現實而不尋求別人的接納，今日我願意放棄為人所接納的機會，因為我相信我的選擇可以為我們所有人帶來一個更美好的將來。我們的將來彌足珍貴，不能只是為了希望較早獲得別人讚揚而使未來的日子受到威脅。讓我們確保能對準前途的方向，而不是只聽從別人根據外地的經驗，從別人認為適合我們的地點起步。

劉健儀議員致辭（譯文）：

有關未來特別行政區政治體制的問題，過去曾引起不少爭議，各項分歧的意見已使基本法起草委員會委員及香港人感到十分混淆。當每個人按其本身的準則設法爭取最大利益的時候，最終獲得的可能是一套無人感到滿意的政制。現在並非爭取達致個人意願、個人利益或理想主義的時候，香港人在此際應同心協力，

採取消除歧見的實際行動，眾口同聲要求一套特別行政區政府可穩健建基於其上的政制，使這政府將來運作良好及贏得市民的信心。我確信如果所有市民萬眾一心，盡力表露心聲，我們的意見必然會被聽取。

我不相信香港有任何人反對民主，大家意見不一致，是在於民主發展的步伐。無論我們如何渴望有民主的政制，不管我們如何急於盡快在香港施行民主程序，我們絕不可感情用事，失卻理智，不可忘記香港四周的實際情況。香港必須在具效率的特別行政區政府管治下維持穩定，尤其在政府成立初期數年，始能符合香港居民的利益。只有這樣香港才會繼續對中國有價值。我們最終的目標當然是以普選方式進行直接選舉，以確保建立一個真正民主的政府。我們現在必須有技巧地及以現實態度考慮如何及何時在不會危害香港安定繁榮的情況下達致這目標。我認為政制的演變必須循序漸進，只有以這樣的步伐發展，社會所受的干擾才會減至最少，只有採用這種方式，中國才會接受。另一方面，鑑於香港人強烈要求民主，而且最近此呼聲日益響亮激烈，因此以普選方式進行的直接選舉若推延太久，實不切實際，香港必須加快推行全面民主的步伐。本局首席議員李鵬飛先生已清楚闡述行政立法兩局議員就特別行政區的未來政治體制、立法機關的產生辦法及成員組織，以及行政長官的產生辦法所達成的共識。我不擬在此詳細覆述，只欲表明我的意見，議員達成的共識不但明智，而且切實可行，我謹大力推薦予香港人考慮。不過，我希望強調以下幾點意見：

（1）無庸置疑，日後的特別行政區政府應建基於一個具廣泛代表性及民主的架構上。至於選舉行政長官方面，最理想的方法當然是以直接選舉形式進行普選，但我認為選舉委員會的方案亦可接受，只要選舉委員會是通過民主選舉產生及具廣泛代表性。至於立法機關方面，功能組別間接選出代表進入立法機關的方法已在本港實施一段時間，運作良好，因此在一九九七年後最少應作短暫保留，使香港特別行政區在各方面的連貫性及穩定情況得以有效持續。

（2）關於行政長官與立法機關的關係，無可否認，根據基本法的條文，行政長官將會有廣泛的行政權。事實上，身為行政長官者也可能需要此等權力，但我們決不能讓此等權力完全不受約制。我們當然不欲行政長官變成中國政府的傀儡，我們必須正視此問題以避免出現此種情況。但倘若行政長官真的變為傀儡，我們必須有一套法律制度，防止行政長官行使各種有損於香港利益的權力。因

此，設立恰當的制衡制度至為重要，但此種制衡制度也不應過於僵化，以免癱瘓政府高效率的運作。我相信日後在討論基本法時，我們定能在需要的範圍，嚴加審訂，以達致此目標。

（3）至於向誰負責的問題，中英聯合聲明訂明行政機關須對立法機關負責，但卻沒有指明在何等範疇須向立法機關負責，因此，唯一的詮譯是全面負責。有鑑於此，我們必須考慮修訂基本法第六十四條，以確實反映中英聯合聲明的精神及目的。

（4）當我們研究香港的政制架構時，必須緊記任何提出的建議須有利於本港政治形勢的穩定及增強香港人的信心，此點至為重要，因為倘缺乏穩定的政治形勢及港人的信心，決不能期望經濟安定繁榮，沒有安定繁榮，便可能喪失實施「一國兩制」的機會。

梁智鴻議員致辭（譯文）：

主席先生，我想轉談未來行政長官的產生問題，並反映我所代表的醫療牙科界的想法。一些醫療界和牙科業人士實際上都是知識分子，但他們並不為人所識，他們均堅決提出建議，認為應盡快（最好在一九九七年）以普選方式選出須向市民負責的未來行政長官，與本局同僚方黃吉雯議員剛提出的意見並不相同。但如可能的話，應就這方面尋求共識。

但有一點顯然須予進一步審議，就是關於立法會與行政會議的關係。任何人士如果透過普選晉身立法會，便須向香港市民負責，但若他亦獲未來的行政長官委任為行政會議成員，則他會是同事二「主」，除非行政長官亦是透過民主程序產生，則作別論。

……

總括來說，主席先生，讓我們再面對現實，看看一九九七年之前的情況。

中國最近發生的事件已產生了不能抑制的動力。行政局及本局的非官方議員已一致同意加速民主政制的發展步伐，使得一九九七年時立法會有半數議員由普選產生，而到二〇〇三年則全部由普選產生。頑強的保守派已認識和贊同民主政制的需要，這個需要，現在已清晰可見。此外，香港市民在過去兩個星期日亦已作出了

明確的公民投票，毫不含糊地表達了他們的願望。香港人政治意識不成熟的空洞藉口，已被該兩個星期日的和平而有秩序的示威遊行以及類似的行動所粉碎。

主席先生，到一九九一年立法局設有十個直選議席的藍本顯然必須予以明智地檢討和修訂，以配合政制發展的澎湃浪潮。

主席先生，現謹向閣下和本局議員提出一點，直至一九九七年六月，管治香港仍是英國政府和香港政府的責任，而非中國政府的責任。

主席先生，英國政府和香港政府在將香港交還中國之前，實有責任促使和確保香港已有一個根深蒂固的代議政制。

梁煒彤議員致辭：

從廣泛而熱烈地參與各種各樣聲援和支援中國的爭取民主運動的活動可以反映出來，甚至後知後覺者也能夠清楚地察覺到，我們香港人非常熱愛民主，而且對於政治絕非漠不關心。只要配合到適當的環境和時機，當正常的政治權利不再遭受漠視的時候，一般居民才可以發揮他們的政治潛能，豐富他們的政治生活。因此，在本港實施真正的民主政治制度是絕對可行的。

主席先生，我不會反對我們兩局同僚就本港未來特別行政區基本法政制方面所達成的協議。我因為擔心可能會出現更保守的政制方案，所以只得接受同僚取得的共識。

主席先生，我始終認為本港將來最需要的政制是真正的民主政制，其中行政長官和立法會議員皆必須由普選產生，而且所有選票都是平等的。我很希望這些在 1997 年就可以實現。一直以來，我仍然深信以選舉委員會和功能界別來選舉行政長官和立法機構成員是極不民主的。

基本法草案裏有關立法機構產生辦法就是建議至少到 2011 年仍然以功能界別來選舉部分立法會議員，而且佔總議席一半以上。功能界別偏重工商金融界，其次專業界，再其次其他指定界別，意味著功能界別有等級輕重的分別。這些安排明顯地都是遠離民主政制的，尤其是屬於所謂非指定功能界別團體和一般人民的權利在功能界別方面變得一無所有。真正的民主政制卻能夠讓所有人民具有同等權利去選舉他們信任的人作為他們的代表。

　　說到功能界別，不禁令我聯想起佐治奧維爾（George Orwell）小說《萬牲園》（"Animal Farm"）其中精彩的一段。萬牲園是小說裏各種動物共同生活的國度。牠們本來制訂的生活戒律之一是：所有動物都是平等的。後來，漸漸擁有特權的豬族於那戒律之後強加一段文字以確定擁有的特權。那戒律於是變成：所有動物都是平等的，不過有些動物比較其他動物多一些平等。

　　主席先生，有些論調常常宣稱由於居民在政治上仍然未成熟，因此在本港以一人一票分區普選的選舉辦法來選舉所有立法機構成員是不適當的。如果只讓部分立法會議席採用普選辦法產生則可以接受。這樣的所謂理論一看就知道似是而非，完全不合邏輯。

　　其實，本港居民早於一九八二年就有了一人一票分區普選的選舉經驗。人們有了多年多次兩個市政局和區議會選舉的投票經驗，肯定對於選舉人民代表有一定的認識。所以，採用分區普選，一人一票地選舉全部立法會議員是絕對可行的。這樣才能夠真正地落實民主選舉。

麥理覺議員致辭（譯文）：

　　一向以來，中國政府都願意在基本法（草案）絕大部分條文和章節上，聽取及接納香港人的意見，唯獨在政制模式方面卻不然，且巧立名目，企圖拖慢發展民主政制的步伐。然而，一國兩制的構思能否成功推行，關鍵在於所採的政制模式。若日後的政制模式容許港人治港而不受中國方面太大的干預，則香港可成為一個成功的特別行政區，而其驕人成就會激勵中國急起直追。中國怎懂得管理香港呢？只有香港人才能成功治理香港。

　　因此，兩局議員若就政制模式取得一致意見，便可向前邁進一大步。由兩局議員就政制模式進行民意調查，則所提出的建議便更易為人接受，我深信屆時中國會受到極大壓力，要求其接納擬議的模式。因此，兩局議員能就發展民主政制的步伐大致上取得共同意見，預期立法機關最遲在二〇〇三年全面由選舉產生，令我深感欣慰。屆時，行政長官亦會不遲於二〇〇三年由選舉產生。兩局議員將會建議一套制衡制度，以保證行政長官一方面獲得履行其重要職責所需的權力，另一方面，他和行政機關亦會恰當地向立法機關負責。

　　兩局議員現正以較開明的態度指出應走的路向。我深信他們的建議會獲香港人鼎力支持。基本法起草委員曾再三強調，他們願意接納顯然獲得大多數香港人支持的意見。兩局議員的建議能否符合此要求，我們且拭目以待。

　　中國當局曾就基本法（草案）條文作廣泛而深入的諮詢，長時間透過多種途徑徵詢社會人士的意見。因此我們必須假定，中國政府正盡力制定一套基本法，以保障及發展與中國制度截然不同的香港制度。這項工作的成績如何，香港與中國的努力同樣重要。因此，我們必須盡一切辦法，使這個制度和基本法條文均能順利發揮效用。

　　最後，我謹引述一位近日投函南華早報的 Teresa K. L. Lo 女士的幾句話來結束陳辭。該函指出：「我們需要推行民主制度，以確保能適當採納市民的意見，及恰當地實行法治。民主並非虛幻的願望，它是求取持久的穩定局面和社會進展的長遠解決辦法。」誰會反對她的意見呢？議員被視為社會的領袖，故對於該位女士和其他市民所尋求和應享的民主體制，本局實有責任予以推動。

田北俊議員致辭（譯文）：

政治體制：具體要點

　　在規劃本港日後的政治體制時，「連貫」和「改變」是在所必需的。倘若我們忽略保持「連貫」的重要，可能會迅速陷入無所依據及難以估計的窘境。倘若邁向普選的步伐過急，可能會帶來反效果。今日世界上新民主制度發展過速的地方通常出現的情況，正好說明這點，香港人肯定不想看見一人一票的方式最終會選出一位與菲律賓前總統馬可斯相似的行政長官。

　　我雖然贊成本港的政制發展應以一人一票為最終目標，但我亦相信必須以循序漸進的方式向這個目標進發。在此期間，我們應保留現行制度中運作良好的部分。畢竟在本港歷史上，目前立法局成員由委任及間選議員混合組成的制度，只在一九八五年，即約四年前才開始實施。

　　從這項發展眺望，我們不難看到一九八五年的重大「改變」如何成為本港現行政制的一部分。

　　我預期本港會在循序漸進的情況下發展一個更具代議特色的政制，而毋須

受到不必要的措施例如全體選民投票或具機制作用的辦法拖延。不過，即使有需要作出「改變」，亦不應貿然行事，以致陷入難以預計的情況。我們必須認清方向——關注一九九七年前後發展的連貫性。

兩局議員最近已達成一致的立場。在和衷共濟的精神驅使下，我亦只好給予支持，同意最早應在二〇〇三年以普選方式選出行政長官及產生立法局全部議員，希望屆時我們可以在若干具備連貫因素的基礎上發展。

立法機關

一九九一年，立法局將為本港的發展標誌另一個重要階段。屆時將有十名議員，相等於全部議員的 22%，以直接選舉的方式選出。這是引向二〇〇三年全面直選的起步點，相距時間大約 12 年。

設想在一九九五年現時的委任議席全數取消，又設想在一九九五年本局約 50% 議員將以直選方式產生，而其餘 50% 則透過功能界別選舉出來。

為何立法局須有這個比數的功能界別議席？答案肯定是這些議員能為我們的審議工作提供精湛的專業意見。他們是立法機關本身的專家，可成為一個不偏不倚和均衡的智囊團。

功能界別的議員可不斷為各類問題提供意見和發揮諮詢作用。本局現已有大約 14 位議員以這種身份擔任議席。他們運用其專門知識，為香港的整體利益服務，與受僱於某方的說客大異其趣。

有關這問題，還有一點值得我們注意，就是功能界議員可以在專門和專業事情上，盡量發揮所長，以制衡政府的官僚力量。

回想近期通過的證券及期貨事務監察委員會條例草案。在辯論階段中，發現約有兩百項必需修訂之處。議員中的會計師、律師、工商界人士和銀行家察覺到草案中存有一些不應有的瑕疵。這事例證明功能界別選舉概念實有極大的公眾價值。

功能界別與直選議員的關係

隨著有更多議員透過直選方式加入立法局，我們可能會在英國管治的最後數年，目睹很多有趣而複雜的發展。

透過功能界別選出的議員將逐漸淡出，至二〇〇三年，將前後縮減三十人。

然而，希望當時的在任議員可以藉選舉轉入直選議員的行列。

畢竟，到那時候，他們已有大約八年的光景展示自己的才幹。他們不但諳熟立法局的日常事務，而且作為在任議員，知名度也高。選民自然會明白到有需要保留這些人才？

他們從所屬議員類別轉變為直選類別是明智嗎？為了立法局，也為了香港，選民應該明白到必須支持那些已經考驗和證實成功的「在任議員」。主席先生，說到這裏，我想轉移話題至另外一個不同的事項，就是日後如何在某些極端情況下罷免政府人員。一直以來，我們的注意力完全集中於怎樣才是挑選行政長官和挑選立法會議員的最佳辦法。然而，在這些職位有所屬之後，又當如何呢？假如我們在選出某人擔任行政長官後，發覺該人並不稱職的話，如何罷黜一名無能、乖僻、腐敗或在其他方面令人憎惡的首領，實在是非常重要的問題。其重要性等同於，甚或超過於當初的委任。權力畢竟使人腐化，絕對的權力絕對使人腐化，近日在北京發生的事件已可見一斑。

立法人員也是一樣，有時並不盡善盡美。剛才提到的模式也適用於他們。我希望基本法有更多條文訂明責任承擔的辦法。有關他日如何罷免領導人的重要問題，基本法所言並不足夠。

根據基本法（草案）第二稿，倘行政長官和立法機關之間意見不一，長時期嚴重分裂，最後行政長官亦只可能被免職。第五十二條及七十二條第（九）項說出行政長官應該辭職及遭受彈劾的情況。我讀這份草案時，發覺罷免行政長官的擬議程序實在極其笨拙。立法會與行政長官之間必須確實有災難性衝突，然後立法會才可採取行動，但亦僅限於建議罷免該名行政長官而已。然而，在此期間內，整個社會可能因政府無法執行工作及種種不明朗因素而告癱瘓。

……

結論

主席先生，為取得一點啟示，以認識今天面對我們的更大問題，我請各位議員將中英聯合聲明第一段重讀一遍，該段說明：「維持香港的繁榮與穩定」。無論基本法的定稿如何，歸根究底，只有經濟業績才能拯救香港。倘香港的經濟體系效率低，不能產生眾所期待的繁榮局面，則香港能遵守一國兩制原則的機會實在

微乎其微。

所謂「繁榮」之「道」與「穩定」之「道」兩者並駕齊驅。實際而言，「繁榮」先於穩定。沒有繁榮便沒有穩定。我們一定要踏實地在香港「製造」財富，然後才可安享穩定。這是絕對必要的事情。

一些簡單的政治觀念，例如「一人一票」選出行政長官，或「一人一票」選出立法會議員，並不能保證中國政府會對香港採取放手不干預的政策。持續的經濟成就才是我們求存的最佳保證。

「繁榮」和「穩定」，一如「改變」和「連貫」，將需要不斷求取均衡。在邁向一九九七年及其後的日子，將不斷成為我們的挑戰，我們必須以最佳狀態迎接這些考驗。

黃匡源議員致辭（譯文）：

本港市民能夠團結一致，為支持真理而萬眾一心，誠屬一件美事。然而，單憑民主，並不足以有效抵禦專制獨裁的政府。我們不要忘記，在政治舞台上，我們仍屬初出茅廬，經驗尚淺。假如有人認為，只要本港市民團結一致，便可成功地與中國抗衡，這種想法，實與中英聯合聲明的精神有所抵觸。香港與中國是唇齒相依的。若香港單方面宣布獨立，定為簽署聯合聲明的中英兩國所不容，我們應享有高度自治，而非獨立自主。

我並非認為我們不應聯合一起，站在同一陣線，與中國周旋。這樣做會給予我們精神上的力量。我所說的是，我們應為捍衛真理而團結一致，而不應為與中國政府抗衡，而達到無可轉圜的地步。

　……

請各位緊記，本港目前不是，日後也永不會是一個享有主權的獨立國家。基本法所提供的保障，以及在本港所推行的民主制度，均不能防止北京當局向本港施加行政手段。若假設本港 550 萬名市民團結一致，提出異議，便能阻撓北京當局繼續控制中國整個政治架構的決心，實在是癡人說夢。中國近日所發生的事件如有給我們任何啟示，便是顯出了一國兩制的極度重要性。儘管雙方可能目標一致，但為達到目標而採取的方法則迥然不同。倘本港希望享有自治權，則同樣應

尊重中國的制度。

本港的基本法起草委員可以，同時也應該更熱衷於聆聽本港市民向基本法諮詢委員會所提出的意見，並清楚表明他們確實聽取及瞭解市民的意見及其論據。起草委員必須向市民清楚交待，基本法的條文如何符合他們的意願及解決他們的憂慮，從而使之獲得市民普遍支持。我必須在此補充一點，我對於本局同僚梁智鴻議員就基本法草案第一百四十一條有關各種專業及執業資格的意見，表示贊同。特別行政區政府須與專業人士攜手合作，以作出適當的決定。

葉文慶議員致辭（譯文）：

近數年，我目睹港人的政治意識正以緩慢而穩定的步伐日趨成熟。然而，中國近期發生的事件，卻顯露了本港社會政治醒覺的真正潛力。觀乎發生的事件，我現在深信港人，即使是一般市民，均會明智地選擇他們的行政首長。我認為現在時機已經成熟，應推行及加速採納全民投票制度，並且將這制度的發展方案清楚地寫進基本法內。因此，我贊同本局首席議員提出的行政立法兩局議員的立場。

真的，國內近期發生的事件委實令人憂心戚戚，但是從許多方面來看，我卻感到高興。高興它發生了，高興它正正在這個時候發生。它給予我們這些戰後出生、習慣了自由、習慣了和講道理的人一同受教育、一同工作的人，正如我自己，真正嚐到蠻不講理、缺乏民主的味道的機會。我之所以慶幸它在這個時候發生，因為我們尚有機會建議修訂基本法，以便我們可以於基本法內寫明一切應變措施以保障我們免受例如國內近期發生的一切突變事件。如果直接選舉可能為社會貧苦大眾提供免費午餐，致令經濟受損，而間接選舉則可能給人操縱造成壓迫、鎮壓而令一小撮人得益，我認為兩害相權取其輕，前者的風險遠小於後者。

港人已顯示，真正重要的問題出現時，他們能捐棄個人私利，而當這種問題真的出現時，他們會團結一致作出反應。

潘志輝議員致辭：

中國的局勢發展，與香港未來的前途，息息相關，一直以來，我們對中國

過去十多年的改革開放，寄以厚望，尊重和擁戴。不過，無容否認，中國這次學運事件，已令不少香港人只覺前路茫茫，焦慮不安，不知何去何從。這次事件，也嚴重打擊了香港人對基本法的信心，不過絕望的呼喊或失望的呻吟，於事無補。在香港現今急劇轉變的歷史時刻，香港人應更積極地參與基本法的制訂，爭取機會表達對基本法的意見，使到香港將來有重大影響的基本法更趨完善。事實上，今日的北京，會否是明天香港的寫照？香港前途的光明與黑暗，在很大的程度上，仍操於我們香港人之手。香港人只有萬眾一心，積極地參予創制一個完美的基本法，香港才有美好的前程。當然香港人亦應保持冷靜，因為只有冷靜的頭腦，才能作出準確的分析，只有在心境平和之時，才能作出最正確的判斷。從最近港人對北京學運的熱衷表現，已顯示香港人愛國熱誠的不斷提升。從過去百萬港人遊行集會時之秩序井然，亦顯露了香港人對香港社會負責任的態度，因此適當的加速香港政制發展的步伐，亦是無可厚非。不過，加快的速度是否完全只取決於這次港人對北京學運愛國行動熱烈的反應，還是仍須從長計議，冷靜小心地觀察市民對參與的熱誠是否可以永恆地持續，實仍有待商榷。所謂「人無三思必有悔」，昨天本局同僚張鑑泉議員亦提及「在過於情緒化的行動後，應該作出理智的分析」，我絕對贊成他的講法。總結而言，對一個影響香港深遠的基本法，假若能給予市民有更多的機會深入討論與表達他們的意見，對香港市民應是有百利而無一害的。

薛浩然議員致辭：

自從中國發生學生愛國運動，餘震影響到香港，激發起香港歷史上最大規模的遊行，一夜之間，香港的民主意識，民主論調和民主人士如雨後春筍，充斥著香港整個自由民主市場，真是猗與盛哉，令人驚嘆！

隨著香港資本主義制度的發展，資本主義制度的模式和內涵，包括民主和自由的進一步向前推進是不以我們的主觀意志為轉移的，但不同制度、不同的文化背景對民主自由亦應有所不同的解釋，尤其是民主政制的看法亦作如是觀。因此，在基本法的制訂只能夠是按照資本主義制度下的民主模式去制訂和執行。所以，市民應該明確清楚香港和中國在制度是兩個絕對不同的實體，而不可因民族

感情上的認同而放棄和忘記基本法的重要性，所以今日的中國，是否等如明日的香港，我個人認為並不重要，最重要的是明日的香港如歌曲那樣唱："明天將會更好"，香港按照本身的資本主義制度和經濟模式上向前發展，因此，香港人應集中精神和努力，就基本法的擬定多發表意見，期望自求多福。兩局議員最近就基本法草案的一些問題達成共識，是一個好的開始，我表示全力支持。但對一些問題上，南九龍區的兩個區議會的議員對基本法的個別條文有以下的看法：

他們認為基本法第 43 條第二款應修改為：

香港特別行政區行政首長依照基本法的規定，對中央人民政府，香港特別行政區和立法會負責；

又建議刪除第 48 條第十一項即：

根據安全和重大公眾利益的考慮，決定政府官員或其它負責政府公務員是否向立法會或其屬下的委員會作證和提供證據，

目的是削減行政長官多次阻止政府官員向立法會作證的權力。

又關於就何時開始普選行政長官的問題，大部分人贊成一九九七開始由普選產生。

主席先生，基本法諮詢委員會在基本法草案諮詢過程中，所扮演的角色令人失望。因為在許多不同的場合他們的負責人對社會上的一些他們認為不同意的意見或想法都予以大力抨擊，滿口官腔或對某些問題作出意見或解釋，儼然以基本法草案諮詢權的最高權威，充分說出求同排異的家長心態，完全忘記了他們應該扮演的角色是就全港市民對基本法的意見無論是反對或逆耳的都應該一併聽取，正確反映出來而不是經加工處理。因此基本法諮詢受到市民的冷淡反應，諮委員應該閉門思過，自我反省，而廣大市民亦可以通過見諮委會的委任和指派制度的優越之處（如果真的存在的話）。所以對建議中成立的選舉委員會去選出未來行政首長的方式實際上令市民產生極大的憂慮的。

1989 年 7 月 5 日
議案辯論：英國外交事務委員會報告書

李鵬飛議員提出動議：

「本局得悉英國外交事務委員會報告書的內容，並極力呼籲英國政府從速採取各種妥善及適當的措施，包括重新賦予本港英籍人士正式英國公民身份，以確保香港人得享安全穩妥的前途。」

許賢發議員致辭：

……在香港政制加速民主化方面。外事會認為，為配合九五年的立法局全面直選，九一年的立法局應有半數議席由直選產生。表面看來，這個建議確令本港的民主派人士雀躍一番；但可行性卻成疑問。他們不但完全漠視中國政府過去的立場和反應，更沒有在報告中要求英國政府就此項建議向中國政府力爭實現。猶記得我們幾經艱辛，只能爭取港府在制訂八八年代議政制白皮書時，承諾九一年的立法局有十個直選議席。事隔一年，外事會不知憑甚麼觀察或理論基礎，大膽提出上述的建議。

本人要強調一點，本人並非不樂意見到這個建議如期實現，只是對港、英政府當年，在政制發展步伐的爭論上愚弄民意，表示憤慨。此外，外事會以為加速政制發展步伐就可使港人安心，藉此推卸政府不願為港人承擔開啟「太平門」的責任，因而作出罔顧實情和不負責任的建議。顯然，英國政府和國會議員的政治智慧和承擔責任的勇氣，已在政黨政治的利益誘惑下，消磨殆盡。

李柱銘議員致辭（譯文）：

代議政制的進展

我同意英國外交事務委員會的見解，認為香港必須在一九九七年前全面推行民主。我亦贊同該委員會提出的推行時間表，建議立法局在一九九一年應有半數直選議席，到一九九五年則全部立法局議員均由直選產生。我更支持該委員會為一九九一年立法局選舉而提出的議席分配方案。

至於推選第一屆行政首長的方法，我卻要抱歉地指出英國外交事務委員會的謬誤。

英國外交事務委員會提出第一屆行政首長應由選舉團推選產生的方法，顯然是因為該委員會不願意「冒對抗中國人民共和國的風險」。但英國外交事務委員會亦堅持「選舉團本身應透過民主方法組成」。

英國外交事務委員會未有解答的一個最重要問題是：應否容許北京政府影響或甚至控制第一屆行政首長的選舉？

假如答案是肯定的話，我唯一可說的就是在天安門大屠殺以後，香港無人會願意接受一位不分事理，只按北京政府指示辦事的行政首長。除此之外，我便無言可說。

但如果問題的答案是否定的話，則全民投票的普選便是唯一可以接受的方法。

至於可能產生與中國對抗的風險，以及擔心選出的第一屆行政首長不為中國所接納等問題，我認為不論是以全民投票方式選出或由一個透過民主辦法組成的選舉團選出的行政首長，以上的憂慮同樣存在，因為北京政府如果要控制或影響第一屆行政首長的選舉，中國亦會反對由一個透過民主辦法組成的選舉團選出行政首長，原因〔是〕由這樣一個選舉團選出的行政首長可能是一位不為北京政府所接受的人物。但如果北京方面並不欲控制或影響第一屆行政首長的選舉，則無論採取上述那一種選舉方式，中國亦不會提出反對。不過，假如香港市民知道香港可以根據一人一票的原則選舉第一屆行政首長，則會感到安心得多。

英國外交事務委員會提出的另一個理由是香港行政立法兩局均一致認為香港最遲應在二〇〇三年前實行以普選作為行政首長的選舉方法。事實上，這只是一

項經過互相妥協而達成的共識，因為兩局議員在當時認為實行普選行政首長的日期最遲應為二○○三年。誠然，當時主張在一九九七年以前採用普選方法選舉第一屆行政首長的兩局議員確實只佔少數，但這畢竟是一項在天安門屠殺事件爆發前達成的共識。毫無疑問，任何在那個黑色日子之前發表的意見都有重新審慎評估的必要。事實上，英國外交事務委員會亦是採取這種看法，才達致結論，認為立法局必須在一九九七年前全面推行直接選舉。該委員會在報告書第 3.9 段更指出「在該個周末發生的殘酷可怖鎮壓事件……」使到「香港更迫切需要早日建立妥當的代議政制」。我無意對英國外交事務委員會表示半點不敬，但我還是要指出第一屆行政首長的選舉，肯定有必要成為香港代議政制中一個不可分割的構成部分。

因此，我認為如果我們真真正正要實現「港人治港」及「高度自治」的政策，就必須以全民投票的方法選出香港特別行政區的第一屆行政首長。

關於行政機關與立法機關的關係，我完全同意英國外交事務委員會就「承擔責任」問題（見載於報告書第 3.21 段）所發表的意見，以及該委員會提出「在立法會議與行政首長出現不能妥協解決的衝突時，行政首長便應呈辭引退」的建議（見載於報告書第 3.22 段）。

倪少傑議員致辭：

主席先生，中國首都的機關槍聲動搖了我們對前途的信心。怎樣確保中英聯合聲明的徹底履行，使香港的繁榮安定能夠繼續保持下去，一國兩制政策怎樣落實，使兩種不同主義的社會制度，特別是社會主義經濟制度和資本主義的自由經濟制度，在兩個不同的社會裏各自發揮其作用，將是我們今後努力的大方向，這是我們信心的所繫。因此，制定好基本法已經成為我們的重要責任。但是，這個制定基本法的基礎必須配合香港現階段的社會和經濟情況。香港資源有限，是一個高度依賴經濟活動而生存的社會。重要的是要突出全港市民的整體利益，方能維護我們所要求的繁榮和穩定。特別在政制方面，委員會提出九一年的立法局議席應該有半數通過直選產生，並且提出在九七年之前完成全面的政制民主化過程，主席先生，本人對此不表同意。我覺得這樣的提議沒有幫助香港市民信心的

提高，相反可能會操之過急，做成政經發展不平衡，影響人心，足以損害香港的安定繁榮。

主席先生，本人深信民主的內涵是多方面的，民主政制的成功必須配合各種類型的社會內容，包括經濟、就業、生活、教育、社會服務等等各樣具體條件，急進只能打亂市民的社會生活和經濟生活，徒令市民容易給政客的美麗辭藻所迷惑和利用，對社會整體利益大大不利。主席先生，本人並不憧憬一蹴即就的民主，亦絕不贊成委員會所建議的有如「快餐式」的民主進程。我仍然主張民主步伐可以加快，但仍須循序漸進，以免立法機關在毫無先例及經驗之下，出現過偏或過激的局面。事實上，兩局議員就此所達成的共識非常可取 —— 即在二〇〇三年時立法局全部議席由直選產生，而行政長官亦由普選選出。政制的再加速改革並不見得就能保證香港的安定繁榮。我覺得，兩局所達成的有關政制共識，可以適用。步伐已加快，毫不保守。

各位同事，我相信有很多在座的議員及很大部分的香港市民，特別是工商界的朋友對我的觀點會抱有同感，都希望本港社會的一些賴以繁榮的因素能夠保持下來，加以發揮，使經濟活動更加蓬勃，市民更加受益。這樣我們才能夠在這塊可愛的土地上世世代代地生活下去。

我也同樣要正告中國執政當局，應該正視今天香港民眾對國內所發生事故的悲痛感受。他們的信心正在受到強烈震撼，出現這樣可悲的局面，當政者是否要撫心研究，誰令致之，孰令致之，如不三思，實有負香港市民對國家的殷切期望。

潘志輝議員致辭：

主席先生，從香港近期情況的轉變來看，適當地加速香港民主政制發展的步伐是無可厚非的。不過，民主的發展不是一朝一夕便能實現，而必須循序漸進的。民主政制加快的速度仍須從詳計議，小心考慮，絕不能因學運事件，便盲目地相信在九一年採取一半的直選便能為香港即時帶來永久的民主。無可否認，香港能夠保有自由民主，在很大的程度上仍依賴經濟的發展，再加上市民的公民意識，完善的選舉制度和一個有利於香港的基本法。主席先生，英國政府為了平息

港人對英國國籍法的不滿，而大力「催谷」香港政制的步伐，代替英國居留權，未必能為香港帶來真正的民主和安定繁榮，同時也未必是香港人之福的。香港民主政制加速的步伐，仍應視乎香港本身實際情況而定，而不應受英國轉移港人視線，而強加於香港的決定。

田北俊議員致辭（譯文）：

行政立法兩局議員認為最早應在二○○三年由直接選舉產生全部議席，我支持這個立場。直選的中期步驟將分別於一九九一年、一九九五年及一九九九年進行──這是合理而簡短的演變進程。港人可透過現行的合理安排，向一九九七年邁進。如此深思熟慮地擬定的計劃不應倉卒放棄。

主席先生，待人們對最近在中國發生的事件所表現的高漲情緒減退，我們便須把香港政制改革的問題與基本法的修訂一併考慮。我們不應完全摒棄銜接的概念，我們不應揚湯止沸。一旦塵埃落定，我們須考慮基本法。基本法仍然是不可缺少和無可避免的必需品。

黃宏發議員致辭（譯文）：

……外交事務委員會實質上建議香港在一九九七年前仍在英國管治的期間內，加速民主進程。我一向認為香港不但能夠、事實亦應以更快速的步伐邁向民主。故此，我在一九八五年，繼而在一九八八年都主張舉行直接選舉。不過，兩次我都失敗了。雖然我個人贊成加速民主步伐，但我並沒有忘記香港以往的民主進程之所以發展緩慢，部分是由於香港社會在這問題上出現了分歧，甚至是分裂的情況。兩局議員在五月底達成共識，我感到相當欣慰。現在似乎又出現裂痕。較早時，本局同寅已發表不同意見，例如許賢發議員和李柱銘議員贊成在一九九七年前全面推行民主，而倪少傑議員和潘志輝議員則反對，亦有其他議員反對。相信他們所說的都是肺腑之言，以香港的長遠利益為依歸。主席先生，我希望在此向局內及局外各有關人士呼籲，我們必須團結一致，追求共同的目標，即「一國兩制」、「港人治港」。我亦呼籲本局各位議員重新考慮行政／立法機關

的關係。我們早陣子已決定實行準部長制，現在應是考慮推行全面部長制的時候了，因為該制度在其他各國推行時都證明其有成效。我希望不久再召開兩局憲制發展小組會議，達到一些決定，並提出一些建議。

主席先生，我不是叫人不要搖晃這條船，而是希望在這條船注定在一九九七年爆炸之前，建造一條新船。讓我們同心協力來造這條新船。我們千萬不要爭執動武，否則，在新船還未建成時，我們現在這條船已往下沉。

方黃吉雯議員致辭（譯文）：

對於英國國會外交事務委員會報告書論述有關本港民主制度發展及引進直接選舉速度的意見，我感到失望。倘若該委員會成員能對有關情況有更深切的瞭解，以及細閱中英聯合聲明的規定，便不會作出如此建議。

根據中英聯合聲明的規定，香港現行的社會及經濟制度將維持不變，而立法機關於一九九七年會由選舉產生。當中英聯合聲明簽署時，立法局所有成員均為委任議員。總督在選任立法局成員時是以不同背景的人士為選擇基礎，以便能就任何特別事項聽取各方面具代表性的意見。此外，各組別人士的意見及利益，亦藉著該項安排得以表達，從而使當局的制訂決策程序更為奏效。

採用功能組別形式的選舉有其具體目標，就是希望藉此在立法局達致一個有廣泛代表性的基礎。我們別忘記，立法局在一九九一年以前將不會有任何直接選舉的議席，因此我認為，立法局首次在一九九一年引進直選成分時，直選議席佔半數的建議，是不負責任的。

在這情況下，我必須重提以往在本港為政府轄下的其他架構階層進行直接選舉時的情況，作為重要的證據，所有透過直選產生的議席，有 50% 至 80% 均由來自下述背景的人士當選：社會工作者；學者；及律師。香港是一個充滿工商業／財經動力的社會，上述情況決不能稱之謂已在廣泛層面上代表公眾的利益。上述偏差情況是由於香港人的政治意識仍待增強而在這尚未成熟階段便實行直接選舉所致。

一向以來，英國從不負起教育香港人認識政治的責任，也從不鼓勵港人參與本港政治的發展，這是英國蓄意的設計，但現在卻在未有充分準備之際和在重大

危機的恐懼下，假定了香港人能在一夜之間成長，具備投票選取適當人士進入立法局的能力，試問這項假設是否合理？我並不相信外交事務委員會成員所獲悉的資料會如此貧乏，或在判斷時如此偏離目標而提出該等建議，倘若他們果真不是如此，其中另必有因。我應否假定這是英國明知不適合本港情況亦設法以民主作為開脫的辦法，抑或是為了安慰英國政客的良心？

有關為立法局及行政長官引進直接選舉的速度，行政立法兩局議員已達成共識，但外交事務委員會竟然將此項共識置之不理，甚至隻字不提，足以證明該委員會的成員不負責任。

英國人是守信譽的民族，但現在他們所選出的國會代表卻沒有如實地說明英國對香港的義務及責任，把英國人陷於不義。一個守信譽的民族決不會因為遇到實際的困難而推卸責任。英國實在須對香港人負責，不能因為本港 92% 土地的租借期快將屆滿而可視為終止其責任的理由。英國決不可只憑著簽署一份協議書，便將一個在其管治下 150 年的地方連當地居民一起拋棄，只設法在該份協議中為居民尋求保證。英國在行事之前並沒有諮詢香港人是否同意，香港人對所給予的保證以及英國現正採取的措施，同樣缺乏信心。

1989 年 10 月 11 日
總督施政報告

（4）建設將來：政治方面

39. 在未來 10 年內，本港將出現一段前所未見的政治和憲制改革時期。我們必須在不影響本港安定的情況下，進行這些改革。我們必須對市民信賴的各種制度，繼續穩步去發展。

（a）代議政制的發展

40. 過去幾年間，本港曾就代議政制發展步伐的問題，進行激烈辯論。政府一向認為，政制發展應建基於得到市民最廣泛支持的原則上。不過，有些希望政制發展得比這個原則所容許的速度更快的人士，則有時對政府作出批評。

41. 今年，有人先後提出若干個關於本局將來成員組織的方案，其中一個方案，是由本局和行政局的非官方議員經過詳盡討論後提出的。這些方案引起各界人士的熱烈辯論。這是一個好現象。辯論所涉及的問題，對本港的前途至為重要。我希望透過這場辯論，可以得出一項為香港人所廣泛同意的意見。這會有助於基本法起草委員在今年稍後及一九九零年年初召開會議時，制訂出適合香港於一九九七年及以後的政治體制。政府亦希望於決定一九九一年本局成員組織應再如何改變時，積極配合市民這方面的意見。

42. 在作出上述決定前，我們會首先考慮本局成員組織所涉及的各方面問題：官守議員和委任議員的人數；功能組別選舉議席是否應進一步增加；以及直選議席的數目。我們會緊記，社會人士普遍同意的意見，就是一九九一年政制發展的步伐應比原先構想的稍快；同時又會記著，到了一九九五年，本局所有議員都會經過某種選舉形式選出這一事實。我們必須為這種情況預先作好準備。

（b）基本法

43. 經過修改的基本法（草案）稿，已於二月公布。一般都認為，它是比基本法（草案）徵求意見稿，改善了很多，明顯地反映出港人在去年諮詢期間提出的

意見，已獲審慎的考慮。中國最近發生的事件，使公眾的注意力再度集中在基本法的某些條文上。我剛才提過，各界人士在立法機關成員組織這一問題上，提出過一些不同的方案。另一項引起不少爭論的問題，是中央與特區政府的關係。我希望本港市民能把握這個最後諮詢期，提出他們的意見，因為日後的基本法，對他們的前途至為重要。

44. 中國政府已明確表示，打算在明年春季頒布基本法。基本法的內容，將會對本港和海外人士在如何看香港的前途這一問題上，起重大的影響。基本法如果能夠符合港人在主要關注事項上的期望，會極有助於恢復大家對本港前途的信心。因此，我促請基本法起草委員聽取港人在今次諮詢期內對草案所提出的意見，並加以審慎考慮，因為基本法關係重大，影響深遠。

1989年11月1日
致謝議案辯論

李鵬飛議員提出動議：

「本局對總督的致辭，謹表謝意。」

李鵬飛議員致辭（譯文）：

政制改革

主席先生，過去兩年來，兩局議員憲制發展小組一直致力審議基本法草案所載的建議。該小組所提交的報告獲得大多數議員支持。這份報告書現已分別送交基本法起草委員會及諮詢委員會各成員參閱。同時，亦歡迎市民索閱。

這份報告書載述兩局議員就基本法草案的各方面所發表的意見。今天，我會集中討論關於政制改革的部分，特別是有關一九九一年的政制方案。

主席先生，兩局議員已達致明確的共識，認為現時所提出的方案，其中所建議的本港民主政制發展步伐，對於體現中國領導人所承諾的「港人治港及高度自治」的目標最為適合。兩局議員亦主張採取循序漸進的方式。我們建議在一九九五年，立法局半數議員由直選產生，另一半則由功能組別推選。至二〇〇三年，立法局所有議席均應透過「一人一票」的方式產生。至於我們建議於一九九一年採用的政制模式方面，在本年七月開會時，兩局議員一致同意在一九九一年，立法局三分之一議員應由直選產生，三分之一由功能組別推選，其餘三分之一則由總督閣下委任。此項方案肯定符合循序漸進的方式。

其後我有很多機會與各區區議員以及在多個區議會會議上，討論兩局議員的建議，我敢說兩局議員就一九九一年的政制模式所作建議獲得各區區議員明確支持。

現在應由政府決定是否在一九九一年推行這項改革，而市民對香港政府是否有信心，須視乎政府會否按照市民的意願行事。我相信香港政府是個信譽良好的政府，也是一個負責而又關心民情的政府。

說到這裏，我想談談另一個問題，就是我認為現在也是檢討區議會的作用的適當時候。

目前，三分之二區議員是透過普選產生，他們無疑是由市民挑選出來。區議會自從設立以來，就成為政府諮詢組織的一環。由於區議會的制度已經確立，而其影響力在過去多年來已經改變，我認為現在有需要予以檢討。區議員應負起領導所屬地區的責任，這正是當選者須向選民交代的意義。

周梁淑怡議員致辭（譯文）：

社會人士對本港將來的立法機關及行政首長的產生方法意見紛紜，爭議甚多，使我們容易忽略了民主政制改革的主要目標。

我們絕對不可忘記，民主政制是一種途徑，其最終目的是令香港特別行政區政府享有高度自治權，從而確保本港現時享有的自由及公民權得以盡量維持下去。中英聯合聲明內已清楚作出上述的承諾，英國或中國任何一方或雙方絕不容背棄這個承諾。

有鑑於此，我支持兩局議員達成的共識方案，因為該方案為實踐有關承諾清楚訂明一個確實的時間表，而且亦是唯一能夠就整個問題最關鍵性的部分，亦即是立法與行政之間的關係，提供解決辦法的方案，根據該方案，立法機關成員及行政首長均會在大部分人士接納的訂定日期透過普選方式產生。直至目前為止，各團體所提出的建議中，兩局議員達成的共識方案，無疑是最富民主意識，並已獲鑑定為最受大部分本港人士接納的政制方案。

兩局議員共識方案是兩局議員在六四事件之前及之後經過漫長的討論而達成，該方案反映議員們審慎、團結和互讓互諒的精神，部分議員本來傾向於較開放或較保守的政制模式，但全體議員最終還是投票通過兩局共識方案。如今是甚麼事態的發展令數位議員改變其立場？這轉變是否由於若干中國官員曾發表講話表示因兩局共識方案屬親英謀略而不予考慮所引致？是否他們恐懼支持自由選舉

的人士會被中國領導階層視為顛覆中央的分子？抑或是因為他們對香港人的判斷能力已失去信心，認為香港人沒有能力選出自己的代表？他們應向香港市民作出交代。

我會認為中國政府是一個完全開明的政府，並會明白採納兩局共識方案是明智之舉，因為該方案是所有方案中最好的一個，並且獲得港人最廣大的支持。我會認為即使中國政府不全面採納兩局共識方案，並不是因為該方案以兩局議員的名義提出而被扣上帽子。中國政府必須明白，香港社會十分進步，香港人的生活及思想經已擺脫了「扣帽子」的框框。香港人為自己建立了一個思想和言論自由的社會，這種自由風氣令我們的判斷力更為敏銳，使我們懂得考慮意見本身的優劣，而且不會歪曲其原意。在這種自由的環境下，各人可以互相討論、辯論、爭議或甚至有時互相對抗。雖然有時難免會出現一些濫用自由及表現激進的人士，但從宏觀及長遠的角度來看，這並無害處，亦不會長久，這只是輕微的代價，使我們能夠在各方面享有自由，大大增強了我們的創造能力，令我們的成就更佳。假如有些激烈或過分激烈的民主人士對持有異於其政見的人士，無論他們是香港政壇的對手，抑或是中國的領袖人物，作出過分的抨擊，本港社會便會發揮一股約束及制衡力量，影響著給予這些人士支持的幅度。中港關係唇齒相依，基於這種背景關係，形成了若干不言而喻的基本守則，而香港人對於這些基本守則早有認識。大家都明白中方的性格較為敏感，一旦有損面子，便會在工作及行為上作出過度的反應。我們亦明白，一國兩制的構想必須通過中港雙方互相合作維繫，才可真正實行，如果公然作出不利於中國政府的任何行動，便會迫使中國政府插手干預本港的事務，但若不惜一切代價以求討好中國亦非解決的辦法，即使這樣做可以換來短暫的安寧，但卻對本港目前享有的高度自由造成損害。要解決這個問題必須一方面以婉轉的方式表達自己的意見，但另一方面亦要堅守原則，提出具說服力的理由。這需要具有冷靜的頭腦、理智的勇氣以及多方面的政治技巧，可惜這些特質並非經常可以從發言較多的本港政壇領袖人物中察覺出來。

自簽定中英聯合聲明以來，多宗事件顯示中國傾向於把香港視為一個早熟的孩子，而不是一個成熟理智的成人。結果，這種想法導致雙方不滿的情緒越來越多。只顧發表陳腔濫調空談信心問題是毫無意義的。再者，如果提出的言論是缺

乏根據,則只會被視為宣傳技倆。因為並非香港對自己沒有信心,問題在於我們對自己的信心,較對其他可控制本港形勢及自由的有關國家為高,而香港日後卻須倚靠該兩個因素來辦事及發展才能。

要港人對香港前途有信心,中國和英國必須先顯示他們對香港人有信心,可以放心將日後管治香港的責任付托港人。現在就是增強信心的最佳時刻。開放政制正是當務之急,並必須立即展開與兩局共識方案相配合的民主政制改革。英國政府在這方面不應再躊躇,而中國政府亦不應妨礙這個政制方案的推行,雙方政府的行動均應顧及絕大部分香港人的意願和利益。

不過,中國將會賦予香港人多少自由,始終還要視乎香港可以保留多少對中國的經濟價值而定,而並非依靠強硬措詞、群眾遊行及街頭示威。為達致上述目標,唯一最有效的方法就是繼續為本港過去多年來勉力鞏固的基礎付出努力和貢獻。香港能繼續繁榮以及保持作為國際貿易、工業、金融中心地位才是我們留給下一代的最佳禮物,亦是日後能實行自治的最有力保證。

鍾沛林議員致辭:

不容諱言,有關北京的「六四事件」,確實使到香港原有的九七信心嚴重受損。就在這時候,港督發表的千億大計,顯然受到本港輿論和工商界的特別好評,這個發展最少有助於投資商人對政治前景得到一個更可靠的判斷。初步反應,令人感到華資、英資、中資、日資及國際財團對基建計劃都有興趣參與投資。

從香港現狀說來,千億大計應如何落實進行?我認為有三個關鍵問題值得注意:第一、本港的政制發展是否應與基建計劃相配合?第二、中方對這個大型建設將會扮演甚麼角色?第三、計劃能否引進國際投資?

關於第一個關鍵,我的看法是:如果未來的政制發展能與基建計劃相結合或作出適當安排,在日後的立法局議席組合中合理保持工商界、專業團體、及傳統社會的代表性,可能會對千億計劃在主流人事和投資方面產生更理想的效果。這不是一種交易,只是鑑於香港到底是一個著重做生意的自由商港,儘管預期的高度自治快要來臨,但現行的「資本主義五十年不變」,本港政制或自治制度始終要以工商經濟為基礎。大勢所趨,人人都需要民主,所以香港並無所謂「民主

派」，只有民主的務實派與民主的急進派。原則上，我同意立法局首次直選略增名額的兩局共識，但我個人希望，最少是在九五年之前，工商界及專業團體在立法局的代表議席，應與同期的直選議席有一個平衡的發展，這樣，將會更加合乎本港社會及經濟發展的基本規律及主要路向。不過，任何政治家或資本家都不容易準確預測十年以後的變化，在政制和經濟兩方面，我們現在似乎就要作出有關「九七」大事的安排，所以，為了避免過早定策會在日後產生意外的危險，應當注意保留原有計劃或共識所應有的靈活性，因時制宜，定期檢討。

李柱銘議員致辭（譯文）：

主席先生，自由民主構成了中英聯合聲明的基石。

然而，自六月四日北京大屠殺後，儘管以前作了多次承諾，中國政府給予香港特別行政區民主的可能性似乎微乎其微。因為中國面臨兩項選擇：一是收回香港，保持其為繁榮的國際城市，但要付出讓未來香港特別行政區政府有真正的高度民主自治；一是收回一個沒有了精英分子的香港，但可以控制那些留下來的人。顯然，中國會選擇後者。

無怪乎一項陳舊的論據最近又再次給提出來。這項論據是：香港所需要的是強勢經濟而非民主，民主會導致不穩定及繁榮衰退。本港某些人士依然準備重彈此舊調，剝奪港人享有民主的機會，實在令人惋惜。

事實上，有些人甚至樂於犧牲我們某些自由，以博取中國政府的歡心。因此，最近本港一些論政人士更建議解散香港市民支援愛國民主運動聯合會，幼稚地相信該會解散後，中國就會給我們其他一切東西。這樣就有如丈夫向他極之富裕的妻子說：「親愛的，求你今天就將你的財產轉歸我的名下，到了明天，你就會擁有一切，因為我所有的便是你的。」

主席先生，假使香港市民支援愛國民主運動聯合會單純因為中國有此願望而解散，實在非常可悲 —— 因為中國亦想控制新聞界，甚至全港市民，儘管聯合聲明曾許下承諾給予香港高度自治權，但中國企圖控制香港之心，實是路人皆見。然而，事實是：控制愈緊，恐懼愈深。

因此，我們必須團結一致，確保本港不會有人失去任何一種自由，堅信若

今天我們同胞中有人給剝奪自由而我們又袖手旁觀的話，我們明天就會喪失一切自由。

主席先生，最近有人竟然提出香港縱使沒有自由民主仍可保持繁榮的謬論。且讓我將這個謬論一舉擊破。

香港成功的主要因素是其自由市場經濟、法治和平等機會。只要勤奮上進，香港每個人皆可以在社會向上爬，提高其地位，達成「大香港夢想」。而每個商人，只要其行為合乎法律，皆可以完全自由地將其金錢投資於他喜歡的生意謀利。

然而，假如將來的香港特別行政區政府非以民主制度為結構而受中國影響或控制，那麼權力過分集中會招致專制手段箝制，侵擾本港經濟的各環節，不但令本港自由經濟喪失了上述的基本優點，而且特權階級、壟斷事業及貪污舞弊必定湧現，結果破壞了本港資本主義社會的基本運作。若然到了這個地步，香港絕對沒有可能維持安定繁榮。

此外，思想自由和言論自由亦是本港經濟成功的重要因素，因為經濟業務成功與否，全賴創新意念。若無完全自由的環境讓自由思想盡情發放，則何來創新意念。

但是，假如我們像不少中國大陸同胞般給剝奪了言論自由，我們很快就會學懂抑制意見，但求省卻麻煩。那時，我們會很快像奴隸般思想，學懂接受黨幹部的指令，只做我們給吩咐去做的事。現在，若我們不能自由思想，本港社會便不能進步。若我們的思想和行為一如在中國般受到控制，則我們的經濟亦會像中國的經濟。自由市場經濟必需有言論自由方能繁榮興旺是不言而喻的。

主席先生，人與奴隸之分，單憑誰享自由，而香港這個「奇跡」能否繼續成功，則端賴於本港市民能否自由思想、自由表達意見。

主席先生，自六月四日屠殺事件及其後在中國展開至今仍持續的壓制措施，港人的信心已低至無可再低。最近由南華早報委託進行的一項民意調查結果顯示，本港有 69% 市民並不相信『基本法會確保「一國兩制」這項承諾獲得貫徹執行』。這正是本港各階層人士積極考慮移居外地的其中一個主要原因。

是以中、英、港三個政府必須以恢復港人信心為當前急務。

……

主席先生，基本法的若干重要問題尚待解決。

從電視上看過人民解放軍對其同胞的所作所為後，港人便不想這些部隊進駐香港特別行政區。他們希望只有行政首長能擁有決定宣布香港特別行政區處於緊急狀態的權力；他們希望香港特別行政區法院獲授權解釋基本法並是唯一的權力行使者，目的是使這些極其重要的權力不能在北京行使。他們亦希望一九九七年有民主政府制度，因為他們相信，除非本港政制於一九九七年已高度民主，否則，難望中國政府容許本港政制於一九九七年後有更民主的發展。

因此，中國政府竟選擇在諮詢期將近結束時，推出一個所謂一會兩局制度，實極之令人遺憾。事實上，這根本不是一個兩局制度，因為這制度並不像英美國會那樣設有兩個獨立的議院。根據兩局制的構思，所有議員均出席同一議會，只在須要投票表決時，議員才分為兩個獨立組別進行投票。即是說，由普選及功能組別產生的議員將分別組成兩「局」，然後各自進行投票。

雖然曾經有人提出一些用以解決兩「局」矛盾的建議，但這些建議背後的用意卻十分明顯，就是確保透過民主普選產生的議員不能在投票表決時獲得多數票。

主席先生，這種制度雖然鮮有先例可作參考，卻近似南非的三院制度。南非實施三院制是要確保少數白人能控制佔大多數的黑人。但要在香港施行一個如此繁覆冗贅且帶有歧視性的制度，若非為了讓行政機關控制立法機關，及讓北京控制香港特區政府，請問理由何在？

主席先生，中英聯合聲明內有一項非常重要的條款，訂明行政機關須向一個完全由選舉產生的立法機關負責。假若上述制度真的寫入基本法內，這條款就會變得毫無意義。因為，如果市民的真正代表已變得無關痛癢，向立法機關負責這說法又怎會有任何意義？故此，我認為採納一個這樣的兩局制度，將有違中英聯合聲明的精神。

不過，現時各種跡象均顯示，除了可能採納這個非常不受歡迎的兩局制度外，中國政府不會對現有的基本法草案作任何重大修改。這樣將導致香港特別行政區日後缺乏一個有效的制度，從而使特區政府不能發揮在中英聯合聲明所承諾的高度自治。

若真的如此，自由民主的基石將會化為烏有，而中英聯合聲明亦會變為一紙

謊言。很多香港人的美夢亦很快會變為惡夢，因為他們一度寄以厚望的「一國兩制」將變為「一國無制」，「港人治港」將變為「港奴治港」，「高度自治」將變為「高度控制」。

黃宏發議員致辭：

主席閣下，我並不太明白何以會有「兩局政制共識方案是由於北京的六四事件而達成」之謠傳出現。在此，我要正式澄清兩局關於一九九七年後特區政制的共識，是在一九八九年五月底之前達致的。閣下相信必定可以記得，本局在一九八九年五月三十一日進行了一次有關基本法（草案）的辯論，由李鵬飛議員動議。在他的動議致辭中，已經將兩局的共識，原本講出，因而在立法局的會議記錄內已記錄在案。其實，不單政制方面的意見早在五月底前達致，基本法（草案）內其他重要問題的兩局意見，亦都是在五月底前達致。在五月三十一日的辯論中，在下之發言就列出了兩局憲制發展小組就六大問題的結論，而這些結論亦即與現時兩局議員基本法（草案）意見書內的結論和建議，大同小異。請恕我不在此一一列出，我希望受此類謠言所影響之人士，細讀意見書，亦細讀立法局一九八九年五月三十一日的會議記錄，即可真相大白。

主席閣下，兩局就一九九一年政制改革的建議，的確是在北京的六四事件後才達致的，但是我要澄清，這並非由於六四事件促成的。兩局內務會議在一九八九年七月二十六日考慮一九九七年前政制發展問題的時候，決定建議立法局在一九九一年設 60 個議席，分為 20 個直選、20 個功能組別及 20 個委任及官守議席。這個建議完全是為了配合我們原來所提出建議的一九九七年特區政制及政制發展時間表，使到政制發展可以由現時開始即循序漸進，不致有某些年份產生急激重大的變遷。由於聯合聲明規定立法機關由選舉產生，即是說不能再有官守委任議員，所以這一類議席，應盡早在一九九一年開始逐步引退。兩局五月共識方案內第一步，即一九九五年（亦即一九九七年，因我們接受直通車方案），直選與功能組別議席的對比是參半的，即各 30 席，因此我們認為在一九九一年的配合初步發展亦應採用這個直選相對功能的參半對比，使到兩者都不致恃寵生驕。因為一九九一年不應令現存的 57 個議席的總數大為減少，所以 20 席直選、

20 席功能組別、20 席委任議席，合共 60 個議席，正是一個最為恰當不過的分配及組合。

　　主席閣下，一九九一年政制發展已經到了作出決定的時候，若遲疑不決，選區的劃分應該增或減，以及設那一些功能議席的問題，就沒有時間解決，所以，我在此促請政府果斷決策，採納兩局議員及大多數區議員、區議會的意見，果斷決策確實在一九九一年施行第一步政制改革。

1989 年 11 月 2 日
恢復致謝議案辯論

夏佳理議員致辭（譯文）：

⋯⋯主席先生，我認為兩局議員就代議政制發展問題所取得的共識，已反映了你在施政報告中所言：「社會人士普遍同意的意見，就是一九九一年政制發展的步伐應比原先構想的稍快；⋯⋯到了一九九五年，本局所有議員都會經過某種選舉形式選出。」一些議員已談及兩局議員共識的詳細內容，我不擬在此重複。兩局議員是在懇切提出他們的寶貴意見，各自徵詢所代表組別的選民、不同的論政團體以及社會各階層人士，並經過長時間進行熱烈的辯論後，才達成共識。兩局議員終於取得妥協，原因何在？是在於議員相信，在今時今日的香港，團結一致是十分重要的。事實上，兩局議員能夠達成共識，令某些評論家深感詫異。主席先生，我認為這正是本局應負起的領導者的任務。

主席先生，閣下正確地指出，我們必須及早作好準備。為了做到這點，我們很快便須作出決定。事實上，現在應已作出決定。主席先生，雖然最近有人提出兩個有關代議政制發展的新方案，但客觀地說，兩局議員方案仍獲大多數人接受。我相信它指出了正確的路向，並促請政府就代議政制的發展作出決定時接納兩局議員方案，採用其就一九九一年及一九九五年政制模式提出的建議。過去年多兩年來，我們似乎集中研究日後立法局的結構、成員組織以及立法局議員的選舉和行政長官的產生辦法等問題。但我們且莫忘記，本港兩個市政局和各區議會亦需予發展。我們應使上述各組織與本局同步發展，以便最遲於一九九五年，各組織的議員均以某種形式選出。現在所餘時間並不多，我們必須急切作出決定。這是社會人士的期望。

主席先生，由於本港不時被譽為經濟上的奇跡，過去我們認為，本港政治局面穩定是理所當然的。我深信，一俟香港在政治上更趨成熟，日後亦可獲得同樣

優良的成就。若要做到這點，我相信政黨的出現在所難免，且是必需的。本局部分議員已率先採取行動，我謹此致賀，並祝他們一帆風順。我亦希望各民主派系能摒除所有歧見，真正團結起來，組成一個團結而可信的政黨，而非烏合之眾。我們必須避免成立太多政黨，因為政黨過多便必然有危險存在，就是立法機關受到少數行動一致，或最低限度具有相當影響力的黨派把持。因此，我們必須提高警覺，切勿墮入一些政制發展的陷阱；並須認識到，我們要非常努力，才能獲取這個穩定局面。在確保香港的穩定政局和經濟活力得以延續方面，這是預期立法局議員應當負起，而事實上亦確可負起領導者任務的另一個例證。

張子江議員致辭：

政制發展

關於本港未來的政制，誠如閣下正確地指出，各界人士已就未來香港立法機關的成員組合，提出了多個方案，亦進行過不少辯論。但我想向討論這些方案的人士提出一點：就是不應將兩局共識方案指為英方的手段。香港人所需要的，是一個最適合本港社會及得到廣泛支持的制度。兩局共識方案並非一小撮人心血來潮的產品，而是一群關心香港整體利益，及在所屬行業和選區具有廣泛代表性的議員，經反覆商議協調後達致的結論。即使最強烈反對兩局共識方案的人亦深知，這個方案已獲得本港絕大多數區議會支持，而我相信本港市民亦會贊成這個政制模式。主席先生，我衷心希望政府會對這個方案作出正面的回應，果斷地作好一切準備，以便在一九九一年開始推行所需的政制改革。現時餘下的時間已經無多了。

林貝聿嘉議員致辭：

代議政制

最後有關政制模式，本人認為政府應從速決定九一年立法局的組成方法，而兩局共識所提議的直選、功能選舉及委任議席各佔三分之一的模式，即每類20席是兩局非官方議員所共同努力討論出來的成果，是一個在過渡期前循序漸進可

採納的模式。同時它亦得到大多數區議會的支持，尤其是灣仔區議會在一九八六年十月政府發表代議政制綠皮書諮詢港人意見時，灣仔區議會當時已要求在一九八八年立法局有 20 個直選議席，所以如果九一年推出 20 個直選議席，實在已遲了三年。

劉健儀議員致辭（譯文）：

代議政制沒有明確的發展路向，似乎也直接或間接破壞市民的信心。中英雙方在一九八四年簽訂聯合聲明時，向港人承諾一個民主發展進程，港人視此為整個協議的一個重要部分，但此項發展似乎已迷失在來自中國的聲浪中。香港的民主進程不但未能順其自然地因應社會步伐而發展，相反地，市民普遍覺得，中國實際操縱了香港在一九九七年之前及以後的民主進程。我認為同九七年前的政制應與九七年後政治架構銜接的重要性，並且贊成本港的民主發展過程應遵守此項原則，然而，鑑於中英聯合聲明早已訂明一九九七年後的立法機關由選舉產生，銜接問題並非甚麼實質問題，因為調整各類議席的數目便可確保真正得以銜接。

主席先生，在未來八年內，英國仍有責任管治香港，在這段邁向一九九七年的重要日子裏，香港政府必須有效地回應港人的需要和請求。鑑於市民已廣泛認為應在一九九一年有較快速的政制發展，而政府仍遲遲不公布該年度立法機關的成員組織修訂，我覺得非常失望。相信政府亦充分知悉兩局議員共識方案已贏得廣大市民支持。該方案有關一九九五年及該年以後的建議，是基本法照管的範疇，但有關一九九一年的建議，則肯定屬於本港政府的責任範圍。兩局議員有關一九九一年的建議，是同寅反覆辯論和仔細研究後所達致的共識，堪稱互讓互諒的代表作。對民主派而言，這方案可謂步伐快速，對保守派而言，也可謂節拍緩和，同時又充分靈活，幾乎可與一九九七年後的任何政制模式銜接無間。這共識方案適合香港，而且為港人接納，這點已屬毫無疑問。主席先生，在重建港人信心之際，本港政府應具有採取主動的表現，能滿足大部分市民的要求，而毋須聽候中國核准，當然港方主動採取的措施，必須符合中英聯合聲明的規定。兩局議員的方案肯定符合中英聯合聲明的規定。我謹此籲請政府，不應再踟躕不前，而是從速循兩局議員共識方案的路線，就一九九一年的政制作出最後決定。

梁智鴻議員致辭（譯文）：

政制發展

主席先生，我深明一個事實，就是從香港整體的宏觀角度來看，醫療服務只是其中的一個細小範疇，而解決各種醫療問題的同時，亦需處理環繞著我們的整個問題。同樣，主席先生為香港擬訂的極宏大基建計劃，亦唯有在本港政治氣候保持穩定和可予接受的情況下，方可順利進行和取得良好成果。毫無疑問，香港市民希望加速代議政制的發展步伐，他們要求到一九九七年時，有一個向他們負責的立法機關，以反映「港人治港」的真正精神。一些人會說基本法的諮詢期經已結束，但這並不表示我們便要停滯不前。我們必須在中英聯合聲明的精神下，以港人的意願為依歸而進行改革。

主席先生，讓我指出一點，無論我們認為香港將來應採用那一種政治模式，這種模式絕對不能與載於公民權利及政治權利國際公約的基本權利相抵觸，亦即須要確保每個公民都能夠參與政事。

重要的一點，是任何選舉制度的基本原則，必須是公平合理、開放自由的。

兩局議員就一九九七年前後的政治架構所達致的共識，能符合上述所有原則。更重要的是，這個政制模式，是合乎香港市民希望穩步加快本港民主政制發展步伐的意願。

梁煒彤議員致辭：

特別令人感到失望的卻是最近來自四面八方的消息不斷地，而且愈來愈強烈地暗示，最保守、最倒退的所謂一會兩局政制方案似乎得到不少基本法起草委員的歡心。其實，這個方案不但遠離了現今資本主義社會政治制度，更不用說遠離社會主義社會政治制度了，卻反而接近被現今資本主義世界主流所拋棄，早就走進了歷史墳墓的資產階級絕對專政的十八、九世紀資本主義社會政治制度，兼且帶有殖民地主義色彩。如果這樣的方案會大部分地為起草委員會所接納，成為未來基本法有關政治制度方面的基本內容，我深信我們的信心問題就會更嚴重地再滑落下去了。

　　……

主席先生，就政治方面建設將來而言，本港今後到一九九七年六月三十日的代議政制發展肯定會深深地受到未來的特別行政區基本法所影響，甚至牽制。這個現象很可能是必然的，不會以人們的意志而轉移的。我們所希望的就是從現在到一九九七年七月一日和以後五十年的政制轉變首先皆顧及居民的意願，得到他們真正而普遍的歡迎。其次，轉變基本上不會影響本港的繁榮與安定。

主席先生，我們很快就會面對本局下一屆的議會議席分配問題了。就必然會第一次出現的直選議席方面，代表我們行政立法兩局非官方議員現實而且比較進取的兩局共識方案意見是眾所周知的。我們的共識就是希望於一九九一年，本局的直選、功能團體和委任議員各佔三分之一議席。政府無論如何必須接受這個最代表民意的意見。

雖然來得很遲很遲，但是本局直選議席不久之後的出現卻會為本港第一次真正地在政制方面切合，跟隨正在不斷發展中，而且證明相當成功的現今資本主義社會制度發展大氣候。我們期待本港民主政治很快就會在偉大的民主政治制度大道上第一個階段裏建立第一個民主里程碑。

只有以普選辦法進行的選舉才是真正的民主選舉。本局下一屆僅有的一些直選議席選舉必須是分區普選，則分區以一人一票方式由選民親自決定，選出他們的代表。為了避免一些候選人可能只獲得小百分比曾經投票選民的支持也可以當選，違反民主原意，每一選區最好限制於只提供一個議席。不然的話，最多也只可以兩個。

民主選舉制度，只有真正而全面的民主選舉制度才能夠讓人民有可能運用他們應該具備的完整選舉權利。每位選民就普選才可以不分性別、種族、宗教信仰，絕對不同於所謂的功能團體選舉，同時也不分財富多少、職業高低和所隸屬團體貴賤，平等地擁有和行使同等的政治權利，選擇他們的代言人。無論如何，所有成年公民都應該一視同仁，平等地擁有選舉權、被選權、提名權和複決權等等做人的基本政治權利。

......

主席先生，讓我們簡單地重溫一下《香港特別行政區基本法（草案）》所推薦的政制方案，則所謂的查查方案和近期出現的所謂一會兩局、四四二協調與兩局共識三大方案的立法會議席分配模式吧！就查查方案的提議來說，未來特別行政區立法會議席的分配於第一、二屆基本上保證了會由資產階級相當長期地處於

絕對優勢的領導地位。說到這裏，我們需要指出今天本港的資產階級究竟是些甚麼人。我們知道十八、九世紀資本主義社會制度之下的資產階級一般來說指資本家和其代理人。相同與相類於他們，本港的資產階級，以今日時興的說法而言，就是工商、金融界和受其委托，代表其利益的代表，以及依靠其利益而存在或者與其利益有密切關係的大部分專業界。至於將來長期存在的所謂以功能團體辦法選舉議員進入立法會則帶有殖民地主義色彩。對一般成功發展現今資本主義社會制度的先進國家和地區而言，以功能團體辦法選舉立法會議員是不可以想像的怪事，違反基本的現今民主政治原則。

就其餘三個方案的建議來說，只有兩局共識方案提議了一個明確的時間表，即以二〇〇三年為所有立法會議席進行全面普選期限。也只有這個方案否決了充滿不民主成分的所謂選舉團選舉，比較切合現今資本主義社會政治制度的發展，真正能夠有機會落實一國兩制精神。一會兩局方案則明顯地最保守、最倒退，一般而言，比較查查方案更保守、更倒退得多。這個方案也是一個偽善方案，竟然冒充相當於相當成功地發展現今資本主義社會制度的先進國家即英國、美國、法國、荷蘭和日本所設立的議會兩院制，自稱最民主方案。四四二協調方案實質上也是一個保守的不民主方案。

麥理覺議員致辭（譯文）：

政制發展

我現在轉談香港的政治前景。在這方面，我所表達的是個人意見，但我深信我的見解會獲得我所屬功能組別的許多成員支持，事實上，亦是他們推選我晉身本局。我發表意見時，亦會盡力顧及香港市民的普遍利益，而非只以代表社會部分人士的身份提出。

主席先生，施政報告所概述的所有開支和計劃，連同一切策劃事宜及香港市民的期望，幾乎全部視乎港人對中國及中國政府的看法如何才可實現。如果中國不能依照中英聯合聲明和基本法所載，兌現對香港的承諾，則所有美好的策劃將會形同虛設。所以，除非有關方面能令香港市民相信目前的資本主義制度和自由生活方式能夠在一九九七年之後保持不變，否則聯合聲明和基本法會變為毫無意

義，所提出的許多承諾，根本無法實現。這不單是中國方面要實際履行承諾的問題，也是香港市民是否認為中國會在一九九七年後履行承諾的問題。只有這樣的憧憬才能增強港人的信心，去面對未來幾年的關鍵年頭。

香港人深知人們失去信心的後果，以及信心很易受動搖和甚至崩潰。我們還記得一九六七年及後來中國經歷政治動蕩和迫害的慘痛長久歲月。信心是人們的感受而非國家機制所能控制的商品。在座各位議員心中明白本港市民對長遠前景的信心已受到嚴重的損害，而中國自發生六月四日事件以來的所作所為，無一能改善公眾的信心。這是自一九六七年五、六月以來港人信心處於最低潮的時刻，因此，難怪本港數以萬計有選擇餘地的最優秀人材紛紛離開香港，或者另有一百多萬人有意離去亦未定。為何他們遠走他方？是否因為他們厭棄香港政府，或不喜歡英國政府和其對香港實施的政策？中國的說法是，對於港人失去對前途的信心，英國要負起責任；同時，中國亦採取各種行動，向香港人表示它支配本港事務的力量正日益增加，或快將會支配本港。此種行動當然令局面變得更壞。香港人所懼怕的是中國所奉行的共產主義制度，而在致力為前途尋求最佳的安排時，我們須認識此一事實是其中一項重大關鍵。對於中國會否體會到資本主義和共產主義經濟體系之間的分別，因而在達成有關本港未來政制的結論時，會顧及此等主要差別，人們已失去了信心。如果香港要在一九九七年後實行港人治港，任何為香港制定的政制藍本都不可缺少民主成分。一個由比較上佔少數的香港特權人士治理香港的模式，永不會獲得成功。屈就討好並不能取代民主自由。目前中國當局不熱衷於推廣民主制度。但我們必須令中國認識到，如果希望香港在未來五十年及更長遠的將來繼續對中國作出重大貢獻，則推行民主制度是主要的條件。我們完全明確知悉香港人衷心支持民主政制的概念，同時他們亦理智地認識到民主並非一蹴即至的現象。反對來說，那些有意設立非民主政制模式，將權力集中於幾位真正動機未明的香港人之手的企圖，是騙不倒香港人的。

行政立法兩局議員業已就香港未來的立法機關和行政長官的產生提出最民主的模式，此建議已獲得社會人士大力支持。一如所料，中國不喜歡此模式，並倡議民主程度較低的政制模式。

政府當局沒有徵詢市民對建議中各種政制模式的意見。相信政府沒有這樣做，是因為深知蒐集民意會得到甚麼結果。儘管如此，我建議政府及參照閣下的

高見行事的英國政府立即採納兩局議員的共識方案，於一九九一年著手付諸實施。此種政制發展可大大提高港人的信心。一九九七年後不論採納那一種模式，亦須要考慮到已經成功運作的制度。

本局全體議員均曾宣誓效忠香港市民。現時我們應當鼓起勇氣，支持我們深知是符合香港人利益的政制發展。相信此發展必須包括繼續推行民主改革，以便香港人能參與塑造本身的命運。不論後果如何，我們亦不能辜負香港市民。

田北俊議員致辭（譯文）：

對本港未來的政制或目前的政治情況問題保持客觀，已漸趨困難。根據一九八四年的協議，本港在一九九七年後可享有高度自治權，而當時所訂定的協議更包括著港人治港的構思。

我們即將透過漸進程序邁向一個成員全部由選舉產生的立法局。兩局議員達成的共識方案是在一九九一年立法局應有直選議席 20 個以及功能組別議席 20 個及委任議席 20 個。

我支持此方案。我認為此方案是一項明智的發展步驟以邁向一九九七年立法機關成員可以全部由選舉產生的目標。我明白我所發表的多是保守意見 —— 然而我支持在一九九一年本局三分之一議席由直接選舉產生。

主席先生，我已表示支持兩局議員所達成的共識及所謂「四四二」方案。這兩個方案本質上相類似，主要分別在於各自按照一定時間表的直選議席比例。然而，這兩個方案的主要建議卻大相逕庭。若以醫學術語作比論，兩局有如一個普通科醫生，處理香港一切毛病，而兩局共識方案正是其中之一。我認為基本法諮詢委員會自由派、溫和派及保守派委員經五年審議而達至的「四四二」方案，是專家的共識，也是本港較廣泛階層人士的共識。近期進行的民意普查及區議會會議，顯示兩局共識方案與「四四二」方案均獲廣泛支持。我謹籲請兩局議員不單要促請別人支持，也要支持其他抱有類似建議的人，從廣義的範圍達成全港性的共識，而非僅是兩局的共識。支持別人並不意味著改變主意或丟臉。兩局議員一向秉承尋求妥協和共識，然而，以港人利益著想，和兩局以外的人士達成妥協及共識也是同等重要的。

1989 年 11 月 8 日
恢復致謝議案辯論

布政司致辭（譯文）：

政制發展

在討論一九九七年後香港的政制架構時，自然會帶出在今後幾年間香港的政制應如何發展的問題。本局現時的架構極能切合香港的需要。本局議員代表廣泛不同的利益和政治觀點；然而，在各項重要的問題上，議員們通常都可以達致共識，接納合理和實際的解決方法。大家對現行制度都很熟悉，因此在這個穩固的現行基礎上進行擴展，會有助確保香港在過渡期內，維持連貫和穩定的運作。

至於立法機關將來的組織問題，我們已知道香港市民廣泛認為，政制發展的步伐應比一九八八年的白皮書所構想的略快，而我們已說過，在對一九九一年立法機關的組織作出最後決定時，我們是會顧及上述意見的。很多議員都在發言中，表示贊成當局早日接納行政立法兩局議員就一九九一年立法局的組織所提出的建議。這項建議獲大部分區議會和社會人士的廣泛支持。當局會及時對一九九一年立法機關的組織作出決定，以便制訂選舉法例及展開其他籌備工作。

1990 年 2 月 28 日
兩項議案一併辯論：香港未來政制

李鵬飛議員提出動議：

「本局對於兩局議員所達成的共識未能在制訂本港日後政制模式的方案中獲得接納，表示失望；但促請廣大市民為香港的利益起見，齊心協力，以期建立一個成功的民主政制。」

麥理覺議員提出動議：

「本局對基本法起草委員會近日舉行會議時建議基本法採用極不民主的政制模式感到痛惜，並籲請中國政府明白，使香港人對他們在一九九七年後的前途保持信心至為重要，因而以兩局議員的共識方案為藍本，為基本法制訂較民主的政制模式，該共識方案建議立法機關亦促請香港政府訂立法例，以規定最遲在一九九五年，立法局全部議席中最少有半數由直選產生。」

（編者注：以上兩個議員的動議合併辯論、分開提出及表決。其中李鵬飛議員的動議係 2 月 28 日提出，麥理覺議員的動議係 3 月 1 日提出。）

李鵬飛議員致辭（譯文）：

主席先生，謹按議事程序表所載，提出我名下的動議。

出任本局議員多年以來，我感到這次發言是最困難的事。我已決定必須毫無保留地暢所欲言，確實告知港人我的想法。

在香港，直至最近我們仍未享有任何形式的民主。港人一直順從的事實，就是香港為英國殖民地，總督必定由倫敦調派本港，而他亦可隨意委任其顧問人

員。從未有人對總督的權力提出質疑。這一切都為人接受，因為我們享有各種形式的自由，而本港獨立的司法制度亦為奉公守法的市民提供絕對保障。香港一直繁榮興旺，已演變為東方國家中的奇蹟。若非新界租約的存在，相信現有的制度仍會持續多年。然而實際情況卻是到了一九九七年七月一日，新界租約將會期滿，而中國政府無意續訂租約。

由於中國大陸奉行的社會主義制度和本港實行的資本主義制度大不相同，中英兩國政府經過談判後，協議在一九九七年後香港可享有高度自治，由香港人治理香港，為期五十年。為此，香港市民應興高采烈，因為香港終於回歸祖國。然而，實情並非如此。香港市民正為其前途擔憂。港人之中有能力離開香港者，現正大批移民外國，而我們目前面對一種前所未見的信心危機。我常常思量究竟中國的領導人和官員是否體會箇中情況，所得的結論是，他們必定知悉本港現時情況如何。香港對中國是否有用呢？我的結論是香港對中國至為重要，因此，為雙方的最佳利益著想，必須維持香港的繁榮和穩定。問題是如何可以達到這目標。

首先，我認為我們必須與中國建立互相諒解，彼此信任的關係。就讓我們克盡本份，設法填補彼此之間的距離吧。本局許多議員，包括我在內，從沒這樣想過。如果我們身為本港社會領袖也採取不信任中國的態度，怎能期望中國信任我們？如果我們認為藉著築起屏障便能維持現有的生活方式，則中國方面會有甚麼反應？在爭取民主制度的步伐方面，我們不能達到香港人的期望。當然，對於基本法並無採納兩局議員所達成的共識方案，我感到非常失望。該共識方案是兩局議員努力不懈，審閱和研究各種方案後，最終達致的成果。雖然我們已克盡厥職，致力履行任務，但最終仍不能主宰本身的命運。我們須視乎中國政府的態度如何，而過去確有缺乏善意和信任的情況存在。倘在過渡期我們仍繼續以同樣的態度處理本港的事務，最後所得結果是顯而易見的。主席先生，我認為現在是重新開始的時候。我們應檢討過去，展望未來。在這種精神指引下，我促請各位議員慎重考慮將來我們與中國關係以及港人的前途。同時，我亦籲請中國領導人瞭解香港和港人的生活方式。我相信唯有透過互相諒解，才能實施中國領導人所承諾的「一國兩制」模式。世人從沒有試行過這個概念，而就香港而言，我們必須竭盡所能，確保這制度成功推行。

主席先生，我個人信奉民主制度，原因很簡單，因為人民有權選擇他們的領

導人。民主制度並非十全十美，卻是最佳的政體。民主政制能產生制衡作用，給予人民言論自由。在一九九一年，香港人便有機會透過直接選舉，選出 18 位立法局議員。這是香港有史以來首次立法局直選。雖然我希望見到更多直選議員加入本局，但事實上我們已朝著正確的方向，邁進積極的一步。我呼籲香港人積極參與選舉，挺身而出，投票選出他們認為應該領導香港社會的人士；並促請合資格的人士登記為選民，以便在選舉日投票。香港人必須決定應由誰人加入未來的政府，為達到這目標，唯一的方法就是屆時到投票站投票。如果一九九一年的選舉投票率低，我便會非常失望。

張鑑泉議員致辭：

主席先生，未來香港特別行政區的基本法，經過四年零八個月的草擬及諮詢過程後，在爭議聲中終於定下了藍圖。這是一個擺在眼前的事實。

回望過往幾年，本港主要的爭議論點都被政制問題牽引著，不少市民對各界推出的政治模式，均有迷亂之感。不知何故，大家似乎陷入了這個一時難於自拔的數字遊戲裏，弄致糾纏不清，一時間像是迷失了方向。我相信到了大家冷靜以後，不禁會問句：「我們何故失去了理智的心？」

在政制爭議白熱化期間，有不少人言詞激烈地訴說立場；不少人以不同的行動顯示他們堅決的要求；遇到有人提出一些可能會影響本港運作的議案時，不少人都沉不住氣，反應何其激動。當然，不容否認我也是其中一分子。

縱觀近況，社會確實強化了中英港三方面的利益分歧。市民因而感到沮喪，是可以理解的。然而，倘若各界仍舊朝思夜想深究為何致此；又或對現時訂定的基本法政制藍圖作類似「死因研究」的剖析，追究誰應負責的話，似乎實在有點傾向不顧現實，而作費時失事之舉。香港能有今日成功，並非是有賴港人慣於往後望嘆唏噓，而是由於港人備有勇往直前，以及果敢而又務實的精神。前路漫長，港人不應將前途放在某一年份作終點。

……

九一年選舉是練習參與的一課，兩局共識是達致團結的經驗。讓我們以此經驗作起步，以實踐參與為例證，證明港人的毅力，足以渡風浪平險阻，此舉不單

可提高自信，亦當能建立互信的基礎。本人願以此與各位共勉。

張人龍議員致辭：

主席先生，已故港督尤德爵士生前曾經說過，「政制就是政治的生命」，意思是說，政制是怎樣的發展，政治就會跟隨著一樣的路向發展。本人對這句話甚有同感。我同意政制的模式在政治生命中是非常重要的。因此，如果我們擁有一套政制的理想，就必需加以堅持。

本人一向支持兩局共識方案，所以我也支持今天由李鵬飛議員提出的動議。我堅決認為這方案是〔理想〕的而且確能夠為香港鋪設民主軌道，亦可以確保在充分民選的基礎上，讓港人實行高度自治。兩局共識方案的精神，不但符合聯合聲明，更能夠輔導到港人對民主的醒覺和渴望。我尤其贊同立法機關在二〇〇三年應該全部由普選直接產生的建議。

但是，我們認為理想的兩局共識卻未能在制訂本港日後政制模式的方案中獲得接納，本人實在覺得非常可惜和遺憾。

兩局共識方案是真正經過長時間的深入和徹底討論後，獲得廣泛代表著各階層的各級議會的一致贊同和通過的，所以它的代表性是非常強。例如，單以本人代表的區域市政局來說就已經一致認同，全面支持兩局共識方案，而來自區局轄區內的多位議員是代表著近兩百萬居民，由此可見，兩局共識方案是廣受市民支持的。代表各級議會的議員都是公共事務經驗相當豐富的人士，對於怎樣的政制最適合港人，自然有精闢獨到和務實的見解，而他們亦是一致表示支持兩局共識方案。可是，在這樣廣泛的基礎上贏得認同的方案，不單未獲得日後的政治模式垂青，甚至早已被摒諸考慮行列之外，的確是令人非常氣餒。

由此可見，局外及局內的民意雖然一致，但都沒有被接納，今日我們必須明確重申：為政者必以民意為依歸。拒絕順應大多數意見者，除非是先知，否則便是頑固！

其實，香港人最不喜歡對抗式的政治，更不喜歡扣帽子式的政治。我們多年來都是採納和衷共濟式的共識民主。今日的香港人亦不外是希望尋求一項保障，保障能夠安安心心的生活，和保障有機會發揮自己的才能，和分享勞力的成果。

我們爭取的民主理想，只是希望創造一個環境，以容許大家放心地參與公共事務，盡力建立美滿的家園而已。

主席先生，本人希望特別提醒政府當局，在今日市民的心目中，保守的政制模式只會被認為是守舊和退縮。我亦希望政府知道，這世界民主大潮流中，香港市民是願意努力支持具創意和順應民意的政治模式。雖然九七政制經已訂出，相信已沒有可能政變現況，但我們現在所需要的是一些實際的行動；譬喻說，在過渡期間，我們要依靠各級議會議員和廣大市民，萬眾一心，以更強大的民意作後盾，預先澄清一些未來政制運作上的「灰色地帶」，進而影響它們的內容。例如，第一屆立法會的選舉委員會應該怎樣組成，應該如何推選行政長官和立法會員等等，都尚有我們可以置喙和發表意見的空間。更重要的，我們得向中國當局明確顯示，民主對本港的繁榮和安定是有絕對積極的意義；未來中港兩地的經濟是唇齒相依，互相推動的。

主席先生，明年實行立法局部分直選之後我們應該清楚意識到，每一項實踐的模式都是以後運作的先例，而每一項經驗，都可能成為以後的傳統。故此，在此過渡期間，我們凡事都要慎重，摒除私見，以本港最大利益為大前提，齊心合力，為本港建立一個成功的民主政制。

周梁淑怡議員致辭（譯文）：

主席先生，過去數月來所發生的事件，對香港來說可說是悲哀的，我們所有人都深深體會到。過去兩年多以來，行政立法兩局議員不斷互相爭論、商討，以期達致一個我們認為是香港過渡至未來的良好政制模式，我們感受的痛苦可能比其他人來得更難熬。兩局共識方案是經過各方面的妥協、犧牲才達致的，但我們發覺這個方案竟然是所提出的一切方案中最不為人接受的。

現在回想過去，我懷疑共識方案之所以不獲考慮，並非單單因為它來自兩局。畢竟我們以前建議的「直通車」構想獲得採納時，我們的所謂英方聯繫就給輕輕忽略了。兩局共識方案之所以遭到摒棄，因為它是所有方案中最開放的，無論源於何處，它始終也不會獲得接納。由基本法諮詢委員會委員提出、並且也享有其共識的「四四二方案」畢竟也同樣被摒棄了。因此，問題究竟出於何處？一

些冷眼旁觀者會爭論謂整個諮詢程序簡直是徒勞無功。有更多人表示中英兩國政府就本港政制模式所達成的秘密協議，不單諷刺了一切曾經提交意見的人，也諷刺了他們一向信賴的謀臣，姑勿論這些謀臣是英方的兩局議員或是中方的基本法起草委員會和諮詢委員會。其他人則指摘英國政府未盡全力。儘管兩局議員提出強烈要求。英方亟謀與中國保持友好關係的願望似乎已凌駕於其他一切考慮之上。但是，這也不足為怪。打從中英展開談判第一天起，這用意已不是昭然若揭了嗎？施偉賢先生於一九八四年十月在本局辯論中英聯合聲明時曾表示：「我不認為她（英國）已為香港竭盡所能。我認為她前赴談判桌時，一條手臂已給縛在背後，當她關上大門將香港摒諸門外時，她早已使自己束手無策。」

這是英國似乎已習慣採取的態度。平情而論，全港市民的矛盾心理對爭取更民主的香港的運動並無裨助。雖然大多數人希望有權利去選舉我們的領袖及代表，但我們大部分人也希望透過溫和的游說行動而非與中國對抗來獲得這種權利，此舉正正符合中國人長久以來遵守的不以下犯上的至理名言。此外，港人不敢輕率犯上也因為深恐觸怒北京大人時可能引起的災難性後果。對此，我不敢苟同。然而，我們或許應該嘗試從中國領導人的角度去看近期的事態發展。對他們來說，香港人是難於應付的。其中一點是我們是永遠不能贊同他們的；既然我們不表贊同，剩下來唯一可採的做法，似乎只有從所有可以接納的政制模式中抽取可以接納的部分，然後結合起來。

事實上，這樣的決定和香港政府或其他政府制訂政策時所作的決定並無分別。中國目下所作決定不幸之處，是她將一些不受歡迎的政制模式中一些最不受歡迎的部分組合起來。因此，若謂中國漠視本港民意也未盡正確。她只是按其喜好挑選罷了。她的喜好和我們不吻合，是我們倒霉而已。我之所以試圖分析在這些秘而不宣事件幕後各方面的想法，並非意圖使其較易下嚥。沒有東西可以如此。然而，際此港人在本來長期對前途迷茫不安之上再遭受最嚴重信心危機打擊的時刻，我們必須力挽狂瀾，以免再往無底的絕望深淵沉淪下去。因此，我們必須以客觀的態度去看現時事態。但是，最重要的還是我們必須向前瞻望。縱使我們不滿意已經決定了的模式，我們也須斷定事情是否就此告終，因為倘若我們不審慎行事，我們可能將本來可用於將來或許可以引發改革的具建設性行動的寶貴時間浪費於徒勞無功的救亡行動。我們可以向中國證明香港已為民主作好準備；

我們可以兼有民主而毋須犧牲穩定；港人酷愛和平的本質、講道理和以常識行事，超然於以有損尊嚴的示威去表達異議；我們可以藉著上述種種行動去引發改革。我們可以證明如何在本局這個恰當的場合，以成熟而又客觀的正確態度去解決歧見是可以達致更美好的政府的。這正是一九九一年選舉何以如此舉足輕重的原因。假如我們取得成功 —— 我是指和平參與、理性地和智慧地選擇代表、明智地進行競選活動 —— 那麼立法局就會因此而更美好。屆時，若再阻撓向好的改革實屬不智之舉。

香港是吾家。無論我們決定是去是留，香港一直是、而又永遠是「吾家」。對於那些決定繼續以香港為家的人，管它未來五年抑或五十年，家就是家，好醜也是家，要賴我們去捍衛、保護、培育它。且讓我們竭盡所能，堅持法治、公平政制、言論自由這三項基本先決條件，使香港繼續繁榮、自由。現實規限了我們必須憑藉中國的良好意願和諒解方能竟此大功。

陳英麟議員致辭：

主席先生，基本法對於立法機關的定案，證實了大家的判斷沒有錯，香港人是無奈的。其實大家一早已預料到，因草委會的組成，中方人多，港方人少，亦即中國實際上已可控制大局，單方面就未來政制拍板定案。

至於英國方面，雖然有大好機會為港人爭取更有利的政制藍圖，但大家亦明知英國不會因香港問題，與中國鬧翻，所以我們亦不曾寄予厚望。

我感到不滿意的，是基本法草案定稿仍存在著一會兩局的影子，而兩局共識方案則不知所縱，無跡可尋。根據傳媒報導，中國領導人也要給一會兩局的倡議人留一點面子，未知英國方面又如何向兩局交代呢？

而使我更不滿的是，我所代表的灣仔和東區區議會，曾經討論通過支持九一年立法局要有 20 個直選議席，而這亦獲得其他區議會支持。與所公布的九五年有 20 席，可謂完全銜接，但現今九一年卻少了兩席，由九一年的 18 席，發展到九五年的 20 席，是否真正算是循序漸進？我認為，九一年設 20 席，起碼可令多兩位有志服務香港的人，被選入立法局，累積多四年的工作經驗，這對過渡期是有好處的。英國應向我們有所交代，澄清英國是否一如一般所指，在妥協下因而

得到好處。

主席先生，香港人對於基本法的批評，正如一般人的心態一樣，不提也罷，因他們已經看透了，這也要多謝港方草委的坦白。中國要急不及待地加強對香港的控制，在毫無諮詢和毫不理會港人的反對下，便接納了分組投票，相信這不但令港方草委上了一課，港人也上了一課。因此，基本法的複雜條文，雖然有很多人不會討論，但誰對誰錯，卻成為香港電台九十年代節目，以及酒樓茶館各階層人士的熱門話題。香港人不但更瞭解中國，也瞭解到各人的見解，心中有數了。

可惜，香港的直選起步已慢，迄今立法局仍沒有由普選產生的席位，而英國又無力急起直追。不然的話，我敢相信，基本法草案內的眾多方案中，誰能獲得支持，立即便可分曉，不會被「扮」代表的人左右了。

我相信六四事件後，獲中方信任的港人已不多，而當基本法草案定稿後，獲港人信任的代表則更少。現今正是缺乏這方面的人才，有效地溝通兩方面的意見，故唯有通過選舉，才可以去菁〔蕪〕存菁，和促進這些領袖的成長，此舉才可以落實一國兩制，而中港兩地亦可得益。

因此，我認為，要爭取接納兩局共識方案，將基本法的政制步伐加快，為時仍未晚，因九一年是港人爭取表現的好機會，而英國政府亦曾說過，待中國政府看到香港人的表現後，會繼續致力遊說中國，令基本法在九七年後，有更多直選議席，配合實際發展需要，這是英國政府對我們所作的公開承諾，大家均應朝著這個目標去做，勿輕言放棄。

最後，我很高興獲知眾多社會知名人士都準備投入九一直選的步伐裏，而現今區議會最熱門的話題，亦是直選的分區問題。最近也有傳媒問我會否參選，使我感到香港又再次生氣勃勃起來。但要落實港人治港，首先是要市民去投票，故我定會盡自己所能，鼓勵社區內的市民，積極參與，務求令九一直選做得有聲有色，作為爭取九五年有不少於二十個直選議席的憑據。

范徐麗泰議員致辭（譯文）：

主席先生，中英兩國政府再一次為香港人決定了未來的路向，這次是關乎立法機關組合的問題。從各個獨立團體所進行的多次民意調查中獲得確認的香港人

主流意願，亦即是兩局議員共識所代表的意見，未獲採納。目睹本港市民失望憂戚之情以及信心進一步下降，我深感遭〔遺〕憾。是否有必要引致如此沮喪的情緒？可否以一個更為體諒和關心港人感受的方式來處理？可否減輕高壓的手段？這些問題難有解答。此事現今已成定局！我們是懂得面對現實和實事求是的人，中國諺語有云「形勢比人強」，我們唯有接受此情況。不過，接受現實並不等於深切失望之情稍有消減。

香港人大部分都不是憲制發展及代議政制問題專家。我們對未來政制模式感到興趣，皆因中英兩國具影響力的人士多番鼓勵我們發表意見，這些人士亦敦促港人在政制上達成共識。我們獲悉達成共識的重要性在於可為未來的政制模式提供一個基礎。我們相信這番話，是否天真？或許是，但若非親身經歷，我們永遠不會有如此體驗。

我無意責怪任何人。有關此事的議論已不少，在今次辯論中提出的自會更多。不過，我對下述四件事感到痛心失望：第一，中方純粹因為認為行政立法兩局議員屬港英政府架構而拒絕考慮兩局議員的共識方案；第二，中方顯然偏重一少撮人所提出的建議多於社會各界人士的主流意見；第三，基本法加入議員提出的議案及修訂事項須以分組計票方式表決的條文，不單繁瑣累贅，而且損害銜接的精神；第四，英國政府竟願意僅就議席數目而非全面的銜接問題而與中國政府達成折衷安排。對於日後政制模式的現行建議，我並不感滿意，但亦認為，當前的首要工作是作出有力證明，以顯示那些妨礙香港民主進程的人士其實估計錯誤。民主發展的步伐應該加快，這是本港市民應該享有的，亦是港人有能力應付的。為了向世界各國，特別是中國表明本港可以成功推行民主，一九九一年的選舉必須取得理想的投票率，而一九九一年的立法機關亦須較現任一屆獲得更多支持及有更佳表現。

鄭漢鈞議員致辭（譯文）：

主席先生，如果我們回顧制訂政治體制的各個階段，便可發覺政制一節曾在這期間經歷多次重大修改，最後產生了基本法起草委員會政制專題小組於一九八九年十二月會議席上商定的所謂「主流」方案，其中要點包括民主步伐放

慢、採取用分組投票辦法、設立大選舉團議席的類別及訂定擁有外國居留權的議員人數上限。這套擬議方案並不為社會人士所接受，多個專業團體，包括我所屬的功能組別，均對這項建議方案表示反對。

在基本法起草委員會全體會議接近結束前的最後一刻，政制模式的擬議方案內加入了一項經過協議而達成的折衷辦法。這項折衷辦法是中英兩國政府高層官員經過廣泛磋商後達成的，以期政制在九七年前後得以順利過渡。這種銜接甚為重要，因為這可反映中英兩國政府已達致諒解，並且可能有助於維持香港穩定繁榮。我對兩國政府高層之間有機會進行對話，甚表歡迎，因為這會促使很多問題輕易獲得解決及中英兩國恢復良好關係。

主席先生，雖然政制最後定案未能達到我們的期望，令人深感失望，但現在正是我們盡力表明本身力量的適當時候，以證明我們能夠把握這次機會，積極參與即將於一九九一年進行的選舉，並使該次選舉取得美滿成績。這樣才可為民主政制的進一步發展奠定穩固的基礎，而發展民主政制已成為世界上很多國家當前的主流趨勢。

在陳述以上各點後，我想提及最近進行的一項調查。該項調查顯示港人信心大跌，比較六四事件發生後不久的水平尤低。我對這項結果毫不感到意外，因為這不但與政制的細節問題有關，更反映出港人意願未獲重視而引起的強烈反感。無論如何，在現時的情況下，我們必須面對現實，雖然政制〔制〕訂非由我們所控制，但我們仍要繼續爭取，使政制改革獲得順利推行。

何世柱議員致辭：

主席先生，香港市民普遍關心的一九九七年後香港的政制模式，已經基本法草委大會通過，正待三月份全國人大審議批准。經過四年多來的爭議，現在總算有了結局，雖然，在香港有人反對，有人贊成，這是意料中事。但無可否認的，是已通過的政制方案是協調各方面意見的產物。政治就是要全面照顧和平衡各階層的利益。如果破壞了這個均衡，就會出現對抗局面，而招致社會不安和經濟停滯。

確保九七年前後政制發展互相銜接，實現平穩過渡，是符合中英港三方面利

益的。英國外相轉〔韓〕達德上月訪港時曾講過，英國政府在作出決定時，除了要顧及香港人普遍的意願外，還需顧及政制在九七年後的持續發展。現在，港府決定在九五年的直選議席為 20 席，與九七年特區立法會的席數相符，可以順利過渡。而在九一年直選議席的起步點為 18 席，亦符合循序漸進原則，而且比八八年代議政制白皮書所定的 10 席已遠遠超過，這已是順應了港人加速民主的要求。

有人非議中英秘密協議，出賣港人利益，這類指責是否合理，大家都可以評論。雖然，韓達德外相曾表示過政制銜接並非可由英國單方面決定，而要多與中國商討。同樣香港人過去亦經常提到，中英兩國保持良好關係，是貫徹落實中英聯合聲明、確保香港繁榮穩定的重要保證。前一段時期中英關係不太融洽，使香港蒙上陰影。現在能夠恢復友好協商，解決政制銜接問題，應該視作為一件有利於香港的好事。

現在，本港的政制模式已經基本上決定了。雖然未能做到人人滿意，但可以做到使很多人能夠接受。今後，我們應該收拾心情，面對現實，將已經爭取得到的民主權利付諸實施，在九一年的第一次直選中體現港人的民主精神，選出合適的人員參與立法局工作，為今後民主政制的發展邁開穩健的第一步。

主席先生，為了保持本港持續的穩定繁榮，我是一貫主張九七前後政制相銜接，而民主進程亦應與公民意識相適應而穩步發展。因此，我支持目前中、英雙方各自關於政制的決定，而反對其他導致政制不銜接的動議。

故此，主席先生，我謹此陳詞反對麥理覺議員的動議。

許賢發議員致辭：

……但本人對基本法起草委員會未能採納兩局政制共識的感受，則不能僅用「失望」來形容，因為縱觀中英兩國政府，在過去四年半的基本法草擬過程中的表現，本人感到極度遺憾、不滿和無可奈何，主要原因是基於以下兩點：

首先，在英國政府方面，英國在八四年簽訂的中英聯合聲明中，答應為本港建立「行政機關向立法機關負責」的民主制度，而有關的官員亦多次向我們重申，英國在憲制和道義上，有維持香港過渡期繁榮安定的管治責任。可惜，這些近乎口號式的承諾，截至截令人感到口惠而實不至，甚至反感，並且失去依賴英

國為港人爭取利益的信心。

遠的不說，就以代議政制的發展為例，八七年的政制檢討本來已經有相當清晰的民意，支持在八八年的立法局引入部分直選議席。可惜在中國政府提出：英國需為九七年政制的不銜接負一切後果的警告下，英國政府竟然被嚇窒，令香港人平白錯失首次在本局實行直選的良機。到了去年，兩局議員經多次討論和協商後，終於在基本法第二次諮詢期結束前達成政制共識，稍後並得到本港各階層市民甚至英國政界的廣泛支持。

由於我們相信，要挽回香港人在去年北京六四事件後對前途所失去的信心，其中一個重要方法，就是在九七年前建立一個真正的民主政制，這點其實早已獲得去年專程來港蒐集民意的英國下議院外交事務委員會的贊同，因此，兩局議員多次組團到倫敦，向英國政府和國會議員詳細介紹，最能確實地反映市民意願和切合未來發展需要的兩局政制共識。此舉正是回應英國政府過去多次向港人作出「會尊重港人意願」的承諾。

可惜，在中國政府自六四事件後，對英港採取近乎失去常理的強硬態度下，英國政府完全喪失在六四事件後的初期指責中國的勇氣和談判條件，兩局政制共識就是在英國對中國採取緩靖政策下，被基本法起草委員會遺棄。而所謂「與中國談判達成政制共識」，亦只不過是爭取中方略為放寬，對立法會分組投票機制和外國議員議席數目的限制。但不要忘記，這些都是中方毫無根據地恐怕香港變成反共基地，而重新釐訂的談判籌碼，根本不是基本法（草案）徵求意見稿的內容，亦絕非大部分港人的意願，難道英國可以懵然不知！

英國政府在本港的政制問題上屢次食言，出賣港人利益，還令港府失去管治的威信，實在令人痛心和歎息不已。因此，為了討個公道和讓港人明白「秘密協議」的內情，本人認為，英國政府有必要向我們交代放棄兩局共識的理由。

第二個原因就是在中國政府方面。中國一向強調在有關香港問題上，不容許有中、英、港政府參與的「三腳凳」情況出現。因此，港人的意願只能透過軟弱怯懦的英國外交途徑，以及有高度選擇性的基本法諮詢委員會，向中方表達，在此情況下，港人的真正意願包括兩局政制共識，實無法得到公平、合法的對待。

不過，最令人遺憾和不滿的，就是中方對待民意的態度。兩局政制共識能夠獲得廣大市民的支持並非倖至，因為四十八位非官方成員縱使在交代責任的對

象、政治背景和思想，以及對民主政制發展的立場等方面，都不盡相同；但最後都能和衷共濟，在社會整體利益的大前提下，互諒互讓，達成共識。有部分同僚甚至因為讓步而需要向所屬的選民團體交代。

然而，中方卻以為兩局是英國建制的一部分，一直以輕蔑的態度，對待我們艱苦中產生出來的政制共識。坦白說，我們的政制共識毫無英國的陰影，只是中方害怕香港人真有一致的意願，迫使他們依循民意辦事，而找出推搪的藉口而已。既然如此，中方當初何必承諾尊重港人所達致的共識？

本人認為，中國政府以人事關係的親疏，作為採納意見的基礎，必然會在釐訂對港的政策上，出現嚴重的偏差。就單以分組投票機制和限制外國議員比例的構想為例，它們能在港人沒有充分討論的情況下，最後獲草委會通過，似乎就是因為「倡議」的團體代表在推出前，到北京晉見中國當權者所致。然而，上星期一間市場研究社就基本法的最後草案，進行抽樣調查，結果發現 52% 的被訪者認為，該草案並沒有反映香港大多數人的意見，而認為有的，只有不足四分一的支持。此外，根據本人在草委會政制小組通過新主流方案後，向志願機構的主管及代表進行問卷調查的結果顯示，75% 的被訪者認為，在眾多方案中，只有兩局政制共識是最能反映港人意願，而新主流方案和三個修訂方案合共亦只能獲剛逾一成的支持。這些民意的反映，都是強而有力的例證和控訴。

另一方面，本人更擔心以接見團體的中國領導層的地位輕重，來顯示接納程度的心態，今後勢必造成港人趨炎附勢，造成一切以攀附權貴為尚的敗壞風氣。何況，這會演變成為向北京亂扣港人帽子，藉以打擊異己的秘密渠道，實非中國和香港之福。中國當權者宜慎重考慮，否則後果堪虞。

主席先生，中英兩國政府同樣以虛偽和卑鄙的手段，出賣港人利益，漠視民意之可貴，確實大大打擊港人欲表達意見的熱誠和信心，因此我們不能苛責過去不少市民以冷淡態度，對待基本法的草擬和諮詢過程。

然而，我們不能就此罷休，或者完全放棄爭取的機會，因為我們若不向中英雙方施加壓力，今日的基本法草案可能比現在更加對本港不利。九一年的立法局只有 18 個直選議席，雖未盡如人意，但無奈這是政治現實。本人認為，市民應收拾消極、無助的心態，積極參與九一年的直選，無論在參選、助選、登記做選民或投票方面，都能遵從公平的選舉規例，以成熟和穩重的表現向中國證明，香港

人的政治意識，是足以支持加快政制民主化的步伐。本人相信，只要港人拿出在北京學運期間上街遊行的勇氣、信念和參與精神，我們就可以選出真正代表民意及願意向市民交代的議員，帶領我們渡過困難的時刻。

鍾沛林議員致辭：

我相信，經過爭議及再三修改的基本法政制條文，證明我們的共識方案和香港民意在中英雙方對有關香港未來問題的重要決策中正繼續產生積極作用。

因此，我支持李鵬飛首席議員的動議，主要是同意「促請廣大市民為香港的利益，同心協力，以期建立一個成功的民主政制。」特別希望大家對事態發展多提意見。

事實上，最近宣告完成定稿的基本法草案，顯然就是中英雙方就有關問題達成最新協議的結果，在此之前，鄧蓮如爵士和李鵬飛首席曾代表兩局再度飛往倫敦，直接向英國首相充分表達足以反映港人意願的兩局共識，並要求英國政府從我們的共識方案出發，就九七前後香港政制及主要措施所需要的全面銜接同中國政府取得適當的安排。主席先生，從整個事態的發展過程看來，現在見到的基本法修正方案，我們實在有理由相信本局同事和香港人對爭取本港共同利益所作出的努力並沒有白費。

另一方面，參與基本法制訂工作的港方成員，及為此提供意見的在港人士，終於使有關中方的政制委員在「廣州會議」所造成的中港歧見得以消除，我們應可加以肯定，香港民意對中國政府在有關香港問題上所應採取的解決方法及時提供了良好的助力。即是說，他們在基本法方面為爭取港人權益所作的努力同樣沒有白費。

試假設一個簡單的問題：假如沒有兩局共識，沒有港英「倫敦會議」的港方要求，也沒有基本法「廣州會議」的港方力爭，總而言之，如果完全沒有表明港人意願及建議，到底會不會有「中英協議下修正出來較為符合港人要求的基本法草案」呢？

兩局共識的主要建議是：加速本港政制民主化，要使立法局在九一年開始設立的直選議席由原定的 10 席增為 20 席；並期望九五年的民選發展，進一步為立

法局議員之組合比例有較多的直選議席。最得民心的一個特點就是，為了香港在時代轉變中繼續保持繁榮穩定，我們認為有必要在現行制度的基本軌道上，九五年所有在任議員均得以直通車方式全體越過「九七大關」繼續履行本份應有的職務。

據瞭解，中英雙方除了議定九七年香港政制的發展進程，並已列入最後修訂的基本法草案之外，兩國亦同意了今後七年的香港民主化發展步伐及對九七大關的直通車過渡方式。二月十六日，英國和香港政府同時公布：一九九一年香港立法局將有 18 個直選議席，九五年有「不少於」20 席。這項決定，雖然較兩局共識所建議的議席略少，但已大大高於八八年港府定下的 10 席，亦比北京較早時提出「希望最多不過 15 席」為多。由此證明，兩局議員的共識方案未受到完全忽略，而中英雙方達成的這項協議，固然是受到香港民意和實際情況的影響，最重要的是這個互相讓步的合作安排將一定有利於九七銜接。

中方提出的立法會分組計票，在港方的強烈反對聲中也有了修改，據說改為只用於議員提案，政府提案則不受此限，即可以進行整體表決。這項有關議會權力的修正方案，似乎表示中國政府無意透過特區政府或行政長官控制香港特區議會政治的運行。但是，對「議員提案」就不肯讓步，一於要「分組計票」，這個做法亦可能有它本身的理由，或者，理由就是防止將來香港特區會出現一個壟斷性的黨派政治。但「分組計票」會不會導致社會分裂，抑有利社會均衡？看來還是一個問題。

主席先生，閣下年前在施政報告中就曾告訴我們，香港的政策和措施，可能在特區政府於九七年成立之前就會受基本法的影響。同許多香港人一樣，我對其間關係是可以理解的。相信香港和英國政府今後仍會就有關基本法及政制發展的實際問題繼續與北京進行商討。

就本港而言，明年三月、六月、九月將先後有區議會、兩個市政局及立法局議員的選舉。一九九一年，將不止是香港一個新的「選舉年」，而且由於立法局首設 18 個直選議席，明年將為香港政制進入劃期發展的新階段。

面對現局，我謹在此向廣大市民呼籲：大家以後不止要對香港事多加關心及多提意見，而且應當腳踏實地依法參政 —— 實際參與民選活動，或參加議員競選，或支持選舉及踴躍參加投票。在可預見的日子中，立法局的大選區應可劃

定，新的選民登記亦會展開，務望香港人熱烈投入議會路線，為香港建設一個成功的民主政制作出自己的貢獻。

九一開始的立法局定額直選，深信可以加強本港民主改革的基礎，從而以循序漸進的精神，及時實現基本法草案所預示的九七後政制目標。

有關香港、倫敦及北京間的關係，在本港需要關注的事情正多。我們既已朝向民主的道路進發，則對於九七年就要設立的「遴選委員會」，其組成方法及人選資格為何，也是我們今後要接受基本法影響而不能沉默的一個發展。我們要對中英協議及制訂基本法在定案之前所發揮的迴響，充分表達香港六百萬人維護本港的民意力量。

我們應該理解到，基本法在實質上是為十年後的香港特區預立一套根本大法。到底我們對十年後的香港是否一如今日的需求，抑或現在寫下的基本法就可以使香港以後五十年不變，這個問題，無從作答。但有一個事實是必須注意的，大家見到四年以前就已開始制訂基本法，但當時誰能想到三年後就出了一個「六四事件」，以致影響到基本法的初稿也要改寫了。我的意思就是，基本法草案現時雖已制定，港人仍然需要繼續注意本港實際情況的發展，在無損於中英協議及有利於香港前途的大前提之下，繼續就所涉及的問題為基本法的合理性和健全性提出意見。

實際上，中英在香港是利害一致的，這個連鎖性的共同關係，主要建築在本港的經濟基礎之上；本港政治和政制，只不過是為經濟活動提供服務的一個法定機構。所以，我覺得現時對政制發展的辯論，及就基本法政制方案或其他部分提出意見，應首先以有利於發展民生、繁榮經濟、穩定社會的重要條件為重，立法與行政的民主改革一定不能離開香港人對繁榮安定的務實要求。

根據中英聯合聲明，中國政府要本著這個協議為香港人制定一個基本法，這套法律規定按照「一國兩制」的原則，由香港居民以民主方式高度自治五十年。必須注意的就是，中英兩個締約國家都有共同責任要使基本法充分符合聯合聲明，所以兩個政府為香港前途的持續發展加強合作應視為本身的一種條約承擔。

對中國政府來說，北京希望並求力香港向好是毫無疑問的；為香港人制定基本法，不〔一〕定不能違背香港民意也就是理所當然。我們希望中國當局在要涉及基本法及香港事務時，認真注意本身對香港定下一國兩制的基本原則。同時，

在無損主權的前提下，實宜採取靈活措施，俾有助於重振港人信心，及有利於香港前途的長遠發展。

李柱銘議員致辭（譯文）：

主席先生，李鵬飛議員提出的動議，促請「廣大市民為香港的利益起見，齊心協力，以期建立一個成功的民主政制。」動議的用詞含蓄婉轉，其中「但」字更全盤否定了動議前半部的意思，由此可見動議的含意是雖然本局議員對該方案感到失望，但為了香港的利益，眾人必須默默地接受基本法定稿內與民主背道而馳的政制方案。

本局一些同僚所抱的態度似乎是儘管我們一直支持兩局的政制共識方案，但現在我們應接受中英兩國在兩星期前達成的秘密協議，並應盡力善處逆境。既然別人說我們已無能為力，我們只好逆來順受。這條路線堅持只要與中國對抗，就會對香港不利，並已獲得英國外相韓達德先生和基本法起草委員會秘書長李後先生的熱烈認許。既然我們不能改變任何事，就不應試圖作出改變而令中國不滿。香港人倒不如專心賺錢，鼎力合作，使中英兩國為香港人選擇的安排能得以成功推行，雖然這樣會令我們感到失望，甚至好像被人出賣。

對很多香港人來說，這論調無疑有它的吸引力。他們大多數人肯定會繼續工作，養妻活兒。不過，與此同時，他們如果有足夠資源的話，就會設法弄本護照，離開香港。他們會加入數以萬計已離開香港以及數以十萬計打算在一九九七年前離開香港的人的行列。

這動議所含的逆來順受態度，以及所有有關使中英密約得以實行的言論絕不會騙倒香港人，令他們相信香港已達致穩定。兩局共識方案的精髓在於它就是一道底線，如果要恢復香港人對前途的信心，那是需要推行的最起碼的民主改革。不過，那只是一個相當保守的方案，與眾議院外交事務委員會提出的建議相差甚遠，該會建議在一九九一年，半數立法局議員由直接選舉產生，而到一九九五年，所有立法局議員都由直接選舉產生。

本局深知如果不准市民集中精力為香港建設民主的將來，他們就會把精力花在尋找太平門。事實上，我們的共識也是基於這點而達致的。假如本局現時建議

香港人捨棄期望，善處我們自己都認為是低於底線的環境，這未免過於虛偽。如果我們接納這基本法方案，即是鼓勵香港人離開香港。

放棄理想，消極接納中英兩國對本港前途的擺布，實非香港之福。當我們放棄，當我們不再嘗試實現理想的時候，就是香港的末日。

卑恭屈節地事事採納亦非本局之福。事實上，如果基本法規定一九九七年只得 16 個直選議席，而非 20 個，不知各位議員的逆來順受態度會否不同？又或只得 10 個議席又如何呢？

本局的責任不單是提出一個給人討論的政制方案，而是我們身為市民代表，理應做到我們認為對香港最有利的事情。如果我們放棄爭取，並捨棄獲得市民鼎力支持的兩局方案，香港市民定會質疑我們是否有勇氣去堅持自己的信念。

兩局議員在居英權及爭取民主這兩個問題上，最初肩負起觸目的領導地位，贏得廣大市民的支持和信任。不過，當英國政府宣布的國籍方案不足兩局議員要求的 5% 時，我們卻因為害怕英國連這樣一個為數有限的方案也不通過，所以只好低聲下氣地勸諭市民無論如何都要接受。現在英國政府又再一次提出方案，打破我們的合法期望，兩局議員會否再次背棄市民的信任，「實事求是」地接受英國的方案？

不過，在答覆這問題前，請容許我提出一些問題，讓各位議員考慮：

—誰提出兩局共識方案？

—布政司霍德爵士在兩局方案公布後，不是即時表示歡迎嗎？

—誰說兩局方案對香港人有利，並合乎他們的利益？

—誰向香港市民，包括各區議會，推薦兩局方案？

—誰往英國告訴英國政府、英國國會及英國人兩局方案對香港人有利，並獲得他們的廣泛支持？

—當中國政府斷然拒絕考慮兩局方案時，我們有沒有呼籲市民支持其他方案？

—又最近中英政府定下密約後，市民大眾有沒有放棄支持兩局方案？

—我們現在是否覺得兩局方案畢竟並不合乎香港人的利益，而我們提出該方案是錯的？

—若否，我們現在為甚麼要捨棄該方案？

我的同僚李鵬飛議員強調香港人的利益，事實上是正確的，因為我們須撫心自問一個重要問題：基本法是否符合香港人的意願？在過去八年來，中英就香港前途及草擬基本法展開的談判，首要關注的是聯合聲明及基本法會否為香港人接受。中英兩國政府一直以來都聲稱堅守這立場。兩國政府目前更以秘密協議是反映香港人意見為理由，賦予它合法地位。

事實上，兩國政府不可能採取其他立場：主席先生，受到威脅的是我們的前途，基本法所建議的政府體制是我們的政府。

直到最近，英國政府一向以廣為市民接受來為一切有關香港前途的決定作出辯護。英國在一九八四年與中國草簽聯合聲明草案後，就曾要求香港政府進行諮詢，國會然後才承認該條約。同樣，在政制發展白皮書公布前，政府在一九八七年亦進行了兩次民意測驗，以探查民意。雖然該兩次民意測驗都是不能作準的（因為測驗的結果與同期獨立進行的九個全港性民意測驗的結果大相逕庭），但至少政府關注到須以獲得廣大市民支持這塊遮羞布來為行動辯護。

英國政府至今仍然聲稱依據香港人的意願行事。韓達德於一月訪問本港後說，第一份獎品會是依據港人意願而達致的一九九七年銜接。他說，假如達不到這個目標，英國會獨自努力前進，在未來七年內推行民主，使港人的期望得以實現。

可是，其後還不到一個月，韓達德先生就宣布英國向中國低頭，於上周達成秘密協議（內容尚待公布）。韓達德先生為英國的行動辯護，表示他是為香港的利益行事。他宣稱：「我們主要關注的是香港的利益，在這件事情上，我們沒有別的重大事情要關注。」當然，李後先生也是一貫地聲稱，基本法起草案委員是為了香港的利益而行事的。

儘管英國誇誇其談，聲聲依據香港的利益行事，實際卻完全無意查明這陣子香港的民意為何。政府根本不嘗試掩飾向中國屈服的可恥行徑，連民眾支持這塊遮羞布也棄置不用了──一九八七年那時倒曾用過。英國聲稱依據香港的利益行事是靠不住的、虛偽的。

兩局共識方案經本局一致通過，且在本港得到廣泛支持，這已足以向英國清楚反映港人當時以至現時所持的意見。然而，英國政府拒絕接納兩局的共識，這就等於告訴全世界：第一，它不會受香港人的意願約束；第二，它不重視行政立

法兩局的意見。雖然有關政治架構的辯論已佔了傳媒報導基本法的大量篇幅，但我仍認為本局應該就整部基本法進行辯論，這是極為重要的，應該盡快進行。

有些人企圖就自己的需要將基本法分成幾部分，然後告訴我們基本法有九成是好的，彷彿我們就毋需擔心其餘一成似的。然而，基本法並不是小學生的測驗卷，而是我們的憲法。

將政制部分和基本法的「其餘部分」分開是危險的自欺行為，因為沒有政治架構保障的經濟自由和公民自由，即使連篇累牘地談也是毫無意義的。倘若基本法不讓香港享有高度的自治權和民主權利，一如聯合聲明所應許的，則基本法內有關言論自由和其他基本權利的條文，其價值和命運將與中華人民共和國憲法內的條文一樣。

兩局共識方案和基本法政制方案的分別並不是有些人希望我們相信那樣，只是幾個席位之爭。根據基本法，我們要到二〇〇三年，即從現在起計 13 年後，才能通過民主選舉產生香港立法機關的一半席位，基本法也不保證在二〇〇三年後，通過民主選舉產生的立法機關成員最終會超過半數。

限制民主選舉產生的成員人數和成立所謂「選舉委員會」（北京希望通過這個委員會任命自己的代表）均明顯地違反聯合聲明的承諾——香港特別行政局立法機關由選舉產生。同樣，中英雙方同意規定擁有外國居留權的立法機關成員人數上限，又一次明顯地違反了聯合聲明。因為聯合聲明已具體列明香港特別行政區那些重要職位必須由中國公民擔任，這些特定職位並不包括立法機關成員，而且聯合聲明內根本沒有提及居留權問題。

在基本法關乎議員私人條例草案部分加入引起分裂的分組投票制度只會進一步削弱立法機關民選成員的影響力。分組投票制度固然拙劣，實際亦屬多餘，因為基本法其他條文已使立法機關與行政長官相較時顯得軟弱無力。

聯合聲明許諾「行政機關必須對立法機關負責」，但根據基本法，全能的行政長官實際上將只須向北京政府負責。儘管行政長官應該由香港人通過選舉產生，但選舉的方法卻顯而易見，行政長官將由北京選出，也只有北京才能罷免。

行政長官實際上可以阻止立法委員提交任何條例草案予立法機關審議，因為要提交任何「有關政府政策」的條例草案必須得到其書面同意。此外，倘有任何「重要的條例草案」不獲立法機關通過，行政長官有權單方面解散立法機關。

　　基本法沒有遵循聯合聲明所許諾要求行政機關對民主選舉產生的立法機關負責，反而設想製造一個全能的行政長官，可以控制既無權力、又不民主的立法機關。這些條文不僅嘲弄了聯合聲明，更完全違反了聲明的精神、甚至條文。

　　因此，我呼籲本局議員細心想想，香港人的真正利益是甚麼。假如東歐人民聽任自取滅亡的邏輯束縛，以為必須逆來順受，以為不應期望有民主改革，過去六個月的英雄事跡就永不會發生了。此外，儘管去年春天中國學生未能實現他們崇高的目標，當時本局議員有誰會勸告他們不要期望有民主，因為「我們是中國人，我們是不同的」嗎？

何承天議員致辭（譯文）：

　　誠然，過去四年來，社會人士對香港未來政制的意見各有不同，甚至本局各議員對此問題亦是意見不一：意見不同並不是在設立全然民主的政府這個最終目標方面，而是關於在這經緯萬端的時期，於維持穩定和繁榮的同時，應採取何種步伐朝向這個有意義的目標發展。

　　意見的分歧，結果導致香港缺乏一個強而有力、明確及統一的立場：這個弱點容易被有權力影響香港命運的人士把持或甚至利用。本局於一九八八年七月十四日就基本法（草案）徵求意見稿進行動議辯論時，我曾表示：「事情弄至如此地步，實在甚不理想，亦令人感到遺憾。倘若香港人本身不能達成協議，又未能提出一套主流意見，便會拱手讓他人在如此重要的事項上代香港人作決定。」

　　憑著摯誠良知行事的民意代表並非不知道這個弱點，因此，一群89名主要來自商界及專業團體的基本法諮詢委員會成員，於一九八六年八月議定了一個共識方案。

　　這群人士以及持有不同和更關於意見的其他團體，最後終於在一九八九年十月聯合擬訂了一個折衷方案，即是所謂「四四二方案」，這種努力是值得讚賞的。

　　在「四四二方案」產生之前，本局議員已深深感到有團結一致和求取共識的必要，結果在經過多次深入研究和自我反省後，終於在一九八九年七月提出「兩局共識方案」。我們應該瞭解一點，就是兩局共識，得來非易。因此，我必須在此表達一點感受，多謝在此項工作上曾表現卓越領導才能和無比耐心的兩局議員

內務會議召集人鄧蓮如爵士，以及那些本來意見迥異，但為達成共識，造福社會，而甘願摒棄個人利益的議員。

「四四二方案」及「兩局共識方案」均獲港人廣泛支持，但基本法起草委員會在最後期的工作會議，竟對這兩個方案不加考慮，而所制訂的現行方案在民主政制發展的步伐方面，未能符合港人的意願，實在令人感到失望。此外，建議在基本法加插的其他事項，例如分組投票辦法及未來立法會中持有外國護照的議員數目以 20% 為限，均會影響立法會的順利運作。限制持外國護照的議員人數，非但不可取，甚至難以實行。

不過，我們要勇於面對現實，不應自欺欺人。我們已竭盡所能，為我們相信對香港前途有利的條件努力爭取。我們應該認識到基本法的頒布只屬形式而已：在可見的將來不會有進一步的修改。引用一句俗語來說，就是「米已成炊」。

我們現時所面對的問題，並不是應否接受由他人代我們商定的擬議政制模式，而是我們應如何接受這個模式及如何使這個模式的運作符合我們未來的利益。

最近政府公布立法局在一九九一年將設有 18 個直選議席，無可否認，這個數目比較原擬設立的 10 個議席，已有極大改進。我相信這可為建立民主政制提供一個基礎。基於當前形勢，中國目前採取不讓步的強硬立場，堅持立法機關的成員組織在一九九五年及以後將會與基本法現時所建議的一樣，不會有進一步改變。

事情並非如李柱銘議員所謂「逆來順受」，在現階段，我們若就此事對中國採取對抗態度，追求改革，不但會徒勞無功，而且在策略上亦屬錯誤。我亦不相信港人希望本局議員採取這種態度。這就是我不支持麥理覺議員所提動議的主要原因。

主席先生，港人要求更多民主的意願不會消減，我相信達到這個目標的最佳方法，是社會各界人士同心協力，在剛奠下的基礎上建立一個民主政制。

因此，我們必須作出重大努力，以確保一九九一年的選舉能達致最高的投票率，並應鼓勵關心社會整體利益的賢才挺身參加競選。

1990年3月1日
恢復兩項議案一併辯論：香港未來政制

夏佳理議員致辭（譯文）：

主席先生，當基本法起草委員會公布基本法定稿時，我不禁百感交集，這是因為我感受到香港人的反應只是舒一口氣，卻非歡欣雀躍。四年半漫長的基本法草擬過程終告一段落，所以港人如釋重負；他們並不歡欣，是因為中英政府高層人員雖曾多番承諾，必會考慮港人意見，但結果卻並非如此。我們曾期望英國政府支持港人的目標，並取得成果，而中國政府亦會寬宏大量，順應港人的要求。舉行閉門談判，往往會啟人疑竇。可是，若經暗裏討價還價後，結果使人大失所望，便難免會令人由猜疑變為不信任了。

立法局全體議員均知道，兩局議員就政制演變所達成的共識絕不激進，並在可能範圍內，獲得市民最廣泛的支持。兩局共識方案也清晰地反映港人下定決心，矢志襄助落實中英聯合聲明內「高度自治」和「一國兩制」的構思。港人冀望在主權移交後能夠自治和實行民主政制，北京當局對此十分清楚，然而，它仍一意孤行。

目前，基本法草案有待本月稍後時提交中國全國人民代表大會通過。在我們看來，本港一九九七年後的政制藍圖不大可能於頒布前再獲得修改。雖然我們不應再心存厚望，希冀北京當局會在最後一刻批准修改基本法草案，但若就此妄下斷語，認為此文件一經採納，香港便前途無望，則大謬不然。

主席先生，我認為繼續肆意抨擊中國政府漠視港人意願，或斥責英國政府出賣港人，也是無濟於事。批評責難絕不能教人改變成見，唯有透過行動、耐心及遊說才可達此目的。有人認為若日後的基本法是港人難以接受的，我們便應不僅義正辭嚴地大聲疾呼，更應繼續竭力爭取一個較可取的協議。我卻認為，理論上沒有多少人會對此提出異議，但問題是如何平衡理想與現實。是否有人會向我們

詢問：實際而言，我們是否無法保證未來的基本法能忠實反映港人的一切意願？是否除非我們能像部分議員般，明確地告訴港人現時唯有盡力而為，否則便會被指為誤導港人？我們是否要不顧後果地爭持到底？當然不是。不過，我們仍可按部就班地奮力爭取。

把香港爭取民主的情況與東歐的民主浪潮相提並論，根本上是站不住腳的。東歐國家人民不但基於熱愛自由民主，也是因為經濟環境惡劣，才促使他們為爭取民主而一呼百應。若我們不知輕重，便會使香港蒙受重大損失。須知道，倘若棋差一著，可能要付出重大代價。在此方面，我欲提醒大家，從種種事實領悟所得，香港就各方面的事務與中國及世界各國周旋時，向來善於以折衷辦法解決問題。香港人擅長隨機應變，適應求存，成績有目共睹，我們定可再接再厲。

有人認為李鵬飛議員動議的下半部內容過於含糊不清。我絕不同意此說，因為我們不能一一列舉為求成功推行民主政制而應採取的所有措施。我們應做而且能夠做到的，便是專心推行一九九一年的政制改革。若我們矢志為這個位於南中國海沿岸的彈丸之地作出貢獻，而又深信香港有能力繼續欣欣向榮，我們便須群策群力，務使明年的直接選舉有驕人的成績。

在本港立法機關推行直接選舉，是史無前例的創舉，也是朝民主政制跨進了一大步。然而，單有直選立法局議員仍不能竟全功。要確保香港立法局首次直選不致失敗或成為鬧劇，我們必須盡早進行多項工作，現謹列舉其中數項。

首先我們須決定直選的選區數目及其範圍，因為以不同方法為香港劃分選區，可能造成截然不同的政治後果。因此政府必須力求公允，以免不公正地劃分選區，也須確保當選議員能向立法機關反映其選區的意見，而在作出決定時，同時亦須顧及香港市民的整體利益。

政府在一九八五年新設立法局功能組別議席時，市民廣泛予以接納，認為是發展本港民主政制的一個合理過渡安排。此制度令各界別可透過其立法局代表，向社會貢獻專業知識。另一方面，在立法局制訂法例的過程中，社會各界的意見亦可得到充分反映，從而確保各項法例獲得有關人士的支持。

鑑於基本法草案建議日後的特別行政區立法機關仍將功能組別保留一段頗長期間，故此在一九九七年前拓展功能組別制度，是順理成章之舉。然而，不論香港政府或日後的特別行政區政府，也應確保所有功能組別的選舉均以民主程序進

行。同時須抑制各界僅為本身爭取利益的情況，不論是維護專業、工商界或勞工等的利益，均應予勸阻。

鄭德健議員致辭：

主席先生，促進香港民主政制發展，是大多數港人的意願，我們有責任為市民爭取一個更民主的政制，建立一個更能向市民負責的政府。

要維持香港的繁榮和穩定，除了要靠一個民主的政治體制之外，基本法內有關經濟、司法獨立、中央和香港特別行政區的關係、居民的權利和義務與社會等條文，對香港未來的發展亦非常重要。今天的兩項動議予人有「兩局共識」不被接納而作感情上宣洩的感覺，反而對其他一些重大影響香港未來發展的條文，及政制的其他重要部分，例如行政長官、行政機關及司法機關等隻字不提，著眼點未免過分狹隘。

在基本法諮詢期間，政制方案紛陳，諮詢委員會共收到四十個方案，顯示本港市民已由「政治冷感」中逐漸熱心起來，是一可喜的現象。及至最後階段，歸納起來，尚有幾個較主要的方案，而其中的「四四二」方案，可能是更受港人接納，因其經過激進派、中間派及穩健派的調協而獲得共識的方案，亦是我個人較傾向的一個。基本法起草委員會經過四年零八個月的籌備、諮詢、磋商和表決後，終於有了定稿，雖難稱得上十全十美，但我們必須理智地接受事實。我認為民主實踐需要妥協，彼此必須顧存大局，摒棄成見，存異求同，以維護香港的整體和長遠利益；假若不同方案的擁護者仍各持己見，互不妥協，拘泥於立法局議席的多寡而喋喋不休，糾纏爭辯，不但於事無補，且欠缺民主風度，更會在港人的信心危機上火上加油，徒使港人本來已漸趨平伏的心情，再起波瀾，直接影響香港的安定繁榮。

基本法中有關立法機關的產生辦法，雖然未能被所有港人接納，但已為港人定下一個明確的發展路向，為香港的未來塑造了發展架構及保持其循序漸進的原則，發展民主政制。香港立法局從未有過地區直選，但一九九一年即設有 18 個直選議席，是一個很大的進步，較香港政府八八年發表的代議政制白皮書尚多 8 個直選議席，一九九五年增加 2 席，一九九九年增加 4 席，至二〇〇三年立法局議

席共 60 席，一半由地區直選產生，另一半由功能團體組別選舉產生，力求平穩和維持持續性。

制訂基本法，原本是一件精密的工作，除了要關注的層面極廣外，又需要有冷靜而審慎的分析；但在草擬過程中，卻夾雜著激情、衝突和震撼。中英雙方最終能互相諒解，停止罵戰，達成協議，是一件好事；最重要的還是解決了銜接問題，令香港一九九七年的過渡得以平穩交接，對香港社會的穩定非常有利，這是市民樂於見到的。希望中英雙方繼續為香港努力，互相協調和緊密合作，勿再製造衝擊，打擊港人信心。

香港大部分的人士，在九七以後仍會留港生活，我們必須為這大群人著想；因此，今時今日，港人要戮力同心，積極承擔建設未來的使命，以期建立一個成功的民主政制。目前，我們逼切要做的，就是設法做好九一年的地區直選，為日後民主發展奠定基礎，這件事非常重要。香港人必須選出能為香港負責任及有德行與能力的議員，絕不能選出以個人權慾或所屬團體利益為依歸的人。我認為要九一年直接選舉成功必須包括三個原則：（1）鼓勵更多人士參選；（2）鼓勵更多選民投票；及（3）沿用市民已經習慣的投票方式。

張子江議員致辭（譯文）：

有人說，現擬方案較諸在廣州提出的版本，已有顯著改善，故此，香港市民應感到滿意。可是，得到大多數港人支持的兩局共識方案非但未獲採納，甚至未曾經過討論，港人又怎會感到滿意呢？在廣州提出那個極度保守的方案，只不過是討價還價的籌碼而已。

有人指責香港人玩數字遊戲，這是完全不正確的。即使有這回事，亦不應怪責港人，因為兩個政制方案所提議的立法局直選議席，到二〇〇三年時，將會相差達三十席，而這確實是個大數目。

最不符事實的說法，莫過於指兩局共識方案為英方的主意，因為倘若如此，英國政府應已支持這套方案。在民主政制發展問題上，兩局議員原本持有兩種大相逕庭的見解，後來幾經艱辛始能達成共識，而在去年發生六四事件後，仍然堅持原定方案，可見兩局議員處事負責，並早已審慎考慮整體情況，包括中國領導

人在政治方面的敏感程度。

兩局議員並非激進分子，亦不希望本港出現對抗式政治，因此採取了中庸之道和循序漸進的路向。倘若純粹為著面子問題，及要證明誰是香港的宗主而漠視兩局共識方案，實屬全無必要。這樣做不只會令香港人感到中國政府並不重視他們的意願，因而不欲發表意見，更會進一步削弱港人的信心。難道這是中國所願見到的？難道這是英國所願見到的？主席先生，難道這又是香港政府所願見到的嗎？

主席先生，撫心自問，我不能接受現已提出的政制方案，亦不能將這套方案推薦給香港市民，因為我不認為這套方案符合中英聯合聲明的精神，亦即實現港人治港和高度自治的理想。

不過，矛盾在於香港人即使如何不滿，亦不得不接受這套方案，這便是政治的現實。但我不希望給人一個印象，就是視香港人實事求是的態度為理所當然的。我們渴求建立一個更民主的政制的熱忱，將會繼續燃亮及發出火花。假如我們能夠向那些對民主政制存有戒心的人士，證明民主並非那般可怕，以致非要杜絕不可，則也許香港政府會較容易說服中國，令它相信讓香港享有較多民主非但可取，對香港的長遠發展亦有裨益。

因此，本港市民應團結一致，應付九一年直選的嚴竣考驗，這點至為重要。我謹此呼籲所有符合資格的人士登記為選民，並參與投票，選出真正能夠代表市民及社會整體利益的議員。只有藉著積極參與選舉活動去推選本身的代表，我們最終才可以掌握自己的命運。

周美德議員致辭：

主席先生，政制方案通過後，在香港的政界現時引起不俗的評價，很多人均將「可以接受」掛在口邊，無他，的確中方近這幾年來的的確確相當有效地逐步減低港人對民主化的期望，回想八四年政制檢討時，主流意見均認為九七年要有百分之一百的立法機關直選議席。各人以這點定出時間表，推算出八八年就要有四分一直選議席。而今日，定出了九七年立法機關只有三分一直選，各派人士便齊聲叫好，喜出望外，大有皇恩浩蕩之感。香港人是否好像莊子所說「朝三暮四」

故事中的猴子呢，他早上給予猴子三個果實，晚上則給予四個，牠們便群起反對；他倒過來早上給予四個，晚上給予三個果實，牠們便全都心滿意足？我們不要忘記，就以首三屆的立法機關直選比例來看，雙查方案是 27%、38%，最後是 50%，今日的方案，亦只是 33%、40%，最後亦都是 50%；即使不是「朝三暮四」或「朝四暮三」的分別，頂多只是將「朝三暮四」改為「朝三點一暮四」，難道我們真的要為以三折價錢買到那標價已提高了三倍的貨物而喜極而泣嗎？

基本法政制方案不民主，遠遠落後各階層，包括大部分工商界及專業界人士的期望，已是不爭的事實。有些人認為六四後政制討論已變得「超負荷」，主觀願望大大超過了客觀條件，其實他忽略了理論一旦為群眾掌握便成為物質力量，主觀願望可轉化為客觀條件。政制方案最大的問題，就是立法機關並沒有足夠的民主成分，令到市民大眾能透過民選議員監察政府的運作；而立法機關的權力是不足以去制衡行政的機關；立法機關亦會因分組投票而加上了很大的內部矛盾，進一步削弱它的團結性以制衡不是由民主產生的行政長官。三權雖然說是鼎立，但鼎的腳卻有長短，到時立法機關真的會，亦僅會成為議事論事的議事堂。

政制模式固然問題很多，但更令人憂慮的是通過的過程。堂堂大國通過莊嚴的基本法，最高領導人期間竟要接見七個人。而今次分組投票未能被完全取消，亦開展了一個極壞極壞的後果：「有識之士」們只要勇於向北大人朝聖，最終總會有所得著，不論大小總會有安慰獎吧。其實這股歪風怪雨對香港的打擊，比起一個不民主的政制，影響還要大呢！

未來香港特別行政區出現的矛盾，其實不外乎中央與地方的矛盾及本港內部的矛盾。中央與地方矛盾是否嚴重，只視乎中國是否真的願意容許港人治港、高度自治，落實中英聯合聲明。假如中國真的盡量少干預香港的日常事務，真的願意讓港人自己管治自己，那麼我們可以想像到不會有很多嚴重的中央與地方對抗局面。我們可以回顧大亞灣核電問題或六四事件，其實正是「十年唔逢一閏」。至於本港的內部矛盾，則由於各階層、各派別有不同的利益、意識形態，發生衝突殊不出奇，我們亦無須對此加以憂慮。這種香港內部矛盾，可以透過公平的遊戲規則，各個不同派別互相角力來解決。即使有一方在議會角力上失利，亦只能自嘆技不如人，本港內部矛盾大致可以在公平的遊戲規則下「擺平」。

可惜，今日的「有識之士」卻為港人打開了眼界，他們勇於向北大人朝聖，

借助北大人的力量去扭曲了本地原先按正常、公平遊戲規則的較量。結果，問題出來了。原先地地道道的本港內部矛盾，被人為地轉為中央與本港的矛盾，不必要地將矛盾上升，令到本來可能並不嚴重的中港矛盾激化，進一步惡化了港人對中央的對抗，降低中央的認受性。其實，中央這類不必要地介入地區內部矛盾，實為不智，亦使到本港政治均勢被扭曲，無法按正常規則進行，甚麼民主選舉亦變得毫無意義。中方一日不與「有識之士」脫離關係，而只鼓勵政治角力的各派紛紛北上，如果到時只要有一些旅行社願意開辦「北京請願分豬肉團」，相信定可客似雲來。

主席先生，本人對上述政制及近來不良風氣的批評，相信很難於短期內改變未來香港政制的樣貌。然而，作為一個負責任的立法局議員，我們仍然要堅持民主步伐較快及一個有明確發展路向的兩局共識方案。最後寄語香港市民，現實不容我們對未來樂觀，正如未來不容我對現實悲觀。潘多拉盒子雖然已經打開，但希望尚在人間。

方黃吉雯議員致辭（譯文）：

關於政制架構的問題，尤其是以何種步伐推行直接選舉的問題，部分人士主張採取較快的步伐，但亦有人認為不宜操之過急。目前的事實就是必須為這問題作出抉擇，而沒有一個決定可令全部人都感滿意。故此，一些團體將會感到失望。不過，我認為在一個基礎上，基本法草案條文是可以接納的。感情用事或採取對抗態度於事無補。從基本法的條文中，可以預見香港的政制發展是循著民主的路線繼續前進。各項可預見的變更，均以循序漸進方式進行，而我認為本港並沒有理由需要進行急劇的改變。

其實，香港人所需要的是一個可以維持港人長久以來已習慣的生活方式和所享有自由的機會，包括在旅遊及貿易上的自由。香港人所需要的，是一個可鼓勵商業活動以及可改善有利於促進工商業環境的社會；一個令人感到振奮、充滿動力及生機蓬勃的地方；一個傳統以來被公認為東南亞地區中西文化匯聚中心及經濟力量舉足輕重的城市。基本法已載述以上目標，但這一切都不是任何書面的規定可以保證的，只有透過堅毅不屈的精神，保持本港與鄰近地區良好及互利關係

以及適當的領袖才能，始能達致。

請容我在此發問：「香港其實需要何種領袖人才？」

──是否那些逢人皆譴責及每事均反對的人？

──是否那些不願意聽取他人意見或不願意與他人商談妥協的人？答案當然是否定的。

香港需要的領袖人才應具備下列條件：

──不與中國對立，亦不與英國敵對，而能對兩國表示尊重；

──摯誠顧及香港整體最佳利益；

──高瞻遠矚，可與英國及中國保持合作，為謀求香港的福利而努力；

──接納香港在一九九七年七月便會成為中國一部分的事實；以及

──能反映出香港人以身為中國人及有機會自行管治香港這個家園而引以為榮的感情。

故此，我謹此再提出呼籲，香港將成為中國的一部分，這已是無可避免的事，香港人理應團結一致，不是與中國或英國對主，而是為了爭取香港的利益。

香港人應繼續努力，使香港成為強盛及繁榮的都市。在個人、企業及貿易方面享有的寶貴自由，我們應繼續珍惜。為著香港未來的安穩，我們應努力不懈。

對於那些具有能力而又有意離開香港的人士，我謹此促請他們三思而行。我們亦鼓勵那些已離開本港的人士重返家園，協助建設香港。

我明白箇中的困難，但希望鼓勵大家對香港的前景能抱著樂觀的態度，更期望這份精神能發揚推廣。

若要作出對抗，便應抗拒那些預言香港會遭逢厄運和前途黯淡的人，還有那些為香港帶來混亂或引起惶恐不安，以及容許將其政治野心放在市民大眾利益之上的人。香港人必須明白，最大的敵人並不來自外界，而是存在我們之間。香港人互相傾軋及自私自利的行為，可能將香港的繁榮斷送。

為此，香港人應群策群力，令未來的香港特別行政區各方面均臻完善，成為中國最安穩繁榮的城市。

劉健儀議員致辭（譯文）：

主席先生，對於基本法起草委員會委員最後通過日後香港特別行政區的政制方案，香港人並不感到驚詫。對部分人士而言，這方案使人大感失望及悲痛，他們認為中英兩國政府已將港人出賣。對另一些人而言，這方案在若干程度上卻可令人鬆一口氣，畢竟基本法的起草工作已歷時 56 個月，儘管最後通過的政制模式未能盡如人意，起碼此事也在某種形式上告一段落。

我身為行政立法兩局成員，對於政制方案的定稿未能反映兩局議員過去七、八個月不辭勞苦及堅定支持而達成的共識方案，難免感到失望。須知兩局共識方案得來非易事，原本意見分歧的兩局議員經多月來冗長的爭辯始認識到有此需要摒除盡不相同的個人意見，在本港社會利益的大前提下團結一致。我們確信兩局共識方案最能符合香港的利益，各區議會及其他公眾論壇均反映兩局共識獲得市民廣泛的支持，這使我們的信念更為堅定。我肯定英國政府已知悉兩局共識獲得廣大市民的支持，而我亦深信香港政府瞭解這情況。由於中國官員一向經常表示會聽取香港人的意見，而英國政府亦不斷向港人保證英國定會維護香港的利益，因此，我們曾寄予厚望，認為如此獲廣泛支持的政制模式定會獲得中國慎重考慮，可惜，事情發展的結果卻是，因利成便的政治決定凌駕於民意需求之上。

儘管我們可能感到失望，現實的問題就是我們能否有所作為加以補救。目前所通過的政制模式是中英兩國透過談判而達成的妥協，這似乎已是公開的事實。至於達成這項妥協的原因，以及英國政府為何認為必須這樣妥協以維護香港利益的論據，英國政府現時實有必要向香港市民作出交代。然而，不論我們對英國就其與中國達成協議所給予的解釋是否接納，該項協議已成事實，英國顯然不會毀約。在大肆抨擊這政制模式及拒絕接納基本法之前，我們必須自我反省，回答下述問題：

香港是否有權自行決定其日後的政制？

香港能否獨自與中國對抗？

英國是否準備就香港問題與中國抗衡？

與中國對抗是否符合香港的整體利益？

中國的強硬分子會否因對抗而讓步？

坦率而言，痛苦的經驗告訴我們，上述各項問題的答案均屬否定。在這種情況下，我們應作何事？是否上街遊行、撕毀基本法及憤而搗亂？抑或愁腸百結、萬念俱灰？應否繼續大聲疾呼，期望中國領導人終有日在某種情勢下同情諒解？以上行動是否可達到任何有用的目的？這些行動又是否可局部恢復港人已失去的信心，抑或會使形勢更趨惡化？

以我之見，儘管我們個人對基本法起草委員會委員所訂的政制方案可能有十分強烈的感受，但我們必須接受一項事實，就是這問題暫時已告一段落。我們必須勇於面對，以實事求是和理智的態度面對這情況，而不是以失敗者的姿態行事。我這樣說並不是暗示應放棄兩局共識方案。與其他很多人一樣，我仍然堅決相信這個政制方案最能切合香港的需要，而我們必須繼續維持該方案的優點。然而，在目前情況下，我們經已竭盡所能，惟現時已無法使事情進一步發展。儘管如此，我們仍須抱著希望，當雨過天晴，政治氣候回暖時，我們或者可以獲得那些現時將我們摒諸門外的人理解和信納。

事實上，香港的政治前途須在中英關係極為緊張及雙方看來互不信任和互不尊重的時刻作出決定，誠屬不幸。去年六月發生的不幸事件令香港人和舉世都感到震驚。然而，大家亦可體會到世界各國及香港所作的迴響對中國造成的影響。香港對中國越是沒有信心，中國便越不信任香港。中國現時已變得猜忌過甚，認為民主精神會滋生顛覆活動，並對民主的概念懷有成見，認為倘若香港獲得更多民主，便會變成顛覆基地。這種錯誤的觀念除非獲得糾正，否則將會繼續成為民主化進程的障礙。事實既然如此，我們必須設法糾正這種錯誤觀念，使中港雙方更能互相諒解和彼此信任。我們必須以行動證明，中國大可放心讓香港人取得民主，而我們所爭取的民主政制，絕對沒有顛覆中國的成分。

儘管事實上我們無法在此階段成功爭取心目中的民主政制，但與其反責中國，倒不如在思想和行為上採取積極的態度。現時所提供的政制架構並非拘囿過甚，尤其在一九九一年直選議席的問題上。我們應利用既得的有限條件，設法令民主制度踏上成功的第一步。讓我們向中國證明，香港實行的民主並非招致不安和須予鎮壓的洪水猛獸。我們經已耗費不少時日爭辯政制方案的問題，彷彿忘掉政制方案並非民主制度的唯一結構，事實上還有很多其他方面的範疇仍待探討。民主制度成功與否，並不視乎我們擁有 18 個抑或 30 個直選議席，而須視乎這些

議席是否由合適的人士擔任，以及我們能否獲得社會人士熱烈的支持和積極的參與；此外，亦須視乎我們的政府是否仍在有直選議員的情況下保持高效率運作和辦事具成效的優點。公民教育及提高政治常識是必須優先處理的事項，我們仍須致力推廣。倘若民主進程能夠成功地展開，我們將可與中國進一步討價還價，要求中方放寬對民主的壓制及對基本法作出其他的改善，對此我抱有樂觀的看法。

中方官員已公開聲明，一俟基本法由全國人民代表大會通過後，便不可再作修改。我並不接納這項聲明。只要在政制問題上堅守意向和下定決心，我確信香港人可克服可能遇到的各種技術上的困難。我仍然抱有信心，相信基本法日後可因應香港及中國政治環境的變化而作出修訂及改善。目前來說，最重要的事情是保持我們的意向，採取有建設性及積極的態度。

梁智鴻議員致辭（譯文）：

對於兩局共識方案要求加快民主步伐的聲音完全被壓制，我們感到非常失望。

北京當局在草擬基本法時將主權凌駕於一切之上；而最令人傷感的是英國當局輕易向來自「北大人」的壓力屈服。

主席先生，我們的命運於是乎就被定案，而鄧小平更聲稱這是樁偉大工程，目前餘下的工作就是等全國人民大會為這五年的「歷史任務」加上「中國製造」的標籤，便大功告成。

主席先生，在一九九一年，立法局將有 18 個直選議席；至九五年時增至 20 席，而該屆議員任期將可順延至一九九九年。餘下的 40 席當中，30 席將由功能組別選舉產生，10 席則由一個選舉委員會選出，該委員會將由香港政府籌組成立。

主席先生，上述安排遠遠及不上兩局共識的要求，諷刺的是，英國國會外交事務委員會較諸兩局，提出了一個更快速的民主發展方案。

憑良心說，我們能否接納這樣一個基本法？我們會否安心向港人推薦？

本局曾經有人暗示港人反對基本法草案政制模式不外是感情用事，而我們的同僚周梁淑怡女士昨日指出中國只不過港人意見中，剔取了「啱聽」的部分。究

竟是情緒因素導致港人對這不民主政制模式痛惜，抑或是因為我們的基本權利被剝奪？

此外，基本法將規定不能有超過 20% 的未來立法機關成員，擁有外國護照或外國居留權。

主席先生，本人今日將集中探討這個問題。原因並非因為我已有外國護照或居留權，也不是我有維護非華籍人士的特別原因，理由在此舉是錯誤的，尤其是他們其中不少是擁護支持香港，只為香港著想。

可以理解的是中國當局如果對香港未來立法機關成員的國籍不作任何限制，會導致主要是中國人的立法機關「國際化」。中國政府幾經辛苦才從英國手中收回香港的主權，自然很難容忍將來的立法會充塞著「外國利益的代表」。

北京當局可能會擔心外國籍著向香港立法議員發出護照而伸展他們在港的影響力。

不過，問題的核心在於中國忽略了一個重要事實，就是香港將不會成為主權國家，因此它的立法機關權力將只局限於本地事務而已。

主席先生，再者，聯合聲明的精神在於保障港人目前所享有的自由和權利，能在九七年後五十年保持不變。

香港現行制度並無限制任何人參與政府和立法機關的工作，不論他是中國人抑或是「鬼佬」，也不論他是否持有外國護照或外國居留權，只要他符合永久居民的資格，就可參與。

對於參政人士，我們現在也絕無任何國籍限制。中國曾聲稱不會改變香港現行制度，但實施國籍限制便是對我們的制度作出改變。

主席先生，我們必須維持及加強香港無分國籍和種族的特性，這點至為重要，而香港需要的是自由，絕非限制。

讓我們停下來想一下為何中國要如此花勁製造「一國兩制」、「高度自治」的方針和口號？為何它在自己的共產制度下，於九七年後 50 年內給予港人上賓待遇，准許資本主義制度得以繼續蓬勃發展？

答案顯然是因為中國希望保持香港生機勃勃，欣欣向榮。香港成功有賴它的國際地位和身份，即是不分國籍，任何人只要以香港為家，便可在此安居樂業。

聯合聲明清楚說明「未來香港特區的政府和立法機關由當地人士組成」，而

「當地人士」無分國籍。

因此，主席先生，基本法草案定稿作出國籍限制肯定有違聯合聲明的宗旨。

令我不解的是英國政府如何可以對這個明顯違反聯合聲明精神及字眼的安排，予以首肯和合作。

主席先生，這個安排在技術而言，也難以執行。

首先是此舉如何可以保證最後的當選人士不會超過 20% 議席的限額？

是否有需要限制持外國護照的參選人數目？

抑或是以「先到先得」辦法，限制外國公民報名參選的名額？

還有其他問題，如果超過 20% 的當選人士持有外國護照，那麼，是否讓他們憑運氣抽籤決定誰最終當選？抑或是舉行第二次選舉？

也許較為容易的辦法可能是索性禁止擁有外國護照或居留權人士參與地區性直接選舉及某幾個功能組別的選舉，但當局可以持甚麼理由來服眾？

而且，不少功能組別如工商、專業界可能根本找不到足夠的候選人，因為來自這些組別的人士大多擁有外國護照或居留權。如果處處受制，諸多制肘，他們可能須再三考慮是否參選。

主席先生，上述的假設問題，目的在指出日後這類選舉到頭來只會是一齣鬧劇，因為，候選人除了需要具有誠意、才能，並受選民歡迎之外，還得靠運氣來衝破所有的限制。

主席先生，我們應該怎樣前進？而我們又應向市民推薦甚麼？

雖然我們失望和沮喪，但我們絕不能就此放棄，基本法的頒布不應是香港的末日，更不應是本港民主發展的終點。如果東歐可以一夜之間唾棄共產主義，撤銷一黨獨裁專政，則我們同樣有理由相信中國將來可以向好的一面發展。

無論如何，港人必須立場堅定，而兩局更應起帶頭作用，堅守自己的立場。我們一定要向港人展示我們爭取民主的決心，不能予人不堪一擊的印象，以為我們會輕易向壓力屈服和放棄。

麥理覺議員致辭（譯文）：

事情弄至如此田地，我怪責英國政府之深，尤甚於責備中國政府。自本世紀

較早期起，英國人已開始實行民選政制，享有絕對的民主自由。為了捍衞本國和
其他國家的民主自由制度，他們不惜起而抗戰。我本人便曾在一九四〇年以 16 歲
之齡響應號召，參軍作戰，抵禦威脅全球民主自由的暴政。我知道本局至少有另
一名議員亦曾這樣做。

戴卓爾夫人向以熱切和堅決保衞民主自由和人權見稱。她領導下的政府曾
再三得到鄧蓮如爵士、李鵬飛議員、本局個別議員、本局和本港很多機構提供意
見，指出香港人希望體現民主和建立民主政制，若此目標不能一蹴即至，亦應在
一段合理時間內予以落實。

韓達德先生及麥浩德先生曾多次表示知道港人渴望以更快的步伐推行民主制
度，兩人均表示，英國政府會盡力滿足港人這個願望，但是他們在與中國談判後
期卻持著一些可能是出自外交及聯邦事務部的觀念，就是認為港人已預備作出讓
步，接納較為緩慢的民主政制改革。英國政府何以有此觀念，委實使人費解。那
肯定不是香港人的意見，除非衡量本港民意的尺度，是以那些直接或間接為中國
說話的人士的言論為依歸，包括那些聽到中國在與英國談判後期作出所謂「讓步」
便雀躍歡呼不已者在內。

本港所得到的和英國政府同意的，只是各項賴以保證本港將來蓬勃興盛和確
保市民予以支持所需因素的模糊影像。我們理應獲得民主之母給予較佳的看待。

我不能同樣責備中國。這個大國從未一嘗民主自由的氣息，其領導人亦似乎
不明白，民主自由大有助於促進香港的經濟和社會發展，以及穩定港人信心，使
香港能繼續自強更生。他們似乎相信，在英國統治下能夠行之有效的制度，於中
國接管後亦會同樣順利運作；香港作為英國殖民地可以繁榮興旺，他日成為中國
特別行政區後，毋須進行任何重大的政制改革，亦會繼續享有卓越成就。

這是極度乖離事實的想法。根據英國治理香港的往績，英國一向採取寬大和
不干預的政策，鼓勵香港發展，不作重大的干擾，更絕對沒有公然予以干預。香
港因此得享高度繁榮。

對比之下，中國在過去五十年幾乎不斷經歷政治和經濟動蕩，以及不明朗
的局面。過去 12 年來，中國政府曾勇敢地嘗試改變其經濟制度，而事實清楚顯
示，中國具有進一步開放及配合市場需求力量的豐厚潛力。但在同一段時期，中
國政府卻未能認識到有需要在政制方面作出相應的修訂，甚至未能接納適度的政

治變革。但經濟和政治改革其實是唇齒相依，相輔相成的。

的而且確，在世界任何一個容許施行民選政制的地方，都會有溫和派和信奉民主的人士出現。民主自由向來是經濟增長和成功的關鍵。

香港人顯然對中國的政治和經濟制度沒有太大信心。這說明了何以過去 50 年大量中國人湧入香港，及何以本港須限制他們進一步前來。

當然，對中國的政經制度信心不足，也是導致香港目前出現有史以來最嚴重的一次人才外流的原因。可以選擇離開香港的都決定離開，而中國迄今就基本法所採取的行動，都不能為香港提供所需的保證，以減少人才流失及讓本港有機會挽留精英和訓練有素的市民。

有些華裔朋友曾對我說，別浪費時間追求不能達到的目標 —— 香港穩定邁向民主政制的道路了。他們認為中國永不會容許這種情況出現，在風暴中大聲疾呼，只是徒勞無功之舉。沒有人會聽見。我的答覆是，許多香港人不同意這看法。深切關心本港前途的人士當中，許多人認為中國亦終會朝著美好的方向作出改變。出人意表的鉅變現正席捲東歐，這肯定會對中國及其領導人帶來莫大影響。雖然我們無法預知那是甚麼影響，但可以肯定的是，這些影響必然有利於香港和本港所建立而中國又真正希望保持的制度。我相信香港人最大的期望，莫如中國作出轉變。

我絕對相信在未來數年內，中國對香港的態度和政策必定有所改變，相信中國會察覺：香港不會對它構成威脅；本港的經濟制度遠勝中國的制度，而其要訣是不論個人或公司團體均對本港的經濟制度具有信心；以及若要確保本港的制度繼續繁榮，藉以支持中國，最有效方法便是賦予更高度的民主政制。

我提出當前動議，便是基於這個信念，及鑑於本局議員不應就此放棄經長時間努力而訂出和獲得港人廣泛支持的，十分溫和的政制模式。若不能貫徹始終，我們便可能被視為背棄港人了。

就政治及經濟發展而言，五年可說是非常悠長的時間。若能不斷進行磋商，及對現在和將來的兩個宗主國繼續施加壓力，定可帶來更多轉變，特別是本港在一九九一年的選舉若成績美滿，而其後立法局又有斐然的政績，便有助本港跨步向前，屆時，我們更可尋求作出我動議中建議的具體變革。

主席先生，再者，現謹提議將一九九一年立法局的議席總數限於 54 個，藉以

保留兩局共識的第一項建議，即有三分一議席由普選產生。

一些議員支持我的動議，我感到很高興，因為如此一來，他們即是支持兩局共識方案，我相信是維護港人的最大利益。

我們有責任為港人效力，以免有負所托。

蘇周艷屏議員致辭：

民主是手段，還是目的，數百年來政治學者對此爭論不休，本人不欲在此多作議論，本人想指出的是，我們不是為了民主而爭取民主。去年中，兩局議員在審時度勢後提出對政制發展的共識，是因為相信這會對恢復港人的信心有所幫助，有利於保持香港的繁榮和穩定，當然也認為這會對實踐「一國兩制」有積極的作用。令人失望的是，未來特別行政區的政制安排，未能滿足港人的意願。

主席先生，港人一向以務實見稱。經過中英兩國政府對香港的政制發展達成協議後，基本法終告定稿，並且將在不久由中國全國人大正式通過頒布。這一現實，港人是不得不面對的。不論接受與否，未來的政制還得按照基本法的規限發展下去。

誠然，港人對行使民主權利沒有多大經驗，然而從經濟的發展水平，教育的普及程度，傳播媒介的運作情況等來看，搞好明年的直接選舉相信是大有希望的。只要香港的民主政制運作能循序漸進，順利走上軌道，那麼港人日後繼續爭取加快民主的步伐就有力得多。我們要以事實證明，民主政制不但不會影響本港的經濟繁榮和社會穩定，反而更有利於社會整體的發展。

過去幾年，在政制討論上，傳播媒介總喜歡為某些團體或人物貼上「民主派」、「中間派」、「保守派」之類的標籤，被貼標籤者大概亦不會介懷。其實大家對具體問題的看法雖然不一樣，但是在為港人爭取利益這一點上卻是根本一致的，沒有必要堅持勢不兩立，水火不容。在新的選舉法提出後和籌備直接選舉的過程中，求大同，存小異的精神更為重要。

八十年代初期，中英兩國政府就香港前途問題展開談判，港人曾經歷過一段頗長的不安時期，八十年代下半期，基本法草擬三落三上，港人也曾爭議不休。然而在整個八十年代，本港的經濟依然迅速發展，市民的生活水平大大提高。

九十年代初期，本港將實踐有限度的民主政治，本人衷心希望政治及經濟發展能夠兩不偏廢。

「青山遮不住，畢竟東流去」，在國際的民主大趨勢下，港人對政制發展是不會一直感到無奈的。

田北俊議員致辭（譯文）：

我認為，最後訂定的方案甚至未有達致所謂四四二方案的底線，更遑論兩局共識的要求。我們不應忘記，四四二方案本身已是民主派、中間派及基本法諮詢委員會工商專業界委員等所達成的協調方案。因此，對於本局議員失望之情，我深有同感，但原因可能有別。

讓我詳加說明，與兩局共識及四四二方案比較，就其擬議的時間表、組成部分的比例、分組計票機制以及國籍限制等而言，最後訂定的草案頗有分別。

讓我們正確地看待此等問題。英國國旗於一八四一年在本港升起，由其時至一九九一年實行直接選舉的年份恰好是 150 年。以香港的歷史而論，未來 12 年（由一九九一年至二○○三年）將會有長足進展。明年，我們將會見到 18 位新議員透過直接選舉的途徑加入本局。本港面臨的轉變只可以「在歷史角度而言，相當迅速」來形容。個半世紀以來，本港在沒有直接選舉下運作，而在短短 12 年內，有關方面允諾，香港可從全無直選議員的立法局進展至有半數議席由直選產生。

邁向直接選舉所產生的社會影響

直接選舉自然涉及權力急劇轉移的問題。立法局內外主張迅速改革的人士均言論滔滔，支持直接選舉。這點可以理解。無疑，他們預期「草根階層」會給予支持，但他們不應忘記「草根階層」將會希望獲得若干實質回報。民主派朋友將面對「不負所托，提供實惠」的壓力，我們可以想像，要求更多房屋、教育、社會保障及醫療等設施以及其他社會福利的呼聲將喊得更響。

若以人民名義作為號召行事，人民亦希望看見實際的行動。這是需要付出代價的，而這項代價通常由納稅人負擔，結果往往形成一個開支極其龐大的「福利

國家」制度。單以英國為例，全國衞生服務處每年的開支為港幣三千億元，而所僱用的勞工較英國武裝部隊的總人數多四倍。

福利國家亦意味著更多官僚的存在。在英國、法國及甚至美國，每千人口約有公務員 80 人。作為福利國家發祥地的瑞典，此數字高達每千人口 160 人。在西歐各國中，福利國家在此方面的承擔額比例最為龐大，佔國民預算達 60%。香港並非福利國家，香港並不希望採取福利國家的模式，但毫無疑問，直接選舉將會帶領我們朝此方向發展。即使在現階段，政府已備受壓力，須在房屋、教育、衞生、道路、社會服務支付更多經費，而此等開支項目是無止境的。

倘一半以上的議員由直選產生，本局實際上會由「消費」（容我如此形容）的議員操縱。當局將不再以負責任的態度開徵稅項，因而產生極惡劣的負面作用。企業家及投資者離開香港的數目當然會增加，本港的繁榮亦肯定受損。

自由與企業

我們看到世界各地舊式社會主義國家的崩潰，經濟朝著自由市場及企業的方向發展。過去數月在東歐發生的事件使人清楚認識到，國家及政黨為了所謂「人民」利益而沒收私人財產將會出現甚麼情況。

「人民」最終必會反對剝奪其自由的人。在東德、羅馬尼亞、波蘭及匈牙利的人民已經這樣做，現在甚至在蘇聯本土，亦出現類似情況。誠然，迄今備受非議的例外情況只有中國。我認為香港的政治自由主要取決於本港在經濟方面的自由，但在達致經濟自由之前，先要創造財富。中國的問題在於不瞭解此基本道理。

自由與民主

主席先生，我喜歡自由多於民主。何謂民主？事實上，民主有多個定義。在美國，有美式「民主」；在歐洲，民主另有一番面貌，法國、德國、意大利、西班牙、英國及北歐所實行的民主各有不同。

民主經常被用作口號，而其意義亦因此而被貶低。過去 150 年來，本港沒有出現要求民主此一難以捉摸的概念，然而我們享有自由。我們享有各式各樣的自由，新聞自由、旅遊自由、結社自由、行動自由、宗教自由，而一切均在寬容的

精神下得以實行。

直接選舉所體現的民主並非自由的保障。試看看印度、菲律賓、馬來西亞及東南亞區其他地方的例子，只有在公平的法律下能自由自在具尊嚴地生活，自由才有保障。很多時候「民主」不能保障尊嚴及公義。以一人一票方式實行的「民主」只是達致目標的方法而已，「直接選舉」亦沒有神奇力量使本局的民主派議員可藉以點石成金。

以為在選票上劃上「×」號便可滿足對自由的渴求，這個看法仍有欠全面。

很多國家聲稱奉行「民主」。在非洲，無論是北非、南非、東非或西非——滿眼所見，都是所謂「民主」國家，但它們實際推行的，是專制統治。直至最近，東歐各國才放棄其所謂「人民」民主。印尼自言實行「導向民主」，即使中國，亦自稱「民主」國家。民主之道，實在令人難以捉摸。

我認為如要成功推行民主，就必須有穩固的基礎，而創造財富者就是真正推行民主的人。

本局目前及日後所需要的，是均衡的民意呼聲，意見應來自各方面，除民主派人士外，商界、金融界及工業界亦可透過所屬功能組別獲得充分代表。後者可有助於協調勞工、社會工作者及教師的問題。製造財富者亦應獲得鼓勵，就如何運用財富向社會大眾提供專業意見。

主席先生，香港式的「民主」目前尚未成型。當前是一個機會，但亦潛伏危機。站在台前對著擴音器高喊民主口號是輕而易舉的，但隨之而來的，將是慷納稅人之慨，以及使本局須接納任何聲浪最高的要求。如此一來，倘「民主」人士要求巴士取消收費，讓市民免費乘坐，這種情況便會發生。

基本法目前就日後政制模式提出的方案包容各種不同意見。草根階層的意見可透過直選議席得以表達，功能組別議席則確保專業及管理才能得到確認。我們應容許及鼓勵所有致力創造社會財富及使本港享有財富所帶來的自由的人士參與香港日後的發展。

這是港人治港的精神。港人治港並不表示單由關心社會福利的民主派人士在「草根階層」的支持下治理香港。我認為只要身為香港市民一分子，便有需要及權利參與政治活動，並非獨以民主派人士為然。

基本法起草委員會所建議的政制模式容許香港人選出本港的行政長官，亦容

許香港人以部分直選及部分功能組別選舉的方式選出立法會所有成員。該起草委員會並無建議立法會部分或全部議員須來自北京或由北京委派。因此，有關本局對基本法中極不民主的政制模式感到痛惜的動議措辭，並不適當。

分組計票

主席先生，有關立法會分組計票的問題，我有如下意見。倘立法會內部有分化、爭論及對抗，對日後的行政長官而言，肯定正中下懷。在同一議會中有不同門派，只會令分裂及磨擦加深，以致行政長官可以從心所欲 —— 他或她只須利用歷古以來無往不利的「分而治之」的手段便可暢通無阻。

為何容許立法會內部潛伏分化的力量，使日後行政長官易於利用，我難明所以。規定行政機關須向立法機關負責，較諸設立投票箱更能達致真正的民主。

國籍方面的限制

主席先生，基本法新訂一項條文，取代了原有的第六十六條。該項條文規定立法機關中擁有外國居留權的議員不得超過 20%。從實際角度而言，很多專業及商界人士可能在一九九七年前已擁有外國護照及 / 或其他地方的居留權，作為保險。對出任公職者，包括立法會議員的資格實施過多限制，肯定沒有好處，此舉只會令商界及專業人士放棄參政。

結論

主席先生，我不反對推行某種程度的直接選舉，但對立法機關能維持均衡成員組織的原則，特別是兼顧該等促使本港商業成功發展範疇的意見極表贊成。我促請各界人士深入認識一項事實，此即本港推行直接選舉，只是為達致目標的一種方法。我曾支持四四二方案，認為該方案所建議的政制發展進程最為理想，我迄今仍堅持這個看法。

我知道有人反對循序漸進（但就本港情況而言已屬激烈）的改變，他們稱之為「牙膏式民主」，意即每次擠壓下只能獲取一點點。然而，應想想假若擠壓牙膏管時過於用力，後果會如何，答案是會弄得一團糟。

我個人認為，塗在牙刷上的牙膏只要適量便可，這樣才可望帶來一個燦爛健

康的笑容。

我促請本港各界人士緊密及積極參與日後的政制發展。所有民選議員，無論是由一人一票抑或功能組別選出，可以合力為日後的發展建立穩固的基礎。無論如何，我們必須全體積極參與本港的社會事務——大家應群策群力，為締造全港市民所珍惜和希望繼續享有的經濟及政治自由而努力。

黃匡源議員致辭（譯文）：

雖然本局議員曾多次致力表達港人的想法和意願，但結果卻未能盡如所願。對於這情況，我和其他議員一般感到失望。不過，港人不能參與制定香港前途的方案，這並非首次。我從未抱有任何幻想，認為港人今次會得到較佳的待遇。

現在正是討論一九九一年選舉制度及作出決定的時候。香港過去從沒有直接選舉的經驗，而港人則一直被指責為對政治問題漠不關心、無知或甚至愚昧。不過，時間是最佳的見證；這說法是在那一方面都適用。雖或環境有所規限，香港仍處於有利位置，可以選擇一個最適合本身的制度。我們的思想沒有受制於過往的經驗，仍能保持冷靜清醒，不偏不倚。為香港的利益計，我們必須努力建立一個真正民主的制度，使我們能繼續現有的生活方式，同時亦能適應必然會發生的轉變。

首先，我們必須弄清楚我們希望未來的新政制能發揮甚麼功能；而最重要的是，新政制應否側重按比例訂定席位，俾能充分反映香港各界人士的不同意見？剝奪少數人士的發言途徑是不應該的，特別是那些沒有功能組別代表他們的利益的少數人士，更應有表達意見的機會。不過，我們切不可為尋求全面按比例訂定席位而犧牲了政治上的團結。由太多不同意見團體代表組成的政制只會引致推諉責任、遲疑不決及甚至斷然對立的情況。能取得絕大多數的一致意見，才可順利令法例獲得通過。

獲選的代表與其所屬的選區應維持密切的連繫。香港人必須有一種向政府表達其關注事項的途徑；事實上，當局亦應鼓勵市民多提意見。不過，同樣重要的是，立法局不應成為地區政治的論壇，這類事務應繼續屬區議會的討論範疇。對地區事務的關注討論不應佔取了關乎全港利益的問題的辯論時間。

我們採納的選舉制度必須是公平和不偏不倚。各選區的人口數目相等至為重要，而現時各區議會選區的選民人數極不均衡的現象，不應繼續存在。選民所投的每一票應具有相同價值，而選民亦不應浪費任何選票。雖然某些選民心目中的候選人可能並非屬「大熱門」人物，該等選民仍應獲鼓勵前往投票，這點十分重要，因為可藉此提高投票率。透過多議席選區或可轉讓選票的選舉制度，便可達到這個目的。

此外，我們還應注意三點事項。首先，我們得承認，在一個現代民主政體中，政黨在陳述政策和為市民提供代表方面，扮演著重要角色。我們所選擇的制度應能確保在本港成立的政黨是強大團結而非荏弱分裂的。關於這方面，我們應審慎研究有關管制政黨的成立和運作、及如何籌集經費和舉辦政治宣傳活動的法例。假以時日，政黨將可控制候選人的流動情況，最終更會影響政府的政策。

其次，我們必須確保本局能夠繼續有效地監察現時政府和將來的行政長官的行事方式。在未來備受考驗的日子裏，立法局議員必須能夠負起領導港人的責任。

最後，本港必須採納一種既靈活而又可適應轉變情況的制度，這點至為重要。我敢肯定，如果我們就本港未來的民主步伐、以及中國和世界的轉變情況作出揣測，相信都會有錯。我們必須與時代同步並進，而本港的制度亦必須能夠應付各種轉變，這是無可避免的。

我們須緊記一點，就是無論採納何種制度，均須符合港人的整體利益。我的確打算在未來的歲月，致力於研究那種制度最適合本港，並參與有關的辯論。我們參政都是以本港利益為前提，因此就本港的選舉制度進行辯論時，我們有責任朝著符合本港利益的目標發表意見。

布政司致辭（譯文）：

基本法內有關政制安排部分的草擬工作，已經完成，令關心香港前途的人士焦慮不安的不明朗情況，亦隨之終結。我們正好利用這個機會，研究草擬工作的結果，特別是今後的政制發展。

兩局議員對他們所達成的共識並未獲得採納為基本法政制模式的基礎，表示

極度失望。對於議員因未能為香港市民爭取更快速的政制發展而感到沮喪，我是十分理解的。

不過，如果看闊一點，便會發覺在基本法草擬期間，我們在其他方面，亦取得一些成果，值得一談。本港各界人士，勇於面對和承擔因主權移交而須對政制作漸進式改變的工作。無論在本局內外，參與這項工作的人士為數不少，但要明確反映社會各界人士的期望，卻是本局的責任。本局議員經過深思熟慮，反覆斟酌，達致共識方案，並堅持這個方案。其實，達致兩局共識方案本身已是一項很大的成就。雖然基本法最後所採納的政制模式，未能盡如議員所願，但所得到的進展，以及若干實質的改進，如果沒有議員的堅定主張，是無法達致的。不過，歸根結底，基本法始終是中國政府的事情。我們都希望中國政府能夠在香港政制發展步伐的問題上，採取一個開明的態度。而明顯地，一九九一年立法機關的表現，將會是影響中國政府日後如何對待香港政制發展的最重要因素。

在過去三年，香港人的態度有所改變，而我們亦對他們提出加快民主步伐的要求，作出了回應：當局已決定把在一九九一年設立的直選議席，由先前在一九八八年發表的白皮書中所公布的 10 個增加至 18 個。民主政制是否能夠成功地在香港推行，在很大程度上是取決於屆時參選候選人的質素，以及選民的投票率。我們已經說過，當局將於短期內公布一九九一年立法局的成員組織、選區劃分以及採用何種投票制度。在考慮上述各項重要問題時，我們所關注的，是要盡力制訂一個公平的制度，不會偏重社會上任何一個團體，同時亦要盡量鼓勵更多人士參與和投票。本局當然有機會審視及辯論有關那些安排的法例。然而，選舉並不只是涉及選舉方面的安排。為要取得成功，我們必須在一九九一年得到市民全心全意的支持和在選舉的過程中積極參與。

一九九一年的立法局選舉，將標誌著香港民主政制發展向前邁進重要的一步，並具體證明我們決心發展一個建基於選舉機會和權利的政治制度。有權利自然亦有責任：本港社會的精英有責任當仁不讓，出來參加競選；選民有責任行使本身的選舉機會和權利，作出明智的選擇；此外，還有領導市民的責任。香港市民將越來越需要本局議員發揮領導才能，帶領他們渡過前面不明朗的日子。

我們需要一些目光遠大、願意承擔責任的人士，勇於面對挑戰，帶領香港進入下一個世紀；這些領導人才應著眼於香港的整體利益，而不是斤斤計較狹隘的

派別利益。如果我們就過去出現的岔子，甚或將來可能出現的岔子，浪費時間於對中國或英國嚴加批評，實在於事無補。最重要的是，我們必須展望將來，而不是回顧過去。在本港歷史上的這個時刻，我們必須承認，如果香港要繼續取得成功，我們將來的命運實在是掌握在自己的手裏。

基本法提供了一個架構，使香港得以繼續成功發展。香港在過去賴以取得成功的基本要素並沒有改變，而在將來亦不大可能有所改變。我們仍然擁有一群工作勤奮、應變力強的勞動人口，一些出類拔萃的企業家，更有穩固健全的經濟，個人自由和一個穩定的政府。

我覺得我們面對的最棘手問題，並不是那些具體而實際的問題。我們已經一再證明，我們可以有效地解決這些問題。今天的問題其實存在於我們的心內。我們主要憂慮的是一個不明朗的前景，但我們如果仍只是全神貫注於將來，豈不是會錯過了眼前的機會，以致不能把握時機，為香港社會的發展建立一個穩固的根基，反而令到前景更加不明朗？因此，對於我們大部分的問題，解決辦法就在香港、在香港市民的身上，而不是在中國或英國。

香港現已成為世界重要的商業中心之一，且地位穩固，經濟成熟穩健。我們現在必須將香港在經濟方面賴以成功的精神和決心，運用於香港日後的政制安排方面，使有關的安排可以落實執行，並運作良好。對那些以家在香港為榮，並將前途繫於香港的人，將來領導香港的人有責任果敢地面對這項挑戰，使香港可懷著無比信心，邁進下一世紀。

1990 年 3 月 21 日
布政司聲明：代議政制政府的發展

布政司致辭（譯文）：

主席先生，今天，經過社會人士在一段相當長時期的廣泛討論後，我將會向各位議員說明，有關我們就發展一個更直接的代議政制政府下一步行動的有關資料。在各界人士熱烈地討論這個問題時，行政立法兩局議員曾扮演了一個既活躍又重要的角色。

我們已經公布了，在一九九一年時在立法局設立的直選議席，將由先前在一九八八年發表的白皮書中所公布的 10 個，增加至 18 個。在考慮立法局其他議席的組合時，我們所要面對的問題，是如何制訂一套妥當的改革程序，讓香港能順利過渡。我希望各位議員會同意，我們現在提出的建議，正好能夠達到這個目標。

扼要地說，建議的進一步改變如下：

（a）功能組別議席由 14 個增至 21 個；

（b）委任議員的數目由 20 名減至 17 名；

（c）除 3 名當然官守議員外，所有官守議員退出立法局；及

（d）委任一位非官方議員為立法局副主席。

在功能組別方面，現階段所進行的改變，目的是透過功能組別擴大代表層面。在一九九五年，我們將會繼續這方面的發展，以便使各界最廣泛的利益，透過在立法局的議席，分別獲得充分照顧。

七個新設的功能組別如下：

市政局；

區域市政局；

由鄉議局代表的鄉事利益；

旅遊業；

金融服務業 —— 包括證券業、商品及期貨交易業、金銀業貿易場及保險業；

建造業及地產業；及

工程界，這一新設組別是從一個現有組別劃分出來的。

此外，現有的金融界功能組別將會擴大，以加入有限制牌照銀行和接受存款公司。

無可避免地，有些在今次未能被界定為功能組別的團體，覺得他們應得到這種地位。我們會在考慮下一步在一九九五年時，當功能組別的數目增加至 30 個，即佔立法局議席半數時，對這些團體加以考慮。

在這個問題上，我想指出我們在為功能組別界定選民時所遇到的一般困難。我們在這幾年過渡期內的目標，是要確保社會的利益，能夠從地區位置和行業的分布，去作妥善的代表。按地區位置界定和登記選民，是比較容易的事；但按照行業去進行界定，就算這些行業的社會功能是極易確定的，亦不是容易的事。

旅遊業正好說明這種情況。大家都同意，旅遊業對香港經濟的重要性和在立法局設立代表旅遊業利益的席位是應該的。在界定選民組別時，不會引致重複利益的情況，證實是相當困難的事。但我們相信，我們現在達致的解決方法，已是相當令人滿意的。

在一九九五年擴展和改良這個制度時，關鍵的要素是要為其他功能組別的選民組別作出令人滿意和清楚的界定。舉例說，我們會研究如何界定一個能夠代表零售業利益的功能組別。我們希望這個行業的成員，和其他有機會成為功能組別行業的成員，能夠組織起來，使該功能組別的界定工作更易進行。

由一九九一年十月起，立法局僅餘的官守議員是布政司、律政司和財政司。我們會建議各項安排，讓各決策科司級首長在應邀情況下出席立法局會議，但不會享有表決權。這項更具彈性的安排，可讓直接負責有關事宜的司級首長出席立法局會議，提出法案，答覆質詢。我們肯定相信這種安排明顯地較現行的做法為好。此外，這項措施亦有助我們為一九九七年後的情況預先作好準備，屆時所有官守議員都會退出立法局，只會列席會議。

上述改變，再加上委任議員的人數將減至 17 名，使立法局成員總數達到 60 名，由人數大致相同的三個部分構成：即直選議席、功能組別議席和委任議席。

到了一九九五年，立法局主席人選會從立法局議員之間自行選出。獲選為主席的議員就任後，在與所有議員往來時，必須保持絕對中立。為了對這項改變作好準備，我們已決定委出一名立法局副主席，主持立法局部分會議。主席先生，你有意委任一位對立法局運作有廣泛經驗的人士，擔任這個職位。我們打算逐步作出這項改變。總督會出席重要會議，如有關財政預算案的各個會議，同時，總督每年發表施政報告的傳統，當然會繼續保留。

主席先生，我現在談談有關一九九一年選舉的各項具體安排。最近公眾人士對立法局選舉應採用的選區類型，展開熱烈討論，有些人士認為應設立單議席選區，有些則支持設立雙議席選區，還有一些倡議應設立以區域劃分並具有多個議席的選區。我們已決定設立九個雙議席選區；劃分辦法盡量與區議會的界限相同。

採用這種選區劃分辦法有幾個原因。首先，我們想在已建立的地區歸屬感上繼續發展，同時亦為居民提供參與整體社會事務的機會，而不會令任何組別佔優勢。其次，我們有實際的需要避免因選區界限的變動而產生的滋擾。第三，我們明白，我們現正處於一個活躍發展的環境；我們所訂定的發展計劃，正在不斷地改變香港的面貌。

這九個選區是：

港島東：包括東區和灣仔；

港島西：包括中西區和南區；

九龍東：包括觀塘；

九龍中：包括黃大仙和九龍城；

九龍西：包括深水埗、旺角和油尖；

新界北：包括北區和大埔；

新界東：包括沙田和西貢；

新界西：包括元朗和屯門；以及

新界南：包括荃灣、葵青和離島。

在直選方面，大多數市民似乎贊成採用「票數領先者取勝」投票制度。這個制度較為簡單，每名選民可投票選出選區內的兩名候選人，即是每一個議席一票。在一九九一年舉行立法局直接選舉時，將會採用這種投票制度。不過，在功

能組別的選舉方面，將會沿用在一九八八年舉行間接選舉時，成功採用的按選擇次序淘汰的投票制度。

登記選民可在按地區劃分的直選選區中投票，登記選民倘符合資格，亦可在功能組別中投票。

主席先生，還有一件事我想談的，就是投票年齡。當我們上次在一九八七年就此事徵詢各界人士意見時，所得的回應顯然十分保守，即是我們應該把投票年齡維持在 21 歲。就這問題的正反意見亦相當均衡。現時的青少年成熟得較快，這一點可能已得到法律改革委員會的確認，而在某些實際事務上，我們亦已逐漸把成年歲數降低到 18 歲。此外，我們還希望培養青少年在管理本身的事務方面，作出更大的參與。在這種情形下，我們對已提出在一九九一年將會進行的各種重要改變，和必須謹慎地加速前進等事，加以權衡考慮。此外，根據迄今從選民登記中的經驗所得，我們發覺青年人還未充分準備站出來成為選民。我們因此決定在現階段把投票年齡維持在 21 歲，但會考慮在一九九五年時把年齡降低到 18 歲。

區議會和兩個市政局的成員組織今次將不會有所改變。這並非一個消極的決定。有人提出各種論點，認為應將兩個市政局，以及區議會成員組織比例，加以改變。我們承認這些論點都是言之有理。我們決定不作任何改變的理由，基本上是因為我們對立法局所作出的多項改變建議，已足以令我們需要一段時間去消化，如果我們同時又對兩個市政局和區議會作出改變，可能會分散立法局進行第一次直選的工作。因此，在現階段，區議會和兩個市政局現行的成員組織中約有三分之一是委任議席的制度，將加以保留。不過，我們會在一九九五年的選舉前，再檢討有關情況，以便作出進一步改變。

各位議員定可以在適當時候，有機會就我剛才概述的各項安排所據以實施的法例，進行審核和辯論。有關法例會包括政府現正檢討的其他具體安排，其中包括選舉開支、提名程序，以及參選保證金等。我謹此向各位議員保證，我們清楚明白盡早制訂有關安排的需要，以讓有意參選的人士能夠有充分時間作出準備。

主席先生，當我們開始推行這些發展之際，我要向熱烈參與討論這些問題的行政立法兩局全體議員致謝。他們積極鼓勵社會人士公開辯論憲制改變的步

伐和在辯論中個人所作出的貢獻，對於制訂今後政制的發展路向，實在有莫大幫助。

最後，我要告訴各位，我們的計劃是要令一九九一年的選舉成功。我們深切期望市民熱烈響應，登記為選民、提名候選人參加競選及在選舉當日踴躍投票。我很有信心，一九九一年十月召開的立法局，將會提供穩固的基礎，作為我們進一步發展民主政制的根據。

1990 年 4 月 4 日
議案辯論：修訂香港特別行政區基本法

李柱銘議員提出動議：

「有鑑於全國人民代表大會就香港特別行政區基本法的頒布，本局現促請中、英兩國政府以港人利益為重，透過雙方的衷誠合作，協助香港解決過渡前後所面對的困難，並且在適當時候，參照兩局《基本法（草案）意見書》的討論結果，修訂基本法之有關條文，以進一步維持本港安定繁榮。」

李柱銘議員致辭（譯文）：

主席先生，我提出這項動議的目的，與兩局議員擬訂及發表《基本法（草案）意見書》的目的一樣，並非為了批評而批評，亦非為了對抗，而是本著冷靜及有建設性的精神，討論基本法，就所需的修訂提出具體建議，藉以確保「一國兩制」政策得以落實執行，香港可以享有光明美好的前景。

有些人認為基本法頒布後，我們便不應浪費時間，談論如何作出修改。我並不同意這論調，因為一如任何其他憲法，基本法本身已考慮到一九九七年後的修改，因而明文在第一百五十九條提供一個途徑，使修改議案得以提出。不過，即使在一九九七年七月一日基本法開始生效之前，全國人民代表大會仍絕對可以修改基本法，使之更符合中英聯合聲明的規定及港人的期望。

然而，主席先生，有一點極重要而必須強調的是，不論基本法是否有所修改，一俟在一九九七年成為香港的法律後，我們便須受其制約，並有責任在不超越其規定範圍的情況下運作。然而，與此同時，我們身為立法機關成員，更有責任在憲制架構內行事，如果我們相信修改其中部分條款會使香港前景更佳，從而對中國有利，便應要求作出此等修改。

......

在辯論基本法的時候，我們必須時刻銘記各方一致同意的基本法三大目標。第一，基本法必須能夠代表港人的意見，並可為港人全盤接受。第二，基本法必須符合中英聯合聲明的文義和精神。第三，基本法必須能為港人提供一個有效可行的政制。這三項目標顯然息息相關……

許賢發議員致辭：

本人認為，基本法頒布後，仍不能即時解決香港人今日所面對的信心和人才流失的危機，因為一向講求實際和效率的香港人，尤其是中上階層的專業和管理人才，以及投資者，根本沒有時間等待基本法在九七年正式運作後，視情況才決定去留。事實上，中英兩國政府在過渡期內對待香港的態度和施行的管治方針，才是最實際、最具決定性的因素。

因此，主席先生，本人認為，中英雙方至少可在以下幾方面，透過衷誠的合作，協助本港解決過渡前後所面對的困難。

......

（三）繼續以和平方式爭取民主政制的發展，藉以培育優秀的政治人才。香港人過去在殖民地統治下生活，一直甚少有機會過問政治，即使港府在過去十年逐步開放政制，但有機會參政的人士仍屬少數，而民間監察政府和政界人士的意識和力量，至今亦未成熟，因而我們仍未見到受各方人士尊崇的政治領袖。

然而，以香港為本位的政治人才，是香港繼續保持繁榮安定的重要支柱，我們應致力扶掖。除了港府今後繼續開放政制，盡量將權力下放，讓有志從政的人和市民，有更多議事和參政機會外，港人應上下一心，繼續以和平方式爭取民主的發展，因為九七年前的立法機關，不但只有三分一議席由直選產生，而大部分功能組別議席亦非透過一人一票選出，何況大選舉團議席的選舉細則還未確立。毫無疑問，這是港人今後在政治方面，應致力爭取的活動空間，藉以提高參與政治活動的機會。

主席先生，本人相信，只有在公平、可信和有秩序的政治遊戲規則下，才能培育優秀的政治領袖。他們除了需要具備崇高的政治理想、成熟的政治智慧，和

不偏不倚的立場外，更重要的就是樂意開放渠道，接受群眾的監察。本人亦衷心盼望中方勿動輒以「少數人將香港變成顛覆中央政府的基地」為藉口，打擊港人的參政熱誠。因為只有成熟的民主氣候，才能確保「一國兩制」和「港人高度自治」的實現。而為了實踐這個目標，本人認為以下所說的第四點是極為重要的。

倪少傑議員致辭：

雖然基本法的草擬工作在不幸事件的影響之下變得高度政治化，但是在草擬過程中也出現了不少雙方互相體諒和妥協的精神，這是令人感到快慰的。新訂定的政制模式雖然不是十全十美，但終於顯示出適當的協調努力。民選議席終究比原先的規定有所進展，這個協調對香港在九七年前後政制的銜接和平穩過渡十分有利，留下來的幾百萬市民亦因而得益。

中國全國人民代表大會所通過的基本法，整體而言，能夠保持「一國兩制」的正確內容，使香港的自由經濟發展，市民生活方式都沒有因而改變，基本上已經符合了香港大多數市民的願望，可以接受。民主步伐亦在按照「循序漸進」和沒有突變的方式進行，同樣是可以接受的。

主席先生，保持互相對話、互相諒解是當前的急務。現在不是絮絮不休的時候，現在是全港各階層市民向前看的時候，是同心協力創造新未來的時候。我們要教導我們的子孫，在今後 50 年或更多年裏，培養出一種新的公民意識，這種新意識可以概括為：「愛香港，屬香港，為香港。」也即是說，以香港作吾家，身屬香港，為香港整體利益而奮鬥。

主席先生，維持香港安定繁榮，除了基本法的正確制定之外，市民緊守崗位，做好本分工作，同樣重要。李柱銘議員動議內提到：「……修訂基本法之有關條文，以進一步維持本港安定繁榮。」等於提示香港市民，不修訂基本法便不足以進一步維持香港的安定繁榮，這種片面的提法是本人所不能同意的。故此，雖然本人對李議員的動議部分內容表示支持，但仍投反對一票。

周美德議員致辭：

另一個我想討論的問題，是未來政黨發展的問題。隨著直接選舉的出現，政黨政治在所難免，對此沒有加以禁止的必要。即使一些以追求政治穩定而聞名的政治學者亦認為，為了減少現代化過程由於政治意識和政治參與擴大而造成的政治不安定，政黨是絕對必要的。據一個發展中國家政治的研究顯示，最多政變的國家是那些沒有有效政黨的國家，換言之，一個現代化政治體系的安定，取決於其政黨的力量。

任何政黨的根本目的在於執政，很可惜，以基本法對未來政制的規定觀之，政黨很難在香港發展，未來香港的政治制度，比起一向被認為是行政主導的美國總統制還要行政主導，立法機關對行政機關的制約比起美國而言還要少，而行政、立法機關的權力分布更不均衡。就財政權而言，今日，立法局不能通過增加開支或減少稅收的動議；未來，凡涉及公共開支的法律草案，事前必須得到行政長官的書面同意。就監察權而言，立法機關可以彈劾行政機關，但對象只限於行政長官，並只能在其嚴重違法或瀆職時彈劾之，對重大政治錯誤亦奈他不何。結果，當選立法機關成員後亦幾乎無法施展其政綱，政黨即使贏得了多數席亦只能成為反對黨。

由此觀之，兵家必爭之地似乎是行政機關。可惜的是，在二〇〇七年前，行政長官亦只是由幾百人組成的選舉委員會選舉產生，根本無須、亦無可能透過動員群眾來爭奪，政黨角色可有可無。而即使政黨的候選人獲選為行政長官，情形又如何呢？政黨的施政綱領似乎可透過行政長官所委任的行政會議及其他行政機關的主要官員來體現。上述成員又是否由行政長官隨意挑選呢？雖然行政會議的成員是由行政長官挑選，但行政會議只是諮詢機構，況且成員對政策性事務必定不如有關的決策科官員熟悉，而他們之間亦無從屬關係。主要官員的任命又如何？從基本法的條文看，並未見到主要官員是政治任命的，反而，中方向來希望沿襲現行制度，即決策科官員依然是文官制度的一部分。證據之一是基本法第一百零一條規限了一系列官員，包括各司司長的國籍問題，而這條是放在第六節公務人員一項下。換言之，各主要官員可能仍是公務員，而根據現行規定，公務員是不能參與政治活動的。可以想像，上述主要官員如果身份依然是公務員而不

是政治任命的，即他們必不可成為政黨的黨員！

論證至此完畢了。香港的政黨根本便不能成為西方政黨政治中執政的政黨。未來的執政黨仍然是「政府黨」，無論政黨投下多大資源，動員多少群眾，取得立法機關多少席位，最多只是反對黨，政治民主化可以不動「政府黨」權力分毫。這種結構性限制必定扼殺政黨的發展。又或者強大政黨果然形成後，必定帶來行政立法關係上的很多風風雨雨。試想想，一旦政治精英及群眾被動員起來後，發現原來只能夠在立法機關內議事論事，局面將如何收科？這就有如當你帶了囡囡去「玩具反斗城」後，只願意隨意地買她一個洋娃娃，她又豈會就此罷休？

踏入九十年代，政府的管治已變得愈來愈困難。一方面政府活動漸漸膨脹，未來數年政府每年支出將佔本地生產總值約 20 個百分點，市民對政府的期望又愈來愈大，九七來臨又需以龐大基建「沖喜」，而未來數年本港經濟可能不景，然而末世風情下帶來嚴重的公務員工潮問題，上述種種容易造成財政出現赤字，引來的是高通脹的趨勢。另一方面，政府的威信卻在下降中，據政府內部的電話調查顯示，認為香港政府整體表現很好的百分比，由八六年底至八九年底跌了三分之一。這種政府活動膨脹而威信卻下降的局面，有點像美國的七十年代初，又或是學者所謂的「超負荷」。本來，政制民主化有可能成為扭轉局面的契機，因為政府的權威性、認受性可由此增加。然而，面對議會開放而政府不開放的格局，上述政府威信下降而活動膨脹的矛盾會進一步惡化。

解決矛盾的方法是以政黨作中介，開放政府高層，主要官員是政治任命的。屆時，即使行政長官為一小撮人把持，相信基於政治現實，亦需尊重議會的多數黨，與之分享政權。政黨政治在香港並非完全不可避免，現時基本法的各種規定便盡量希望限制政黨發展，可是，帶來的卻可能是更多的不穩定性及不可預測性，反而跟從西方行之有效的政黨政治發展路向，對香港的安定繁榮，來得更有保證。

梁智鴻議員致辭（譯文）：

主席先生，對許多人來說，今日可能頒布的基本法，使在香港推行民主的幻

想終告破滅，而且長期不能平反。

基本法已限制了香港未來的政制發展。

倘基本法現行條文予以實施，能否為香港人所接受，實在令人難以感到樂觀。

現行基本法所訂的規限，只會延長導火線，而無可避免的激烈反應終會產生。

我認為，基本法對未來政制所施加的最新限制，只是隨意倉猝堆砌的建築材料，是經不起時間考驗的。

⋯⋯

我衷心希望中國會撤銷不合理的條款，重新考慮兩局議員的建議。

我想扼要講述基本法三個富爭議性的範疇，就是立法機關與行政機關的關係、國籍問題和人權法案。

即將通過的基本法，肯定會帶來一個行政主導的政府。

這會令立法機關變為一個純諮詢組織。

更甚的，是令立法機關和行政機關之間產生衝突。此外，立法機關成員會發覺受到束縛，因為他們無力抗衡具無比威力的行政長官。

他們會感到沮喪和遭受挫敗，因為他們希望成為「人民代表」的意願受到抑制。

中英聯合聲明規定，香港特別行政區的立法權屬於立法機關，而行政機關須向立法機關負責。

但基本法限制了立法機關的權力，使它不能制衡行政機關，也不能使行政機關向它負責。

立法機關成員無權就公共開支，以及政府的結構和運作提出法案。

更甚的，是立法機關成員須事先獲得行政長官的書面同意，方可就政府政策提出法案。

此外，立法機關完全無權調查行政行為或彈劾主要官員。

本身非經全民普選產生的行政長官，卻有權於立法機關未能通過政府所提交的重要法案時，將之解散。

梁煒彤議員致辭：

　　剛才頒布的基本法在政治制度和中央與特區權力分配方面顯然是不能夠反映絕大多數本港居民的意願，也不會讓本港於成為特別行政區之後繼續走現今資本主義社會制度道路。如果一定說能夠反映甚麼的話，基本法只不過主要地反映了保守、倒退的部分本港資產階級意願而已。基本法因此也只會讓本港走類似十八、九世紀西方資產階級絕對專政式資本主義社會制度道路。

　　主席先生，也許一般，特別是內地基本法起草委員和全國人民代表一向只醉心於堅持馬克思、列寧主義，於是局限自己於只研習馬克思、恩格斯和列寧著作。他們因而很可能認為現今資本主義社會制度必然類似馬列時代資本主義社會制度，也因而只能夠以為今天的資產階級當然相類於十八、九世紀西方資產階級，可以相差無幾地絕對專政。於是，為了貫徹「一國兩制」精神，保證本港當一九九七年七月一日回歸中國之後能夠五十年不變地實行他們心目中的資本主義社會制度，或許就是這個原因令他們一直堅持已〔己〕見地草擬，進而制訂必然產生直接鼓勵、協助資產階級絕對專政作用的基本法。

　　我們有充分理由相信，由於有所謂的功能團體和大選舉團這麼兩樣特殊工具，基本法政制模式必定足以保障資產階級在未來特別行政區立法議會上擁有絕對優勢，更不用說行政議會了。政制模式也確保資產階級一定得到絕對有利於他們，結集大權於一身的行政首長。總而言之，這些極不民主機制的出現不可能不會直接了當地體現相當的資產階級絕對專政。

　　主席先生，馬克思主義認為可惡可恨的十八、九世紀西方資本主義社會制度是一個資產階級絕對專政，以資本家佔有生產資料和剝削僱傭勞動，搾取剩餘價值為基礎的社會制度。當時的政治幾乎必然地為資產階級完全佔據。然而，從來不會以人們意志而轉移的社會發展規律終於決定這個舊社會制度不再適合今日時代的要求。舊制度於是被後來自其發展出來的現今資本主義社會制度拋棄，早就完成了歷史任務。現今資本主義社會制度是目前資本主義世界的主流社會制度，其中政治制度的最具代表性內容則為真正的民主政治。民主政治主要的具體表現就在於真正屬於全民，絕對平等的普及選舉和議會制度。

　　主席先生，一般起草委員和全國人民代表很有可能另外有原因促使他們如此

草擬，進而制訂這麼令人洩氣的未來特別行政區基本法。正如我於三月一日就基本法草案政制模式所作的辯論致辭指出，「強大的中國政府一直以來對在本港發展的民主政治顧慮得太多太多了。」因此，真正的現今資本主義社會政治制度在他們的心目中似乎並不適宜引用於制訂基本法政制模式。當正式制訂和通過政制模式時，他們主要考慮的於是就不可能以甚麼絕大多數居民意願為基礎，民主政治為準則，「最關注的應該是如何保證未來的政制模式和特別行政區不會對中國政府和共產黨產生壞影響。」

主席先生，無論如何，不管滿不滿意，我們必須接受全國人民代表大會剛才頒布的未來特別行政區基本法，一部自一九九七年七月一日起以後五十年主宰本港的法典。當本港回歸中國之後，作為特區居民，所有人都有責任遵守基本法的所有規定。

隨著基本法的頒布，我們仍然需要繼續關注本港於未來回歸中國前後期間可能面臨的困難。當面對可能的問題時，我們的確非常需要中英兩國政府衷誠合作地一起協助本港解決難題。

至於基本法的改善問題，順著未來本港發展形勢的必然改變性，當形勢的發展遇到適當時機，我們希望有關當局應該結合實際情況，考慮以絕大多數居民意願為基礎，以民主政治為準則而修訂有關不適當的部分基本法內容。

麥理覺議員致辭（譯文）：

今天我只會就香港未來實行的政治體制發言，該體制已列於基本法內。這政治體制可決定「一國兩制」這大膽試驗的成敗，也可決定香港人能否擁有高度自主權來治理香港。一些議員提及信心。甚麼信心？信心的蹤影在何處？北京對此應該提高警覺，但這亦無跡可尋。北京對此事漠不關心，明顯看出兩個制度的極大分歧。有時香港和中國似乎並非共存於同一星球上。本年三月一日，本局議員就基本法進行辯論時，我曾就本港政制發展問題表明立場。目睹兩局議員的所謂共識方案經證明並非一致同意的共識，我深感悲痛。在該次辯論中，共有 27 位議員於表決時反對他們曾堅決提出及在辯論之前仍積極支持的政制方案，而令人遺憾的是，這個方案亦曾得到香港人大力支持。

中國並不贊成兩局共識方案，到了緊急關頭，兩局議員亦是如此，這究竟是怎樣的領導才能、怎樣的義無反顧；對於無所適從和焦慮不安的香港市民，這能否稱為以身作則；對於深信已掌握管治香港之鑰的中國領導人，這是多麼大的鼓舞；對於採用恐嚇威脅技倆的效力，是何等擁護；而對於民主制度和民主價值觀，又是多麼沉重的打擊！主席先生，怯懦的表現，實在莫此為甚。

李柱銘議員對民主的信念牢不可拔，且經常作此表示，惟他所提動議卻輕描淡寫，今天我還能夠說些甚麼呢！此動議發出微弱的呼聲，要求承認香港人具有參與本港政制架構的基本權利，有多少議員發言予以支持呢？我所景仰的李柱銘議員一反過往作風，以罕見的方式，含蓄低調而近乎絕望地呼籲中英政府聽取本局議員不一致的聲音，請問李議員，它們何須聆聽本局的意見？過去兩國政府並沒有這樣做，縱有的話，亦只是充耳不聞而已。

我們說過人們渴望獲得自由和享受自由，而這意願曾以多種不同形式表達出來。我們亦特別提過，我們認為香港人如要治理香港，必須採取可保證香港長期取得成功的途徑。我們實在並非堅持要體現真正的民主制度，最低限度並非即時全面實施，但我們確曾說過，建立民主政制的道路不應過分漫長，亦不應滿布匪夷所思的人為障礙，然而我們的意見並未為人接納，我們的努力亦未成功，且不能保持團結一致。

各位議員也許聽過蘇格蘭王羅拔普魯斯的故事：他作戰受到挫敗，國家瀕於淪亡，但卻汲取了箴言「努力、努力再努力」的訓誨，終於取得勝利。我無意出言不恭，但我覺得，本局沒有就兩局議員所訂共識方案採取這種處事態度，實屬可惜。

目前中英政府顯然已取得協議，決定了香港進一步實行政制改革的步伐，並在基本法中訂明頗詳盡的細節。我相信英國政府不會再採取任何行動，令基本法作具體的修改；此外，除非中國政府在一九九七年之前的政策有重大的變化，否則英國在此期間亦不會改變其立場。

然而，我深信中國將會出現上述轉變，在未來數年間，中國政府會較為開放，不會如目前般敏感，而對香港的疑慮亦會減少。主席先生，中國擁有香港前途之鑰。現時前途之門關上了，我們必須游說中國開門，還要大開中門。故此，我們必須繼續叩門。……

田北俊議員致辭（譯文）：

主席先生，我擬對基本法的修訂加以論述，但所探討的事項不同，有別於至目前為止其他議員所論述者。我認為對政制進行急劇改革使功能組別與直接選舉的均勢受干擾，不會達致任何有用目的。就此點而言，我對動議不敢苟同。

然而，我體會到倡議作出較為基本改革的箇中原因。對於我們大力鼓吹的「高度自治權」，我認為應促請中國更加切實執行。我們應促請中國誠意履行中英聯合聲明所載的承諾，讓香港能有更加高度的自治權。一九八四年的協議明確訂明，中國對香港行使的管理權僅限於外交及國防事務。

絕大部分涉及其他問題的條文的構寫方式必須達致一點，就是容許香港享有上述公認為未有精確界定的「高度自治權」。我建議游說中國給予此項「高度自治權」最大的範圍。倘我們能說服中國在其正式承諾的「高度自治權」的大前提下更為容讓——我會認為確有理由提出此項動議。

民主派議員對直接選舉問題滔滔不絕，實際上忽略了關鍵所在。我們不應再為間接選舉或直接選舉問題架架不休，而應要求對中港之間的權力作更為有效的分配。我們應該說服中國堅守承諾，保障及給予香港範圍更廣的「高度自治權」。

主席先生，我覺得本局的民主派議員在這個問題上輕重不分。我認為我們的首要工作是向中國求取更多權力，有鑑於此，我們希望修改基本法，其原因應是出於期望獲得更大自治權的渴求。這是第一步的要求。

第二步則是處理此一高度自治權所涉及的權力分配事宜，以及討論如本局的成員組織等問題。

我認為民主派議員急切鼓吹其主張的代議政制理論，實屬本末倒置。

主席先生，我們已獲承諾港人治港，讓我們確保此項承諾最低限度會被遵守，以及進一步獲得充分兌現。倘香港特別行政區不能享有一切行政管理權、立法權及獨立的司法權和終審權，我們便無法創造未來，實現我們的理想。

在這方面，基本法有待修訂之處仍多，相信各位記得，兩局議員曾於一九八九年十月就基本法草案第二稿發表意見書，提出不少意見。由於較早時某些議員已經引述不少意見，我在此不再詳加討論。我們對中央人民政府與特別行政區的關係尤感關注。我們最感憂慮的是香港特別行政區法律的效力及解釋權。

倘要對基本法作出任何修改，該等修訂事項應關乎香港特別行政區法院的權力。

無論如何，對於基本法中任何減損香港特別行政區高度自治權的條文，我們應繼續反對。概括而言，自去年六四事件以後，我們所享有的高度自治權更應進一步增加，我心目中基本法的修改即屬此一性質。

最終而言，與香港特別行政區的權力問題比較，本局的成員組織問題屬於較為次要。及最終而言，實際上最重的是鼓勵所有港人參與治港。

主席先生，我謹此陳辭提出以上所述的有保留事項，以香港需要中英聯合聲明答應給予的高度自治權的廣闊角度而論，而不是要求作出修訂使本局推行更多直選，我支持此項動議。